Beginn, Personalität und Würde des Menschen

Grenzfragen

Veröffentlichungen des Instituts der Görres-Gesellschaft
für interdisziplinäre Forschung
(Naturwissenschaft – Philosophie – Theologie)
Herausgegeben von Ludger Honnefelder

Band 23

STUDIENAUSGABE

Beginn, Personalität und Würde des Menschen

Herausgegeben von
Günter Rager

Beiträge von

Hans Michael Baumgartner, Bonn
Ruth Bodden-Heidrich, Düsseldorf
Stefan Niklaus Bosshard, Freiburg i. Br.
Thomas Cremer, Heidelberg
Karl Decker, Freiburg i. Br.
Hermann Hepp, München
Gerhard Höver, Bonn
Ludger Honnefelder, Bonn
Willi Jäger, Heidelberg
Karl J. Narr, Münster
Günter Rager, Fribourg i. Ü.
Raphael Schulte, Wien
Hans Waldenfels, Bonn
Wolfgang Wickler, München
Armin G. Wildfeuer, Bonn

STUDIENAUSGABE

Verlag Karl Alber Freiburg / München

Die Deutsche Bibliothek – CIP-Einheitsaufnahme

Beginn, Personalität und Würde des Menschen /
hrsg. von Günter Rager. Beitr. von Hans Michael Baumgartner ... –
Studienausg. – Freiburg (Breisgau) ; München : Alber, 1998
(Grenzfragen ; Bd. 23)
ISBN 3-495-47880-9

2. AUFLAGE, STUDIENAUSGABE

Gedruckt auf alterungsbeständigem Papier nach ANSI + DIN ISO
Printed on acid-free paper

Texterfassung durch die Autoren
Datenträger durch A. G. Wildfeuer
Druck und Bindung: WB-Druck, Rieden 1998
ISBN 3-495-47880-9

Vorwort

Die vorliegende Studie ist Ergebnis einer intensiven interdisziplinären Arbeit, die sich über drei Jahre hin erstreckte und einem methodischen Leitfaden folgte, der in der nachfolgenden Einleitung dargelegt wird. Die Arbeit vollzog sich abwechselnd in kleinen Fachgruppen und im Plenum der Mitglieder des Görres-Instituts. Es war für mich beeindruckend zu erleben, wie im offen geführten Diskurs unterschiedliche Standpunkte sich einander annäherten und wie in vielen Fällen aus dem Diskurs kreativ Neues entsprang. Diese Form der Arbeit erlaubte es, daß die drei Teile der Studie von den jeweils Beteiligten gezeichnet und das Gesamtergebnis – trotz verbleibender Unterschiede im Detail – von allen mitgetragen werden konnte. Es ist mir ein Anliegen, allen Autoren dieses Buches für die immense Arbeit zu danken, die sie während dieser drei Jahre in das gemeinsame Werk investiert haben, und für ihre Bereitschaft, auf diejenigen Teile ihrer Beiträge zu verzichten, die den Rahmen dieses Buches überschritten hätten.

Herzlich danken möchte ich auch Herrn Dr. Armin G. Wildfeuer für die tatkräftige organisatorische Unterstützung, Herrn Patrick Faeh (Anatomisches Institut der Universität Freiburg in der Schweiz) für die Bearbeitung der Bilder mit dem Computer und Herrn Dr. Falk Redecker (Verlag Karl Alber) für sein großes Entgegenkommen, dieses Buch trotz der zeitlichen Engpässe zum vorgesehenen Termin erscheinen zu lassen.

Günter Rager

Vorwort zur Studienausgabe

Das Interesse an diesem Werk hat unsere Erwartungen übertroffen. Bereits zehn Monate nach seinem Erscheinen ist eine Neuauflage nötig geworden. Um der großen Nachfrage möglichst rasch zu entsprechen, haben wir auf eine Neubearbeitung verzichtet und uns auf die Korrektur von Druckfehlern beschränkt, soweit sie uns bekannt geworden sind. Mit der nun vorliegenden Studienausgabe wollen wir einen möglichst breiten Leserkreis ansprechen. Wir danken dem Verlag Karl Alber und Herrn Dr. Falk Redecker, daß sie uns bei diesem Bestreben tatkräftig unterstützt haben.

Offensichtlich suchen viele Leser eine ausführliche Information zu einem der dringlichsten Probleme unserer Zeit und eine gut begründete Antwort auf die Grundfrage, wann wir mit unserem Dasein als Menschen beginnen und ob uns schon von Anfang an Personalität und dementsprechend Würde zukommt. Die gegenwärtige Debatte um den Beginn unseres Mensch- und Personseins bedarf dringend der Versachlichung. Wir hoffen, mit unserem Werk dazu einen guten und substantiellen Beitrag leisten zu können.

Günter Rager

Inhalt

Einleitung

Von Hans Michael Baumgartner

Bedingt durch die neuen Erkenntnisse der Molekularbiologie und Embryologie und den Einsatz moderner medizinischer Technologien ist das vorgeburtliche menschliche Leben heute dem Zugriff des Menschen verfügbarer geworden denn je. Bereits vor dem Zeitpunkt der Vereinigung von Ei- und Samenzelle wird das menschliche Leben zum Gegenstand der planenden und eingreifenden Vernunft. Moderne Reproduktionstechnologien machen den Zeugungsvorgang beherrschbar. Humangenetische Diagnoseverfahren erlauben ein frühzeitiges Erkennen und – vielleicht auch eines Tages – das Therapieren genetisch bedingter Erkrankungen und Krankheitsdispositionen. Der Verweis auf die Unverfügbarkeit der Entwicklung vorgeburtlichen Lebens hat seine bisherige Plausibilität verloren, nicht zuletzt, weil natürliche Grenzen des Wissens und Handelns gefallen sind.

Gerade deshalb ist der Mensch heute gezwungen, sich in einem nie gekannten Umfang und unter Berücksichtigung komplexer Handlungsbedingungen über neue Grenzsetzungen seines Handelns zu verständigen und die von ihm verfolgten Handlungszwecke sittlich zu verantworten. Er hat dabei der grundlegenden moralischen Intuition zu folgen, daß sich der Umgang mit *Dingen* wesentlich vom Handeln mit und an *Personen* unterscheidet, deren Würde zu achten ist. Die Notwendigkeit sittlicher Grenzziehungen im Umgang mit dem pränatalen Leben hängt daher wesentlich von der Antwort auf die Frage ab, welcher moralische Status dem vorgeburtlichen menschlichen Leben überhaupt zukommt. Inwieweit steht, so muß hierbei die leitende Fragestellung lauten, die pränatale Phase unter dem gleichen Schutz, der generell dem menschlichen Leben nachgeburtlich zukommt? Wie läßt sich seine Schutzwürdigkeit begründen? Kann bereits ihm Personalität und Würde zugeschrieben werden – und wenn ja, ab wann? Ist die vorgeburtliche Ontogenese des Menschen als ein kontinuierlicher Prozeß zu deuten oder ist sie ein durch Zäsuren unterbrochenes Geschehen, das es rechtfertigen würde, die Zuschreibung von Personalität und Würde nicht ab dem Moment der Vereinigung von Ei- und Samenzelle anzusetzen? Und was folgt schließlich aus der Antwort auf diese Fragen für den Umgang mit Embryonen und Feten?

Die vorliegende Studie, die aus den Tagungen des Instituts für interdisziplinäre Forschung der Görresgesellschaft in den Jahren 1993 bis 1995 hervorgegangen ist, versteht sich als Versuch, diese Fragen zu beantworten. Es geht ihr dabei nicht in erster Linie um eine Lösung der komplexen Detailprobleme, die etwa mit der Frage der Abtreibung, der Reproduktionsmedizin, der Anwendung der Humangenetik in Pränataldiagnostik und -beratung und der Embryonenforschung verbunden sind. Ihr Ziel ist vielmehr, aus der Zusammenschau der Perspektiven derjenigen Disziplinen, die mit der Problematik in besonderer Weise befaßt sind, einen grundlegenden Beitrag zur Diskussion um den moralischen Status des vorgeburtlichen menschlichen Lebens überhaupt zu leisten.

Ihrer Methode und Genese nach ist die vorliegende Studie „interdisziplinär“ angelegt. Ergebnisse der modernen Embryologie, Molekularbiologie, Humangenetik, Gynäkologie, der pränatalen Psychosomatik wie der Verhaltensbiologie sind ebenso in die Studie eingegangen wie die Diskussion um den Personbegriff in der derzeitigen philosophischen Debatte und die Antwortversuche von Seiten der Theologie auf die Frage nach der besonderen Schutzwürdigkeit des vorgeburtlichen Lebens. Dem Entstehungs- und Diskussionsprozeß nach nahm die vorliegende Studie ihren Ausgang von „Saatpapieren" der beteiligten Autoren, die während der Tagungen des Instituts in Feldafing gemeinsam erörtert wurden und die mehr oder weniger kenntlich in die vorliegende Studie eingeflossen sind.

Wie sich an den zum Teil sehr kontrovers geführten Diskussionen im Plenum zeigte, an deren Ende nicht immer ein von allen mitgetragener Konsens stand, findet das interdisziplinäre Gespräch an disziplinenspezifischen Sprach- und Theoriebarrieren – nicht nur zwischen sog. „Natur-" und „Geisteswissenschaften", sondern auch zwischen Philosophen und Theologen – eine methodische Grenze. Diese Verschiedenheit der Zugangsweisen zwischen diesen Perspektiven ist im vorliegenden Band nicht getilgt worden. Davon bleibt aber das Einverständnis bezüglich des Ergebnisses und die Gemeinsamkeit in der Grundauffassung unberührt. Das Ergebnis des gesamten Bandes, nämlich die Feststellung, daß der ungeborene Mensch vom Zeitpunkt der Vereinigung von Ei- und Samenzelle an unter dem Schutz für Leib und Leben steht, der sich aus der Würde der Person ergibt, ist daher von allen Beteiligten mitgetragen, auch wenn die einzelnen, nach fachlichen Kriterien unterteilten Abschnitte von Arbeitsgruppen oder einzelnen Autoren gezeichnet sind: so für die *Naturwissenschaft* und die *Medizin* von Ruth Bodden-Heidrich, Thomas Cremer, Karl Decker, Hermann Hepp, Willi Jäger, Günter Rager und Wolfgang Wickler, für die *Philosophie* von Hans Michael Baumgartner, Ludger Honnefelder, Wolfgang Wickler und Armin G. Wildfeuer und für die *Theologie* von Stefan Niklaus Bosshard, Gerhard Höver, Raphael Schulte und Hans Waldenfels sowie für die *Ur- und Frühgeschichte* von Karl J. Narr.

Im einzelnen gliedert sich der Band nach drei Gesichtspunkten, die in ihrer Aufeinanderfolge dem Grundprogramm des Instituts entsprechen: die naturwissenschaftliche

Perspektive, die philosophische Perspektive und die theologische Perspektive.

In der *naturwissenschaftlichen Perspektive* wird die Ontogenese des Menschen nach Maßgabe des derzeitigen embryologischen Wissens in ihrer Prozeßkontinuität dargestellt. Die Ausführungen belegen detailliert, daß der neue Mensch ab der Fertilisation in ununterbrochener Kontinuität und zäsurloser Entwicklung entsteht und die Fähigkeit in sich trägt, sich zu einem erwachsenen Menschen zu entwickeln mit allen Eigenschaften, die wir einer Person zuschreiben. Der sich entwickelnde Mensch wird dabei als ein dynamisches, sich selbst organisierendes System gedeutet, das eine über die Zeit hinweg kontinuierliche Einheit darstellt, die von der Fertilisation bis zum Tod reicht. Die beteiligten Autoren legen dabei eine Entwicklungsbiologie vor, die die gesamte vor- und nachgeburtliche menschliche Entwicklung berücksichtigt.

Die *philosophische Erörterung* setzt sich mit dem derzeitigen Diskussionsstand um den Person- und Würdebegriff in der Ethik, speziell in der Bioethik auseinander und hebt dabei auf Aussagen ab, die den Anspruch auf allgemeine Konsensfähigkeit und vernünftige Nachvollziehbarkeit erheben. Der Grund der Würdezuschreibung, so lautet das Ergebnis, ist die Tatsache, daß der Mensch Person bzw. sittliches Subjekt, d.h. Subjekt selbst gesetzter und zu verantwortender Zwecke ist. Da das sittliche Subjekt nicht anders existiert als in Form eines lebendigen menschlichen Individuums und dieses Individuum durch eine ursprüngliche Einheit von Leib und Ich ausgezeichnet ist, fallen der Schutz der Integrität von Leib und Leben und der Schutz der Würde des Subjekts zusammen. Und da auch die Geburt keine grundsätzliche Zäsur in der diachronen Identität und Kontinuität des Individuums darstellt und zum menschlichen Individuum die natürliche aktive Potenz gehört, die aktuellen Eigenschaften einer Person auszubilden, ist auch der ungeborene Mensch in moralisch-praktischer Hinsicht von Anfang an als Person zu betrachten und in seinem Lebensanspruch zu respektieren.

Die Untersuchung aus der *Perspektive der christlichen Theologie* nimmt ihren Ausgang bei einer Sichtung der verschiedenen Weisen, wie in anderen Kulturen und Religionen der Respekt vor dem menschlichen Leben begrifflich und lebensweltlich zum Tragen kommt, um dann das Verständnis von Mensch- und Personsein vom christlichen Glauben her darzulegen. Sie geht dabei insbesondere der Frage nach, inwieweit die christliche Botschaft vom Leben, insbesondere aber die theologischen Begriffe „Geschöpflichkeit" und „Gottebenbildlichkeit" einen Beitrag dazu leisten können, die besondere, dem menschlichen Individuum zukommende Würde, aber auch das Anfangsgeschehen der Menschwerdung vom Augenblick der Fertilisation an zu deuten. Die Theologie nimmt dabei einen eigenen Kompetenzraum in Anspruch und versteht speziell das Verhältnis zur Philosophie als ein solches von Entsprechung und Widerspruch. Insofern versteht sie sich gegenüber Philosophie und Naturwissenschaften als ein mögliches kritisches Korrektiv im Hinblick auf allfällige Verkürzungen der Problematik. Daß die christlich-theologische Perspektive uneingeschränkt zur Sprache kommt, gehört zur leitenden Intention des veranstaltenden Instituts.

Den Beschluß des Bandes bildet eine die argumentative Hauptlinie ergänzende Studie von Karl J. Narr, die die Frage der Hominisation in die historische *Perspektive der Ur- und Frühgeschichte* erweitert und detailliert erörtert.

Es sind eben diese Perspektiven und ihre Zusammenschau, wodurch das Institut für Interdisziplinäre Forschung der Görresgesellschaft mit der Herausgabe dieses Bandes ebenso kritisch wie konstruktiv zur derzeitigen Debatte um den moralischen Status des vorgeburtlichen menschlichen Lebens beizutragen sich veranlaßt sieht.

Teil A

Beginn und Entwicklung des Menschen: Biologisch-medizinische Grundlagen und ärztlich-klinische Aspekte

Von Ruth Bodden-Heidrich, Thomas Cremer, Karl Decker, Hermann Hepp, Willi Jäger, Günter Rager und Wolfgang Wickler

1. Einleitung

Wenn Menschsein und Personsein eine unlösbare Einheit bilden (vgl. Teil B), dann weist die Frage nach dem Beginn des Personseins zurück auf die Frage nach dem Beginn des Menschseins. Ist ferner der Mensch das Lebewesen, das von Anfang an dynamisch seine Einheit herstellt - also das lebendige System, das nur insoweit System ist, als es seine Einheit erwirkt –, dann ist zu vermuten, daß es zur dynamischen Einheit seiner Entwicklung gehört, die Vermögen auszubilden, deren aktueller Vollzug die entwickelte Person kennzeichnet. Von diesen Vermögen der ständig ihre *Einheit* (1) erwirkenden Person seien hervorgehoben die Vermögen des *Bewußtseins* (2), der *Kommunikation* (3), der *Reflexion* und *Abstraktion* (4) und des *moralischen Handelns* (5). Von daher ergibt sich die Anfrage an die empirischen Wissenschaften, insbesondere an die Embryologie, wie sich dort der Beginn des individuellen Menschen und die Entwicklung seiner Vermögen darstellt.

Unsere *Grundthese* sei vorweg wie folgt formuliert: Der neue Mensch entsteht mit der Fertilisation. Wenn das neue und einzigartige Genom am Ende der zweiten Reifeteilung festliegt und die Chromosomen der beiden Vorkerne sich auf einander zu bewegen, um eine gemeinsame Metaphasenplatte zu bilden, hat das Dasein eines neuen, *individuellen Menschen*[1] begonnen. Wir verstehen diesen neuen, individuellen Menschen als eine einmalige funktionsfähige Einheit, die sich vermehren (eineiige Zwillingsbildung) und später (geschlechtlich) fortpflanzen kann.[2] Der *sich entwickelnde Mensch* wird als ein dynamisches, sich selbst organisierendes System gedeutet. Dieses System stellt eine über die Zeit kontinuierliche Einheit dar, die von der Fertilisation bis zum Tod reicht. Mit der Fertilisation trägt es in sich die Fähigkeit, sich zu einem erwachsenen Menschen zu entwickeln mit allen Eigenschaften, die wir einer Person zuschreiben.

Eine weitere Eigenschaft der Person ist das *Bewußtsein*. Um das Auftreten und das Vorhandensein von Bewußtsein festzustellen, verfügen wir über mindestens zwei Untersuchungswege. Auf dem einen Weg prüfen wir das *Verhalten*. Der andere Weg stützt sich auf die Kenntnis der *Reifung des Nervensystems*; der Vergleich mit der Entwicklung bei höheren Vertebraten erlaubt es uns, gewisse Hirnstrukturen und deren Verknüpfungen zu postulieren, um Bewußtsein zu ermöglichen. Bei Aussagen über das Vermögen zur Kommunikation, zur Reflexion und zum moralischen Handeln sind wir, wenigstens vorläufig, ganz auf Beobachtungen des Verhaltens angewiesen. Wir müssen zwar fordern, daß mit der Reifung dieser Vermögen auch die Reifung der entsprechenden Hirnstrukuren einhergeht (Rager 1994b), können aber

---

[1] Im Kapitel „Von der Fertilisation zur Implantation" werden Gründe genannt, die dafür sprechen, das Dasein eines neuen Menschen schon mit dem Ende der zweiten Reifeteilung, also dem Pronukleusstadium, beginnen zu lassen. Wenn der zweite Polkörper ausgestoßen ist, liegt das einzigartige Genom des neuen Menschen fest.

[2] Es handelt sich hier nicht um eine Definition, sondern um eine Injunktion im Sinne von B. Hassenstein (Begriff „Injunktion" im Historischen Wörterbuch der Philosophie).

noch keine Aussagen darüber machen, welche Hirnstrukturen in erster Linie damit zusammenhängen.

Es wird sich am Ende ergeben, daß die Darstellung der *Entwicklung des Menschen vor der Geburt* nicht ausreicht, um die biologischen Aspekte der menschlichen Entwicklung adäquat zu erfassen. Auch die *Entwicklung nach der Geburt* muß deshalb in diese Überlegungen einbezogen werden. So wollen wir im folgenden eine *Entwicklungsbiologie* vorlegen, *welche die gesamte menschliche Entwicklung* von der Fertilisation bis zum Alter berücksichtigt.

Da wir in diesem Teil der biologisch-medizinischen Grundlagen den individuellen Menschen und seine Entwicklung als ein dynamisches, sich entwickelndes und sich selbst organisierendes System verstehen, sollen zuerst systemtheoretische Grundbegriffe und Methoden eingeführt werden (Kap. 2). Die genetischen und molekularbiologischen Grundlagen werden in engem Zusammenhang mit der Struktur- und Funktionsentwicklung dargestellt (Kap. 3). Angesichts der gegenwärtig geführten Diskussion über Individualität und Personalität des Menschen werden wir von der klassischen Unterteilung der Entwicklung abweichen und zuerst die Zeit von der Fertilisation bis zur Einnistung des Embryos in die Uterusschleimhaut (Implantation) (Kap. 4) und dann die Zeit von der Implantation bis zum Ende der Embryonalzeit (Ende der 8. Entwicklungswoche) (Kap. 5) darstellen. Da einerseits der Geburtstermin angesichts der Möglichkeiten der modernen Medizin sehr variabel geworden ist und andererseits wichtige Entwicklungsvorgänge sich erst in der Postnatalzeit ereignen, werden wir Fetal- und Postnatalzeit zusammenhängend beschreiben (Kap. 6). Bei der Darstellung der menschlichen Entwicklung kommt es uns nicht auf Vollständigkeit an. Wir wollen lediglich jene Fakten und Ereignisse hervorheben, von denen wir meinen, daß sie im Hinblick auf unsere Aufgabe von besonderer Bedeutung sind.

Die Entwicklung des Menschen vollzieht sich nicht isoliert, sondern steht von Anfang an in engem Zusammenhang mit anderen Menschen, und hier wieder in erster Linie mit der Mutter. Das beginnt mit dem Austausch von molekularen Signalen und führt immer mehr hin zur psychischen und personalen Wechselwirkung in der Mutter-Kind-Beziehung. Die Mutter-Kind-Beziehung hat ebenso antagonistische wie synergistische Aspekte (Kap. 7). Schließlich steht die Entwicklung des Menschen im Raum des ärztlichen Handelns. Hier geht es vor allem um Fragen der Humangenetik, der pränatalen Diagnostik und der Prä- und Perinatalmedizin (Kap. 8). Personalität und Würde des Menschen verlangen, daß auch Themen wie Forschung an Embryonen, In-vitro-Fertilisation und Leihmutterschaft bedacht werden (Kap. 9).

2. Systemtheoretische Grundbegriffe und Methoden

Die Entwicklung menschlichen Lebens vor der Geburt ist aus naturwissenschaftlicher Sicht ein sehr komplexer dynamischer Prozeß, der mit Modellvorstellungen und Begriffsbildungen beschrieben werden kann, die in der Systemtheorie und in der Theorie der Strukturbildung entwickelt wurden.[3]

2.1 Bedeutung der Betrachtungsweisen

2.1.1 Methodisches

Die Betrachtungsweise des Beobachters prägt seine Einordnung von Leben und seiner Grenzen „Geburt“ und „Tod“,

[3] Zur Einführung in die allgemeine Systemtheorie wird auf die Monographie von A. Rapoport (1992) hingewiesen.

seine Aussagen darüber, was ein Lebewesen ausmacht, wann ein System der Natur zu leben beginnt oder endet. Neigt er zur analytischen Methode, so wird er versuchen, Erscheinungsformen von Leben mit einzelnen Zuständen und deren Bestimmungsgrößen, z. B. physikalischen Größen, zu fassen. Hat er eine ganzheitliche Betrachtungsweise, so sieht er eher ein strukturiertes, selbstorganisiertes Gesamtsystem. Die Erkenntnisse der Molekularbiologie berücksichtigend, mag er zunächst davon ausgehen, daß ein Lebewesen repräsentiert wird durch den Pool seiner Gene, die elementare Einheiten eines Programmcodes und Regler für seine Zustände und Entwicklung sind. Wird der ganzheitliche Aspekt vergessen, dann auch die Tatsache, daß lebende Systeme Teile in größeren Systemen (in ihrer Umwelt) sind und selbst in gekoppelte Subsysteme zerfallen (z. B. Organe). Die analytische Sicht neigt zu mechanistischen Konstruktionen, während die ganzheitliche zur funktionalen, zielgerichteten Beschreibung und Erklärung tendiert.

Beide Sichtweisen geben nur Teilaspekte wieder, vergröbern also. Einmal sehen wir die elementaren Prozesse und ihre materiellen Bestandteile, im anderen Fall betrachten wir die Phänomene, die durch ihr Zusammenwirken entstehen.

2.1.2 Deskriptiver und normativer Zugang

Neben der Beschreibung der Tatbestände wird auch der teleologische Zugang für den Bereich lebender Systeme wichtig, die sich nicht ohne weiteres auf physikalisch-chemische Prozesse zurückführen lassen. Betrachtet man ein Netzwerk von biochemischen Reaktionen, so steht zunächst das 'Wie' des Ablaufes im Vordergrund. Zwar kann man unter Umständen auch dort Funktionale („Energie") einführen, die während des Prozesses optimiert werden. Es gibt sogar Ansätze, zur Lösung mathematischer Probleme Strategien analoger biologischer Prozesse zu simulieren. Dabei hofft man, daß sich diese in der Evolution als optimale Verfahren bewährt haben (Evolutionsstrategien). Die Frage „Wozu?" wird jedoch wichtiger, wenn lebende Systeme als Teilsysteme von größeren Einheiten betrachtet und Wechselwirkungen zwischen gekoppelten Systemen beschrieben werden müssen. Sobald menschliches Leben nicht nur unter biochemischen und physiologischen Aspekten betrachtet wird, sondern der Mensch als Teil seiner Umwelt psychisch und sozial zu sehen ist, hat die normative Beschreibung ihre Bedeutung behalten. Für die Entwicklung menschlichen Lebens vor der Geburt ist nicht nur der Ablauf der eigenen physiologischen Prozesse, sondern auch der Bezug des Embryos zur Mutter wichtig.

2.1.3 Stetige und unstetige Beschreibung, Bereiche undefinierter Phase und der Adaption

Die zeitliche Entwicklung wird durch kontinuierliche oder diskrete Zustandsgrößen beschrieben, die sich stetig bzw. unstetig ändern. Bei genauerer Betrachtung sehen wir, daß sich in der Regel die ablaufenden Prozesse lebender Systeme in unserer Zeitskala nicht eigentlich unstetig verhalten. Der Übergang von einer Phase zu einer anderen läuft als Funktion der Zeit ab. Es gibt also wie beim Übergang von Eis zu Wasser Bereiche unbestimmter Phase, Zonen des Übergangs, in der das System „weder – noch" bzw. „sowohl als auch" ist. Geburt und Tod sind zeitliche Prozesse. Jeder biochemische Prozeß in einem biologischen System braucht Zeit, bis er an- bzw. abschaltet. Der Übergang, die Adaption von Systemen, ist ein wesentliches Faktum. Das Öffnen und Schließen eines Kanals ist ein diskontinuierlicher Prozeß, wenn wir nur die Zustände „offen" und „geschlossen" festlegen. Ein Relais ist in der Regel nur approximativ ein diskontinuierlicher Schalter, weil man die Dynamik des Relais vernachlässigt. Die Unstetigkeit kommt durch unsere

Beschreibung. An diskontinuierlich gedachten Schaltgrenzen ist der Zufall zu beachten, der scharfe Grenzen ohnehin verwischt.

Es darf daher nicht verwundern, daß wir für den Beginn und das Ende von Leben keine scharf definierten Grenzen vorfinden, wie wir sie zum Beispiel für die Festlegung von Verhaltensregeln fordern. Wir können nur Bereiche abgrenzen, in denen wir von fixierten Phasen sprechen können, und müssen Übergangsbereiche unterschiedlicher Zeitskala zulassen, in denen eine Festlegung nicht möglich ist. Wir müssen damit rechnen, daß es neben schwarzen oder weißen Zonen auch Grauzonen gibt. Die Befruchtung einer Eizelle durch eine Samenzelle oder die Teilung einer Zelle sind komplexe dynamische Prozesse, so daß der Übergang vom Zustand „unbefruchtet" zu „befruchtet", von „ungeteilt" zu „geteilt" nicht ohne weiteres als diskontinuierlich betrachtet werden darf, obwohl die jeweiligen Endzustände klar definiert sind.

2.1.4 Deterministische und stochastische Beschreibung

Die Unterschiede dieser Betrachtungsweisen sind in vielen Bereichen der Naturbeschreibung zu beachten, werden aber insbesondere bei Prozessen großer Komplexität wichtig, wie wir sie bei biologischen Systemen vorfinden. Deterministische Beschreibungen, die Ereignisse als genau bestimmte Folgen von Ursachen darstellen, sind nur Approximationen an Phänomene, die wir eigentlich mit stochastischen, also uns als zufällig erscheinenden Prozessen beschreiben müßten, was allerdings nicht hinreichend gut gelingt. Die Diskrepanz zwischen deterministischen und stochastischen Aussagen kann gerade in dem hier diskutierten Gegenstand wichtig werden.

2.1.5 Unbestimmtheit in biologischen Situationen

Für den Bereich physikalischer Prozesse ist die gleichzeitige genaue Bestimmung von gewissen Zustandsgrößen prinzipiell ausgeschlossen. Das Wechselspiel zwischen Beobachter und System macht dies unmöglich. Einer analogen Schwierigkeit begegnen wir bei lebenden Systemen, wenn die Beobachtung verbunden ist mit einem direkten Eingriff in das System.

2.2 Lebende Systeme

2.2.1 Begriffsbildungen

Ein *System* wird in einfachster Form durch *eine Menge von Objekten mit Relationen* beschrieben, die charakterisiert wird durch ihre möglichen Zustände. Ein System ist spezifiziert durch die Gesamtheit der Zustände, in denen es sich befinden kann, und die Dynamik dieser Zustände. Ganzheitlich gesehen, stehen nicht die Bestandteile im Vordergrund, sondern die Struktur des Systems, das heißt die wesentlichen Relationen, die „Organisation" des Systems und die „Funktionsweise". Die Stabilität biologischer Systeme hängt ab von der Fähigkeit und dem Bestreben, die Relationen und die Organisationsform zu bewahren (Autopoiese) bzw. den Zustand in einem fixierten Bereich zu erhalten (Homöostase).

Zur Beschreibung von Systemen verwenden wir *Modelle*, die z. B. bei physikalischen oder chemischen Systemen gegeben sind durch mathematische Relationen, Funktionen und Variable. Sie werden charakterisiert durch Systemparameter. Individuelle Systeme werden dargestellt durch einen Parametersatz.[4]

---

[4] Mathematische Modelle für biologische Prozesse, insbesondere auch

2.2.2 Identität von Systemen

Systemen werden zeitliche Invarianten zugeordnet, die deren Identifikation ermöglichen. Solche Invarianten sind bei Lebewesen z. B. die Gene. Invarianten dürfen sich in einem Toleranzbereich ändern, wobei die Identität des Systems weiterhin festgestellt werden kann. Die Entwicklung von individuellen Systemen kann eigentlich nur dann erfaßt werden, wenn es gelingt, einen Satz von identifizierenden Merkmalen festzulegen.

Die Problematik ergibt sich in dem hier behandelten Thema bei eineiigen Zwillingen, bei denen man von einem identischen Gensatz ausgehen darf. Was kommt hinzu, was differenzieren könnte? Kommt der Zygote, aus der sich eineiige Zwillinge entwickeln, Individualität zu? Betrachtet man die Trennung einer lebensfähigen Einheit in zwei für sich lebensfähige Einheiten, so sind diese unter Umständen nicht alleine anhand der ursprünglichen Merkmale unterscheidbar. Ihre räumliche Situation hat sich jedoch verändert, damit auch ihre Umwelt, die Einfluß auf ihre Entwicklung nimmt, und die weitere Merkmale zur Unterscheidung liefern wird. Für die langzeitliche Entwicklung sind neben den eigentlichen Systemparametern die Anfangsbedingungen und der äußere Einfluß wichtig. Aus der Sicht der Systemtheorie besteht deshalb kein Grund, einem System wie der Zygote nur deswegen Invidualität abzusprechen, weil die Möglichkeit der Aufsplittung besteht. Aus einem individuellen System entstehen zwei. Der Übergang von einem Zustand in den anderen kann systemtheoretisch wie biologisch als kontinuierlich beschrieben werden.[5]

---

solcher in der Morphogenese, werden in der Monographie von J. D. Murray (1989) behandelt.

5 Eine ausführliche Diskussion der Problematik eineiiger Zwillinge und des Individuums wird in Kapitel 5 geliefert.

Problematisch sind solche Situationen, in denen Kopplungen von unterscheidbaren Teilsystemen vorliegen, wo es aber zu nichttrennbaren „siamesischen Zwillingen“ (vgl. Kapitel 5) kommt. In solchen Fällen ist die Kopplung unter Umständen so stark, daß keine Teilung möglich ist, ohne einen der Teile zu zerstören.

2.2.3 Autonome Systeme

Unter einem autonomen dynamischen System versteht man mathematisch, daß die Änderung des Zustandes eines Systems zu einem Zeitpunkt nur von dem Verlauf des Zustandes selbst abhängt, nicht aber von äußeren Variablen, also auch nicht explizit von der Zeit. Das heißt, diese Systeme sind mathematisch „nach außen“ abgeschlossen. Bei den hier interessierenden biologischen Systemen ist das nicht der Fall, da diese von ihrer Umwelt abhängen. Beziehen wir Autonomie auf die Organisationsform, so kann man auch im Bereich realer biologischer Systeme autonome Systeme vorfinden. Ein System ist autonom, wenn seine Gesetzmäßigkeit bzw. das ihm Charakteristische selbstbestimmt, das heißt eigentlich von äußeren Einflüssen in diesem Sinne unabhängig ist. Beispiele von autonomen Systemen in diesem Sinne sind solche biologischen Systeme, die nur auf die Zufuhr von Nahrungsmitteln und den Abtransport von Abfallprodukten angewiesen sind, um ihren eigenen Metabolismus aufrecht zu erhalten; ihre Kopplung mit der Umwelt ist so gestaltet, daß die Umwelt keinen direkten Einfluß auf die möglichen Langzeitzustände des Systems hat. Autonomie ist in diesem Sinne eng mit Autopoiese verbunden. Sie ist einer der grundlegenden Aspekte eines Lebewesens.

2.2.4 Merkmale lebender Systeme

Will man „lebende" Systeme aus den in der Natur beobachteten herausheben, so befindet man sich bereits in dem Dilemma, daß die Betrachtungsweise das Ergebnis mitbestimmt. Vertritt man eher den analytischen Standpunkt und damit eher einen mechanistischen Ansatz für die Theorie des Lebens, so sind lebende Organismen eigentlich physikalisch-chemische Maschinen, wenn auch solche, die die Komplexität der von der Physik und der Chemie betrachteten Systeme im allgemeinen übersteigen. Dabei seien die Schwierigkeiten nur angedeutet, die mit dem Versuch verbunden sind, eine erschöpfende Definition des Begriffs „Leben" zu liefern. Es lassen sich jedoch Minimalanforderungen formulieren, die erfüllt sein müssen, um etwas als ein „*Lebewesen*" zu bezeichnen:

- Vorliegen eines offenen Systems mit Energie- und Materieaustausch mit der Umgebung;
- ein Stoffwechsel, der irreversible Reaktionen umfaßt und sich nicht im thermodynamischen Gleichgewicht befindet;
- Besitz informationstragender Strukturen, die sowohl ihre eigene Reproduktion als auch gezielte Synthesen von Biokatalysatoren sowie von Struktur- und Regelelementen veranlassen können;
- Abgrenzung gegenüber der Umwelt durch selektiv-permeable Membranen, wodurch die Fähigkeit zur Selbstorganisation und zur Individualität gewonnen wird.

Diese Eigenschaften können einzeln oder in einfachen Kombinationen auch in rein physikalisch-chemischen Systemen beobachtet oder durch Automaten simuliert werden. Viren und Phagen genügen diesen Minimalkriterien nicht. In der komplexen Gesamtheit, die selbst in den primitivsten Einzellern verwirklicht ist, werden diese Eigenschaften nur in lebenden Organismen gefunden.

2.2.5 Hierarchien gekoppelter Systeme, Komplexität und Variabilität

Biologische Systeme schöpfen ihre Vielfalt und ihr Potential aus der Koppelung von strukturierten, organisierten Systemen in mehreren hierarchischen Stufen: Zellen, Gewebe, Organe, Organismen, Populationen, ökologische Systeme. Dabei bilden die Zellen die „atomaren" Systeme, die – wie auch die Atome – aus kleineren Elementen, nämlich den subzellulären Strukturen aufgebaut sind. *Organe* sind strukturierte Systeme; sie bestehen aus eng kooperierenden Zellverbänden, die definierte Funktionen im Organismus erfüllen.

Biologische Systeme können mit mathematischen Gleichungen modelliert werden, welche die zeitlichen Entwicklungen der die Zustände beschreibenden Funktionen (z. B. Konzentrationen von chemischen Substanzen, Populationsgröße, Biomasse etc.) festlegen. Die Erforschung dieser Systeme zeigte, daß das Verhalten gekoppelter Systeme nicht nur komplexer wird, sondern daß es zu völlig neuen Erscheinungen kommt, so zum Beispiel zur Ausbildung von spezifischen, räumlich-zeitlichen Mustern. Solche Strukturen sind sowohl transient als auch permanent im zeitlichen Ablauf. Die im Modell bestätigten, durch Kooperation verschiedener Untersysteme und die Nichtlinearität der Prozesse bewirkten Effekte werden in realen belebten und unbelebten Systemen beobachtet. Wichtige Beispiele sind biologische Rythmen, die durch gekoppelte Systeme von Oszillatoren beschrieben werden, oder Netze von Neuronen, die auf räumlich gekoppelte Systeme führen.[6]

Eine umfassende Beschreibung muß daher mehr als nur die elementaren Bausteine einbeziehen, nämlich das gesamte System der hierarchisch vernetzten und gekoppelten Teilsy-

[6] Siehe dazu z. B. Jäger & Murray 1984; Murray 1989; Winfree 1980.

steme sowie alle auftretenden Wechselwirkungen beachten. Es kommt zu synergetischen Effekten. Diese Kopplungen entscheiden nicht nur über das „Funktionieren" des Systems, sie bestimmen teilweise sogar die Ontogenese der Teilsysteme. Zellen spezialisieren sich und ändern ihre Struktur auf Grund ihrer Stellung und Funktion im Netzwerk. Dabei mag die Rückkopplung mit physikalisch-chemischen Prozessen erfolgen. Die Auswirkung der Funktion und der Stellung im System auf die Individuen[7] läßt sich am Beispiel sich differenzierender Zellen zeigen, wo zwar biochemisch durchgeführt, aber durch die Stellung des Individuums im System veranlaßt, die entsprechende Anpassung erfolgt.

2.2.6 Merkmale menschlichen Lebens

Die Charakterisierung menschlichen Lebens und die Abgrenzung des Menschen zu anderen Lebewesen fällt noch schwerer als die von belebten und unbelebten Systemen. Bereits in unbelebten physikalisch-chemischen Systemen sehen wir Strukturbildungen, die lebenden gleichen, und ebenso beobachten wir in der Tierwelt Phänomene, die vergleichbar sind mit solchen, die wir als typisch für menschliches Leben ansehen. Das typisch Menschliche siedeln wir im Bereich des Psychischen, des Sozialen und des Geistigen an. Selbstbewußtsein, Erkennen, Denken, reflexive Reziprozität, Sprache, Ethik, Religion, Kultur sind Phänomene, die spezifisch menschlich sind. Sie werden ermöglicht durch die enorme Kapazitäten des biologischen Systems „Mensch".

---

[7] Individuum wird hier zunächst im biologischen Sinn verstanden. Weitere Erläuterungen werden dazu im Kapitel „Die Entwicklung des menschlichen Embryos von der Fertilisation bis zur Implantation" gegeben.

Biologisch bildet sein Nervensystem als komplexes Netzwerk die entscheidende Basis zur Kommunikation und Interaktion im System selbst wie mit der Umwelt. Es liefert den „Zustandsraum", in den die Wirklichkeit abgebildet wird. Diese zentrale Einheit hat nicht nur eine große Kapazität zum Speichern, Verarbeiten und zur Weitergabe von Informationen, sondern besitzt auch große strukturelle Eigenständigkeit. Wenn zwar die elementaren Lebensabläufe gesichert sind, aber die zur internen und externen Kommunikation und Interaktion nötigen Funktionen unwiderruflich ausfallen (Hirntod), kann der Tod des Menschen festgestellt werden.[8]

Auch andere, hochentwickelte Lebewesen weisen solche zentralen Systeme auf, allerdings nicht in der Leistungsfähigkeit wie beim Menschen. Es gibt keine Beweise für oder wider das Vorhandensein von Denken bei anderen Lebewesen. Lernfähigkeit dagegen ist allgemein bekannt und in bescheidenerem Umfang als bei biologischen Systemen sogar bei Maschinen durch den Einsatz geeigneter Algorithmen möglich.

Während Individualität auch anderen Lebewesen zukommt, gilt dies nicht für die Personalität, die nicht nur zur Selbstbestimmung, sondern auch zu besonderen sozialen, ethischen und kulturellen Aktivitäten befähigt ist. Ein besonders leistungsfähiges Nervennetzwerk ist die biologische Voraussetzung dazu.

---

[8] Zur Definition des Hirntodes siehe die Festlegungen der Bundesärztekammer und die „Definition und Richtlinien zur Feststellung des Todes im Hinblick auf Organtransplantationen" der Schweizerischen Akademie der Medizinischen Wissenschaften vom 18.11.1994.

2.3 Morphogenese, Strukturbildung

2.3.1 Physikalisch-chemische Prozesse

Die Entwicklung des menschlichen Embryos von der Befruchtung bis zur Geburt wird in den folgenden Abschnitten beschrieben. Sie folgt einem Grundplan, der sehr früh festgelegt ist (vgl. Slack 1983). Es ist unbekannt, wie es zu diesem Grundplan kommt. Auch die Mechanismen für räumliche Strukturbildung, die für die Entstehung verschiedener Organe notwendig sind, konnten bisher noch nicht geklärt werden. Mögliche Mechanismen sind in mathematischen Modellen gefaßt und an Rechnern simuliert worden.

Obwohl die Prozesse der Musterbildung genetisch kontrolliert sind, können Gene von sich aus keine Muster bilden. Die Modelle, die für einzelne Entwicklungsstadien des Embryos vorgeschlagen werden, beruhen auf physikalisch-chemischen Prozessen: Die beteiligten Zellen reagieren mit chemischen Substanzen, die aus der Umwelt stammen, von speziellen Zellen (Schrittmachern) oder von ihnen selbst produziert werden und sich durch Diffusion und Transport räumlich ausbreiten. Das Wechselspiel von räumlicher Ausbreitung und Reaktion der Substanzen, die Antwort von Zellen in Form von Wachstum, Teilung und Bewegung, die Wachstum aktivierende bzw. inhibierende Wirkung beteiligter Substanzen (Morphogene) führt zu Mustern und Strukturen, zu differenzierten Subsystemen mit spezifischen Aufgaben. Diese Wachstums- und Differenzierungsprozesse sind dynamische Systeme, die von entsprechenden Genen in Wechselwirkung mit den externen Einflüssen gesteuert werden. Die dynamischen Systeme selbst führen für bestimmte Parametersätze zu räumlich-zeitlich strukturierten Zuständen. Die Information ist wesentlich enthalten in der Struktur und den Parametern der Systeme. Die Ausbildung biologischer Strukturen geschieht hauptsächlich durch interne

Organisation, die festgelegte Wechselwirkung der Teile des Systems.

2.3.2 Beispiele der Morphogenese

Mit Modellen, die diesem Ansatz folgen, können zum Beispiel Strukturen erzeugt werden, wie sie beim Wachstum der Hydra beobachtet werden. Es gelingt die Resultate von Verpflanzungsexperimenten zu reproduzieren. Hierbei werden Verpflanzungen von Zellgeweben an unterschiedlichen Stellen vorgenommen und ein regelmäßiges Auftreten von Köpfen und Füßen beobachtet in Abhängigkeit von der Art, wie verpflanzt wurde (vgl. Sheratt et al. 1993).

Mit Diffusion und Reaktion von chemischen Aktivatoren und Inhibitoren von Wachstum und Gleichungen für das mechanische Verhalten gelingt es z. B. die Ausformung von Gliedmaßen am Computer zu simulieren (siehe Murray 1989, 228-245). Mit Computersimulationen war es möglich, den Prozeß der Gastrulation modellhaft zu reproduzieren und Differenzierungen von Zellgeweben wie die Ausbildung von Gefäßen zu erzielen (siehe Oster et al. 1980, 1981; Meinhardt 1982).

Für die Simulation werden Mechanismen benutzt, wie sie bei der Entwicklung von Embryonen auftreten könnten. In einzelnen Fällen wurden bereits Aktivatoren und Inhibitoren für das Wachstum identifiziert. Es ist deshalb wahrscheinlich, daß der Ansatz in die richtige Richtung geht. Für die vorliegende Thematik ist es wichtig, daß sich die ablaufenden Prozesse wesentlich selbst regulieren.

2.3.3 Neuronale Strukturen

Den Menschen zeichnet ein besonders hochentwickeltes Nervensystem aus. Ein Netz von Nervenzellen kann als ein gekoppeltes dynamisches System dargestellt werden, wobei die zeitliche Entwicklung der einzelnen Zelle unter dem Einfluß der mit ihr gekoppelten Zellen beschrieben wird. Stationäre Zustände des dynamischen Systems oder von Systemteilen definieren stationäre Bereiche des Nervennetzes (vgl. Hoppenstaedt 1986). Die Zustände von Nervennetzen bestimmen wesentlich den Zustand eines Lebewesens. Sie stellen das wichtigste Werkzeug für die Aktivitäten in den in Hierarchie höher stehenden Bereichen dar, die den Menschen von anderen Lebewesen unterscheiden z. B. im sprachlichen oder sozialen Bereich.

Selbstbewußtsein und geistige Aktivität werden häufig in Verbindung mit Sprache gebracht. Die Sprachfähigkeit hängt wiederum von den neuronalen Funktionen des Gehirns im allgemeinen und einer bestimmten Region der Hirnrinde im besonderen ab. Fällt diese Region aus, dann ist auch die Fähigkeit zu sprachlicher Kommunikation gestört. Durch Trennung der Verbindung beider Hirnhälften läßt sich die Person über das visuelle System nur über die einzelne Hirnhälfte ansprechen und das Verhalten testen. Ist die Verbindung der Hirnhälften getrennt, so können nur die rechte bzw. linke Hälfte oder beide Hälften gemeinsam angesprochen werden. Da es auch Personen gibt, die Sprachfähigkeit auf beiden Hälften lokalisiert haben, läßt sich im Experiment das Verhalten in allen Kombinationen überprüfen. Versuche zeigten signifikante Unterschiede im Verhalten der Versuchspersonen je nach Art der Kopplungen.

2.3.4 Strukturbildung in Gruppen

Wie bei den physikalisch-chemisch basierten Systemen kommt es durch direkte Wechselwirkung und durch räumlich-zeitliche Beziehungen von Individuen in einer Gruppe zur Entwicklung von Strukturen. Diese sind im allgemeinen nicht auf Raum und Zeit beschränkt, sondern drücken sich in den möglichen Relationen im System aus, etwa in der

Organisationsform oder in Verhaltensmustern. Sie sind in diesem Sinne nicht physikalisch-chemisch, da ihre Beschreibung nicht im Raum der physikalisch-chemischen Zustände erfolgen kann. Die Dynamik solcher, die Physik überschreitender Phänomene ist wenigstens teilweise mit den Methoden der Erfahrungswissenschaften beschreibbar. Der systemtheoretische Ansatz erlaubt Stufen von Organisationsformen und Kopplungen von Systemen, so daß in den entstehenden Zustandsräumen Strukturen und dynamische Prozesse möglich sind, wie wir sie in den Phänomenen kennen, die wir mit Handeln, Denken, Erkennen, Sprache, soziales Verhalten, Ethik, Kultur bezeichnen.

Der systemtheoretische Ansatz zur Beschreibung von Lebewesen eröffnet uns einen besonders geeigneten und umfassenden Verständnishorizont, ohne die Naturwissenschaften verlassen zu müssen. Dieser naturwissenschaftliche Verstehenshorizont soll in den folgenden Kapiteln mit den Phänomenen der Enstehung und Entwicklung des Menschen ausgefüllt werden, wobei diese Phänomene von der molekularen bis zur makroskopischen Ebene reichen.

3. Molekular- und zellbiologische Grundlagen

3.1 Molekulare Genetik[9]

3.1.1 Grundbegriffe

Die erblichen Eigenschaften eines Lebewesens sind durch die Zusammensetzung eines als Desoxyribonukleinsäure

[9] Für eine tiefergehende Beschreibung wird auf folgende Standardwerke verwiesen: Alberts, B., Bray, D., Lewis, J., Raff, M., Roberts, K., Watson J. D. (Deutsche Übersetzung von Jaenicke, L.) 1990: *Molekularbiologie der Zelle*, Weinheim; Gilbert, S. F. 1994: *Developmental Biology* , Sunderland, MA.; Kleinig, H. und Sitte, P. 1984: *Zellbiologie*, Stuttgart.

(DNA) bezeichneten Makromoleküles festgelegt. DNA besteht aus einer Kette mehrerer tausend chemisch verbundener Bausteine. Es werden in allen Lebewesen gleichermaßen nur vier Arten von Bausteinen, Desoxyribonukleotide genannt, verwendet. Eine Folge von drei Bausteinen, als Codon bezeichnet, stellt die informative Grundeinheit dar. Aus vier verschiedenen Bausteinen lassen sich 64 Dreierkombinationen herstellen; alle Möglichkeiten werden in der Natur auch genutzt, sei es als Information für einen Eiweißbaustein (Aminosäure), sei es als Start- oder Stop-Signal für den Ablesevorgang. Das Riesenmolekül der DNA liegt in der Zelle (bei den zellkernhaltigen Eukaryonten im Zellkern) überwiegend in einer als Doppelhelix bezeichneten Struktur vor. Das Genom einiger Viren (Retroviren) besteht aus Ribonukleinsäure (RNA).

Da es in erster Linie die erblichen Eigenschaften sind, welche das Erscheinungsbild ihrer Träger bestimmen, kommt den Funktionen der DNA eine besondere Bedeutung zu. Als operationale Grundeinheit für ein in der DNA gespeichertes Erbmerkmal dient das *Gen*. Es ist definiert als die funktionelle Transkriptionseinheit (*Transkription* = Übersetzung der in der DNA festgelegten Information durch Synthese einer komplementären Ribonukleinsäure); sie umfaßt diejenige DNA, die zur Synthese einer Polypeptidkette bzw. eines Ribonukleinsäuremoleküls benötigt wird. In der Regel enthält ein (1) Gen die Information für ein (1) Proteinmolekül.

Bei Organismen mit sexueller Vermehrung liegen funktionell entsprechende Gene paarweise (je eines von beiden Elternteilen) vor; sie sind in Struktur und Informationsinhalt analog, häufig jedoch nicht gleich. Für das einzelne Gen eines solchen Paares wird der Begriff *Allel* benützt. Homozygotie bedeutet den Besitz zweier identischer, Heterozygotie zweier unterschiedlicher Allele.

Als *Genom* bezeichnet man die Gesamtheit der DNA einer Zelle. Das menschliche Genom enthält ca. 3 Milliarden Desoxyribonukleotid-Bausteine. Unter einem *Chromosom* versteht man einen einzelnen langen DNA-Faden, der zahlreiche Gene enthält; er liegt, zusammen mit spezifischen Proteinen, im ruhenden Zellkern in kompakter Form vor. Das menschliche Genom besteht aus 46 Chromosomen (2 mal 22 verschiedene Autosomen und 2 Geschlechtschromosomen) mit ca. 100 000 Genen.

Die weitgehende Konstanz der Basensequenz (lineare Folge der Nukleotid-Bausteine) der genomischen DNA eines Organismus gilt streng genommen nur für die Keimbahn-DNA. Das Genom der Somazellen kann ohne erkennbaren Schaden in einem beschränkten Umfang verändert werden; dies gilt besonders für jene Anteile des Genoms, die in einer ausdifferenzierten Zelle nicht mehr exprimiert werden („*silent genes*"), da sie für die begrenzte Funktion der spezialisierten Zelle nicht nötig (ev. sogar schädlich) sind, sowie für jene, die nach heutigem Wissensstand überhaupt nicht transkribiert werden („junk" DNA). Eine funktionell sehr bedeutsame Variabilität des Genoms finden wir bei jenen Genen, die in den Zellen des Immunsystems die Bildung der hochspezifischen Antikörper veranlassen.

Der Begriff *Gen-Pool* wird verwendet, um die gleichbleibenden Eigenschaften einer Art (Spezies) zu definieren. Man versteht darunter die Menge der Genome, die miteinander kompatibel sind; dies zeigt sich an der Befähigung zu vollständiger genetischer Konjugation, also zur Erzeugung fertiler Nachkommen. Es gibt derzeit kein rational konsistenteres und wissenschaftlich besser fundiertes Kriterium für die Definition der Zugehörigkeit zu einer Säugetierspezies. Soweit gelegentlich „Ausnahmen" – d. h. die Speziesgrenzen überschreitende Hybridbildungen – berichtet werden, sollte man zuerst die dort verwendeten Kriterien der Spezieszuordnung überprüfen.

Für uns bedeutet diese Zuordnung, daß der rezente Mensch durch den Gen-Pool *Homo sapiens* definiert ist. Der Gen-Pool umfaßt demnach nicht mehr die anderen Angehörigen der Gattung (genus) *Homo*; zugegebenermaßen bereitet es Schwierigkeiten, den Nachweis zu erbringen, wann und wo sich der Gen-Pool des *Homo sapiens* von anderen *Homines* getrennt hat. Vielleicht bringt ein glücklicher Fund und die Weiterentwicklung der molekularbiologischen Paläontologie einmal Klarheit in diese stammesgeschichtlich hochinteressanten Zusammenhänge.

Die an der genetischen Rekombination beteiligten Prozesse (*Meiose*) sind durch eine Vielzahl stochastischer Ereignisse geprägt und deshalb in ihrem Ergebnis nicht vorhersagbar. Damit stellt dieser Vorgang das einzige funktionelle Diskontinuum von Bedeutung in der kontinuierlichen organismischen Entwicklung dar und bedingt die Einmaligkeit des *Genoms*. Ein vollständiger Satz definierter Gene ist eine notwendige, aber noch keine hinreichende Bedingung der Individualität, denn an der Ausprägung des Individuums sind auch nicht-genomisch kontrollierte Ereignisse beteiligt. Auf die Bildung eineiiger Zwillinge, die über das gleiche Genom verfügen, aber doch unterscheidbare Individuen sind, wurde bereits im Abschnitt „Identität von Systemen" eingegangen; sie wird später noch ausführlich besprochen.

Ein Einzeller (Pro- oder Eukaryont) ist im biologischen Sinne ein *Individuum*, selbst wenn er nur ein kleines Genom (häufig weniger als 5000 Gene) besitzt; er ist die kleinste lebens- und vermehrungsfähige Einheit. Ist es aber angebracht, ihn auch als Organismus („Mikrorganismus") zu bezeichnen? Der Begriff wird vorzugsweise auf mehrzellige Lebewesen angewandt, die meist sogar aus mehr als einer Zellart bestehen müssen, um lebens- und vermehrungsfähig zu sein. Ein Organismus ist dann ein Individuum, wenn der Differenzierungsprozess irreversibel und eindeutig eine funktionelle und strukturelle Einheit ansteuert.

Was bedeutet die mitotische Teilung von Einzellern für deren Individualität? Stirbt das Individuum mit der Zellteilung und entstehen zwei neue Individuen mit identischem Genom? Es sind zwei Möglichkeiten denkbar: (a) Die „Mutter“zelle besteht weiter, sie produziert eine „Tochter“zelle mit identischem Genom. (b) Die sich teilende „Mutter“-Zelle verliert ihre Identität, es entstehen zwei neue, wenn auch genetisch identische Individuen. Diese Unterscheidung ist von grundsätzlicher Bedeutung für die Frage, ob bei der eineiigen (monozygoten) Zwillingsbildung beim Menschen die Individualität der Zygote erhalten bleibt, diese sich also asexuell fortpflanzt, oder ob diese verlorengeht und durch zwei neue, genetisch identische Individuen ersetzt wird.

Bei Hefen, ist nach der mitotischen Teilung die „Mutter“zelle eindeutig von der „Tochter“zelle zu unterscheiden (Cabib et al. 1974), z. B. durch die Narbenbildung am Ort der Abschnürung der Tochterzelle; diese Narbenbildung ist auch die Ursache dafür, daß eine Hefezelle sich nicht beliebig oft teilen, also nicht „unsterblich“ sein kann. Übertrüge man diese Sichtweise auf die sich teilende menschliche Zygote, müßte man akzeptieren, daß die Individualität der „Mutter“zelle bei der mitotischen Teilung erhalten bleibt.

3.1.2 Die Desoxyribonukleinsäure (DNA) als das Erbmaterial

Die *genomische DNA* besteht aus funktionell unterschiedlichen Bereichen: informative DNA, regulatorische DNA einschließlich der Replikations-Startstellen, Telomeren und häufig repetitive Sequenzen ohne bekannte Funktion. Die Strukturgene (informative DNA) der eukaryoten (kernhaltigen) Zellen ihrerseits bestehen häufig aus einer Abfolge informativer (*Exons*) und nicht-informativer (*Introns*) DNA-Abschnitte. *Replikations-Startstellen* (*origins of replication*, regulatorische DNA) bestehen aus Sequenzen auf der DNA, an die sich die Katalysatoren der DNA-Replikation, die DNA-Polymerasen, anheften, um mit der Synthese neuer DNA-Stränge zu beginnen; sie werden nicht transkribiert. *Zentromere* sind DNA-Abschnitte, die zur Anheftung der Chromosomen an die mitotische Spindel benötigt werden. *Telomere* sind Endabschnitte an linearen Chromosomen.

Im Gegensatz zu den Prokaryonten (Bakterien) liegt die DNA der Eukaryonten nicht „nackt“ in der Zelle vor, sondern ist, zusammen mit Proteinen, in *Nukleosomen* strukturiert. Der DNA-Faden ist auf einem Histon-(Protein)ball aufgewickelt; er wird durch andere Histone und spezifische DNA-bindende Proteine teilweise ummantelt (Chromatin bzw. Heterochromatin).

Neben der im Zellkern lokalisierten DNA findet man in bestimmten Zellorganellen (Mitochondrien, Chloroplasten) genetisch aktive DNA, die einen von den Mendel'schen Regeln unabhängigen, *maternalen Erbgang* bedingt. Letzteres deshalb, weil die Mitochondrien der Zygote praktisch ausschließlich aus der Oozyte stammen und einen vom Zellkern unabhängigen Transkriptions- und Translationsapparat besitzen. Von der mitochondrialen DNA von Säugetierzellen werden nur ca. sieben Proteine codiert.

3.1.3 Die Expression genetischer Information.

Die DNA kann ihre Information in zweierlei Weise weitergeben: zur Bildung neuer DNA mit demselben Informationsgehalt (*Gen-Replikation*) und zur Synthese von Protein (*Gen-Expression*). Beide Prozesse stehen unter ständiger funktioneller Kontrolle.

Die identische Replikation der Gene ist ein äußerst komplizierter Vorgang. Das Ausmaß der Fehlerfreiheit dieses Prozesses, bei dem Millionen bis Milliarden von Informationseinheiten kopiert werden müssen, ist für die Erhaltung der Art, ihre sehr geringe aber doch vorhandene Fehlerrate für das Fortschreiten der Evolution verantwortlich. Bereits auf der Stufe der Bakterien (z. B. bei dem Darmbakterium *Escherichia coli*) beträgt die Fehlerquote nur $1:10^8$ bis $1:10^{10}$, d. h. etwa einen Fehler pro 1000 Bakterien pro Generation (vgl. Eigen et al. 1981). Neben der Präzision der biokatalytisch gesteuerten chemischen Reaktionen sind es die Mechanismen des Fehlerlesens und Fehlerkorrigierens, die in bewundernswerter Weise zur Kopiertreue beitragen. Zusätzliche Prozesse (sog. Erhaltungsmethylierungen) sorgen dafür, daß das spezifische Muster der DNA eines Zelltyps von den stets vorhandenen DNA-spaltenden Enzymen dieser Zellen nicht abgebaut wird, wohl aber jene evtl. eingedrungene DNA anderer Zellarten. Man kann darin einen urtümlichen Mechanismus der „Selbst"-erkennung sehen, den erst die höheren Tiere mit der Entwicklung des Immunsystems ausgebaut und perfektioniert haben.

Neben den Fehlern im Kopiermechanismus sind es vor allem *mutative Ereignisse* chemischer oder physikalischer Art, die zur Veränderung der Gen-DNA beitragen. Bereits die thermische Bewegung der DNA-Moleküle in der lebende Zelle, sodann UV- oder Röntgenstrahlung aus dem Weltall und die natürliche Radioaktivität der Erde verändern seit altersher das genetische Material und setzen es der Tauglichkeitsprüfung im Überlebenskampf aus. Dazu kommen in den letzten Jahrzehnten anthropogene Gefährdungen. Chemische Veränderung der codierenden Molekülteile, sowie DNA-Strang- und Chromosomenbrüche sind die häufigsten mutativen Ereignisse. Die Mehrzahl dieser Mutationen betreffen die Somazellen und damit „nur" das betroffene Individuum selbst. Mutationen in der Keimbahn-DNA können dagegen zu erblichen Veränderungen des Genoms führen.

Die Zellen haben im Laufe der Evolution „gelernt", sich gegen diese allgegenwärtigen Gefahren durch die Entwicklung von *Reparaturmechanismen* zu wehren. Diese bestehen in der Mehrzahl darin, Fehler in der Nukleotidstruktur oder

Strangbrüche durch die bereits erwähnten Korrekturlese- und -reparaturenzyme zu erkennen, die betroffenen Bezirke „auszuschneiden“ und durch die korrekten Nukleotide zu ersetzen. Es sind Dutzende von spezifischen Enzymen bekannt, die diesem lebenserhaltenden Zwecke dienen.

Ein wichtiger Punkt, der bei der Betrachtung von Mutation und Selektion häufig außer acht gelassen wird, ist die Tatsache, daß die Mutationen und die Vererbung der mutierten Charaktere an und durch die DNA, also am *Genotyp* erfolgen; daß jedoch die Selektion, die Prüfung der Lebenstauglichkeit, auf der Ebene der Genprodukte (Enzyme, Struktur- und Transportproteine und der mit ihrer Hilfe gebildeten Stoffe, Funktionen und Strukturen), also am *Phänotyp* stattfindet. Mutationen, die diese Funktionen nicht oder nicht nennenswert beeinträchtigen, können erhalten werden (neutrale Mutationen) und das Spektrum der mutagenen Variabilität vergrößern. Diesem Zweck dient auch die Duplikation von Genen.

Die Zelle ist in der Lage, die Expression von Genen, d. h. die gen-gesteuerte Eiweißsynthese, dem Bedarf entsprechend an- und abzuschalten (*Transkriptions-Kontrolle*). Diese für die Zelldifferenzierung, das Wachstum, aber auch für die Anpassung an variable äußere Bedingungen höchst bedeutsame Fähigkeit wird durch eine hierarchische Ordnung von positiven und negativen Regulationselementen und -mechanismen in fein koordinierter Weise bewerkstelligt. Die Steuerung dieses Prozesses kann einsetzen a) an der Freilegung des abzulesenden DNA-Abschnitts aus dem Chromatinverband (z. B. durch chemische Modifikationen der DNA und der Proteine des Chromatins); b) am Beginn oder am Ende der mRNA-Synthese; c) an der chemischen Veränderung (Reifung) der primär gebildeten „Prä-mRNA“ oder d) durch Inaktivierung der gebildeten mRNA. Es sei nur erwähnt, daß neben der mRNA, welche die genetische Information für die Proteinsynthese weiterleitet, weitere Typen von RNA durch Transkription spezifischer Gene im Zellkern erzeugt werden: die ribosomale (rRNA) und die Transfer (tRNA)-RNA; beide werden ebenfalls für die Proteinsynthese benötigt.

Um die in der DNA der Gene gespeicherte Information zur Bildung spezifischer Proteine realisieren zu können, muß die Botschaft aus der DNA- in eine RNA-„Schrift" umgeschrieben werden (*Transkription*) (Abb. 1). Dieser Vorgang benötigt – neben den Bausteinen, den Ribonukleotiden, und Magnesium-Ionen – ein komplexes Enzym, eine RNA-Polymerase, das die korrekte Verknüpfung der Bausteine katalysiert. Dieses Enzym bindet an eine Region der DNA-Matrize (Promotor-Region), die nahe der Stelle liegt, an der der Transkriptionsvorgang (Initiation) beginnt. Die Bindung der Polymerase an die Promotorregion wird durch regulatorische Faktoren beeinflußt, die entweder im Promotorbereich selbst liegen oder aber an weiter entfernten Verstärker- (*enhancer*) bzw. Suppressor-Regionen der DNA angreifen und den Promotorbereich nur mittelbar beeinflussen.

Abb. 1 (siehe S. 41): *Transkription und Translation der Proteine.* Die in den DNA-Molekülen (Gen) enthaltene Information (Basenabfolge) wird auf die Boten-RNA (mRNA) übertragen (Transskription). Die Basenabfolge der mRNA ist komplementär zur Basenabfolge des abgebildeten DNA-Genabschnittes. Die so entstandene Prä-mRNA besteht aus Introns und Exons. Die Introns werden entfernt (Spleißen), die verbleibenden Exons bilden die definitive mRNA-Sequenz. Nach Hinzufügen einer 7-Methylguanosin-Kopfgruppe und einem Polyadenin-Schwanz verläßt die (gereifte) mRNA den Zellkern über die Kernporen und tritt in das Zytoplasma ein. Mit Hilfe der Ribosomen kommt es im Zytoplasma zur Proteinsynthese (Translation). Modifiziert nach Benninghoff 1994, mit freundlicher Genehmigung des Verlags Urban & Schwarzenberg.

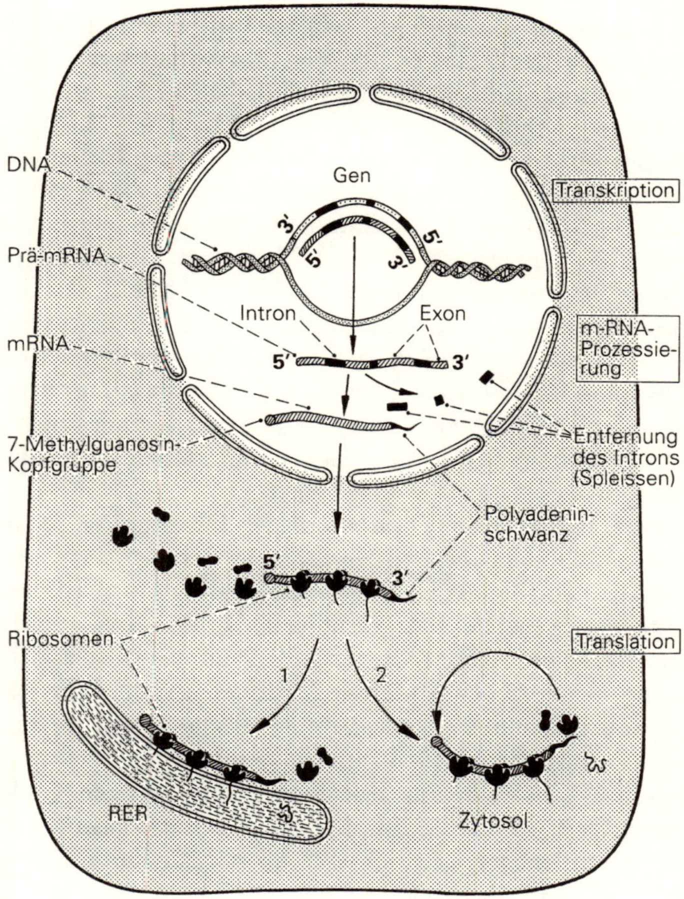
DNA
Gen
Transkription
3'
5'
5'
3'
Prä-mRNA
Intron
Exon
mRNA
5'
3'
m-RNA-Prozessierung
7-Methylguanosin-Kopfgruppe
Entfernung des Introns (Spleissen)
Polyadeninschwanz
5'
3'
Ribosomen
Translation
1
2
RER
Zytosol

Die Verstärkung der Gen-Expression wird *Induktion*, ihre Hemmung *Repression* genannt. Die steuernden Kernfaktoren sind überwiegend Proteine. Ihre regulatorische Wirksamkeit wird ihrerseits modifiziert durch chemische Veränderung (z. B. Phosphorylierung) und kann das Ergebnis einer vielstufigen Reaktionskette sein, die Information aus der Umgebung der Zelle (z. B. von Hormonen oder Wachstumsfaktoren) über Rezeptoren an der Zellmembran an den Zellkern weiterleitet.

Die Reifung der an der DNA-Matrize (dem informativen, „codogenen" Strang) synthetisierten „Prä-mRNA" umfaßt mehrere chemische Modifikationen, von denen hier nur das „Spleißen" genannt sei (Abb. 1). Man versteht darunter das Entfernen von Abschnitten aus dem Molekül der Prä-mRNA, die keine Information für die Proteinsynthese tragen (Introns, siehe oben), und das Neuverknüpfen der entstandenen freien Enden. Diese mRNA wird nach ihrer Fertigstellung aus dem Zellkern an den Ort der Proteinsynthese im Cytoplasma oder am endoplasmatischen Retikulum transportiert.

Die Übersetzung (*Translation*) der Information aus der Nukleinsäure- in die Protein-„sprache" erfolgt an kleinen Zellpartikeln, den Ribosomen, die aus rRNA und Proteinen bestehen. Die einzelnen Bausteine der Eiweißkörper, die 20 verschiedenen Aminosäuren, werden mit größter Präzision an spezifische tRNA-Moleküle gebunden und dem Ribosom zugeführt. Proteinsynthese kann stattfinden, wenn die informationstragende mRNA an die Ribosomen ankoppelt. Durch Wechselwirkung zwischen dem jeweiligen Codon der mRNA und dem komplementären Anticodon auf der tRNA wird die jeweils „richtige" Aminosäure bereitgestellt; sie wird durch Enzyme des Ribosomenkomplexes mit der vorangegangen Aminosäure verknüpft und verlängert die wachsende Proteinkette um eine Einheit (Elongation). Die Schlüsselposition dieses streng regulierten Prozesses kommt

u. a. dadurch zum Ausdruck, daß die meisten natürlichen Antibiotika in den Translationsablauf eingreifen.

Es ist bemerkenswert, daß in der Frühphase (bei der Maus ca. 2 Tage) der Embryogenese die stark aktivierte Proteinsynthese ausschließlich von der im maternalen Cytoplasma gespeicherten mRNA ausgelöst und instruiert wird, während der neuformierte Kern erst nach diesem Zeitpunkt beginnt, mRNA zu synthetisieren (Gross und Cousineau 1964). In der nichtbefruchteten Oozyte ist diese maternale mRNA noch inaktiv; erst unter der Wirkung des eingetretenen Spermatozoons wird sie durch eine enzymatische Methylierung biologisch aktiviert. Andrerseits wird diese mRNA rasch abgebaut, wenn der neugebildete embryonale Zellkern beginnt, seine DNA zu exprimieren. Dieser Zusammenhang unterstreicht die Rolle *epigenetischer Faktoren* in der Embryogenese, die regulierende Wechselwirkung zwischen Spermatozoon und Oozyte beim Befruchtungsvorgang und die Bedeutung des Zeitfaktors bei der feinabgestimmten Steuerung der Embryogenese.

3.2 Molekular- und Zellbiologie der frühesten Entwicklungsstadien

Um zu dieser überaus schwierigen Frage eine kompetente Antwort zu finden, ist es nötig, die Prozesse der Keimzellentstehung, -reifung und -vereinigung nach dem aktuellen Stand der embryologischen Forschung zu betrachten. Die als *Mitose* und *Meiose* bezeichneten Vorgänge spielen hierbei eine entscheidende Rolle.

3.2.1 Mitose

Die Vermehrung bei eukaryoten Zellen ist ein zyklischer Prozess (*Zellzyklus)*, der in mehreren diskreten Phasen abläuft. Der Teilung einer diploiden Somazelle (*Mitose*, Abb. 2, 3) muß eine Reorganisation und Vermehrung der DNA vorangehen. Sie erfolgt in der Interphase, die in einen G_1-, S- und G_2-Abschnitt unterteilt wird, gefolgt von der eigentlichen Mitose. In der späten G_1 gibt es einen Zeitpunkt (Restriktionspunkt), an dem die Entscheidung zur Zellteilung fällt. Bis dahin kann der Zyklus durch Hemmstoffe der Proteinsynthese noch gestoppt werden. Ist er überschritten, tritt die Zelle unweigerlich in die S-Phase über und beginnt mit der Neusynthese der DNA.

Abb. 2 (siehe S. 45): *Der Zellzyklus.* Unter Zellzyklus versteht man die Abfolge der Ereignisse in einer Körperzelle, die sich in zwei gleiche Tochterzellen teilt (Reduplikation). Man unterscheidet eine Interphase und eine Mitosephase. Die Interphase umfaßt die gesamte Zeit zwischen zwei Zellteilungen. Sie wird wieder in drei Abschnitte unterteilt: die G1-, die S- und die G2-Phase. Die G1-Phase (G für Gap oder Lücke) beginnt im Anschluß an die Mitose und ist durch intensives Wachstum der Zelle und hohe Protein- und RNA-Synthese gekennzeichnet. Jedes Chromosom besteht aus einer Chromatide (2n, 2C) bzw. einem DNA-Molekül. Von einem nicht genau festlegbaren Start- oder Restriktionspunkt an wird ein Programm angeschaltet, das die Zelle auf die S- oder Synthesephase vorbereitet. In der S-Phase wird DNA synthetisiert (Replikation). Am Ende der S-Phase sind die Chromatiden der 46 Chromosomen verdoppelt (2n, 4C). Auf die S-Phase folgt die G2-Phase, in welcher Proteine synthetisiert werden, die für die Kondensierung von Chromosomen wichtig sind. Man nimmt ferner an, daß in dieser Phase die DNA geprüft und defekte Abschnitte repariert werden. Auf die Interphase folgt die Mitose. Modifiziert nach Benninghoff 1994, mit freundlicher Genehmigung des Verlags Urban & Schwarzenberg.

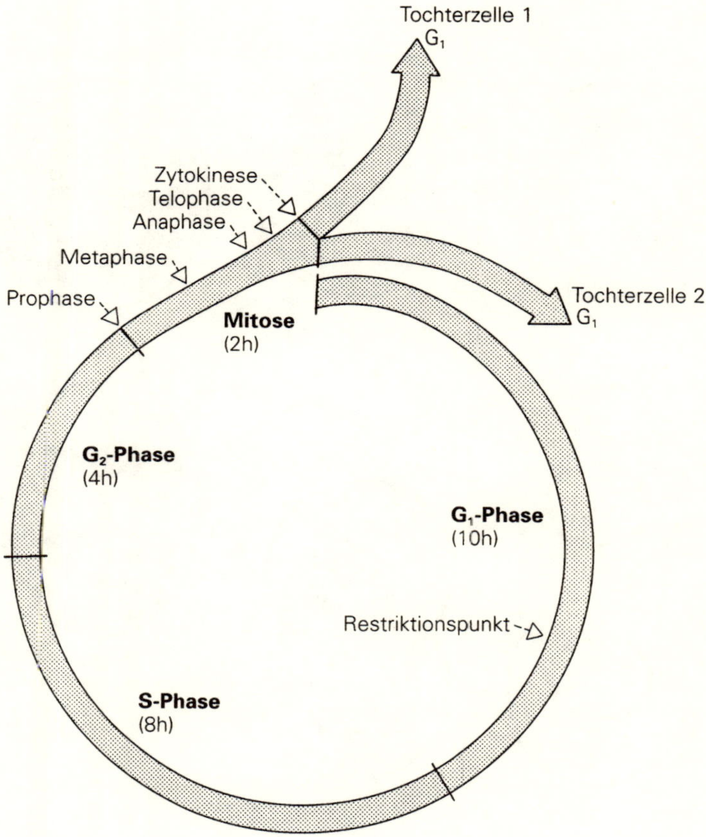
Tochterzelle 1
G_1
Zytokinese
Telophase
Anaphase
Metaphase
Prophase
Mitose
(2h)
Tochterzelle 2
G_1
G_2-Phase
(4h)
G_1-Phase
(10h)
Restriktionspunkt
S-Phase
(8h)

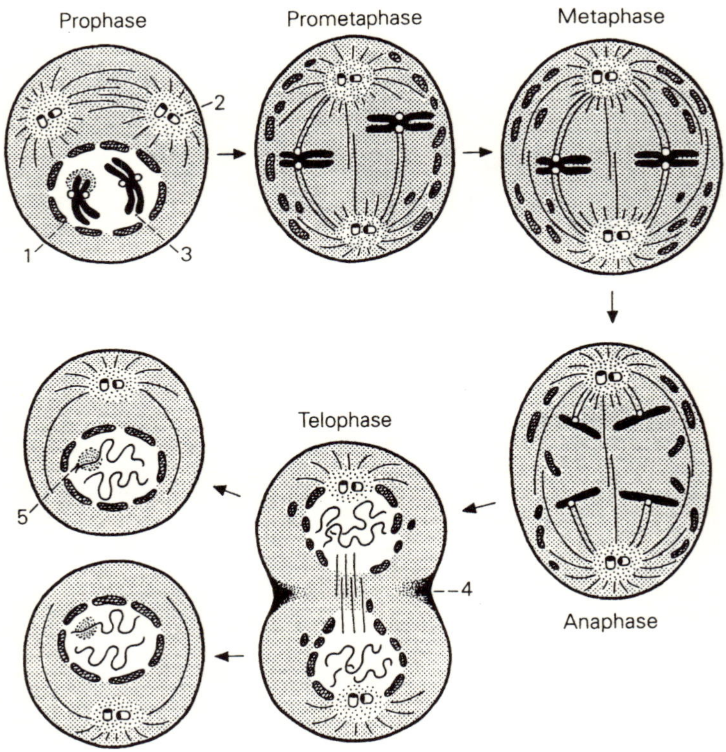
Prophase
Prometaphase
Metaphase
Anaphase
Telophase
1
2
3
4
5

Die Kern- (und damit auch die Zell-)teilung wird von kleinen Zellstrukturen, den Zentrosomen, dirigiert. Bereits ehe die Teilung einsetzt, verdoppeln sich die Zentriolen (tubuläre Bestandteile der Zentrosomen) und senden röhrenförmige Proteinfäden (Mikrotubuli) aus, an denen sich später die Chromosomen anordnen; dieser Mechanismus gewährleistet die korrekte Trennung und Anordnung der diploiden Chromosomensätze. Nach der Verdoppelung der Zentriolen geht die Zelle aus der Interphase in die Prophase über; die Kernmembran bricht zusammen, die Zentriolen wandern zu entgegengesetzten Polen in der Zelle und bilden die tubuläre Spindel aus. In der anschließenden Metaphase reihen sich die Chromosomen in der äquatorialen Ebene dieser Spindel auf. Wenn die Anaphase beginnt, trennen sich die verdoppelten Chromosomen (Chromatide). In der anschließenden Telophase erreichen die Chromosomen die mitotischen Pole, während sich die Zelle einzuschnüren beginnt. Jeder Pol enthält die gleiche Zahl der homologen Chromosomen. Die völlige Abschnürung und Trennung (Zytokinese) liefert sodann zwei Tochterzellen.

Abb. 3 (siehe S. 46): *Die Mitose.* In der Prophase kondensieren die Chromosomen. Die Zentriolenpaare sind bereits in der G2-Phase verdoppelt worden. Sie rücken durch das Auswachsen von Mikrotubuli weiter auseinander. In der Prometaphase zerfällt die Kernhülle in kleine Membranvesikel. Die Zentrosomen befinden sich jetzt an den einander gegenüber liegenden Polen des Zellkerns. Von ihnen strahlen Mikrotubuli aus, bilden die Mitosespindel und binden an das Kinetochor einer jeden Chromatide. In der Metaphase werden die Chromatiden genau in die Mitte zwischen den beiden Spindelpolen verlagert. In der Anaphase werden die Chromatiden voneinander getrennt und in Richtung auf die Zentrosomen verschoben. In der Telophase werden die getrennten Chromatiden entspiralisiert und von einer neuen Kernhülle umgeben. Schließlich wird der noch gemeinsame Zelleib in der Mitte durchtrennt (Zytokinese). Es entstehen zwei Tochterzellen. 1: Kernhülle; 2: Zentrosom mit Zentriolenpaar und ausstrahlenden Mikrotubuli; 3: Kondensierte Doppelchromosomen mit Kinetochor; 4: Kontraktiler Schnürring; 5: Nucleolus an Organisator-Region eines Chromosoms. Modifiziert nach Benninghoff 1994, mit freundlicher Genehmigung des Verlags Urban & Schwarzenberg.

Der Zellzyklus wird durch verschiedene Signalmoleküle (z. B. das Cyclin-system, Calcium-ionen, Calmodulin-abhängige Kinase, M-phasenfördernder Faktor [MPF]) gesteuert. Im nichtbefruchteten (Frosch-)Ei sorgt der MPF dafür, daß der Metaphasenzustand mit kondensierten, in der Spindel aufgereihten Chromosomen erhalten bleibt. Nach der Befruchtung erfolgt ein Einstrom von Calcium-ionen, eine Inaktivierung von Cyclinen und, damit gekoppelt, des MPF. Danach kann die Oozyte in die nächste Stufe des Zellzyklus eintreten. Darüberhinaus beeinflussen Wachstumfaktoren Zeitpunkt und Ausmaß der Zellvermehrung und des Organwachstums.

Abb. 4 (siehe S. 49): *Meiose I oder erste Reifeteilung.* Durch die Meiose werden Gameten hervorgebracht, die einen haploiden Chromosomensatz besitzen (23,X oder 23,Y). Durch die Vereinigung der Gameten (Fertilisation) entsteht die diploide Zygote (46, XX oder 46, XY). Während der Meiose kommt es zu zwei aufeinander folgenden Zellteilungen, die erste und die zweite Reifeteilung. In der ersten Reifeteilung werden die väterlichen und die mütterlichen Chromosomen gleichmäßig auf zwei haploide Tochterzellen verteilt. Dazu werden die homologen Chromosomen aneinander geheftet und bleiben solange miteinander verbunden, bis die Mikrotubuli der Teilungsspindel mit jedem Chromosom verbunden sind. Im Diplotän, einem Stadium der Prophase, wird die Verheftung (synaptonemaler Komplex) langsam gelöst. Die Chromosomen bleiben nur noch an Kreuzungpunkten (Chiasmata) miteinander verbunden. An diesen Stellen entstehen Brüche der Chromatiden. So kommt es in unvorhersagbarer Weise zum Austausch väterlicher und mütterlicher Chromosomenstücke. In der Prometaphase I, Metaphase I, Anaphase I und Telophase I werden im Unterschied zur Mitose Doppelchromosomen zu ihren Zentromeren hingezogen. Die Zytokinese bleibt unvollständig bis zum Abschluß der zweiten Reifeteilung. Die erste Reifeteilung läuft bei Spermatozyten und Oozyten in gleicher Weise ab. Nach der Zytokinese entstehen jedoch zwei gleich große Spermatozyten II, während bei den Oozyten eine große Oozyte II und ein kleiner Polkörper aus der Zellteilung hervorgehen. Modifiziert nach Benninghoff 1994, mit freundlicher Genehmigung des Verlags Urban & Schwarzenberg.

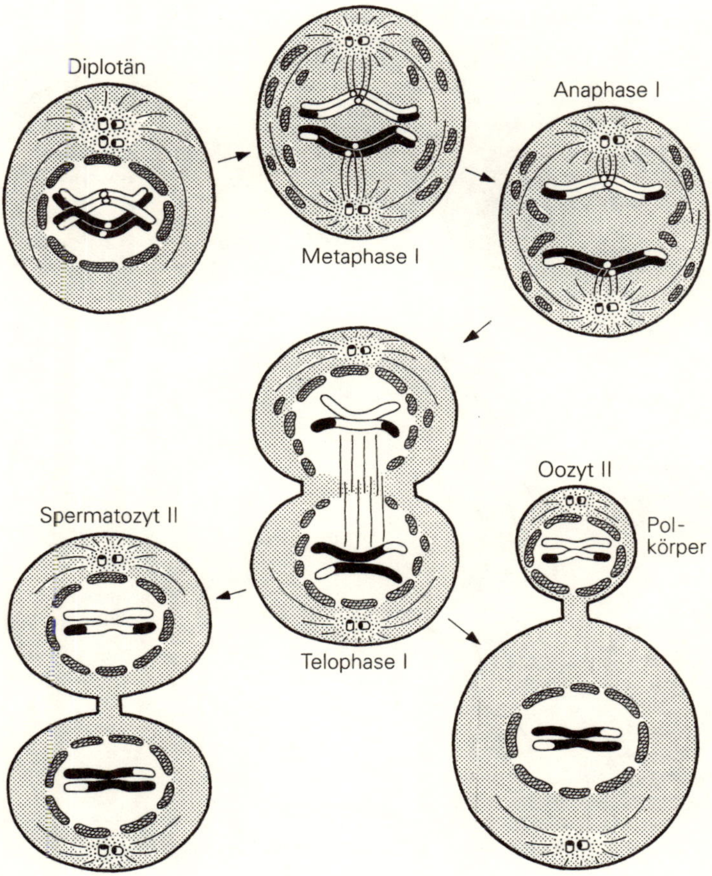
Diplotän
Metaphase I
Anaphase I
Telophase I
Spermatozyt II
Oozyt II
Pol-
körper

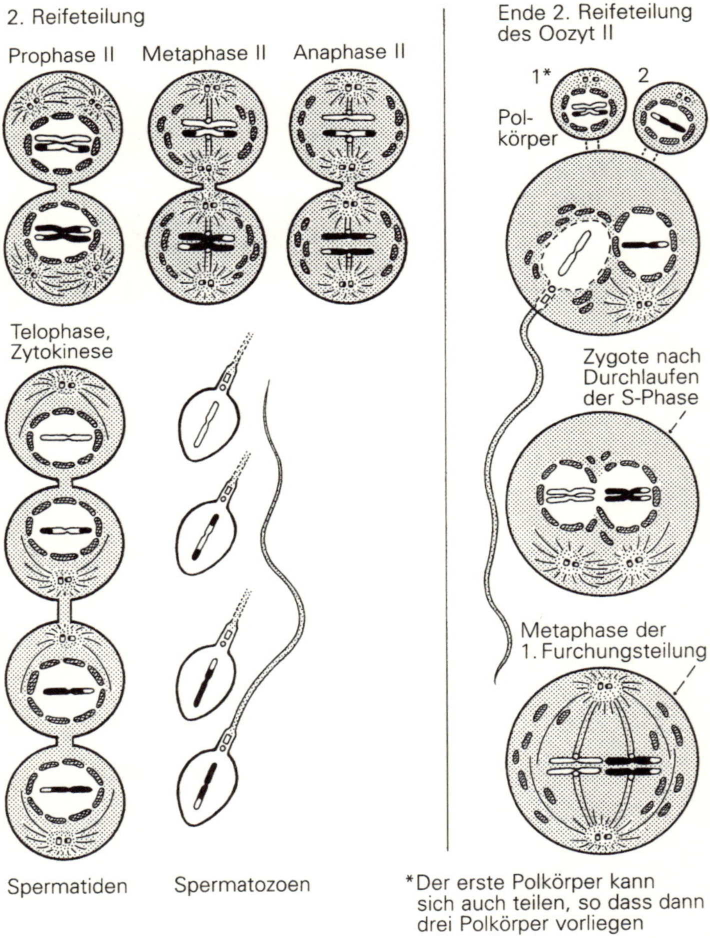

*Der erste Polkörper kann sich auch teilen, so dass dann drei Polkörper vorliegen

3.2.2 Meiose

Eine besondere Art der Zellteilung liegt bei den Keimzellen vor. Neben der Vermehrung durch Mitosen geht der Reifung zu einer befruchtungsfähigen haploiden Oozyte oder Spermatozyte eine Reduktionsteilung, *Meiose*, voraus (Abb. 4, 5). Nach der letzten mitotischen Teilung setzt eine Periode der DNA-Synthese ein, die dazu führt, daß jede Zelle die doppelte Menge DNA in ihrem Kern führt. Jedes Chromosom besteht aus zwei Geschwister-Chromatiden, die an ein gemeinsames Zentromer gebunden sind; die homologen väterlichen und mütterlichen Chromosomen liegen gepaart nebeneinander.

In dieser, der 1. Reifeteilung (Meiose I) vorangehenden Prophase, kommt es zum Austausch (Rekombination, *crossing-over*) zwischen Abschnitten von Chromatiden der väterlichen und mütterlichen Chromosomen. Diese Rekombinationen sind zufallsbedingt. Sie führen dazu, daß die beiden Chromatiden eines Chromosoms – im Gegensatz zur Mitose, in deren Verlauf Rekombinationen normalerweise nicht vorkommen (Abb. 3) – in ihrem Genbestand verschieden sind. Auch die Verteilung der rekombinierten, gepaarten Chromosomen auf die Tochterzellen verläuft in einer nicht vorhersehbaren Weise. Dadurch besitzt jedes Spermium und jede Eizelle eine einzigartige und aus dem elterlichen Erbgut nicht ableitbare Kombination väterlicher und mütterlicher Chromosomen.

Abb. 5 (siehe S. 50): *Meiose II oder zweite Reifeteilung*. Die Meiose II läuft wie eine Mitose ab und wird in Prophase II, Metaphase II, Anaphase II, Telophase II und Zytokinese unterteilt. Bei den männlichen Gameten sind am Ende der Meiose vier Spermatiden entstanden, die sich zu Spermatozoen weiter entwickeln. Bei den Oozyten erfolgt die zweite Reifeteilung erst nach Eindringen eines Spermatozoons. Wie im Text beschrieben, bildet sich ein männlicher und weiblicher Vorkern. Danach beginnt die S-Phase und schließlich die erste Furchungsteilung. Außer der Zygote entstehen zwei oder drei Polkörper. Modifiziert nach Benninghoff 1994, mit freundlicher Genehmigung des Verlags Urban & Schwarzenberg.

Da es sich bei der 2. Reifeteilung (Meiose II) nur um die Trennung und ordnungsgemäße Verteilung der Chromatiden handelt, verhindern allein die vorangegangenen Rekombinationen, daß die reifen Gameten ein identisches Genom aufweisen. Die Beobachtung, daß Allele, die weit entfernt von einander auf einem Chromosom liegen, ebenso unabhängig vererbt werden wie Allele auf verschiedenen Chromosomen, belegt die Häufigkeit und die überragende Bedeutung der Rekombinationen für die Zusammensetzung des Erbguts in den reifen Gameten.

Daraus folgt, daß in jeder Keimzelle eines Menschen die von den Eltern ererbten väterlichen und mütterlichen Chromosomensätze zu einem neuen, mit 23 Chromosomen ausgestatteten (haploiden) Satz kombiniert werden. Bei diesem ist nicht nur die Zusammensetzung der väterlichen und mütterlichen Chromosomen zufällig; jedes Chromosom enthält darüberhinaus eine Neukombination väterlicher und mütterlicher Chromosomenabschnitte.

Diese Aussage gilt im Prinzip sowohl für die männlichen als auch für die weiblichen Reifeteilungen. Ein Unterschied liegt jedoch darin, daß die 2. männliche Reifeteilung noch in den Hodenkanälchen (Ductuli seminiferi) abgeschlossen wird und zu *vier* befruchtungskompetenten Spermien (Spermatozoen) führt, während aus der 2. weiblichen Reifeteilung nur *eine* befruchtungsfähige Oozyte hervorgeht (Abb. 8). Beim Eisprung (Ovulation) wird die 1. Reifeteilung abgeschlossen. Die zweite Tochterzelle bleibt wesentlich kleiner und bildet den „ersten Polkörper". Unmittelbar darauf wird die 2. Reifeteilung eingeleitet. Sie wird aber in der Metaphase arretiert. Erst mit Eindringen des Spermiums kommt es zu einer biochemischen Aktivierung, die zum Abschluß der 2. Reifeteilung führt. Die zweite Tochterzelle wird wiederum als Polkörper ausgestoßen. Dieser ist wesentlich kleiner als die befruchtete Oozyte und degeneriert. Wegen der vorangegangenen Rekombinationen sind die Genbestände der überlebenden und der zu Polkörpern verkümmernden Zellen nicht identisch.

Der zeitliche Ablauf der Reifeteilung hat erhebliche Konsequenzen: unmittelbar nach dem Eindringen eines Spermiums ist die genetische Identität der entstehenden Zygote noch nicht festgelegt, sie kann nicht durch die dann in der befruchteten Oozyte vorhandenen männlichen und weiblichen Gene definiert werden. Ausschlaggebend für die genetische Identität des gezeugten Lebewesens ist letztlich, welche der beiden Chromatiden eines jeden weiblichen Chromosoms zum weiblichen Pronukleus beiträgt und welche mit dem „zweiten Polkörper“ eliminiert wird (Abb. 5). Erst wenn diese Zuordnung getroffen ist, liegt die genetische Identität des entstehenden Lebewesens fest, da das Genom des eingedrungenen Spermiums sich unverändert im männlichen Pronukleus findet. Dagegen ist es für die genetische Identität belanglos, ob die in den männlichen und weiblichen Vorkernen enthaltenen haploiden Genome noch getrennt oder bereits zu einem Kern verschmolzen vorliegen: Die Verdoppelung der in den beiden Vorkernen enthaltenen Chromatiden zu den in der Metaphasenplatte der Zygote erkennbaren typischen Metaphasenchromosomen (die jeweils aus zwei genetisch identischen Chromatiden bestehen), entspricht dem Vorgang, der im Zellzyklus einer jeden Körperzelle abläuft.

Ein Unterschied zwischen einem Vorkern und einem somatischen Zellkern ist allerdings vorhanden: Im Pronukleus befindet sich jeweils nur *ein* kompletter (d. h. haploider, mit 23 Chromosomen ausgestatteter) väterlicher oder mütterlicher Chromosomensatz; erst wenn diese in der Metaphasenplatte der Zygote zusammentreten, ist die für jede mitotische Zellteilung typische Situation gegeben. Die Trennung der beiden Chromatiden eines jeden Metaphasenchromosoms und die Wanderung zu den beiden entgegengesetzten Polen der Teilungsspindel hat die Entstehung von diploiden Tochterzellen zur Folge, die mit einem doppelten, von Vater und Mutter abgeleiteten, Chromosomensatz ausgestattet sind. *Die genetische Identität ist mit der Ausbildung der beiden Vorkerne, d. h. nach Abschluß der 2. Reifeteilung der Oozyte, festgelegt. Eine neue zelluläre Funktionseinheit liegt mit der Ausbildung der Metaphasenplatte der neuentstandenen Zygote vor.*

Die Gesamtheit der Vorgänge vom Eindringen des Spermiums bis zur Ausbildung der Zygote nimmt viele Stunden in Anspruch. Es handelt sich um einen kontinuierlichen Prozess ohne scharfe Zäsuren. In der Tat kann der für eine eukaryote Zelle typische Zellkern mit dem diploiden Chromosomensatz erstmals im Zweizellstadium erkannt werden (Bavister 1980).

3.3 Kommunikation und Interaktion der Zellen

Die meisten ausdifferenzierten Zellen besitzen stabile Eigenschaften, die auch bei einem Wechsel des Milieus nicht oder nur geringfügig verändert werden. Dies gilt jedoch nicht für Bindegewebszellen (Fibroblasten), die unter dem Einfluß ihrer Umgebung beträchtlichen Funktions- und Formveränderungen unterliegen können. Während der Zell- und Gewebsdifferenzierung ist die Ausprägung (Expression) der genetischen Information besonders stark von somatischen Wechselwirkungen (Nachbarzellen, Faktoren) abhängig. Benachbarte Zellen sind häufig durch Kontaktstellen (*gap junctions*) funktionell miteinander gekoppelt. Auf diese Weise können Signale, z. B. elektrische Impulse, auch in kompakten Zellverbänden rasch über weite Strecken übertragen werden. Auch ein direkter Stoffaustausch über gap junctions wurde beobachtet. Die adhäsiven Eigenschaften der Zelloberfläche vermitteln Zell-Zell-Kontakte und sind an der Musterbildung und den morphogenetischen Bewegungen beteiligt. Sie stehen unter scharfer Kontrolle von Organisatorgenen, die u. a. zuständig sind für die zeitliche und räumliche Koordination der Aktivitätsphasen einzelner Struktur- und Regulatorgene. Die strenge Kontrolle dieser Prozesse ist für Differenzierung und Wachstum unentbehrlich.

Die entwicklungsbiologischen Forschungen der letzten Jahre ließen es immer deutlicher werden, daß grundlegende Mechanismen der Organogenese, von der Fruchtfliege (*Drosophila*) bis zum Menschen, in erstaunlicher Weise konserviert blieben (Organisatorgene, homöotische Selektionsgene (*homeo-boxes*), Morphogen-Gradienten). Dies stellt jedoch keine Unterstützung für die Haeckelsche Vorstellung von der Ontogenese dar, da die Differenzierungsprozesse in verschiedenen Spezies analog, nicht jedoch konsekutiv im Sinne einer wiederholten Phylogenese verlaufen. Ebensowenig kann von den neueren Erkenntnissen über die organismische Entwicklung die Definition eines prä-embryonalen (also auch eines „vor-menschlichen“) Entwicklungsabschnittes in der Ontogenese abgeleitet werden.

Die *onkogene Transformation*, die aus einer normalen eine Krebszelle macht, besteht in einem Verlust der Feinregulation der Zellvermehrung. Sie wird meist durch mutative Ereignisse ausgelöst; häufig – wenn nicht immer – sind dabei besondere DNA-Abschnitte, sogenannte *Onkogene*, beteiligt. Sie können viralen (Retroviren) Ursprungs, aber auch in einer inaktiven Form (Proto-Onkogene) erblicher Bestandteil des Zellgenoms sein. Die von ihnen instruierten Proteine sind Wachstumsfaktoren, zelluläre Rezeptoren für diese Wachstumsfaktoren oder andere intrazelluläre Signalgeber, die an der Steuerung der Genom-Aktivität oder der Bildung von Adhäsionsmolekülen beteiligt sind.

Angesichts der beträchtlichen Variabilität innerhalb eines Genpools nimmt es nicht wunder, daß für eine Spezies, z. B. für den Menschen, die Definition einer „Norm“ streng nicht möglich ist. Dennoch wird aus praktischen Gründen immer wieder versucht, Normalwerte für den Menschen festzulegen und seine biologische Konstitution als Gesundheitsstandard, seine Eigenschaften und Verhaltensweisen als „normal" zu betrachten. Die große Bandbreite der genetisch determinierten Parameter und die Vielzahl von Genen, die an der Ausprägung komplexer Merkmale (z. B. Verhaltensweisen) beteiligt sein können, gestattet es jedoch nur, eine statistische Mittelung einer großen Zahl von Probanden vorzunehmen und deren Ergebnis als „Norm" zu erklären. Die Fragwürdigkeit einer unreflektierten Anwendung solcher Normsetzung läßt sich u. a. an der Norm des Serum-Cholesterinspiegels oder der Festlegung psychischer „Normalität" erkennen; ganz zu schweigen von dem Mißbrauch, der mit den Begriffen „erbkrank" und „wünschenswerte Eigenschaften" in der Eugenik getrieben wurde.

3.4 Gentechnische Methoden und ihre Bedeutung für Diagnose und Genmanipulation

3.4.1 Molekulargenetische Voraussetzungen

Die Möglichkeit, Einblick in die Struktur und Funktion des Erbmaterials zu gewinnen und die erbliche Struktur willkürlich zu manipulieren, wurde durch revolutionäre Erkenntnisfortschritte auf dem Gebiet der Molekularbiologie und -genetik und die davon abgeleitete experimentelle Methodik geschaffen. Für die Diagnostik von erblichen – in manchen Fällen auch von somatischen – Störungen hat die Genomanalyse unter Zuhilfenahme von Rekombinations- und Klonierungstechniken, durch Hybridisierungsverfahren, sowie DNA-Fragment- und -Sequenzanalysen einen ungeahnten Aufschwung genommen. Große Bedeutung haben diese Verfahren für die pränatale Diagnose und für forensische Zwecke erlangt.

Die gegenwärtig unternommene Totalanalyse der Basensequenz des menschlichen Genoms ist eine logische Folge dieser Möglichkeiten. Sie wird auch dem Problem der genetischen Varianz innerhalb der Spezies *Homo sapiens* neue Aktualität verleihen. Man darf von den Ergebnissen der Genomanalyse, außer einem enormen wissenschaftlichen Erkenntnisfortschritt, wichtige Ansatzpunkte für das Verständnis von Krankheiten und deren Beeinflußung erwarten. Wie bei allen Neuerungen, die den Handlungsspielraum des Menschen erweitern, muß auch hier mit dem Mißbrauch solcher Informationen gerechnet und deshalb rechtzeitig Vorsorge getroffen werden.

Neben den analytischen erlangen auch die synthetischen Möglichkeiten der Molekularbiologie eine zunehmende Bedeutung. Durch gezielte Mutation (*site-directed mutagenesis*), die Insertion der künstlich mutierten Gene in einen Wirtsorganismus, aber auch durch den Gen-Transfer zwischen verschiedenen Individuen ist die transiente (somatische) und die vererbbare (Keimbahn) Neugestaltung genetischer Eigenschaften möglich. Große Fortschritte wurden dabei vor allem bei Pflanzen und Mikroorganismen erzielt; bei den Säugetieren ist die Frage der topologisch korrekten Gen-Insertion noch nicht gelöst, aber im Bereich des Möglichen. Somatische Rekombination bei Säugern gelang z. B. durch Einführung von Genen des Wachstumshormons. Im Tierversuch wird bereits sehr weitgehend von der Möglichkeit Gebrauch gemacht, Gene stabil zu transferieren. Die „transgenen" Tiere sind entstanden durch die Einführung von DNA in den Pronukleus einer kurz zuvor fertilisierten Oozyte und anschließende Reimplantation in das tragebereite weibliche Tier. In ähnlicher Weise, wie die Einführung neuer Gene erfolgt, läßt sich auch ein vorhandenes Gen durch Einführung von „*Antisense*-Nukleinsäuren" selektiv inaktivieren (*knock-out mutations*). Somatische Gentherapie am Menschen wurde bereits in einigen ausgewählten Fällen gestattet, wobei der Ersatz von funktionsuntüchtigen Genen, z. B. bei dem ADA (Adenosindesaminase)-Defekt, oder die extrakorporale genetische Manipulation körpereigener Zellen, z. B. von Zellen des blutbildenden Systems, derzeit im Vordergrund stehen.

3.4.2 Humangenetische und biotechnologische Voraussetzungen der somatischen Gentherapie

Somatische Gentherapie hat die genetische Veränderung von somatischen Zellen, d. h. von Körperzellen eines erkrankten Individuums zum Ziel. Sie möchte durch Einschleusung intakter, funktionsfähiger Gene in Körperzellen eine schwere, genetisch bedingte Krankheit kausal heilen oder wenigstens ihre Symptome entscheidend lindern. Dabei sind jedoch einige grundlegende genetische Fakten zu beachten.

Die *Mucoviszidose* (*zystische Fibrose*), um ein Beispiel zu nennen, ist eine *autosomal rezessive Erbkrankheit*: Beide von den Eltern ererbten Kopien eines bestimmten Gens müssen defekt sein, um die Erkrankung hervorzurufen. Die Eltern eines betroffenen Kindes, die selbst nicht an Mukoviszidose erkrankt sind, besitzen in allen ihren Zellen neben der defekten, auch eine funktionsfähige Kopie dieses Gens. Offensichtlich genügt die eine funktionsfähige Kopie, um Drüsensekrete mit normaler Zähigkeit zu produzieren. Bei den *autosomal dominanten Erbkrankheiten* dagegen reicht bereits eine veränderte Genkopie, um eine derartige Erkrankung auszulösen.

Therapeutische Gene können durch spezifische Schlepper, Gen-Fähren oder *Vektoren*, in Zellen eingeschleust werden. Als Vektoren dienen beispielsweise abgewandelte Viren, die eine natürliche Fähigkeit besitzen, ihre Erbsubstanz (DNA oder RNA) in Zellen einzuschleusen. Ein bestimmtes Virus befällt nur ein bestimmtes Spektrum von Wirtszellen. So führen einige Viren beispielsweise zu einem Schnupfen, andere zu einer Leberentzündung. Dazu muß das Virus sich zunächst an Strukturen der Zelloberfläche anheften, die nur bei den Wirtszellen vorkommen. Das kann man sich zunutze machen, um Vektoren zu entwickeln, die therapeutische Gene nur in gewünschte Zellen einschleusen. Die Erbsubstanz der ursprünglichen Viren ist in den Vektoren so verstümmelt, daß ein darin integriertes therapeutisches Gen zwar noch eingeschleust werden kann, aber eine Virenproduktion in der Zelle nicht länger möglich ist. Solche Vektoren stellen gewissermaßen Vorrichtungen zur Mikroinjektion des gewünschten Gens in die behandelten Zellen dar.

Zwei Typen von viralen Vektoren haben heute klinische Bedeutung. Von *Retroviren* abgeleitete Vektoren haben die Fähigkeit, den Einbau eines eingeschleusten Gens in die DNA des Zellkerns zu bewirken. Das hat den Vorteil, daß alle Zellen, die aus einer gentherapeutisch behandelten Zelle entstehen, das ins Genom integrierte, therapeutische Gen enthalten. Der Einbau des retroviralen Erbguts ist jedoch ein komplizierter Vorgang. Dazu ist die Umschreibung eines zunächst eingeschleusten RNA-Stranges in einen DNA-Strang erforderlich. Der Einbau dieses DNA-Stranges in den DNA-Strang eines Chromosoms ist nur möglich, wenn die aufnehmenden Zielzellen noch teilungsfähig sind. Damit sind alle nicht mehr teilungsfähige Zielzellen, wie beispielsweise die meisten Nervenzellen, von einer somatischen Gentherapie mit derartigen Vektoren ausgeschlossen.

Nach dem Gesetz des Zufalls kann das therapeutische Gen an einem Ort des Genoms eingepflanzt werden, in dem es nicht aktiv werden kann. Noch bedenklicher ist die Möglichkeit, daß das therapeutische Gen in ein anderes, aktives Gen der Zielzelle eingebaut und damit eine wichtige Genfunktion zerstört wird. Die Befürchtung ist nicht von der Hand zu weisen, daß auf diese Weise gelegentlich sogar eine Veränderung einer normalen Zelle zu einer Krebszelle ausgelöst wird. Idealerweise sollte das therapeutische Gen daher genau an dem Chromosomenort eingebaut werden, an dem das defekte Gen lokalisiert ist, und dieses defekte Gen ersetzen. Wenn es schon nicht am richtigen Chromosomenort eingebaut werden kann, soll das eingeschleuste Gen zumindest andere genetische Funktionen der Zelle nicht beeinträchtigen. Es soll aktiv und wenn nötig in seiner Aktivität steuerbar sein.

Aus *Adenoviren* abgeleitete Vektoren haben die Eigenschaft, daß ihre DNA nicht in die DNA des Zellkerns integriert wird. Damit entfallen die Risiken einer Integration am falschen Ort. Andererseits entsteht dadurch das Problem, daß das therapeutische Gen – im Gegensatz zu einem in das Genom der Zielzelle fest integrierten Gen – bei der Vermehrung dieser Zelle wieder verloren geht. Unklar ist noch, ob dieser Nachteil einfach durch eine Wiederholung der Therapie ausgeglichen werden kann oder ob wiederholte Anwendungen der Gentherapie durch Abwehrreaktionen des Körpers gegen die vermeintlichen, viralen „Eindringlinge" erschwert werden.

3.4.3 Anforderungen an Verfahren zur Einschleusung therapeutischer Gene in Körperzellen

Die Anwendung einer somatischen Gentherapie unterliegt deshalb besonderen Anforderungen. Für die spezifischen Funktionen verschiedener Zellen unseres Körpers, beispielsweise eine Bindegewebszelle, eine Leberparenchymzelle oder eine Nervenzelle, sind sehr zahlreiche, unterschiedliche Gene verantwortlich. Wenn die Aktivität eines bestimmten Gens unmittelbar in einer Nervenzelle benötigt wird, dann hilft es nichts, wenn das therapeutische Gen in einer Bindegewebszelle aktiv wird. Bei einer Gentherapie müssen die benötigten Gene darum in die entsprechenden Zielzellen im Körper eingeschleust werden. In ersten Ansätzen beim Menschen wird versucht, geeignete Zielzellen des Patienten im

Reagenzglas zu züchten, genetisch zu verändern und schließlich die Zellen zu isolieren, bei denen der Eingriff nach verschiedenen Kriterien gelungen ist. Die erfolgreiche Einschleusung des therapeutischen Gens kann bei diesem Vorgehen zunächst im Reagenzglas getestet werden. Erfolgreich therapierte Zellen können dann in genügender Menge gezüchtet und wieder in den Patienten zurückübertragen werden. Dabei ist es nicht in jedem Fall erforderlich, daß die für die Gen-Einschleusung verwendeten Zellen und der Ort im Körper, an dem diese Zellen wirksam sind, dem natürlichen Zustand entsprechen. Betrachten wir beispielsweise Gene, die für die Bildung bestimmter im Blut zirkulierender Eiweißkörper (Proteine) nötig sind und beim Gesunden in der Leber produziert werden. Für die somatische Gentherapie könnte man statt Leberzellen gegebenenfalls auch Bindegewebszellen oder Endothelzellen, die die Gefäße auskleiden, wählen. Es käme für den Behandlungserfolg nur darauf an, daß diese Zellen das benötigte Protein in einer ausreichenden Menge produzieren und in den Blutkreislauf abgegeben können. Tierversuche haben gezeigt, daß das im Prinzip möglich ist.

Bei den bislang diskutierten Beispielen ging es um therapeutische Gene, die einen durch einen Gendefekt verursachten Funktionsverlust ersetzen sollen. Solche Überlegungen treffen für die meisten autosomal oder X-chromosomal rezessiven Erbkrankheiten zu. In der Regel wird es hier genügen, wenn in den therapierten Zellen wieder mindestens eine funktionstüchtige Genkopie enthalten ist. Schwieriger wird es bei *autosomal dominanten Erbkrankheiten.* Denn hier wird die Erkrankung in der Regel nicht einfach durch einen Funktionsausfall des betroffenen Gens ausgelöst, sondern durch eine veränderte Genfunktion. Die Einschleusung einer weiteren, funktionstüchtigen Genkopie kann daran nichts ändern. Das funktionsveränderte Gen müßte in solchen Fällen spezifisch durch ein funktionsintaktes Gen ersetzt werden. Dies ist im Prinzip durch die Technik der *homologen DNA Rekombination* möglich und wird an Versuchstieren in großem Umfang durchgeführt (siehe „transgene Tiere"). Da die Quote erfolgreicher Rekombinationen noch gering und die korrekte Einschleusung erst in der Nachkommengeneration sicher festgestellt werden kann, ist an eine Anwendung beim Menschen derzeit nicht zu denken. Äußerst komplizierte Probleme ergeben sich auch beim Versuch einer Gentherapie mit Genen, deren Aktivität in sehr feiner Weise reguliert werden muß. Nicht nur eine zu geringe Aktivität, auch die zu große Aktivität solcher Gene kann schädlich sein.

Als Kandidaten für eine Gentherapie kommen aus humanbiologischer Sicht Erbkrankheiten mit folgenden Eigenschaften in Betracht: (a) Die Krankheit wird jeweils durch den Funktionsverlust eines bestimmten Gens ausgelöst; (b) die Klonierung des zur Therapie benötigten Gens ist gelungen; (c) es genügt, dieses Gen in eine vergleichsweise geringe Zahl menschlicher Körperzellen einzuschleusen, um die Symptome einer Krankheit dramatisch zu bessern; (d) es sollte nichts ausmachen, ob das eingeschleuste Gen in den Zielzellen etwas mehr oder etwas weniger stark aktiv ist. Für die *meisten* bekannten Erbkrankheiten treffen diese Voraussetzungen nicht zu. Die Zahl der genetisch bedingten Krankheiten, die heute und in näherer Zukunft für eine Gentherapie in Frage kommen, ist daher sehr begrenzt.

3.4.4 Keimbahn-Gentherapie

Anders gelagert ist die Problematik bei genetischen Veränderungen von Keimbahnzellen. Darunter sind alle Zellen zu verstehen, aus denen im Verlauf weiterer Teilungen Keimzellen (Oozyten und Spermatozoen) entstehen können. Bei einer Keimbahn-Gentherapie werden genetische Veränderungen auch an die Nachkommenschaft weitergegeben. Das unterscheidet derartige Therapiekonzepte entscheidend von jeder rein somatischen Gentherapie, bei der Nutzen und Risiko der Behandlung allein auf den jeweils behandelten Patienten beschränkt bleiben.

Viele Laboratorien verfügen heute über die Fähigkeit, sogenannte *transgene Tiere*, meist Mäuse, aber auch Schafe, Schweine oder Kühe zu produzieren. Diese Tiere tragen in allen ihren Körperzellen und Keimbahnzellen bestimmte mit gentechnologischen Mitteln – vorwiegend durch homologe Rekombination – eingeschleuste Gene. Die Einschleusung erfolgt in *embryonale Stammzellen.* Diese sind totipotent, also Zellen, aus denen sich im weiteren Verlauf ihrer Differenzierung noch Keimzellen und alle Körperzellen entwickeln können. Ein Einbau von Fremd-Genen in das Erbgut am falschen Ort kann zur Mutation wichtiger Entwicklungsgene und zu Mißbildungen führen. Wie sich die Folgen der Manipulation auf den allgemeinen Gesundheitszustand der Tiere und ihrer Nachkommen auswirken, ist im Einzelfall nicht vorherzusagen. Transgene Tiere geben eine Vorstellung von dem, was mit den Möglichkeiten der Gentechnologie und der Fortpflanzungsmedizin auch beim Menschen gemacht werden könnte.

4. Die Entwicklung des menschlichen Embryos von der Fertilisation bis zur Implantation

4.1 Die embryologische Methode

Da aus ethischen Gründen am menschlichen Embryo keine Experimente gemacht werden dürfen, stützt sich unser Wissen von der Entwicklung des menschlichen Embryos hauptsächlich auf zwei andere Quellen, nämlich erstens auf die morphologische Analyse von abortierten Embryonen oder

Feten und zweitens auf Experimente an Tierembryonen, deren Ergebnisse im Analogieschluß auf den menschlichen Embryo übertragen werden. Bei der Übertragung dieser Ergebnisse muß jedoch mit größter Vorsicht vorgegangen werden, weil die menschliche Entwicklung trotz vieler Gemeinsamkeiten mit Tieren doch unverwechselbar menschlich ist, weshalb von Wilhelm His bereits die eigenständige Disziplin Humanembryologie entwickelt wurde. Diese beiden Quellen unserer Erkenntnis über die Entwicklung des menschlichen Embryos werden heute in immer stärkerem Maße durch moderne bildgebende Verfahren und biochemische und funktionelle Analysen unterstützt, die während der Schwangerschaft eingesetzt werden und den Embryo in seiner Entwicklung nicht stören. Ein wohl bekanntes und in der Klinik sehr oft eingesetztes Verfahren ist die Ultraschalluntersuchung. Die Untersuchungsmöglichkeiten an abortierten Embryonen und Feten beschränken sich nicht mehr nur auf die Färbung von histologischen Schnitten und die dreidimensionale Rekonstruktion des Körpers oder bestimmter Organe, sondern sind heute bereichert durch histochemische und molekularbiologische Methoden, die postmortal eingesetzt werden können.

4.2 Ereignisse während der ersten Woche der Entwicklung

Oozyten und Spermatozoen haben einen langen Entwicklungs- und Reifungsprozess durchgemacht, ehe sie für die Fertilisation bereit sind. Sie entstehen aus den primordialen Keim- oder Geschlechtszellen (PGC als Abkürzung für primordial germ cells), die sich wahrscheinlich schon in der zweiten Woche (Stadium 6) der Embryonalentwicklung von den übrigen Körperzellen getrennt haben und wahrscheinlich zuerst im Ektoblast erscheinen, sicher aber beim dreieinhalb Wochen alten Embryo (Stadium 11) im Nabelbläschen und im Hinterdarm identifiziert werden können. Während der darauf folgenden ein bis zwei Wochen (Stadien 14-16) wandern sie in jene Region an der dorsalen Körperwand, wo die Gonaden entstehen.

Beim männlichen Differenzierungsweg werden die primordialen Geschlechtszellen in die Hodenstränge eingegliedert und differenzieren sich dort zu Prospermatogonien, die sich während der Fetalzeit und vor der Pubertät mitotisch vermehren. Die Reifung zu Spermatogonien beginnt wahrscheinlich erst mit 10 bis 12 Jahren. Die Weiterentwicklung der Spermatogonien zu Spermatozoen wird als *Spermatogenese* bezeichnet. Die Spermatogonien sind nach ihrer letzten mitotischen Teilung diploid, d. h. sie besitzen – wie alle anderen Zellen des Körpers – den vom Vater und von der Mutter ererbten Chromosomensatz (2n). Zunächst besteht jedes Spermatogonienchromosom nur aus einer Chromatide (2n, 2C) bzw. einem DNA-Molekül. Der diploide Chromosomensatz enthält dementsprechend je eine vollständige Ausfertigung des väterlichen und des mütterlichen Genoms (DNA-Gehalt eines Genoms 1C, gesamter DNA-Gehalt 2C). Vor dem Beginn der Reifeteilung verdoppeln die Spermatogonien ihren DNA-Gehalt (4C) und erhöhen damit die Zahl der Chromatiden pro Chromosom auf 2. Als primäre Spermatozyten durchlaufen sie dann die erste Reifeteilung (Meiose I) und bilden dabei sekundäre Spermatozyten mit einem einfachen (haploiden) Chromosomensatz (1n, 2C). Die beiden Chromatiden eines jeden Chromosoms werden bei der zweiten Reifeteilung (Meiose II) voneinander getrennt. Es entstehen die Spermatiden (1n, 1C), die schließlich zu Spermatozoen oder Spermien heranreifen (Abb. 4, 5).

Bei der Frau werden die primordialen Geschlechtszellen im Ovar zu Oogonien, die sich rasch mitotisch teilen und vermehren. Beim 20 Wochen alten Fetus erreicht ihre Zahl das Maximum von etwa 7 Millionen und nimmt dann wieder ab auf etwa 2 Millionen bei der Geburt. Ab dem Ende des 3. Monats der Schwangerschaft treten die Oogonien in die erste Reifeteilung ein und werden damit zu primären *Oozyten* (2n, 4C). Im Unterschied zu den Spermatozyten wird aber die Meiose I in der Prophase angehalten. Die Oozyten verweilen in diesem Zustand bis zur Pubertät oder bis zum 40. oder 50. Lebensjahr der Frau. In dieser Zeit sind sie Umwelteinflüssen ausgesetzt; mit dem Alter der Frau nimmt deshalb die Wahrscheinlichkeit zu, daß aus einer geschädigten Eizelle ein geschädigtes Kind entsteht.

Die in der Prophase der Meiose I angehaltenen Oozyten werden von Follikelzellen umgeben. Der so entstandene *Primordialfollikel* entwickelt sich weiter über *Primär-* und *Sekundär-* zum *Tertiärfollikel.* Das entscheidende Ereignis im Tertiärfollikel ist die Fortführung und Beendigung der Meiose I. Ein Chromosomensatz wird in Form des 1. Polkörpers ausgestossen. Die jetzt sekundäre Oozyte tritt unmittelbar danach in die zweite Reifeteilung (Meiose II) ein, welche aber in der Metaphase, wenige Stunden vor dem Eisprung (Ovulation) wieder angehalten wird. Obwohl in den beiden Ovarien mehrere Follikel heranreifen, erreicht nur einer, der dominante Follikel, die „Sprungreife“. Der Fimbrientrichter des Eileiters (Tuba uterina) stülpt sich über die Ovulationsstelle am Ovar und nimmt die Oozyte auf. Die Oozyte gelangt in die Ampulle des Eileiters, wo normalerweise die Fertilisation stattfindet (Abb. 5, 8).

4.2.1 Fertilisation (Stadium 1)

Der Embryo entsteht mit der Fertilisation. Die Fertilisation ist ein Prozeß, der mit dem Eindringen eines Spermiums in die Oozyte (Imprägnation) beginnt und erst nach etwa 24 Stunden mit der Ausbildung der Zygote endet. Das Spermium (Spermatozoon) durchdringt zuerst die schützende Hülle der Oozyte, die Zona pellucida, und dann die Oozytenmembran. Da das Spermium einen haploiden Chromosomensatz besitzt und deshalb entweder ein X- oder ein Y-Geschlechtschromosom trägt, fällt bereits mit der Imprägnation die Entscheidung, ob aus der Fertilisation ein männlicher oder weiblicher Embryo entsteht. Die Oozyte reagiert auf das Eindringen des Spermiums mit dem Polyspermieblock, wodurch die Penetration weiterer Spermien verhindert wird. Zugleich wird sie biochemisch aktiviert, die zweite, in der Metaphase angehaltene Reifeteilung (Meiose II) zu vollenden. Am Ende der zweiten Reifeteilung, etwa 16 Stunden nach Beginn der Fertilisation, wird einer der beiden haploiden, durch das Crossing-over verschiedenen Chromosomensätze der Oozyte mit dem zweiten Polkörper ausgestoßen. Vermutlich spielt der Haupthistokompatibilitätskomplex[10] eine Rolle bei der Entscheidung, welcher der beiden Chromosomensätze der Oozyte ausgesondert wird (Wedekind 1994; Wedekind et al. 1996). In der Oozyte verbleiben zwei haploide Chromosomensätze, die sich im männlichen und im weiblichen Vorkern (Pronukleus) befinden. Diese Phase wird als Pronukleus-Stadium oder Ootide[11] bezeichnet. Mit dem Abschluß der zweiten Reifeteilung, im Pronukleusstadium, ist die genetische Einzigartigkeit des neu entstehenden Menschen festgelegt. Für diese Einzigartigkeit ist es ohne Bedeutung, ob die in den männlichen und weiblichen Vorkernen enthaltenen haploiden Genome zunächst noch getrennt vorliegen oder ob sie bereits in einer gemeinsamen Metaphaseplatte angeordnet sind. Während der folgenden Phase, die ungefähr sechs Stunden dauert, verdoppeln der männliche und der weibliche Vorkern ihre Chromosomensätze (Synthese- oder S-Phase), nähern sich einander und

---

[10] Die Moleküle des Haupthistokompatibilitätskomplexes sind polymorphe Proteine, die eine entscheidende Rolle bei der Erkennung von fremden Proteinantigenen spielen.

[11] O'Rahilly & Müller 1987, 11; O'Rahilly & Müller 1992, Abb. 3-5.

lösen ihre Kernmembranen auf. Die beiden Chromosomensätze werden vereinigt und in einer gemeinsamen Metaphasenplatte oder Teilungsspindel angeordnet. Dieses Entwicklungsstadium wird als Zygote bezeichnet (O'Rahilly & Müller 1987; 1992[12]). Es beginnt sodann die erste Furchungsteilung. Mit der Entstehung von zwei Tochterzellen spricht man vom Blastomerenstadium (Abb. 8).

Die Fertilisation selbst ist eine kontinuierliche Abfolge von Ereignissen, wobei das eine Ereignis Voraussetzung für das folgende Ereignis ist. Die Aufzählung der aufeinander folgenden Einzelereignisse wird lediglich von unserer Beobachtungsgenauigkeit bestimmt. Wegen des stufenartigen Erscheinungsbildes aufeinander folgender Prozesse hat man den ganzen Vorgang auch als „Befruchtungskaskade" (Beier 1992) bezeichnet. In Wirklichkeit sind aber die beschriebenen Stufen der Kaskade Folge unserer begrifflichen Abgrenzungen, nicht der Ereignisse selbst. Jede „Stufe" folgt kontinuierlich aus den vorausgegangenen Prozessen.

4.2.2 Blastomerenstadium (Stadium 2)

In der Folge teilen sich die Zellen weiter, ohne daß sich zunächst das Volumen der Oozyte änderte (Blastomerenstadium[13]). Die Tochterzellen werden durch die Zona pellucida

---

[12] „Die Zygote […] wird identifiziert durch die erste Teilungsspindel. Sie ist der einzellige Embryo." (O'Rahilly & Müller 1992, 19)

[13] Stadium 2 nach O'Rahilly & Müller 1987. Häufig wird dieses Stadium auch als Morula bezeichnet. Unter Morula wird eine solide Masse von 12 oder mehr Zellen verstanden. Die Blastomeren rufen Erhebungen an der Oberfläche der Eizelle hervor, weshalb man die Eizelle mit einer Maulbeere vergleicht. Dieses Stadium reicht bis zur Entstehung der Blastozysthöhle (Stadium3). Es wird vorgeschlagen, den Ausdruck Morula fallen zu lassen, weil bei Amphibien daraus nur embryonales Gewebe entsteht, während bei Mammaliern (Placentarier) auch nicht-embryonale Gewebe (Amnion und Chorion) sich daraus entwickeln. Zur Diskussion des Begriffs Morula siehe O'Rahilly & Müller, 1987, 13.

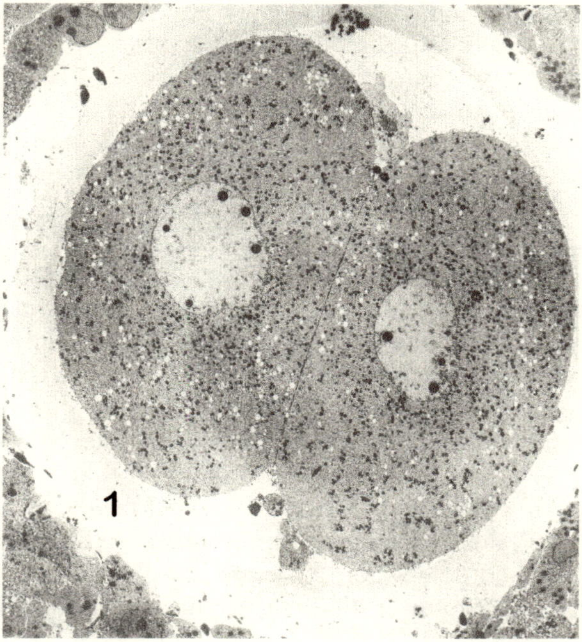

Abb. 6: *Zweizellenstadium.* Die Zona pellucida (1) bildet die hell erscheinende Hülle um die beiden Zellen und um die Polkörper. Elektronenmikroskopische Aufnahme. (Aus Hinrichsen 1990, mit freundlicher Genehmigung von Prof. K. V. Hinrichsen und vom Springer Verlag.)

zu einem einheitlichen Verband zusammengehalten (Abb. 6). Es ist anzunehmen, daß in dem von der Zona pellucida umschlossenen Raum ein von außen verschiedenes Stoffwechselfeld besteht. Für die ersten beiden Zellteilungen genügt die normale DNA-Synthese. Für die anlaufende Proteinsynthese reichen noch die Reserven an mütterlicher Boten-RNA (mRNA[14]), an Ribosomen, Transfer-RNA (tRNA[15]) und Vorläuferproteinen, welche die Oozyte vor der Befruchtungskaskade angereichert hat. Unter ihnen befinden sich spezielle mRNA-Moleküle, die den Code für die wichtigsten Proteine enthalten, welche die ersten Blastomerenfunktionen steuern (Beier 1992). Diese Befunde legen nahe, daß bis zum Erreichen des 4-Zell-Stadiums die Transkription der embryonalen DNA noch nicht beansprucht, d. h. die Embryogenese noch auf einer post-transkriptionellen Ebene oder auf der Ebene der Translation reguliert wird. Die Aktivierung der mütterlichen mRNA erfolgt durch die Fertilisation[16], die Aktivierung des embryonalen Genoms wird erst zwischen dem 4- und 8-Zellstadium beobachtet; sie ist wesentlich sowohl für die Proteinsynthese als auch für den Fortgang der Zellteilungen (Braude et al. 1988).

Der neu entstandene Organismus agiert bereits als eine Einheit. Er sendet an den mütterlichen Organismus wichtige Signale, die den *embryo-maternalen Dialog* einleiten und zur Steuerung (Synchronisierung) und Feinabstimmung des embryonalen und des mütterlichen Systems beitragen. Eines dieser Signale, das schon wenige Stunden nach der Fertilisation von der Zygote ausgeschieden wird, verhindert, daß der Embryo bei der Einnistung als Fremdkörper abgestoßen

---

[14] Zur Erklärung der mRNA siehe Abschnitt: Molekular- und zellbiologische Grundlagen.

[15] Zur Erklärung der t-RNA siehe Abschnitt: Molekular- und zellbiologische Grundlagen.

[16] Siehe Abschnitt: Molekular- und zellbiologische Grundlagen.

wird.[17] Andere embryonale Signale wie etwa das humane Choriongonadotropin (HCG) führen zur Erhöhung der Progesteronproduktion bei der Mutter, wodurch die Aufrechterhaltung der Schwangerschaft gewährleistet wird. Der mütterliche Organismus stellt sich auf Grund dieses Dialogs auf Schwangerschaft um.[18] Trotz der beginnenden Differenzierung bleiben die Tochterzellen bis zum Achtzellstadium *totipotent*, d. h. jede einzelne von ihnen kann sich zu einem vollständigen Embryo entwickeln, wenn sie aus dem Zellverband gelöst wird. Im Verband sind diese Tochterzellen jedoch nicht totipotent, sonst würde ja aus jeder von ihnen ein Embryo entstehen. Sie sind bereits auf einander zugeordnet und bilden eine Funktionseinheit oder ein biologisches System. Erst wenn sie von einander getrennt werden, gewinnen sie ihre Unabhängigkeit wieder und können einen ganzen Embryo hervorbringen.

Zwischen dem Acht- und Sechzehnzellstadium kommt es zu ersten morphologisch erkennbaren Differenzierungen der Blastomerenzellen. Im Zwölfzellstadium wurde erstmals eine zentrale Blastomere beobachtet, die vermutlich embryoblastisch ist, während die übrigen Zellen wahrscheinlich trophoblastisch sind.[19] Die *Totipotenz* geht verloren; sie geht über in die *Pluripotenz* (vgl. Hinrichsen 1990, 87, und Beier 1992), d. h. die einzelnen Zellen des Embryo können sich nicht mehr zu einem ganzen Embryo entwickeln, sondern nur noch zu unterschiedlichen Zelltypen. So können z. B. Zellen des Ektoblasten umgewandelt werden in Zellen, die das mittlere Keimblatt, das Mesoderm bilden. Die Zellen

---

17 Es handelt sich um den Early Pregnancy Factor (EPF), der Immuntoleranz bewirkt.

18 Ein weiteres wichtiges Signal, das bereits von der befruchteten Ovozyte und vom Embryo im Blastomerenstadium ausgesendet wird, ist der Blutplättchen-aktivierende Faktor (PAF) (Beier 1992).

19 O'Rahilly & Müller 1987, 14-15. Dieser Befund ist sehr wichtig im Hinblick auf die Präimplantationsdiagnostik (vgl. hierzu Ratzel 1994).

festigen ihren Zusammenhalt auch in morphologisch erkennbarer Form („compaction" oder Konsolidierung) und rücken enger zusammen. Es entstehen spezialisierte Verbindungen zwischen den außen liegenden Zellen (tight junctions, Zonulae occludentes), wodurch die inneren Zellen von dem äußeren Milieu abgeschirmt werden und sich in ihrem eigenen Milieu differenzieren. Die äußeren Zellen erscheinen morphologisch polarisiert, weil sie an der äußeren Oberfläche Mikrovilli ausbilden, an den seitlichen Flächen die genannten Kontakte herstellen und im Inneren eine asymmetrische Verteilung der Zellorganellen aufweisen. Zellteilungen können radiär (senkrecht zur gemeinsamen Oberfläche der Blastomere) oder tangential (parallel zu dieser Oberfläche) erfolgen. Bei radiär eingestellten Teilungen entstehen zwei polar organisierte Tochterzellen, die an der Oberfläche bleiben. Bei tangentialer Teilungsebene entsteht eine polare oberflächliche Zelle und eine unpolare innere Tochterzelle, die in dem inneren Stoffwechselmilieu einen anderen Differenzierungsweg einschlägt. Während die äußeren Zellen den Trophoblasten bilden, entsteht aus den inneren Zellen der Embryoblast (Abb. 7).

Abb. 7 (siehe S. 73): *Konsolidierung (compaction) und Entstehung der Blastozyste.* (a) Blastomerenstadium mit 8 Zellen. (b) Neben den radiären Teilungen treten jetzt auch tangentiale Teilungen auf, wodurch innere und äußere Zellen entstehen. Die äußeren Zellen bilden Mikrovilli und besondere Zellhaften (tight junctions) aus. (c) Die Zona pellucida wird aufgelöst; mit den äußeren Zellen entsteht eine neue Schutzschicht für den Embryo, der Trophoblast. Im 32-Zellen-Stadium befinden sich die inneren Zellen an einem Pol, am anderen Pol entsteht eine Höhle mit Flüssigkeit; damit ist die Blastozyste entstanden. (Aus Hinrichsen 1990, mit freundlicher Genehmigung von Prof. K. V. Hinrichsen und vom Springer Verlag.)

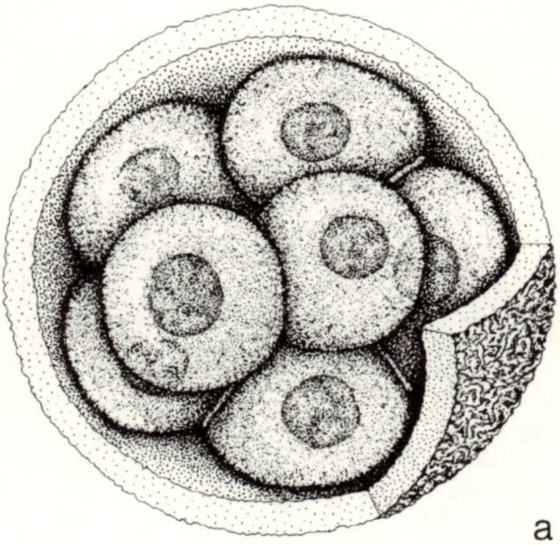

a

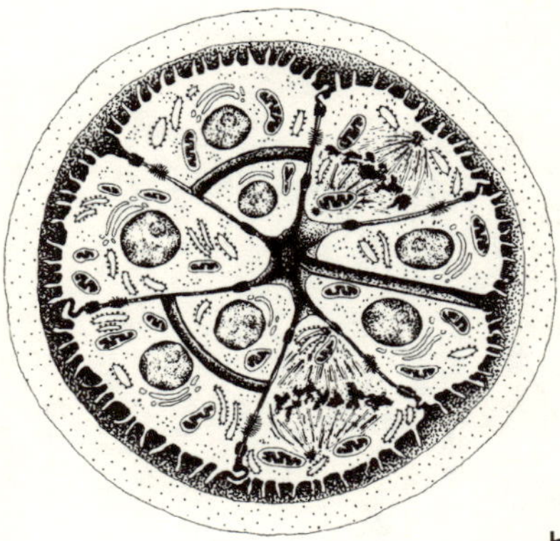

b

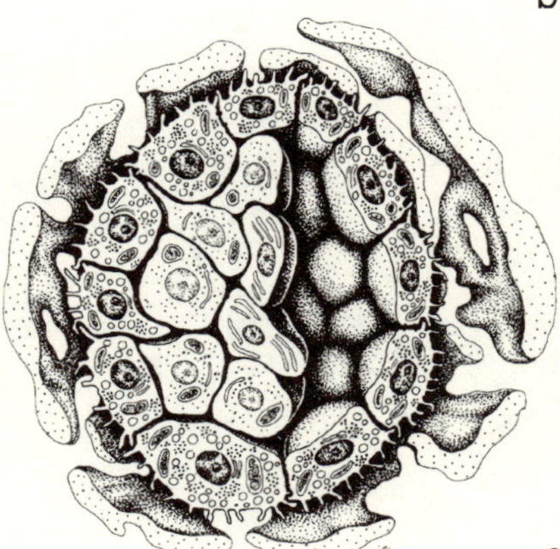

c

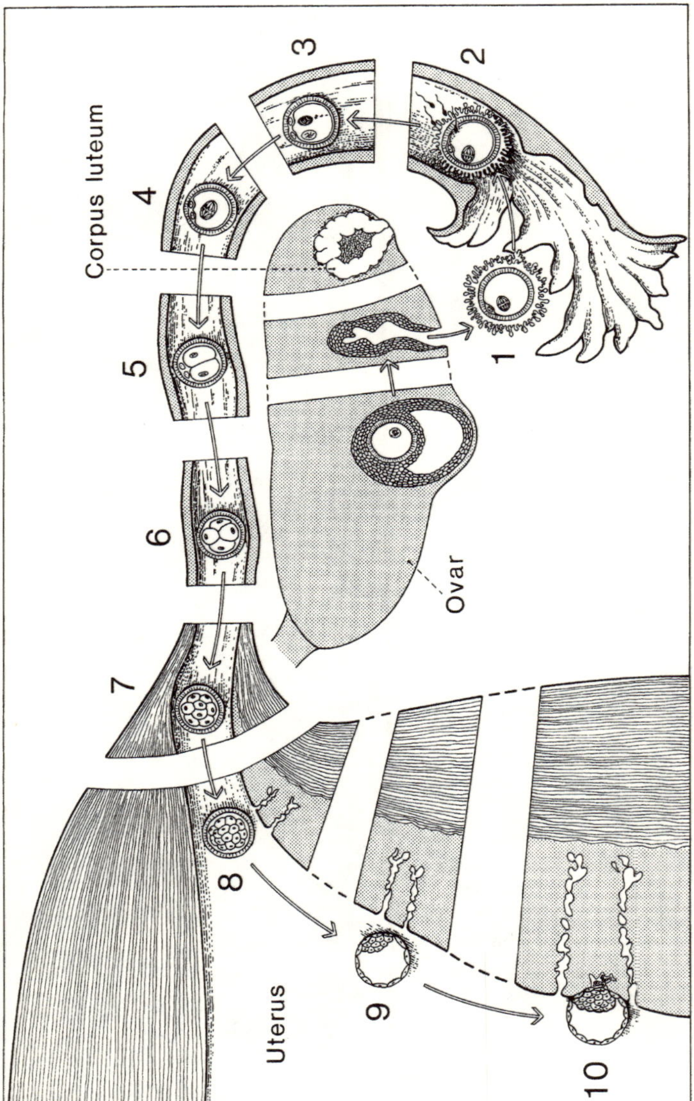
Corpus luteum
Ovar
Uterus
1
2
3
4
5
6
7
8
9
10

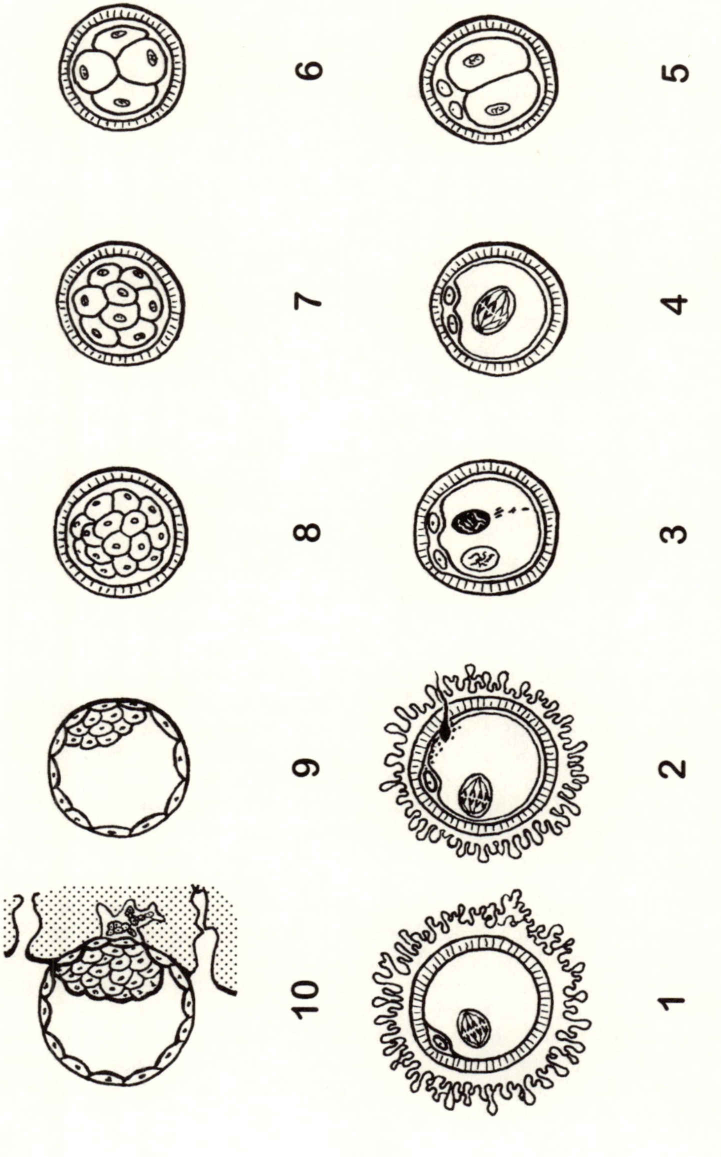
1
2
3
4
5
6
7
8
9
10

4.2.3 Blastozyste (Stadium 3, ab 32 Zellen), Adplantation (Stadium 4) und Implantation (Stadium 5)

Ab etwa 32 Zellen entstehen Flüssigkeitsräume zwischen den Zellen, die allmählich zu einer einzigen Höhle zusammenfließen. Wir sprechen jetzt von einer *Blastozyste* (Stadium 3), die aus einem Mantel von Zellen (Trophoblast) besteht, welcher sowohl die Blastozysthöhle als auch die „innere Zellmasse", den Embryoblasten, umhüllt. Die Zellen des Embryoblasten liegen konzentriert an einem Pol der Blastozyste, die Blastozysthöhle bildet den anderen Pol des inneren Bereichs, wodurch sich eine polare Differenzierung ergibt. Die Blastozyste lagert sich mit dem Pol, an welchem der Embryoblast liegt, der Wand des Uterus an (*Adplantation*, Stadium 4), „frißt" sich gleichsam in die Uterusschleimhaut hinein und ist schließlich am Ende der *ersten Woche* völlig in die Uterusschleimhaut eingenistet (*Implantation*, Stadium 5) (Abb. 8).

Abb. 8a (siehe S. 74) und 8b (siehe S. 75): *Von der Ovulation zur Implantation.* Im Ovar hat sich ein Tertiärfollikel zum sprungreifen Follikel entwickelt, welcher eine Oozyte nach der ersten Reifeteilung und einen Polkörper enthält. Die Oozyte wird ausgestoßen (Ovulation, Follikelsprung). Der Rest des Follikels im Ovar wird zum Gelbkörper (Corpus luteum) umgewandelt. Die Oozyte (1) wird von der Zona pellucida und von der Corona radiata umgeben und ist in die zweite Reifeteilung eingetreten. Sie wird von den Fimbrien des Eileiters aufgefangen und gelangt so in die Ampulle des Eileiters, wo in der Regel die Fertilisation (2) stattfindet. Durch die erste Furchungsteilung geht die Zygote (3 für Pronucleus-Stadium, 4 Zygote) über in das Zwei-Zellen-Stadium (5). Nach weiteren Furchungsteilungen entsteht das 4-Zellen-(6), 8-Zellen-(7) und 16-Zellen-Stadium (8). Bei der Blastozyste unterscheidet man den Embryoblast innen, den Trophoblast außen und die flüssigkeitsgefüllte Höhle. Die Zona pellucida beginnt sich aufzulösen. Die freie Blastozyste (9) lagert sich der Uterusschleimhaut an (Adplantation) und nistet sich schließlich in diese ein (Implantation). Die frühe Phase der Implantation ist in (10) dargestellt. In Abb. 8a wird die Entwicklung der Oozyte und des Embryos auf dem Weg vom Ovar bis zum Uterus gezeigt; in Abb. 8b sind dieselben Entwicklungsstadien vergrößert zu sehen. (Modifiziert nach Hamilton und Mossman 1972.)

4.3 Interpretation dieser Ereignisse

Im Abschnitt über molekular- und zellbiologische Grundlagen wurde dargelegt, daß die Fertilisation, durch die der neue Mensch entsteht, einen qualitativen Sprung bedeutet, während die darauf folgende Entwicklung kontinuierlich verläuft. Es entsteht ein neues, humanspezifisches und zugleich individuelles Genom, und zwar in einer nicht voraussagbaren Weise. Die Ootide und die aus ihr hervorgehende Zygote können sich zu einem erwachsenen Menschen entwickeln, wenn die für sie nötigen Umgebungsbedingungen erfüllt sind. Diese Umgebungsbedingungen sind zwar notwendig für die Entwicklung, aber nicht hinreichend für das Selbstsein des Embryos. Dieser Sachverhalt ist vergleichbar mit der Situation des erwachsenen Menschen, für den Nahrung, Behausung und ein soziales Umfeld zum Überleben nötig, aber für sein Personsein nicht hinreichend sind.

Das einzigartige Genom des neuen Menschen liegt spätestens am Ende der zweiten Reifungsteilung fest, wenn auch noch verteilt in den männlichen und weiblichen Vorkernen (Pronuclei). Darauf folgen die Vorbereitungen auf die erste Mitose, welche auch eine räumliche Verlagerung der Chromosomen in die Metaphaseplatte beinhalten. Es ist deshalb nur eine Frage der Definition, ob man schon von diesem Moment des Zusammen von väterlichem und mütterlichem Genom von einer Zygote sprechen will oder erst dann, wenn die Chromosomen nach der S-Phase in der gemeinsamen Metaphaseplatte angeordnet sind. Am Informationsgehalt des Genoms ändert sich nichts mehr.

Von der Entstehung der Zygote an ist der Embryo eine funktionelle, sich selbst organisierende und differenzierende Einheit, ein dynamisches und autonomes System. Als ein sich selbst organisierendes dynamisches System erfüllt er alle Bedingungen, die man an ein Individuum im biologischen Sinne ($Individuum_b$) stellen kann. Mit dem Terminus Individuum$_b$ soll deutlich gemacht werden, daß der an der Biologie orientierte Begriff vom Individuum nicht von vornherein gleichbedeutend ist mit dem Individuumbegriff, wie er in Philosophie und Theologie gebraucht wird.[20]

Der Befund der Totipotenz bis zum Achtzellstadium darf nicht zu der Annahme verleiten, die einzelnen Zellen seien von einander unabhängig. Sie sind bereits eingebettet in einen gemeinsamen Reaktions- oder Stoffwechselraum, der von der Zona pellucida umhüllt ist; sie sind auf einander zugeordnet. Dies kommt auch in dem embryo-maternalen Dialog zum Ausdruck, der von der Gemeinschaft dieser Zellen getragen wird. Mit jeder Zellteilung und mit dem Fortgang der Zeit schreitet auch die Spezialisierung jeder einzelnen Zelle fort. Die Totipotenz geht allmählich über in die Pluripotenz.

Jeder Differenzierungsschritt ist einerseits eine Erweiterung der Möglichkeiten für das gesamte System, andererseits eine Einschränkung für die einzelnen Zellen. Dies wird besonders deutlich bei der Entstehung des Embryoblasten in der Phase der Compaction. Es ist verschiedentlich behauptet worden, der Embryo entstehe erst mit der Bildung des Embryoblasten. Vorher seien die Zellen ausschließlich Trophoblasten. Dies trifft jedoch nicht zu. Bis zur Spezialisierung in Embryo- und Trophoblast haben alle Zellen grundsätzlich die Möglichkeit, sich in beide Richtungen zu differenzieren. Welchen Differenzierungsweg eine bestimmte Zelle einschlägt, hängt wahrscheinlich in hohem Maße von dem Ort ab, an welchem sie sich zur Zeit dieser „Entscheidung“ befindet.

Die Selbststeuerung des Embryos beginnt nicht erst im Achtzellstadium, in welchem die Aktivierung der embryonalen DNA zur Transskription beobachtet wird; sie erfolgt wahrscheinlich schon im Pronukleusstadium, spätestens

[20] Siehe Teil B und C in diesem Band.

aber in der Zygote, die sich in einem durch die Zona pellucida begrenzten Reaktionsraum befindet und ihren eigenen Stoffwechsel hat. Als Folge dieses Stoffwechsels und der eigenen Proteinsynthese wird der Vorrat an mütterlicher mRNA allmählich verbraucht. Schließlich wird die Transskription der eigenen DNA angeschaltet. Die Selbstorganisation beginnt mit dem eigenen Stoffwechsel im Reaktionsraum der Zona pellucida. Sie setzt sich fort in die Steuerung durch das eigene Genom (Transskription), in die Ausbildung des eigenen Blutkreislaufs und schließlich in die Entwicklung eines Zentralorgans, nämlich des Nervensystems.

5. Von der Implantation bis zum Ende der Embryonalzeit (8. Woche)

5.1 Entstehung des Primitivstreifens und der axialen Strukturen (2. und 3. Woche, Stadien 6 bis 10)

Am Übergang zur *zweiten Entwicklungswoche* bildet der Embryo auf seiner der Blastozysthöhle zugewandten oder ventralen Seite das Nabelbläschen aus. Auf der dem Trophoblasten zugewandten oder dorsalen Seite entsteht ein Spaltraum, die Amnionhöhle, die vom Amnion umhüllt wird. Der Embryo selbst wird zweischichtig; die dorsale, dicke Schicht wird zum Ektoblast, die ventrale, dünne Schicht wird zum Entoblast. In einem Bereich, den wir später als den unteren oder kaudalen Pol des Embryos bezeichnen, entsteht aus dem Ektoblast das extraembryonale Mesoderm, welches die Blastozysthöhle auskleidet (Abb. 9; Hinrichsen 1990, 112 f.). Den so mit Mesoderm überzogenen Trophoblasten bezeichnet man als Chorion und die von ihm umgebene Höhle als Chorionhöhle. Gegen Ende der zweiten Entwicklungswoche breitet sich die Zone der

Mesodermentstehung in der Medianebene nach kranial aus, wodurch der *Primitivstreifen* entsteht (Stadium 6). Im Bereich des Primitivstreifens kommt es zu einer starken Proliferation von Zellen im Ektoblast. Die Basalmembran löst sich auf. Die neugebildeten Zellen verlassen den Zellverband des Ektoblasten und breiten sich als drittes Keimblatt oder Mesoderm zwischen Ektoblast (jetzt Ektoderm genannt) und Entoblast (jetzt Entoderm genannt) aus. Erst mit der Ausbildung des Primitivstreifens geht die Fähigkeit zur Mehrlingsbildung verloren. Dieses Phänomen hat einige Autoren dazu veranlaßt, den Begriff des *Prae-Embryo* einzuführen. Unter *Prae-Embryo* wird gewöhnlich die Entwicklungsperiode von der Fertilisation bis zur Entstehung des Primitivstreifens verstanden.[21] Der Begriff des Prae-Embryo ist aber nicht genau definiert, weshalb es schon aus rein deskriptiv-embryologischen Gründen angezeigt scheint, diesen Begriff zugunsten der wohldefinierten und allgemein anerkannten Stadieneinteilung[22] fallen zu lassen.

Abb. 9 (siehe S. 81): *Transversalschnitt durch Stadium 6 (Embryonaltag 14).* Der Embryo besteht aus zwei Schichten, dem Ektoblast (oben, dick) und dem Entoblast (unten, dünn). Über dem Ektoblast befindet sich die Amnionhöhle (1); der Entoblast bildet das sekundäre Nabelbläschen (2), welches vom extraembryonalen Mesoderm umgeben ist. (Aus Hinrichsen 1990, mit freundlicher Genehmigung von Prof. K. V. Hinrichsen und vom Springer Verlag.)

---

21 Etwa die Stadien 1 bis 6 oder die ersten 14 Lebenstage des Embryos (Hinrichsen 1990; McCormick 1991).

22 Die Einteilung der Embryonalzeit in Stadien wird heute weltweit nach dem Carnegie-Stadien-System vorgenommen. Die 23 Entwicklungsstadien des menschlichen Embryos wurden auf Grund des Auftretens bestimmter Merkmale festgelegt. Sie wurden nach den Vorarbeiten von Streeter in ihrer heute gültigen Form von O'Rahilly eingeführt und zuletzt in O'Rahilly & Müller 1987 beschrieben.

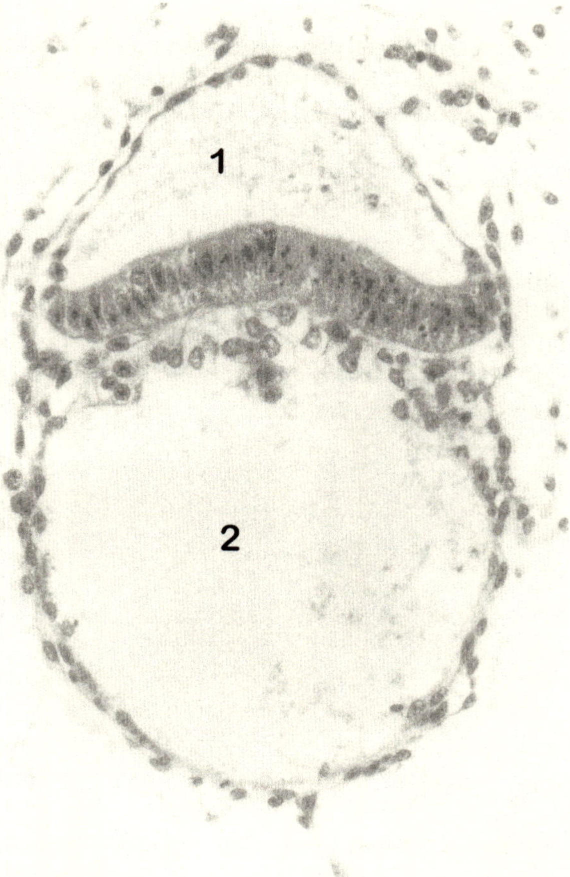
1
2

Zu Beginn der *dritten Entwicklungswoche* kommt es am kranialen Ende des Primitivstreifens zu einer zylinderförmigen Einstülpung ektodermaler Zellen, es entsteht der *Axialfortsatz*. Nach weiteren Entwicklungsschritten entsteht daraus die *Chorda dorsalis*, die man auch als frühe Körperachse bezeichnen kann. Das dorsal vom Axialfortsatz gelegene Ektoderm wird zur Neuralplatte spezifiziert (Embryonaltag 16, Stadium 7), aus welcher das Zentralnervensystem hervorgeht. Während der nächsten Tage sinkt die Neuralplatte in der Medianebene zur Neuralrinne ein (Stadien 8 und 9). Die Neuralrinne schließt sich zum Neuralrohr und löst sich vom Verband des Ektoderm, welches sich als Oberflächenektoderm über das Neuralrohr ausbreitet und eine einheitliche Schicht bildet (Stadium 10). Lediglich am oberen und am unteren Pol des Embryos bleibt das Neuralrohr noch eine Weile offen. Diese Öffnungen werden als Neuroporus cranialis und Neuroporus caudalis bezeichnet.

Abb. 10 (siehe S. 83): *Embryo im Stadium 12 (Embryonaltag 27, 3.4 mm).* Das Wachstum des Nervensystems dominiert die Entwicklung. (1) Augenbläschen; (2) Maxillarwulst; (3) Mandibularbogen (Pharyngealbogen I); (4) Hyoidbogen (Pharyngealbogen II); (5) Pharyngealbogen III; (6) Somiten; (7) Anlage der unteren Gliedmaße; (8) Haftstielregion des Nabels; (9) Verbindung zum Nabelbläschen; (10) Herz. Nach Blechschmidt 1963.

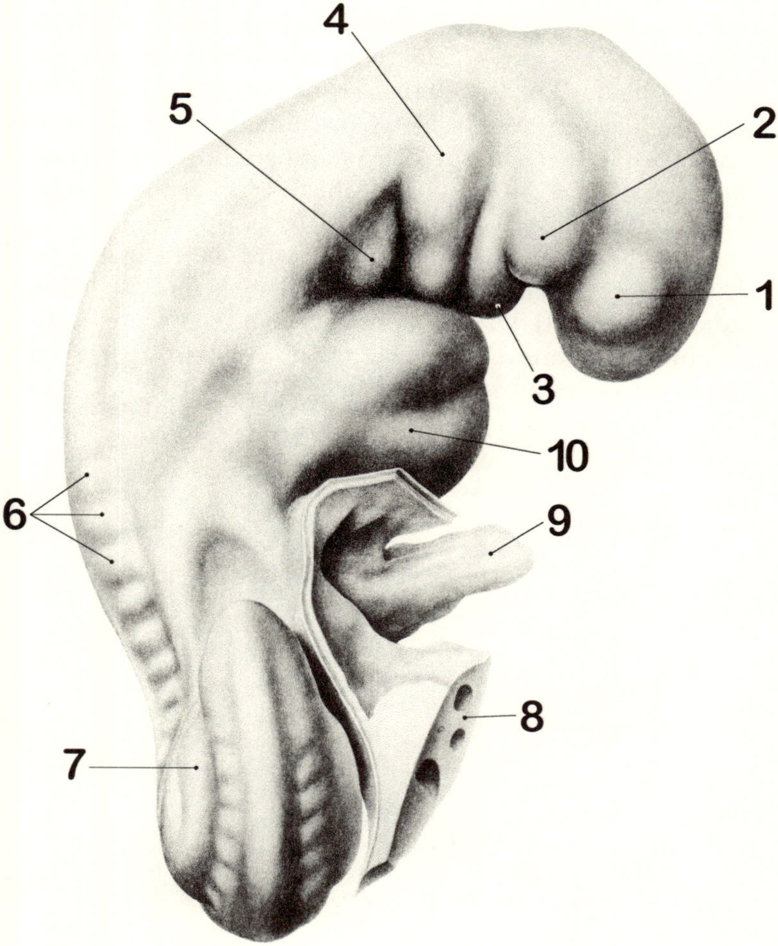
4
5
2
1
3
10
6
9
8
7

5.2 Das Nervensystem dominiert das Wachstum (4. und 5. Woche, Stadien 11 bis 15)

In der *vierten Entwicklungswoche* schließt sich das Neuralrohr am kranialen und am kaudalen Ende des Embryonalkörpers.[23] Von jetzt an dominiert das Nervensystem das Wachstum des Embryos. Das Gehirn wächst rasch über die Begrenzungen des Nabelbläschens hinaus und beugt sich nach vorn. Dabei entstehen die Pharyngealbögen. Es entstehen ferner die Augen- und Ohrbläschen und die vier Gliedmaßenknospen (Abb. 10).

In der *fünften Entwicklungswoche* wird die Beugung des Kopfes so stark, daß die Stirn auf dem Nabel zu liegen kommt (Abb. 11). Die Hirnabschnitte sind schon weit fortgeschritten in ihrer Differenzierung. Im Stadium 15 werden die Hemisphärenblasen bereits sichtbar.

Abb. 11 (siehe S. 85): *Embryo im Stadium 14 (Embryonaltag 30, 6.3 mm).* Der Kopf ist maximal gebeugt, die Stirn ruht auf dem Nabel. (1) Auge; (2) Maxillarwulst; (3) Mandibularbogen; (4) Hyoidbogen; (5) Herz; (6) obere und (7) untere Gliedmaßenanlage. Nach Blechschmidt 1963.

---

[23] Neuroporus cranialis im Stadium 11, Neuroporus caudalis im Stadium 12.

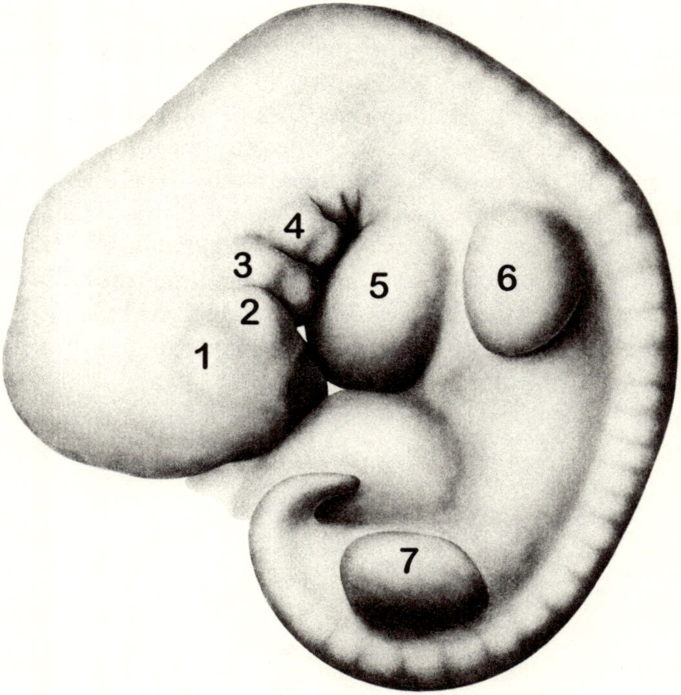
1
2
3
4
5
6
7

5.3 Aufrichtung des Embryos und Entwicklung des Gesichts (6. bis 8. Woche, Stadien 16 bis 23)

Im Verlaufe der *sechsten Entwicklungswoche* wird der Kopf fast ebenso groß wie der ganze Rumpf. Die Gliedmaßen sind weiter differenziert. In der Handplatte sind die Fingerstrahlen erkennbar (Stadium 17). Der Entwicklung des äußeren Erscheinungsbildes entspricht eine rasch fortschreitende Differenzierung der Organsysteme im Inneren des Embryonalkörpers[24] (Abb. 12).

Als Folge der Ausbildung der Wirbelsäule richtet sich der Embryo in der *7. und 8. Entwicklungswoche* allmählich auf, Finger und Zehen werden fein ausgebildet, das Gesicht wird zu dem geformt, was auch der nicht embryologisch Geschulte als typisch menschliches Antlitz bezeichnen würde. Betrachtet man mehrere verschiedene Gesichter am Ende der Embryonalzeit (Ende der 8. Woche), dann wird man jedem dieser Gesichter eine individuelle Besonderung zusprechen müssen. Der Embryo ist zu dieser Zeit etwa 30 mm groß (Abb. 13, 14).

Abb. 12 (siehe S. 87): *Embryo im Stadium 17 (Ende der 6. Woche, 10 mm).* Der Kopf ist fast ebenso groß wie der Rumpf. Die Handplatte läßt bereits Fingerstrahlen erkennen. (1) Telencephalon; (2) Diencephalon; (3) Rhombencephalon; (4) Nackenbeuge (Übergang von Gehirn in Rückenmark); (5) Auge; (6) Maxillarwulst; (7) äußeres Ohr. Nach Blechschmidt 1963.

---

[24] Genauere Darstellung in Lehrbüchern der Humanembryologie wie Hamilton & Mossman 1972; Blechschmidt 1973; Hinrichsen 1990; O'Rahilly & Müller 1992.

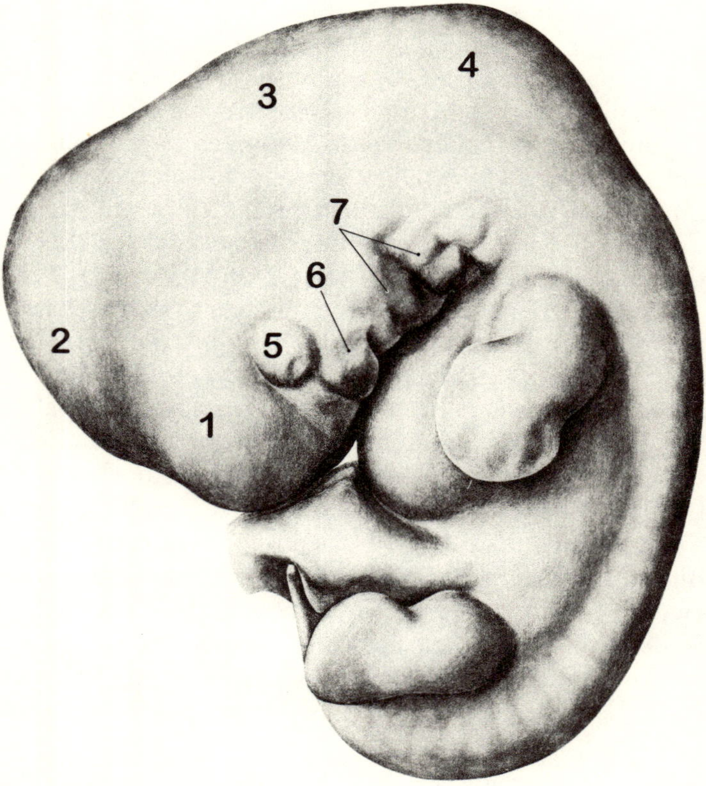
1
2
3
4
5
6
7

5.4 Interpretation der Befunde

Für unsere Frage nach der Individualität und Personalität des Menschen ist das zentrale Thema dieser Periode der Entwicklung die Möglichkeit der Entstehung von eineiigen oder monozygoten Zwillingen. Weil in der Regel mit der Bildung der axialen Strukturen des Embryos eine Zwillingsbildung nicht mehr möglich ist, wird von manchen Autoren in Erwägung gezogen oder sogar postuliert, daß erst ab diesem Zeitpunkt, d. h. etwa 14 Tage nach der Entstehung der Zygote von einem individuellen Menschen gesprochen werden soll (Fuchs 1989). Die Zygote und die nachfolgenden Embryonalstadien bis zur Entstehung des Primitivstreifens sollen als Prä-Embryo bezeichnet werden (Ford 1988; Hinrichsen 1990; Shannon und Wolter 1990; McCormick 1991).

Diese Überlegungen scheinen im ersten Hinblick plausibel. Wie aber ist die Faktenlage? Zwillinge treten sehr selten auf. Die Häufigkeit für mono- und dizygote Zwillinge zusammen liegt zwischen 1 % und 2 % der Schwangerschaften. Monozygote Zwillinge können zu unterschiedlichen Zeiten entstehen: (a) in der Phase der Totipotenz, noch vor der Differenzierung des Trophoblasten (Stadium 2), (b) durch Verdoppelung des Embryoblasten (inner cell mass) vor der Bildung des Amnion (Stadium 3) und (c) sehr selten in der zweiten Entwicklungswoche vor dem Auftreten der axialen Strukturen. Aber auch nach der Entstehung der axialen Strukturen kann es zur partiellen Verdoppelung kommen, wie z. B. bei den siamesischen Zwillingen. Soweit wir heute

Abb. 13 (siehe S. 89): *Embryo im Stadium 20 (Anfang der 8. Woche, 17.5 mm).* Im Zusammenhang mit der Entwicklung der Wirbelsäule richtet sich der Embryo allmählich auf. Die Finger sind bereits ausgebildet, an der Fußplatte sieht man die Zehen-Strahlen. Die Augen (6) sind fast schon frontal eingestellt. Darüber wölbt sich die hohe Stirn. Um den äußeren Gehörgang herum entwickelt sich die Ohrmuschel (7). (1) Vorderhirn (Prosencephalon); (2) Mittelhirn (Mesencephalon); (3) Anlage des Kleinhirns (Cerebellum); (4) Übergang vom Hirnstamm zum Rückenmark; (5) Nase. Nach Blechschmidt 1963.

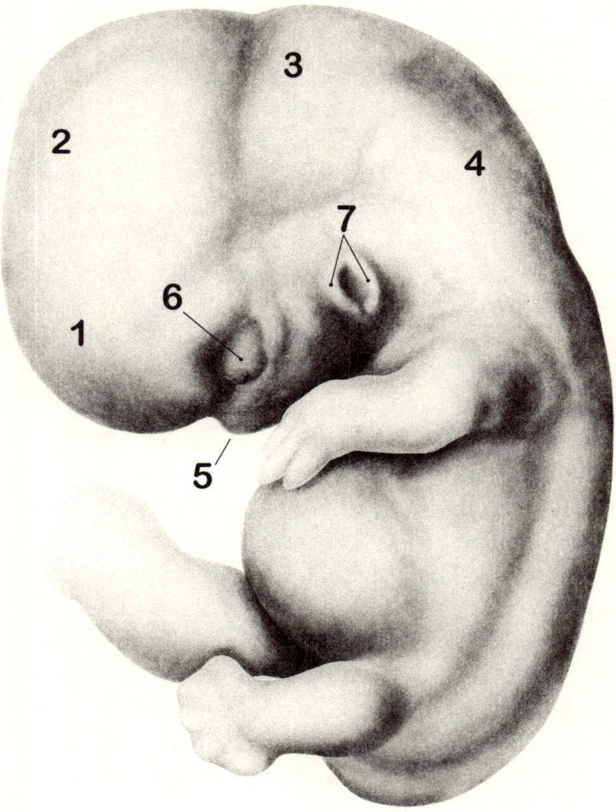
1
2
3
4
5
6
7

wissen, ist die Zwillingsbildung nicht streng genetisch festgelegt, wenn auch eine familiäre Häufung von Zwillingsgeburten beobachtet werden kann. Möglicherweise spielen auch externe Einflüsse eine Rolle.

Wenn gesagt wird, daß mit der Entstehung des Primitivstreifens die Individuation beginne, so wäre zu erwarten, daß mit diesem Moment ein ähnlicher qualitativer Sprung sich ereigne, wie wir ihn bei der Fertilisation beschrieben haben. Dies kann jedoch nicht beobachtet werden. Die Entstehung der axialen Strukturen, zu denen der Primitivstreifen gehört, ist ein kontinuierlicher Prozess. Sie beginnt am kaudalen Pol des Embryos, wo Zellen des Ektoblasten in mesodermale Zellen umgewandelt werden. Daraus entsteht zuerst extraembryonales Mesoderm, welches Nabelbläschen, Amnion und Chorion umhüllt. Die Zone der Umwandlung von Ektoblast in Mesoderm breitet sich dann allmählich weiter nach kranial aus. Es entstehen mesodermale Zellen auch innerhalb des Embryos und schließlich weiter kranial der Axialfortsatz, aus welchem nach weiteren Umwandlungsprozessen die Chorda dorsalis hervorgeht. *Die Entstehung der axialen Strukturen ist deshalb nur einer der vielen Prozesse der Embryonalentwicklung, die zur fortschreitenden Differenzierung gehören.* Die Entstehung des Neuralrohrs aus dem Ektoderm oder der Augen aus der Anlage des Dienzephalons und vieler anderer Strukturen gehören grundsätzlich in die gleiche Kategorie von wichtigen Differenzierungsprozessen, die alle keinen qualitativen Sprung, sondern ein kontinuierliches Geschehen darstellen. Dennoch ist die Entwicklung des Embryos wesentlich von diesen Ereignissen abhängig.

Abb. 14 (siehe S. 91): *Das menschliche Gesicht am Ende der Embryonalzeit (Stadium 23, Ende der 8. Woche, 29 mm).* Mund und Nase sind in ihrer Entwicklung weit fortgeschritten. Die Augen sind frontal eingestellt. Das sich rasch entwickelnde Gehirn erweitert den Gehirnschädel. Schulter, Ellenbogen, Hände und Finger sind fein ausgebildet. Nach Blechschmidt 1973.

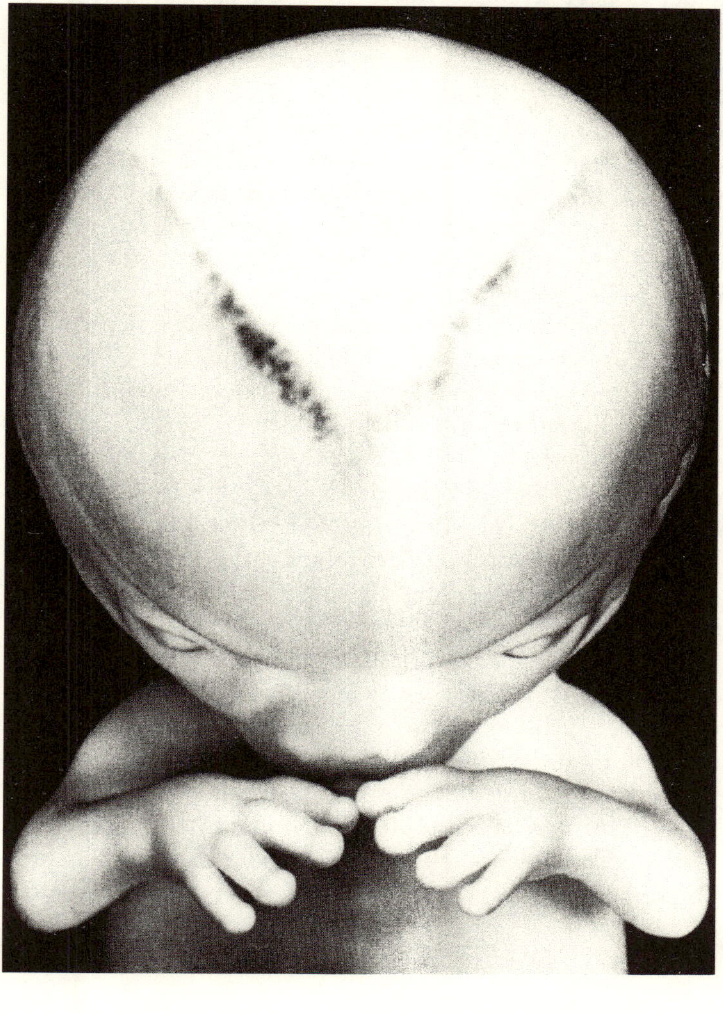

Die Einführung des Begriffs Prae-Embryo für die Entwicklung während der ersten 14 Tage legt die Vorstellung nahe, es gebe in der Frühentwicklung des Menschen eine Daseinsform, die selber noch kein Embryo ist, aus der aber ein Embryo entsteht. An diese Vorstellung knüpft der Gebrauch des Begriffs Individuum an. Wenn gesagt wird, die Individuation beginne erst mit der Entstehung des Primitivstreifens, dann wird davon ausgegangen, daß die Existenzweise des Embryos vor dieser Zeit nicht die eines Individuums sei. Letztlich wird so die Entstehung des Individuums an die Umwandlung von Zellen des Ektoblast in mesodermale Zellen geknüpft. Dies ist aber schon biologisch nicht nachvollziehbar. Es müßte gezeigt werden, wie sich ein mit sich selbst identisches und sich in kontinuierlicher Entwicklung befindendes Wesen von einem Nicht-Individuum zu einem Individuum umwandeln kann.[25]

Die hier aufgeführten Schwierigkeiten scheinen uns unauflösbar, weshalb der Beginn der Individuation nicht mit der Entstehung des Primitivstreifens verknüpft werden kann. Die Verknüpfung der Individuation mit der Ausbildung des Primitivstreifens scheitert auch an dem Problem der „*Zwillinge*", wo eine partielle Verdoppelung nach der Entstehung des Primitivstreifens stattfindet. Dieses Phänomen stellt uns vor nicht geringere Verständnisschwierigkeiten als die Ausbildung von monozygoten Zwillingen vor der Entstehung des Primitivstreifens. Wenn zwei verschiedene Gehirne ausgebildet sind, mit welchen jeweils ein eigenes Selbstbewußtsein verknüpft ist, dann bereitet es Schwierigkeiten, die beiden nicht als zwei Individuen anzusehen, obwohl sie andere Strukturen des Körpers miteinander teilen.

---

25 Zur weiteren Diskussion der „Prae-Embryo"-Problematik siehe Ford 1988.

Mit der Zurückweisung der Idee des Prae-Embryo und des Beginns der Individuation mit dem Tag 14 haben wir aber noch kein positives Verständnis der Entwicklungsabläufe hinsichtlich Individualität entwickelt. Es seien deshalb nochmals die wesentlichen Befunde und Erkenntnisse über die Embryonalentwicklung zusammengefaßt:

- Die *Zygote* besitzt ein humanspezifisches und einzigartiges Genom. Als menschliches Wesen ist sie in der Lage, sich unter geeigneten Bedingungen zur Gestalt des erwachsenen Menschen zu entwickeln. Es muß nichts Wesentliches mehr hinzugefügt werden (*aktive Potenz zur vollständigen menschlichen Entwicklung*).
- Die *Struktur des menschlichen Genoms* ist so beschaffen, daß in jedem Moment der Entwicklung ein menschlicher Embryo zu erkennen ist (humanspezifische Entwicklung[26]).
- In jedem Moment der Embryonalentwicklung agiert der Embryo als eine funktionelle, sich selbst organisierende Einheit (*Einheit eines dynamischen, sich selbst organisierenden Systems*). Der Entwicklungsablauf ist irreversibel und strebt nach der Ausprägung der Endgestalt.
- Jedes Entwicklungsstadium geht kontinuierlich in das folgende über (*Kontinuität der Entwicklung*). Nach der Fertilisation können keine Einschnitte in der Entwicklung des Embryos beobachtet werden, welche in ihrem Ausmaß und in ihrer Bedeutung mit den Ereignissen bei der Fertilisation vergleichbar wären.

Aus der embryologischen Betrachtung der menschlichen Entwicklung folgt, daß der Embryo von der Befruchtung an ein Mensch ist und die aktive Möglichkeit besitzt, dieses

26 Bei aller Ähnlichkeit mit den Entwicklungsabläufen bei anderen Tierarten sind doch immer wieder spezifische Unterschiede festzustellen, und zwar von der molekularbiologischen Ebene bis zur äußeren Körperform.

Menschsein voll zu entfalten, wenn ihm die dafür nötigen Umgebungsbedingungen geboten werden. Der Embryo lebt zu jeder Zeit als ein zu einer einheitlichen Leistung befähigtes System und stellt daher unter biologischen Gesichtspunkten eine in Raum und Zeit unverwechselbare Einheit dar, der wir zu Recht Individualität im biologischen Sinne (Individuum$_b$) zuschreiben. Der Embryo ist vor der Zwillingsbildung ein Individuum$_b$ (Zustand A). Nach der Zwillingsbildung (Zustand B) handelt es sich um zwei Individuen$_b$. Der Übergang vom Zustand A in den Zustand B kann systemtheoretisch als Bifurkation beschrieben werden; biologisch könnten wir ihn als Vermehrung bezeichnen (Wuermeling 1985; Rager 1992).

6. Entwicklung während der Fetal- und Postnatalzeit

6.1 Entstehung und Differenzierung des Nervensystems

Es wird heute allgemein angenommen, daß die Entwicklung des Bewußtseins, das Vermögen der Selbstreflexion und die Fähigkeit zum Dialog und zur freien Willensentscheidung ein funktionierendes Nervensystem voraussetzen. Nun wurde bereits dargelegt, daß die ersten Spuren des Nervensystems nicht vor Embryonaltag 16 auszumachen sind.[27] Um diese Zeit wird das Ektoderm, welches sich dorsal der axialen Strukturen befindet, zur Neuralplatte spezifiziert. Aus der Neuralplatte entsteht die Neuralrinne. Die seitlichen Ränder der Neuralrinne wölben sich auf, kommen in der Medianebene miteinander in Berührung und verschmelzen mitein-

[27] Für eine detaillierte Darstellung der Entwicklung des menschlichen Nervensystems siehe Hinrichsen 1990; Hinrichsen 1991; O'Rahilly & Müller 1994; Rager 1994a.

ander zum Neuralrohr. Das Neuralrohr löst sich schließlich völlig vom Ektoderm ab und differenziert sich in die Anlage des Rückenmarks und des Gehirns. Das Material am Übergang von Neuralrinne und Ektoderm wird ebenfalls aus dem Ektoderm herausgelöst und in das Innere des Embryonalkörpers verlagert. Es kommt zu beiden Seiten des Neuralrohrs zu liegen und wird zur Neuralleiste. Aus der Neuralleiste entstehen die Kopf- und Spinalganglien, die Ganglien von Sympathikus und Parasympathikus und eine Reihe weiterer Strukturen. Das Neuralrohr differenziert sich in seinem oberen Abschnitt zum Gehirn, im unteren Abschnitt zum Rückenmark.

Entscheidend für die weitere Entwicklung ist die Differenzierung der Neurone in Gehirn und Rückenmark. Die Neurone bilden zwei Grundtypen von Fortsätzen, die Neuriten oder Axone, welche die Signale zu anderen Neuronen fortleiten, und die Dendriten, die vorwiegend Signale von anderen Neuronen aufnehmen und an den Zellkörper (Perikaryon) weiterleiten. Im Perikaryon werden alle ankommenden Signale integriert. Das Ergebnis dieser Integration wird in Form von Aktionspotentialen den nachgeschalteten Neuronen mitgeteilt. Die Mitteilung der Information geschieht über besondere Kontaktstellen, die als Synapsen bezeichnet werden. So wird Zug um Zug ein neuronales Netzwerk aufgebaut. Das geschieht aber nicht überall im Nervensystem gleichzeitig, sondern erfolgt mit großen zeitlichen Unterschieden in den einzelnen Regionen des Gehirns und des Rückenmarks. Die ersten Synapsen im Rückenmark treten bereits im Stadium 15 (Ende der 6. Woche) auf. Eine starke Vermehrung der Synapsen im Rückenmark wird ab Beginn der Fetalzeit (9.-12. Woche) beobachtet. Im Hirnstamm setzt die Synapsenbildung erst ab der 13. Woche ein und nimmt ab der 25. Woche stark zu.

Besonders wichtig für unser Thema ist die Entwicklung der Hirnrinde, des Cortex cerebri, weil ohne Hirnrinde keine bewußten Akte möglich sind. Die Entstehung der Hirnrinde läuft über die vorgängige Ausbildung der kortikalen Platte, in welche Zellen aus den mitosereichen Zonen in der Nähe der Seitenventrikel auswandern und sich als eine zunächst kompakte Schicht von jungen Neuronen niederlassen. Mit der Reifung dieser Neurone und dem Einwachsen von Axonen wird die kortikale Platte zusammen mit der subkortikalen Zone zu den Schichten der Hirnrinde (Cortex cerebri) differenziert. In der kortikalen Platte werden die ersten Synapsen werden zu Beginn des 3. Monats beobachtet. Die maximale Zunahme der Synapsen erfolgt aber erst ab der 25. Woche und beim Neugeborenen.

Eine notwendige Voraussetzung für bewußte Akte ist die Aufnahme der Verbindung der Hirnrinde mit den sensorischen Organen des Körpers, die ihre Informationen über spezifische Afferenzen zur Hirnrinde leiten, und das Funktionieren der kortiko-thalamo-kortikalen Schleife. Diese Schleife beginnt erst ab der 24. Woche funktionsfähig zu werden. Erst von dieser Zeit an scheint die Schmerzempfindung möglich zu sein (Hinrichsen 1991; Vilmar und Bachmann 1991; Wisser und Hepp 1991; Zimmermann 1991; Bachmann 1992), da die Schmerzleitung ebenso wie die spezifischen Afferenzen über Kerne des Zwischenhirns (Thalamus dorsalis) den Kortex erreicht.

Das Elektroenzephalogramm (EEG), mit welchem die Hirnströme aufgezeichnet werden, ist auch nach der Geburt noch unreif. Erst um die Zeit der Pubertät zeigt es das Muster des Erwachsenen. Auf die sich langsam vollziehende Reifung der mentalen Fähigkeiten in der Zeit nach der Geburt wird später noch eingegangen. Es ist anzunehmen, daß parallel mit dieser Reifung die Differenzierung des neuronalen Netzwerks erfolgt. Viele Daten aus Tierexperimenten belegen, daß in der nachgeburtlichen Periode wichtige funktionelle Anpassungen stattfinden, und zwar als Folge der Auseinandersetzung mit der Umwelt.

6.2 Die Bedeutung der Hirnentwicklung für die Zuschreibung von Personalität

Wenn Person über qualitative Kriterien definiert wird als vernunftbegabte Natur, die befähigt ist zur Selbstreflexion, zum Dialog und zur freien Willensentscheidung, dann setzen diese Qualitäten ein funktionierendes Nervensystem voraus. Daraus wird der Versuch verständlich, menschliche Personalität mit der Entstehung derjenigen neuronalen Strukturen beginnen zu lassen, „die an psychologischen Zuständen konstitutiv beteiligt sind" (Lockwood 1990, 246). Ebenso wie es für das Ende des menschlichen Lebens ein eindeutiges und von allen anerkanntes Kriterium, nämlich den Hirntod, gebe, so solle auch für den Beginn des menschlichen Lebens der Beginn des Hirnlebens herangezogen werden. Wird der Hirntod durch das Aufhören der Hirnströme angezeigt (EEG), so soll auch der Beginn des Hirnlebens durch das Auftreten ableitbarer Hirnströme als Zeichen neuronaler Aktivität festgestellt werden.[28] Im Rahmen dieser Argumentationslinie wurden verschiedene Versuche unternommen, den Beginn des Gehirnlebens zeitlich zu präzisieren. Sass (1989), einer der Vertreter dieser Argumentationslinie, bemüht sich, dafür neurobiologische Befunde beizubringen, baut dann noch ein „zusätzliches ethisches Sicherheitsnetz" (ebd. 173) ein und kommt so auf den 57. Tag nach der Befruchtung, ab welchem er „dem werdenden menschlichen Leben den vollen rechtlichen Schutz und die volle ethische Solidarität und Achtung" (ebd.) zusprechen will.

Wenn sich nun herausstellen sollte, daß die von den Autoren genannten biologischen Sachverhalte so nicht zutreffen, dann wären auch die für die Zuschreibung der Per-

[28] Auf die gegenwärtige Debatte über die Kriterien des Hirntodes braucht hier nicht eingegangen zu werden, weil damit der Kern des Arguments nicht berührt wird.

sonalität gezogenen Konsequenzen nicht gültig. Tatsächlich bestehen erheblich Differenzen zur entwicklungsbiologischen Realität:

- Wie soeben gezeigt wurde, muß der Bezug auf die *Synapsenentwicklung* zu Schlußfolgerungen führen, die den von diesen Autoren gezogenen genau entgegengesetzt sind. Die Reifung der Neurone und ihrer Verbindungen ist ein Musterbeispiel für die Kontinuität in der Entwicklung. Es kommt hinzu, daß die Neurone nicht gleichzeitig im ganzen Nervensystem reifen, sondern in den verschiedenen Teilsystemen zu sehr unterschiedlichen Zeiten. Der gesamte Reifungsprozeß erstreckt sich über eine sehr lange Zeit. In diesem langdauernden Prozeß kann kein bestimmter Zeitpunkt festgelegt werden, ab welchem die Reifung des Nervensystems ausreicht für die Zuschreibung von Personalität. Die Reifung des Nervensystems ist auch mit der Geburt noch längst nicht abgeschlossen. Hebt man speziell auf jene Strukturen ab, an deren Vorhandensein das Phänomen Bewußtsein geknüpft ist, so ist der 57. Tag bei weitem zu früh. Es müßte verlangt werden, daß wenigstens die Hirnrinde einen hinreichenden Reifungsgrad erreicht und die notwendigen Verbindungen mit subkortikalen Zentren etabliert hat. Dies ist sicher nicht vor der späten Fetalzeit (24. Woche) der Fall. Ob die bis zu diesem Zeitpunkt entwickelten Strukturen schon ausreichen, um als Grundlage für bewußte Akte zu dienen, ist noch nicht geklärt.
- Es wird versucht, eine *Symmetrie* zwischen dem „Nicht mehr“ des Hirntodes und dem „Noch nicht“ des Hirnlebens (Sass 1989, 172) herzustellen. Diese Symmetrie besteht jedoch nicht. Im ersten Fall handelt es sich um den Übergang vom Leben zum Tod, im zweiten Fall um den Übergang von Leben zu weiter entwickeltem Leben. Mit dem Hirntod erlischt die Einheit des sich selbst organisierenden Systems, während die Phase vor dem Beginn des

Hirnlebens nicht dem Tod gleicht, sondern gerade durch die in ihr vorhandenen Möglichkeiten des Lebens charakterisiert ist.

6.3 Entwicklung der kognitiven, moralischen und kommunikativen Fähigkeiten

6.3.1 Biologische Entwicklung nach der Geburt

Der Mensch wird hilfsbedürftig und unfertig geboren und kann ohne besondere Zuwendung nicht überleben. Viele Fähigkeiten, die sich bei Säugetieren bereits während der Schwangerschaft entwickeln, reifen beim Menschen erst im Laufe des ersten Jahres nach der Geburt. Portmann hat deshalb den Menschen als „*physiologische Frühgeburt*" (Portmann 1944, zitiert nach der 2. Auflage 1951, 44) bezeichnet. Daß der Mensch sehr lange braucht, bis er den Höhepunkt seiner biologischen Leistungsfähigkeit erreicht, bedarf keiner besonderen Erörterung. In dieser Phase zeigt der Mensch eine große Bandbreite von Entfaltungsmöglichkeiten. Er ist nicht „festgestellt" (Gehlen 1940; Landmann 1955), sondern paßt sich in hohem Maße den Anforderungen seiner Umwelt an. In diesem Zusammenhang sei auf die modernen Forschungsergebnisse an höheren Vertebraten und insbesondere an Säugetieren hingewiesen, die dem Nervensystem eine ausgeprägte Anpassungsfähigkeit an die jeweilige Umwelt auch in der Postnatalzeit zuschreiben. In der Auseinandersetzung mit den Reizen der Umwelt ist das Gehirn in der Lage, sein Netzwerk entsprechend zu organisieren und zu modifizieren. Diese als Plastizität bezeichneten Phänomene reichen bis in die relativ elementare Ebene der Mustererkennung hinunter.

6.3.2 Kognitive und moralische Entwicklung

Der Psychologe Piaget hat Stufen der kognitiven Entwicklung beschrieben.[29] Erst mit 11 bis 14 Jahren wird die Stufe des *formal-operationalen Denkens* erreicht. Dies entspricht in etwa der Zeit, zu welcher das Elektroenzephalogramm (EEG) die Form des Erwachsenen erhält. Die Entwicklungsstufen sind keine Haltepunkte im Sinne definitiver Seinsmöglichkeiten des Menschen, sondern gehen kontinuierlich ineinander über. Jede Stufe treibt über sich hinaus zur nächsten. Die Stufen sind auch keine Plateaus, an deren Ende sich eine steile Wand befände, die sprunghaft zur nächsten Stufe führte, sondern Lebensabschnitte, die zwar charakterisiert sind durch bestimmte Merkmale, aber bereits auf den nächsten Abschnitt verweisen. Mit dem Erreichen der Stufe des formal-operationalen Denkens ist die kognitive Entwicklung nicht zu Ende. Intelligenz, Erfahrung und Urteilskraft entfalten sich weiter und bringen durch ihr Zusammenwirken neue Leistungen auch in höherem Alter hervor.

Die intellektuelle Entwicklung mündet schließlich in die Weisheit des Alters, welche vor allem durch die große Erfahrung, die Schulung des Urteilsvermögens, die Distanz von Eigeninteresse und Emotionalität und damit durch die größere Objektivität gekennzeichnet ist. Die Weisheit des Alters ermöglicht es, Entscheidungen und Handlungen von den wirklich wichtigen Gesichtspunkten des Lebens her zu begründen.

Ähnlich wie für die kognitive Entwicklung sind auch für die moralische Entwicklung Stufen beschrieben worden (Kolberg 1981; Habermas 1983; Edelstein et al. 1993). Die moralischen Entwicklungsstufen sind weit weniger streng an ein bestimmtes Alter gebunden als die kognitiven, weil sie in ihrer Ausprägung sehr stark von erzieherischen, sozialen

29 Willi & Heim 1986, 92 f.; Gage & Berliner 1979, 347-359; Piaget & Inhelder 1972. Genauere Darlegung bei Rager 1994b.

und kulturellen Einflüssen abhängen.[30] Es ist aber anzunehmen, daß auch die Fähigkeit zum moralischen Urteilen und Handeln die Reifung gewisser Hirnstrukturen voraussetzt.

6.3.3 Entwicklung der kommunikativen Fähigkeiten

Um sich mit der Umwelt auseinandersetzen zu können, braucht der sich entwickelnde Mensch die notwendigen Kommunikationssysteme. Die Strukturen für die Wahrnehmung von Berührungsreizen werden relativ früh gebildet. Die *Hautinnervation* in den Gliedmaßen beginnt im Stadium 14. Die Handplatte wird gegen Ende der 6. Woche (Stadium 17), die Fußplatte in der 8. Woche (Stadium 19) innerviert. Zu den Finger- und Zehenspitzen dringen die Nervenfasern aber erst gegen Ende der Embryonalzeit (Stadium 23) vor (Bossy 1982). Da gegen Ende der Embryonalzeit durch Hautberührungen motorische Reaktionen ausgelöst werden können, ist anzunehmen, daß der *Reflexbogen* bereits funktioniert (Hinrichsen 1991). *Kindsbewegungen* im Uterus werden von der Mutter ab dem 5. Monat deutlich wahrgenommen (Vilmar & Bachmann 1991; Jorch 1990).

Die Entwicklung der großen *Sinnesorgane* wie Auge, Ohr und Gleichgewichtssinn nimmt aber wesentlich mehr Zeit in Anspruch. Lichtreize werden erstmals in der 22. Woche mit Lidschluß beantwortet. Visuelle Fixation ist von der 30. Woche an möglich. Strukturierte Muster können ab der 33. Woche erkannt werden (Jorch 1990; Hinrichsen 1991). Eine Reaktion auf akustische Reize erfolgt erst in der 26. Woche (Körperzucken oder Blinzeln). Zur gleichen Zeit werden Reize des Vestibularissystems beantwortet (Hinrichsen 1991; Zimmer 1992).

---

[30] Zeitangaben für die moralischen Stufen nach Kolberg. Stufe 1: 6-8 Jahre, Stufe 2: 8-12 Jahre, Stufe 3: etwa Adoleszenz. Höhere Stufen sind einem bestimmten Alter nicht mehr eindeutig zuzuordnen.

Das wichtigste und typisch menschliche Kommunikationssystem ist jedoch die *Sprache*. Die Entwicklung der Sprache erstreckt sich weit in die Postnatalzeit hinein und weist eine große interindividuelle Variabilität auf. Dennoch gibt es einige Fixpunkte. Ein 12 Wochen alter Säugling vermag nur Gurrlaute zu äußern. Mit 16 Wochen beginnt er auf menschliche Laute zu reagieren. Mit 20 Wochen bringt er vokalähnliche Gurr-Laute hervor, die sich aber deutlich von den Lauten der vollentwickelten Sprache unterscheiden. Mit 6 Monaten kann das Kind lallen. Mit 12 Monaten versteht es Wörter und kann auch einzelne Wörter wiederholen. Mit 18 Monaten hat es ein Repertoire von maximal 50 Wörtern erworben. Ab dem 30. Monat kann es sein Vokabular schnell erweitern. Es lallt nicht mehr, sondern äußert sich in kommunikativer Absicht. Erst mit 4 Jahren verfügt es über eine gut entwickelte Sprache, die der Sprache der Erwachsenen entspricht.

Wir müssen uns auch der Vorstellung entledigen, als seien mit der Ausbildung der Funktionskreise schon alle neuronalen Voraussetzungen für bewußte Akte entwickelt. Neuere Forschungsergebnisse der Neurobiologie zeigen, daß damit erst ein Rahmen oder ein Potential für weitere Entwicklungen gegeben ist. Das Nervensystem ist kein starres Netzwerk, sondern ein sich selbst organisierendes System, das erst in der Interaktion mit der Umwelt jene Anpassungen vornimmt, die für Wahrnehmen, Erkennen und Handeln unerläßlich sind. Die Potentialität ist mit der Geburt gegeben, die Aktualität wird aber erst in der Auseinandersetzung mit der Umwelt erreicht. Kinder, die nie mit Sprache konfrontiert wurden, werden auch der Sprache nicht mächtig (Kaspar Hauser). Die umfangreichen Lernprozesse, die in der Postnatalzeit stattfinden, implizieren neurobiologisch gesehen bedeutende Anpassungen des neuronalen Netzwerks bis die Leistungsfähigkeit des Systems des Erwachsenen erreicht ist.

6.4 Schlußfolgerungen aus der Entwicklungsbiologie

Aus den entwicklungs- und verhaltensbiologischen Untersuchungen lassen sich folgende Erkenntnisse gewinnen:

- Der Embryo kann von der Zygote an als ein *lebendiges System* beschrieben werden, in welchem die einzelnen, im Hinblick auf die Einheit spezialisierten Elemente zu einem funktionsfähigen Ganzen zusammenwirken.
- Die Entwicklung verläuft *kontinuierlich*. Je mehr wir unsere Beobachtung zeitlich wie strukturell verfeinern, desto deutlicher erscheint die Kontinuität der Prozesse, die aus einander hervorgehen (vgl. Kapitel 2: Systemtheorie).
- Wenn die *Entwicklung des Gehirns* als Bedingung der Möglichkeit jener Vermögen angesehen wird, die wesentlich zum Personsein gehören, nämlich Bewußtsein, Selbst-Reflexion, formal-operationales Denken, moralisches Urteilen und Handeln und die Fähigkeit zur Kommunikation, dann hat diese erst lange nach der Geburt den erforderlichen Zustand erreicht. Die Nennung von früheren Zeitpunkten wäre biologisch nicht vertretbar.
- Der Embryo besitzt schon als Zygote die aktive Potentialität der Entwicklung zu einem erwachsenen Menschen. Wie die erwachsenen Menschen braucht er allerdings die geeigneten Umgebungsbedingungen, um sich zum vollen Menschsein zu entfalten.[31] Entwicklung heißt Übergang von der Potenz in den Akt. Das Mögliche entfaltet sich zum Wirklichen, es verwirklicht sich. In dieser Hinsicht ist der Embryo mit dem Neugeborenen und mit dem Erwachsenen grundsätzlich gleichgestellt.

---

31 Spermium und Oozyte sind zwar menschliche Zellen, haben aber lediglich eine „passive" Potentialität, um einen Menschen hervorzubringen. Erst wenn noch etwas Wesentliches hinzukommt, nämlich die Vereinigung von beiden in der Befruchtung, entsteht der Embryo.

Wenn das Prinzip gilt, daß unsere Leiblichkeit die notwendige physische Bedingung unseres In-der-Welt-Seins ist und als solche sich naturwissenschaftlich erforschen läßt, dann kann auch mit den Mitteln der naturwissenschaftlichen Erkenntnis Näheres über unser In-der-Welt-Sein in Erfahrung gebracht werden (Rager 1994b). Aus der Beobachtung der Ontogenese kann man ablesen, daß die Entwicklung des menschlichen Individuums sich als Kontinuum, als ständiger Übergang von der Potenz in den Akt vollzieht. Die volle Realisierung der individuellen Möglichkeiten wird zwar angenähert, aber nicht vollständig erreicht. Selbst beim Erwachsenen wechseln die Zustände größerer oder geringerer Bewußtheit einander ab. Das Handeln ist mehr oder weniger von fremden Faktoren bestimmt. Die Forderung, daß die menschliche Person aktuell über Bewußtsein verfügen und frei sein müsse, läßt sich schon von den biologischen Grundlagen her nicht rechtfertigen.[32] Ebensowenig lassen sich bestimmte Punkte in der Entwicklung festlegen, an welchen der Mensch zum Individuum oder zur so verstandenen Person wird. Weder die Entstehung des Primitivstreifens, ab welcher die Zwillingsbildung praktisch ausgeschlossen ist, noch der 57. Embryonaltag, ab welchem Hirnaktivität nachweisbar sein soll, noch die Geburt, deren Termin ohnehin sehr stark variieren kann, noch irgendein anderer der bisher vorgeschlagenen Zeitpunkte können dafür herangezogen werden. Die Entwicklungsbiologie legt nahe, das menschliche Leben als einen Übergang von der Potenz in den Akt zu begreifen, wobei die Aktuierung kaum je vollständig gelingt

32 Singer (1989), Hoerster (1989) und andere verlangen, daß die Person aktuell über Ich-Bewußtsein, Vernunft und freien Willen verfügt. „Denn bei jedem fairen Vergleich moralisch relevanter Eigenschaften wie Rationalität, Selbstbewußtsein, […] Autonomie, Lust- und Schmerzempfindung haben das Kalb, das Schwein und das viel verspottete Huhn einen guten Vorsprung vor dem Fötus in jedem Stadium der Schwangerschaft" (Singer 1989, 155).

und sich auch nicht für eine längere Dauer vollständig aufrecht erhalten läßt.

7. Der heranwachsende Mensch im Umfeld seiner Eltern

Der mit der Fertilisation entstandene Embryo ist ein sich selbst organisierendes, dynamisches System und stellt als solches eine strukturelle und funktionelle Einheit dar; er ist ein Individuum im biologischen Sinne (Individuum$_b$). Er hat zwar die aktive Potenz, sich zu einem erwachsenen Menschen zu entwickeln; zugleich aber ist er auf seine Umgebung angewiesen, in die er sich einbettet, die ihn ernährt und schützt. Dieser Entwicklungsgang muß zunächst biologisch nachvollzogen werden. Der embryo-maternale Dialog trägt dabei nicht nur kooperative, sondern auch kompetitive Züge. Die Entwicklung des Embryo steht aber in dem umfassenderen Horizont der Beziehung zu den Eltern, aus deren Vereinigung er hervorgegangen ist und von deren Zuwendung und Unterstützung er abhängt. Der psychosomatische und psychologische Aspekt der Eltern-Kind Beziehung spielt für den Entwicklungsprozess eine sehr wichtige Rolle. Während in der frühen Entwicklung die biologische Wechselwirkung dominiert, gewinnt mit zunehmender Reifung des Nervensystems die psychologisch beschreibbare Interaktion immer mehr an Bedeutung und läßt sich in ihren positiven oder negativen Auswirkungen mit psychosomatischen Parametern untersuchen. Obwohl beide Eltern Partner des Eltern-Kind-Dialogs sind, ist in der frühen Entwicklung doch die Mutter-Kind Beziehung dominierend. Da die Bedeutung des elterlichen Umfeldes für die Entwicklung des Kindes noch nicht ausreichend erfaßt ist, werden wir uns im Kontext unseres Themas auf einige der wichtigsten Aspekte der Mutter-Kind Beziehung beschränken. Die biologische und verhaltensbiologische Beschreibung der Mutter-Kind Beziehung während der Schwangerschaft wird sich wegen der nur wenig bekannten wirkursächlichen Beziehungen der teleonomischen Form bedienen, die auf die selektions- und evolutionswirksamen Auswirkungen abhebt.

7.1 Die Schwangerschaft in verhaltensbiologischer Sicht

Die Eigenständigkeit des Embryos macht sich unter anderem dadurch bemerkbar, daß das mütterliche Immunsystem diesen Embryo normalerweise als Fremdkörper identifizieren und abstoßen würde, wenn der Embryo nicht schon ein Signal, nämlich den Early Pregnancy Factor (EPF) an die Mutter ausgesandt hätte, welcher diese Immunreaktion verhindert. Die nun entstehende Beziehung zwischen Mutter und Kind in der Schwangerschaft gilt zwar als intimste menschliche Beziehung; aber sie ist nicht frei von merklichen Konflikten zwischen beiden Organismen.[33] Das zeigt sich in einer Reihe von organischen und physiologischen „Kuriositäten“, die, wie D. Haig (1993) an zahlreichen medizinischen Beispielen aufzeigt, verständlich werden, wenn man diese Konflikte versteht. Schon wenn der Embryo sich in die Uterusschleimhaut der Mutter einnistet (Implantation), wird die körperliche Unversehrtheit der Mutter verletzt.

Auch die Mutter ist auf Ökonomie eingestellt. Dazu gehört schon, daß der mütterliche Organismus sich nicht mit defekten Embryonen belastet und die meisten Embryonen mit Chromosomen-Anomalien sofort abortiert. Woran diese erkannt werden, ist noch weitgehend unerforscht. Etwa 50 % aller befruchteten Eizellen des Menschen können sich wegen Chromosomendefekten und anderer Störungen im

[33] Vgl. hierzu auch Wickler 1986.

Zellaufbau nicht zu einem normalgesunden Menschen entwickeln und werden abortiert. Probleme entstehen für die Mutter aber auch mit jedem normalen Kind, am merklichsten dann, wenn sie nicht im Nahrungsüberfluß lebt. Das gilt heute noch für einen ständig wachsenden Großteil der Menschheit und betraf wohl in den frühen Phasen der menschlichen Evolution jeden zumindest zeitweise. Unter Nahrungsmangel würde die Mutter ein unterernährtes Kind mit geringen Lebensaussichten zur Welt bringen. Es ist bekannt, daß unter lang anhaltendem Nahrungsmangel der erwachsene weibliche Organismus den Ovulationszyklus stillegt und erst gar keine befruchtbaren Eizellen bereitstellt. Weniger extremer, kürzer dauernder oder erst nach der Konzeption erkennbar werdender Nahrungsmangel führt zum frühzeitigen Abbruch der Schwangerschaft. Da der Mensch nicht an eine bestimmte Fortpflanzungssaison gebunden ist, ist es für eine in nahrungsarmer Zeit schwanger gewordene Frau vorteilhafter, den Embryo zu abortieren und auf ein späteres Kind in besseren Zeiten zu setzen. Jeder Mutterorganismus ist auf die Gesamtheit seiner gegenwärtigen und zukünftigen Kinder (also auf seinen Lebensfortpflanzungserfolg) eingestellt und bremst übertriebenen Aufwand für vorhandene Kinder, der den Gesamterfolg voraussehbar verringern würde. Ist das Kind defekt oder die Mutter unterernährt, so wird sie möglichst früh abortieren und bevorzugt in bereits vorhandene oder erst noch zu erwartende Kinder investieren. Tatsächlich geschehen die meisten spontanen Aborte vor der 12. Schwangerschaftswoche.

Das heranwachsende Kind jedoch ist, ebenfalls von Natur aus, darauf eingerichtet, seine eigenen Lebensaussichten zu maximieren und nicht zu Null werden zu lassen. Das heißt, es wird regelmäßig seine Mutter mehr auszubeuten suchen als sie zuzulassen bereit ist. Da es für die Mutter unökonomisch wäre, eine notwendige Beendigung der Schwangerschaft hinauszuzögern, tritt ein Konflikt zwischen Mutter und Kind oft am Beginn der Schwangerschaft, vom Embryo her gesehen „vorsorglich" auf. Das läßt sich schon an der Plazenta ablesen.

Die *Plazenta* des Menschen wird vom Embryo gebildet. Diejenigen Plazentateile, die den direkten Kontakt mit dem mütterlichen Gewebe herstellen, entstehen aus dem sogenannten Trophoblasten. Das ist eine besondere äußere Schicht des frühen Embryo, die er bildet, bevor er an der Uteruswand festwächst, „implantiert" wird. Der Embryo – nicht die Mutter – sorgt vordringlich für das Wachstum der Plazenta. Das Gewicht der Plazenta macht in der 8. Woche 85 % des Gesamtgewichts des Embryos aus, später in der 38. Woche nur mehr 12 %. Je schlechter ernährt die Mutter ist, desto mehr überwiegt das frühe Wachstum der Plazenta, desto mehr sorgt also der Embryo für seine eigene Ernährung.

An der Grenze zwischen mütterlichem und embryonalem Gewebe spielt sich ein heftiger Konflikt ab zwischen mütterlichen Zellen und den eindringenden Embryozellen. Der Pathologe W. E. Fothergill benutzte dafür 1899 das Bild von einem Schlachtfeld mit Toten auf beiden Seiten. Die Mutter versorgt den Embryo durch besondere Spiralarterien, deren Wandungen elastisches Gewebe und glatte Muskelfasern enthalten. In dieses mütterliche Körpergewebe wandern besondere Zellen des Embryo (Zytotrophoblasten genannt) ein und zerstören dort sowohl die elastischen Gewebeteile wie auch die glatten Muskelfasern der mütterlichen Arterien. Gerade mit diesen beiden könnte die Mutter sonst den Blutzufluß kontrollieren. So aber bleiben die Arterien weit und ihre Wände unelastisch, obwohl als Gegenaktion mütterliche Zellen die Zytotrophoblasten zu demontieren suchen.

Ferner bekommt der Embryo mehr Nahrung, wenn mehr mütterliches Blut zur Plazenta strömt. Erreichen läßt sich das durch höheren Blutdruck der Mutter. Tatsächlich erhöhen wiederum Plazenta-Faktoren den mütterlichen Blutdruck, während mutter-eigene Faktoren ihn zu senken suchen. Als Ergebnis enthält das Blut der Mutter zugleich gefäßerweiternde und gefäßverengende Hormone, und beide schließlich in Überdosis.

Die genannten Aktionen des Embryo richten sich nur gegen das Körpergewebe und den Blutdruck der Mutter, nicht gegen den eigenen Körper. Und der mütterliche Organismus reagiert entsprechend abwehrend darauf. Diese gegeneinander gerichteten Aktionen treiben die Gesamtaufwendungen für Mutter und Kind „unnötig“ in die Höhe und verhindern eine möglichst hohe Gesamt-Effizienz. Lebten Mutter und Kind in harmonischer Übereinstimmung der Interessen, dann wäre dieses eskalierende Gegeneinander zwischen ihnen überflüssig.

Der Embryo bekommt allen Sauerstoff und alle Nahrung aus dem Blut der Mutter. Die Mutter kann in der frühen Schwangerschaft die zusätzliche Ernährung des Embryos aus ihrer täglichen Nahrung aufbringen und daneben noch ein Fettdepot für die Endphase und die Stillzeit anlegen. Bis zur 26. Woche ist nicht einmal ein Vierling leichter als ein Einzelembryo; danach jedoch liefert die Mutter eine feste Nahrungsmenge, und Mehrlinge müssen sich das Gewicht eines „Einlings“ teilen. Ebenfalls teilen muß sich die Mutter ihre Blutzuckermenge mit dem heranwachsenden Kind. Nach jeder Mahlzeit nimmt ihr Blutzucker zu, und sie baut ihn dann mit Hilfe von Insulin ab und legt Reserven an. In der späteren Schwangerschaft klappt das allerdings in einigen Fällen nicht mehr so recht. Zwar werden die Insulin produzierenden Zellen ihrer Bauchspeicheldrüse extrem groß und geben immer mehr Insulin ins Blut ab, zugleich aber wird ihr Körper unempfindlich gegen Insulin. Ursache ist die Plazenta. Sie produziert einen Stoff, der die Insulinrezeptoren der Mutter blockiert. Dieser Stoff ist im Kreislauf der Mutter in viel höherer Konzentration vorhanden als im

Kreislauf des Embryos. Um diesem Einfluß des Embryos entgegenzuwirken, produziert der mütterliche Organismus zwar immer mehr Insulin, das aber wird vom Embryo mit einem Plazenta-Enzym rasch abgebaut. Einige der schwangeren Frauen (2,5 %) haben Mühe, den Blutzucker abzubauen, und können nach einer Mahlzeit vorübergehend „zuckerkrank" werden (man nennt das „Schwangerschafts-Diabetes"). Je höher zwei Stunden nach einer Mahlzeit der Blutzuckergehalt einer Schwangeren, desto höher ist schließlich das Geburtsgewicht ihres Kindes. Der Vorteil, den sich der Embryo so verschafft, kann allerdings die Fähigkeit der Mutter senken, weitere Kinder zu versorgen und kann zu Lasten der mütterlichen Gesundheit gehen; denn Frauen, die zu Schwangerschafts-Diabetes neigen, unterliegen einem erhöhten Risiko, später wirklich zuckerkrank zu werden.

Der in Kapitel 3 eingeführte „embryo-maternale Dialog" hat nicht nur beiderseits förderliche Aspekte. Es müssen auch die hier geschilderten Sachverhalte einbezogen werden. Die Kompetition zwischen Mutter und Kind dauert wenigstens bis zum „Entwöhnungskonflikt", der aus der Biologie vieler Tiere bekannt ist. Dieser „Entwöhnungskonflikt" verdeutlicht, daß Nachkommen bis hin zum Selbständigwerden naturgemäß mehr von den Eltern, meist von der Mutter, zu erlisten oder zu ertrotzen versuchen als aus der naturgemäßen Sicht der Eltern angemessen ist (siehe Wickler & Seibt 1991).

7.2 Psychosomatische Aspekte der Mutter-Kind Beziehung

Die verhaltensbiologische Darstellung als Rivalität ist nur die eine Seite der Mutter-Kind Beziehung. Darüber dürfen nicht die bedeutenden Synergien zwischen Mutter und Kind während der Schwangerschaft vernachläßigt werden. Diese

Synergien spielen sich nicht nur auf der biologischen, sondern auch auf der psychischen Ebene ab.

Die Mutter-Kind-Beziehung steht im Horizont des Ganzen der Eltern-Kind-Beziehung. Die Eltern können ein Kind grundsätzlich ausschließen, es erst für eine spätere Zeit des gemeinsamen Lebens wünschen oder es schon jetzt bejahen. Tritt eine Schwangerschaft ein, dann kommt es zu bedeutenden somatischen Änderungen bei der Mutter, in der Regel aber auch zu psychischen Entwicklungen bei beiden Eltern.

7.2.1 Die somatische Interaktion von Mutter und Kind

Über den bereits beschriebenen Austausch von biochemischen Signalen (Kapitel 3) hinaus kommt es schon in der ganz frühen Phase der Schwangerschaft zu bedeutenden Anpassungsvorgängen bei der Mutter. Im *Herz Kreislauf System* nimmt der periphere Gefäßwiderstand ab, das zirkulierende Blutvolumen und das Herzminutenvolumen nehmen zu. Der *Blutstatus* ändert sich (Abfall von Hämoglobin und Hämatokrit, Anstieg der Leukozytenzahl, Veränderung des Gerinnungssystems). Die *Atmung* wird in vielen Fällen mühsamer (Dyspnoe); gleichzeitig nehmen Atemzugvolumen und Atemminutenvolumen zu. Die ableitenden *Harnwege* werden erweitert, die Durchblutung und die Filtrationsrate der *Nieren* werden gesteigert. Im Bereich des *Gastrointestinaltrakts* ändert sich der Tonus der glatten Muskulatur, was wiederum zur Abnahme der Motilität führt. Bedeutende Veränderungen werden im endokrinen System und im intermediären Stoffwechsel[34] beobachtet. Die *Brustdrüsen* (Mammae) werden größer. Unter dem Einfluß von Östrogen wächst der *Uterus*. In der *Haut* nimmt die Pigmentierung

[34] Unter Intermediärstoffwechsel versteht man den Stoffwechsel, der zwischen der Aufnahme der Nahrung und der Ausscheidung von Endprodukten liegt.

zu; die Gefäße erweitern sich (Palmarerythem und spinnenförmige Teleangiektasien); vor allem im Bereich des Bauches entstehen häufig Dehnungsstreifen (Striae). Die psychischen Veränderungen sind nicht weniger tiefgreifend, hängen aber jeweils sehr von der Persönlichkeit und dem Umfeld der Schwangeren ab. Im ersten Trimenon (Einheit von drei Schwangerschaftsmonaten) stellt die Frau die rasch eintretenden körperlichen Veränderungen fest. Sie wird sich der Schwangerschaft bewußt und setzt sich mit den Folgen für die Lebensführung und Lebensplanung auseinander. Die Mutter erfährt die Gegenwart des Kindes zunächst vermittelt über die Veränderung am eigenen Körper, über Schwangerschaftsbefunde und durch Ultraschalluntersuchung bzw. akustische Wahrnehmung der Herzaktion. Im zweiten Trimenon nimmt sie das Kind in zunehmend bewußter Weise wahr, und zwar besonders deutlich dann, wenn die Kindsbewegungen einsetzen. Im dritten Trimenon fühlt sich die Schwangere konfrontiert mit den neuen Aufgaben und der verantworteten Elternschaft. Es können Ängste entstehen, die auf die Gesundheit des Kindes, auf die mögliche Bedrohung der eigenen Gesundheit und auf den Geburtsschmerz gerichtet sind.

Die Mutter kann in mannigfacher Weise somatisch Einfluß nehmen auf das Kind. Nachgewiesen sind solche Einflüsse bei Infektionen, bei schwangerschaftsspezifischen Erkrankungen wie EPH-Gestose[35] und bei Schwangerschaftsdiabetes. Aber auch Alkohol- und Nikotinabusus können sich negativ auf das Kind auswirken. Des weiteren sind auch die psychosomatischen Bedingungen von Erkrankungen zu berücksichtigen, die in der Gynäkologie und Geburtshilfe inzwischen fest etabliert sind. Untersuchungen haben bestä-

---

35 Es handelt sich um eine organische Erkrankung der Mutter mit organisch komplexer Genese. Sie ist gekennzeichnet durch die Symptome arterielle Hypertonie, Proteinausscheidung und Ödeme.

tigt, daß psychisch belastete Schwangerschaften ein somatisches Risiko für Mutter und Kind darstellen (vgl. Molinski 1972; Stauber, 1992; Richter & Stauber 1990).

Psychosomatische Zusammenhänge bei schwangerschaftsspezifischen Erkrankungen sind wissenschaftlich gut belegt. Für die *Hyperemesis gravidarum* (Übelkeit und Erbrechen in der Frühschwangerschaft), deren somatische Ursachen bisher nicht bekannt sind, hat Molinski einen psychodynamischen Hintergrund erarbeitet. Erbrechen und Nahrungskarenz können sekundär bei der Mutter Stoffwechsel- und Kreislaufstörungen, beim Kind Nahrungsmangel hervorrufen. Eine Mutter mit Hyperemesis und einer ambivalenten Einstellung zur Schwangerschaft schadet über somatische Symptome der Entwicklung des Kindes. Die *EPH-Gestose*, ein weiteres Krankheitsbild der Schwangerschaft, zeigt ebenfalls psychosomatische Dimensionen, in denen sich eine konflikthafte, zumeist unbewußte Beziehung der Mutter zum Kind ausdrückt. Klinisch erweisen sich psychosomatische Interventionen mit Schaffung einer ausgewogenen emotionalen Situation, stützenden Gesprächen und ggf. Autogenem Training als sehr hilfreich in Ergänzung zur somatisch orientierten Therapie. Jäschke und Dmoch (1984) konnten in klinischen Beobachtungen herausfinden, daß diese Schwangeren in ihrem Selbstwertgefühl erheblich beeinträchtigt sind; ihre unbewußten Aggressionen richten sich gegen das Kind. Auch für das Phänomen der *vorzeitigen Wehentätigkeit* werden psychodynamische und psychoanalytische Deutungen herangezogen. Man beobachtet bei der Mutter Konflikte wie die unbewußte Ablehnung der Schwangerschaft, Schwierigkeiten mit der weiblichen Rolle oder eine unreife Persönlichkeitsstruktur. Die vorzeitige Wehentätigkeit wird als unspezifische, vorweggenommene Antwort auf das Gefühl der allgemeinen Überforderung gedeutet. So neigen Berufstätige, besonders solche mit anspruchsvollen Berufen, zur vorzeitigen Wehentätigkeit und

Frühgeburt. Die als bedroht erlebte Lebens- und Berufsplanung kann als psychische Ursache dafür angesehen werden (vgl. Herms 1982).

Erkenntnisse der Säuglingsforschung (vgl. Klein 1983; Mahler 1972; Spitz 1967), die auf sorgfältigen Beobachtungen des Säuglings selbst und der Mutter-Kind-Beziehung beruhen, dürfen nicht ohne weiteres auf den pränatalen Zustand übertragen werden. Die pränatale Beziehung zum Kind unterscheidet sich grundsätzlich von allen anderen Beziehungen dadurch, daß das Gegenüber der Beziehung mit unseren Sinnesorganen nicht unmittelbar wahrnehmbar und eine direkte Kommunikation nicht möglich ist (vgl. Schwerdtfeger 1984, 165). Einflüsse der Mutter auf den Fetus während der Schwangerschaft sind nur insoweit wissenschaftlich nachweisbar, als eine Aufnahmefähigkeit bzw. Auswirkung beim Feten aufgezeigt werden kann. Psychische Reaktionen beim Kind sind während der Schwangerschaft nicht direkt wahrnehmbar.[36] Reaktionen des Kindes auf Einflüsse von Seiten der Mutter oder anderer exogener Ursachen sind objektivierbar an Bewegungen, Herzfrequenz, evtl. Mimik und mit der Analyse der Streßhormone im Blut des Kindes. Wissenschaftliche Studien gibt es über akustische Reize auf den Fetus und über die Angst der Mutter, die sich auf das Kind überträgt und dann zu somatischen Reaktionen beim Kind führt (vgl. Selvaggi 1984; Westgren et al. 1987). Mit Tieren ausgeführte Studien haben die negativen Wirkungen des mütterlichen Stresses auf den Fetus aufgezeigt (vgl. Greiss & Gobble 1967; Myers 1977). Experimentelle Untersuchungen am Menschen zeigen, daß andauernder Streß während der Schwangerschaft beim Kind neurologische Störungen, eine verspätete Entwicklung und Verhaltensstörungen hervorrufen kann (vgl. Stott 1957). Sowohl die Frequenz

36 Vgl. dazu die Ausführungen zur Entwicklung des Nervensystems im Kapitel 6.

der Herzschläge als auch die Zahl der Bewegungen des Fetus sind vom Streßzustand der Mutter beeinflußt (vgl. Copher & Huber 1967; Sontag 1969). Peiper hat schon 1925 Reaktionen des Fetus auf akustische Reize beschrieben. Er konnte durch Röntgenaufnahmen feststellen, daß der Fetus im 7. Monat auf Ertönen einer Autohupe vor dem Mutterbauch zusammenzuckt. Schon ab dem 6. Monat ist durch Schallreize (Musik etc.) der Herzschlag des Fetus beeinflußbar, wie im kindlichen EKG festgestellt wurde.

Zu diesen Studien sei zusammenfassend gesagt, daß nur solche, die sich an die zeitliche Spezifität des Einflusses und der Auswirkung halten, wissenschaftlich begründete Ergebnisse zum Einfluß der Mutter auf das Kind liefern. Wenn postnatale Verhaltensstörungen korreliert werden zum Streßprofil während der Schwangerschaft (vgl. Stott 1957), dann muß das Ergebnis eher kritisch betrachtet werden.

7.2.2 Pränatale Psychologie

Bei der pränatalen Psychologie[37] ging es zunächst um psychoanalytische Versuche, Trauminhalte in die pränatale Zeit hinein zu deuten. Inzwischen arbeitet die pränatale Psychologie interdisziplinär mit epidemiologischen Studien (vgl.

[37] 1924 veröffentlichte Gustav Hans Graber sein Buch „Die Ambivalenz des Kindes". Zur gleichen Zeit erschien das Buch von Rank „Trauma der Geburt". Im Gegensatz zu Rank sieht Graber in der Geburt kein Trauma, sondern einen Daseinswechsel. Graber ist der eigentliche Vater der pränatalen Psychologie und der Gründer der Internationalen Studiengemeinschaft für pränatale Psychologie. Im Laufe der Zeit gab es Kontakte zur Psychoanalyse und Medizin. Es etablierten sich wissenschaftliche Fragestellungen und Studien (vgl. Kruse 1979; Hau 1982; Liley 1972). 1971 wurde in Wien die Interdisziplinäre Studiengemeinschaft für pränatale Psychologie gegründet. Immer mehr Fachgebiete (Medizin, Psychotherapie, Philosophie, Pädagogik) beteiligten sich an den Fragestellungen und Studien, so daß 1986 eine Namensänderung der umfassenden Bedeutung Rechnung trug: „Interdisziplinäre Studiengemeinschaft für pränatale und perinatale Psychologie und Medizin ISPPM".

Hau 1982) unter Hinzunahme von Methoden aus der Psychoneuroendokrinologie (vgl. Fedor Freybergh 1983) und der Untersuchung metabolischer Prozesse (vgl. Milakovic 1967). Die Forschungsansätze sind damit sehr heterogen.

Die pränatale Psychologie untersucht die Einflüsse auf die Psyche des Fetus und dessen Reaktionen darauf. Sie setzt dafür folgende Methoden ein, die meist mit Indizien und Sekundärphänomenen arbeiten:

- Ultrasonographie und Endoskopie, wodurch radiologische Untersuchungen weitgehend vermieden werden,
- Kardiographie zur Messung der Herzaktion des Kindes,
- Messungen von Herzfrequenz und von Hirnströmen gleichzeitig am Fetus und an der Mutter,
- Beobachtung von Reaktionen des Fetus auf akustische Reize,
- Analyse des Einflußes von mütterlichem Stress auf den Zustand des Fetus,
- Untersuchungen des Verhaltens und Erlebens nach der Geburt, die Rückschlüsse auf das pränatale Leben zulassen, und
- Erkenntnisse aus psychotherapeutischen Sitzungen mit pränatalem und perinatalem Inhalt.

Wie diese Liste der Methoden bereits erkennen läßt, ist die pränatale Psychologie nicht gleichzusetzen mit der nachgeburtlichen Psychologie. Der amerikanische Psychiater Sullivan (1953) hat stets betont, daß Psyche in einem wissenschaftlich beschreibbaren Sinne erst dann vorhanden ist, wenn Interaktion und Kommunikation zwischen Menschen stattfinden. „Psyche" als operationaler Begriff bezieht sich auf empirisch faßbares Erleben und Verhalten, welches fremder Beobachtung zugänglich ist. Psyche in diesem Sinn gibt es pränatal beim Kind noch nicht. Jedoch sind Einwirkungen der Mutter auf das Kind schon in der pränatalen Phase möglich (vgl. Dmoch 1982). Wissenschaftlich bedenklich ist es, wenn diese psychischen Einflüsse der Mutter nicht durch Beobachtung am Fetus in utero untersucht werden, sondern Erleben und Verhalten des Erwachsenen zurückgedeutet werden, als seien sie pränatal entstanden.[38]

7.3 Ergebnisse aus der Analyse der Mutter-Kind-Beziehung während der Schwangerschaft

Der Embryo begegnet der Mutter von Anfang an als ein Individuum$_b$, welches vom mütterlichen Immunsystem als fremd erkannt und abgestoßen würde, wenn es nicht schon ein Signal an die Mutter gesandt hätte, womit es Immuntoleranz für sich bewirkt. Die damit beginnende Beziehung ist nicht nur durch Synergie charakterisiert, sondern auch durch Kompetition. Die Mutter gibt zwar dem Embryo den für ihn nötigen Lebensraum, der Embryo kämpft aber auch um diesen Raum zu Lasten der Mutter. Grenzen werden gezogen, wo es um das Überleben geht. Zugleich ist das Zusammenleben eine Schicksalsgemeinschaft. Der Embryo und Fetus wird bei somatischen und psychischen Erkrankungen der Mutter in Mitleidenschaft gezogen; umgekehrt nimmt die Mutter Nachteile in Kauf, wenn der Embryo um sein Überleben kämpft.

Der Embryo ist nicht nur biologisch von Anfang an ein Individuum$_b$, er ist es auch im psychologischen und zwischenmenschlichen Sinn für die Eltern. Äußere Symptome wie das Ausbleiben der Menstruation, dann der positive Schwangerschaftstest[39], die klinische Untersuchung, sowie die erste Ultraschalluntersuchung vermitteln den Eltern die Erkenntnis, daß ein Kind entstanden ist und nun im Mutter-

38 Traumdeutung, Psychoanalyse; Therapieformen: Birthing nach R. Laing; Arthur Janovs Primärtherapie.

39 Nachweis des schwangerschaftsspezifischen plazentaren Proteohormons, das humane Choriongonadotropin (HCG bzw. b-HCG).

leib wächst. In der Frühschwangerschaft sind die Gefühle der Eltern und insbesondere der werdenden Mutter von Sorge und mitunter von Angst geprägt: Geht alles gut? Wächst das Kind? Ist es gesund? Sind alle Körperteile und Glieder vorhanden?

Die Eltern leben eine intensive Beziehung zum Kind, die auch ihr eigenes Leben verändert. Lebens- und Arbeitsbedingungen sowie Wohnverhältnisse werden ganz auf das Leben zu dritt oder mehr eingerichtet. Schon früh wird das Kind als solches benannt, schließlich wird es gespürt, vor allem durch die Kindsbewegungen. Gedankliche, emotionale und auch zärtliche Kontakte werden zum Kind geknüpft. Es kann kein Zweifel darüber bestehen, daß eine schwangere Frau, und in anderer Form auch der Vater, in tiefer Beziehung zum Kind leben. Die Schwangerschaft erweist sich dann als Teil der Mutter-Kind bzw. Eltern-Kind Beziehung, die die gesamte Entwicklung des Kindes bis zum reifen Erwachsenen mitbeeinflußt.

8. Pränatalmedizin

Die Darstellung der molekularbiologischen, zellbiologischen und embryologischen Grundlagen hat die großen Fortschritte der Forschung während der letzten Jahrzehnte erkennen lassen. Auf der Grundlage dieser Fortschritte sind bedeutende Neuentwicklungen auch im ärztlich-klinischen Bereich möglich geworden, und zwar vor allem in der pränatalen Diagnostik, weniger in der pränatalen Therapie. Es ist ein ganz neuer Handlungsspielraum und damit auch Verantwortungsbereich für den Arzt entstanden. Arzt und Patient sind in eine extreme Spannung zwischen biomedizinischer Technologie und Humanität geraten. Die pränatale Medizin vermag heute nicht nur das kontinuierliche Wachsen des Kindes in allen Details, sondern auch Krankheit und Behinderung in allen Abstufungen exakt zu diagnostizieren, ohne daß sie – bis auf wenige Ausnahmen – therapeutische Ansätze besitzt. Die moderne Pränatalmedizin spricht deshalb zurecht vom kranken Feten als Patient. Pränatale Diagnostik ist jedoch, solange mangels Fetaltherapie das Dilemma des Wissens und Nichthelfenkönnens besteht, ein Test auf Leben oder Tod des Feten. Dieses Kapitel soll in die Pränatalmedizin einführen und auf einige der Probleme und Konfliktsituationen hinweisen, die sich für das ärztliche Handeln und für die Entscheidung der Eltern ergeben.

8.1 Pränatale Diagnostik

8.1.1 Pränatale Entwicklung unter klinischen Gesichtspunkten

Das erste morphologische Korrelat eines 17 Tage alten Embryos wird heute wenige Tage nach Ausbleiben der Regelblutung bzw. 9 Tage nach der Einnistung mittels Ultraschall sichtbar. Wir können hierbei in der hochaufgebauten Gebärmutterschleimhaut die eingenistete Fruchthöhle von 2,6 mm Durchmesser erkennen. Wenige Tage danach wird in der Chorionhöhle der Dottersack erkennbar, dem ein Embryo von 2 mm Länge dicht angelagert ist. Bereits hier lassen sich die ersten Herzaktionen nachweisen. Am Ende der 5. Woche nach der Empfängnis ist eine c-förmige Gestalt erkennbar, wobei der Kopf mit der Gehirnanlage eindeutig dominiert. In der 12. Woche können wir dem Ungeborenen in die Augen und auf die Finger sehen. Die Ultraschalldiagnostik läßt nicht nur die fetale Entwicklung erkennen, sondern auch morphologische Veränderungen der fetalen Organsysteme. Wir können eine fetale Erkrankung im morphologischen Sinne visuell erfassen. Der Geübte kann eine diagnostische Sicherheit von 90 % erreichen (Bauchwandbruch, Zwerchfellhernie, Verlagerung der Herzachse, Lungendysplasie, Agenesie der Nieren, Zystennieren, Phokomelien, Obstruktionen im Magen-Darmtrakt). Über blutserologische Untersuchungen nach Nabelschnurpunktion unter Ultraschallkontrolle und blut-genetische Untersuchungen sowie Fruchtwasserpunktion sind wir heute in der Lage, fast das gesamte Spektrum möglicher intrauteriner Erkrankungen vorgeburtlich zu diagnostizieren. Durch die Technik der Chorionbiopsie wurde es möglich, die Diagnostik genetischer Erkrankungen in die 9.-11. Schwangerschaftswoche vorzuverlegen. Schließlich sei noch erwähnt, daß die experimentelle Embryonenforschung das Thema der Diagnostik in der Präimplantationsphase nach In-vitro-Fertilisation (IVF) durch die Technik der Polymerase-Chain-Reaction (PCR) aus einer vom frühen Embryo abgespalteten Zelle vehement vorantreibt.

Auf der einen Seite stehen mit dem Leben absolut nicht vereinbare Fehlbildungen, z. B. Anenzephalus (Fehlen des Großhirns bei vorhandenem Stammhirn), das Potter-Syndrom (Fehlanlage der Nieren), die, ähnlich klinisch toten Erwachsenen, als intrauterin klinisch Tote mit erhaltenen Lebensfunktionen einzustufen sind. Auf der anderen Seite steht das lebensmögliche Leben mit Defekt: die Trisomie 21 (Mongolismus, ein Fall auf 700 Geburten), die Trisomie 13 (1 : 5000), die Myelomeningozele (Zyste im Bereich des Rückenmarks, 2 : 1000) bei deren Trägern sich bei sakralem Defekt in 50 % und bei hochsitzendem Defekt in 90 % ein Hydrozephalus (Wasserkopf) entwickelt. Weiter besitzen wir heute diagnostische Instrumente auch zu Voraussagemöglichkeiten von Erbkrankheiten, die erst im Erwachsenenalter manifest werden.

8.1.2 Molekulargenetische Diagnostik

Die Gentechnologie stellt Möglichkeiten bereit, bei einer rasch wachsenden Zahl genetisch verursachter Krankheiten bzw. genetisch bedingter Krankheitsanfälligkeiten die kausal zugrunde liegenden oder zumindest am Ursachengeflecht wesentlich beteiligten Genveränderungen (Mutationen) zu diagnostizieren. Viele dieser Erkrankungen treten erst im Laufe des Lebens eines Betroffenen auf. Hier ergeben sich Möglichkeiten, schon vor dem Eintritt einer Krankheit herauszufinden, welche Menschen gefährdet sind und welche nicht. Solche *prädiktive Medizin* kann hilfreich sein, wenn es spezifische Möglichkeiten der Vorbeugung oder Therapie gibt. Das ist dann der Fall, wenn ein bestimmter Mensch das Risiko, an einer bestimmten Krankheit zu leiden, durch einen besonderen Lebensstil mindern kann, der diesem Risiko Rechnung trägt, oder wenn bei frühzeitiger Behandlung Heilung noch möglich ist. Hat er etwa eine stark erhöhte genetische Disposition einen Altersdiabetes zu entwickeln, kann er dieses Risiko mindern, wenn er Übergewicht meidet. Hat er eine genetische Veranlagung zur Entwicklung eines Dickdarmkrebses, dann kann durch Vorsorgeuntersuchungen gewährleistet werden, daß ein solches Karzinom bereits im Frühstadium operativ entfernt wird.

Das Dilemma der heutigen Entwicklung besteht darin, daß die diagnostischen Möglichkeiten den Möglichkeiten einer Vorbeugung und Therapie davonlaufen. Diese Schere öffnet sich derzeit immer stärker. Die Entwicklung der pränatalen genetischen Diagnostik ist die zur Zeit extremste Form solcher prädiktiven Medizin ohne therapeutische Konsequenz für das von einem genetischen Leiden betroffene Individuum. In der weit überwiegenden Zahl der Fälle geht es bei der genetischen Diagnose ja nicht um die frühzeitige Planung von Therapie, sondern um die Entscheidung zur Beendigung der Schwangerschaft. Diese die betroffenen

Familien und Ärzte extrem belastenden Entscheidungssituationen wären zu vermeiden, wenn entscheidende Fortschritte bei der Therapie genetisch bedingter Erkrankungen gemacht würden. Viele tausende Menschen in unserem Land erfahren täglich schmerzlich das völlige Ungenügen und Versagen therapeutischer Maßnahmen bei zahlreichen genetischen Erkrankungen. Spektakuläre Erfolge, etwa durch eine bestimmte Diät bei einigen genetisch bedingten Stoffwechseldefekten, beschreiben noch immer glückliche Ausnahmen, nicht die Regel ärztlicher Heilkunst. Bei einer Gesamteinschätzung der Situation ist an die vielen Leidenden, denen bislang kaum oder gar nicht geholfen werden kann, vor allem zu denken. In dieser bedrückenden Situation gibt die Entwicklung der Gentherapie berechtigten Anlaß zu der Hoffnung, daß eines Tages zumindest ein Teil der monogenetisch verursachten, d. h. der durch Mutation an einem einzigen Genlocus bedingten Erkrankungen, kausal behandelt werden kann.

Um die Gefahr zu vermeiden, die Problematik der Gentherapie nur in der dünnen Luft akademischer Erwägungen abzuhandeln und die Situation der Betroffenen dabei aus den Augen zu verlieren, wollen wir von einem Beispiel ausgehen. Unter der Erbkrankheit Mukoviszidose leiden in der Bundesrepublik Deutschland etwa 25.000 Menschen. Der Defekt führt zur Bildung eines zähen Schleims in Drüsen, wie z. B. der Bauchspeicheldrüse, deren Fähigkeit Verdauungssäfte zu produzieren beeinträchtigt wird. Das läßt sich heute recht gut therapieren. Viel schlimmer ist es, daß sich zäher Schleim auch in den Lungen bildet und auf die Dauer trotz aller Bemühungen zur Zerstörung der Atmungsorgane und damit bei vielen Patienten noch immer zum Tod im jugendlichen und frühen Erwachsenenalter führt.

Bei Menschen, die an einer Mucoviszidose leiden, sind die beiden – vom Vater und von der Mutter ererbten – Kopien eines bestimmten Gens defekt. Das Gen, dessen Defekt die

Mucoviszidose auslöst, wurde kürzlich auf einem bestimmten Abschnitt des menschlichen Chromosoms 7 aufgespürt und „kloniert", d. h. es gelang, den dieses Gen umfassenden menschlichen DNA-Abschnitt gezielt in Bakterien zu vermehren und damit einer umfassenden Analyse zugänglich zu machen. Seitdem hat man viel über die Wirkung dieses Gens gelernt. Es enthält die Information für ein in der Membran von Drüsenepithelien benötigtes Protein. Wir werden sehen, daß aufgrund dieser Entwicklung erstmals berechtigte Hoffnung besteht, diese Erkrankung therapeutisch anzugehen.

Das öffentlich erwachte Interesse an somatischer Gentherapie wird aber nur in geringem Maße von Erwartungen auf Heilungsmöglichkeiten bei zahlreichen, für sich genommen jeweils seltenen Erbkrankheiten angetrieben. Das öffentliche und industrielle Interesse wird vielmehr durch Hoffnungen auf neue und wirksame Therapieansätze bei den häufigen, den sogenannten Volkskrankheiten, angefacht, vor allem durch die Hoffnung auf einen Durchbruch in der Krebstherapie. Denn bei den so zahlreichen Formen des Krebs handelt es sich um Erkrankungen, die durch die Veränderung der Struktur und Kopienzahl tumorrelevanter Gene – beispielsweise die Vermehrung der Kopienzahl bestimmter sogenannter Krebsgene oder umgekehrt durch den Verlust bestimmter Tumorsuppressorgene – hervorgerufen werden. Auch bei tückischen Infektionskrankheiten, wie AIDS, gibt es Hoffnungen auf gentherapeutische Therapieverfahren, beispielsweise in der Vorstellung, bestimmte Zellen der Immunabwehr durch die Einschleusung bestimmter Gene widerstandsfähig gegen den zerstörenden Einfluß des AIDS-Erregers zu machen.

8.2 Konfliktsituation für Arzt und Patient

Pränatale Diagnostik und pränatale Medizin haben einen hohen und positiven Stellenwert in der Medizin und in der Gesellschaft erhalten. Die pränatale Diagnostik entlastet die schwangere Mutter in ihren Befürchtungen vor kindlichen Schäden in hoher Überzahl, läßt in Einzelfällen heute bereits eine intrauterine Therapie (Bluttransfusion, Harnableitung, Medikamentengabe, etc.) zu und läßt vor allem in vielen Fällen eine unmittelbar postpartal notwendige Therapie (Neuro- und Kinderchirurgie) vorbereiten, koordinieren und auch entsprechend das geburtshilfliche Management leiten.

Vor allem aber hat sich die Pränataldiagnostik insofern auch in nicht wenigen Fällen zu einer Methode der Lebenserhaltung entwickelt. Durch die Möglichkeit des sicheren und direkten Nachweises schwerster Erkrankungen entwickeln Patienten immer seltener ein Abbruchbegehren aus bloßer anamnestischer Angst. Beispielhaft hierfür ist der früher recht häufige Schwangerschaftsabbruch bei Verdacht auf eine Rötelninfektion der Mutter. Heute ist es möglich, durch fetale Blutentnahme und rötelnspezifischen IgM-Nachweis bzw. Choriondiagnostik über eine Hybridisierung mit spezifischer komplementärer DNA (complementary DNA oder cDNA) den direkten Nachweis von Röteln bzw. einer Infektion des Kindes zu führen. Bei 92 Schwangerschaften, die zum Abbruch wegen mütterlicher Infektion überwiesen wurden, gelang es in über 90 % der Fälle einen vorgesehenen Abbruch zu verhindern, da nur in 10 % der Nachweis einer Viruspassage zu führen war (Holzgreve 1993). Für weitere ähnlich gelagerte Krankheitsbilder trifft diese Aussage ebenfalls zu.

Zweifellos haben aber die Fortschritte der Pränatalmedizin auch Ansprüche und Begehrlichkeiten vertieft. Zunehmend sind wir mit dem „Anspruch auf ein gesundes Kind" konfrontiert. In der ethischen Bewertung sind intrauterine diagnostische Maßnahmen mit ihren, wenn auch geringen Risiken so lange fragwürdig, als eine intrauterine Therapie des diagnostizierten Leidens nicht möglich ist und nur die Tötung des Kindes als „Therapie" folgt.

Ausgehend von Art. 2 Abs. 3 des Grundgesetzes (GG) hat jeder das Recht auf Leben. „Jeder" in diesem Sinne ist jedes Leben besitzende Individuum, auch der noch ungeborene Mensch, der zudem unter dem Schutz der Menschenwürde aus Art. 1 Abs. 1 GG steht. Bei der im 218 StGB Abs. 2 Nr. 1 geregelten kindlichen Indikation ist gefordert, daß „nach den Erkenntnissen der medizinischen Wissenschaft dringende Gründe für die Annahme sprechen, daß das Kind infolge Erbanlage oder schädlicher Einflüsse vor der Geburt an einer nicht behebbaren Schädigung seines Gesundheitszustandes leiden würde, die so schwer wiegt, daß von der Schwangeren die Fortsetzung der Schwangerschaft nicht verlangt werden kann". Hiermit hebt der Gesetzgeber eindeutig auf die Zumutbarkeit für die Schwangere bzw. für die betroffenen Eltern ab. Die Zurücknahme der Strafandrohung beruht in verfassungsrechtlicher Sicht ausschließlich auf dem Gedanken der Unzumutbarkeit normgemäßen Verhaltens. Nach dem Urteil des 2. Senats des Bundesverfassungsgerichts vom 28.05.1993 und dem reformierten 218a Abs. 2 StGB ist die Kindesindikation der medizinischen Indikation subsumiert und wie diese als „nicht rechtswidrig" festgelegt. Dem Abbruch einer solchen Schwangerschaft hat eine Beratung im Sinne von Ziff. 2 und 3 der Übergangsregelung des Bundesverfassungsgerichts vorauszugehen – was schon aus klinischen Gründen stets in enger Zusammenarbeit mit dem Humangenetiker geschieht. Die Zulässigkeit des Eingriffs ist ferner daran geknüpft, daß seit der Empfängnis nicht mehr als 22 Wochen (24 Wochen nach der Menstruation) verstrichen sind. Neben dem Nachweis der in Anspruch genommenen Beratung muß dem abbrechenden Arzt – wie bei der medizinischen Indikation auch – die Indikation eines anderen Arztes in schriftlicher Form vorliegen. Der Abbruch aus Kindesindikation ist nach wie vor Leistungsinhalt der gesetzlichen Krankenversicherung.

Hiermit bestehen das Lebensrecht und der Würdeanspruch des ungeborenen, unter Umständen behinderten Kindes uneingeschränkt fort. Dem Gesetzgeber war bewußt, daß weder die Gewißheit noch die bloße Möglichkeit einer noch so schweren Behinderung eines Mensches es nach der Wertordnung des Grundgesetzes rechtfertigen würde, diesem Menschen sein Lebensrecht abzusprechen. De jure handelt es sich demnach um ein eindimensionales Gesetz. Es umgeht das Problem der Selektion sowohl im Hinblick auf die Möglichkeiten der vorgeburtlichen Diagnostik wie auch im Hinblick auf die strafrechtliche Bewertung eines damit zusammenhängenden Schwangerschaftsabbruches, in dem es nur auf eine einzige Dimension abhebt: die Zumutbarkeit der körperlichen und seelischen Belastung für die Mutter bzw. die Eltern und die Gesellschaft.

Mit Blick auf die zweite Dimension – die Tötung eines als krank diagnostizierten Kindes – müssen wir erkennen, daß bei jedem Schwangerschaftsabbruch aus sogenannter Kindesindikation immer auch Selektion durch aktive Tötung geschieht. Jede *nach* der Geburt eines Kindes gestellte Diagnose einer Krankheit oder Behinderung verfolgt den Zweck, durch therapeutische Maßnahmen die Gesundheit des Kindes wieder herzustellen oder zumindest seine Krankheit zu lindern. Bei einem Abbruch aus Kindesindikation behandeln wir aber nicht die intrauterin diagnostizierte Krankheit, sondern töten deren Träger. Diesem Konflikt kann der Arzt mit dem Hinweis auf die dieses Gesetz tragende Zumutbarkeit (Abbruch aus psycho-sozialer Indikation) nicht ausweichen. So befinden sich handelnder Arzt und die den Abbruch wünschende Mutter stets in einem echten ethischen Dilemma. Die Tötung des Ungeborenen kann nicht gerechtfertigt, allenfalls als eine Ausnahme im Einzelfall toleriert werden. Das heißt wiederum, daß der Entschluß zum Abbruch nicht einfach aus einem Katalog von Schädigungen gefolgert und gerechtfertigt werden kann, sondern allenfalls als das Ergebnis einer sorgfältigen Analyse des Einzelfalles hinzunehmen ist (Wuermeling 1984).

Dennoch ist zu beobachten, daß über die Zumutbarkeitsformel sich ändernde Wertungen in die Entscheidung der Eltern und des Arztes einfließen. Die von Schroeder-Kurth (1989) geäußerte Sorge ist nicht abwegig, daß in unserer Bevölkerung über das Geschehen der pränatalen Diagnostik mit selektivem Abort keine ethische Reflexion stattfindet und sich so etwas wie eine Pflicht zum unbehinderten Kind entwickelt. Bliebe es bei der Einschätzung von der Selbstbestimmung der Frau als ranghöchstem aller Werte, dann hätte der beratende Arzt sich zunehmend als Dienstleistender den Forderungen der Betroffenen zu unterwerfen.

Ein wichtiger und bisher zu wenig beachteter Aspekt ist der Einsatz der pränatalen Diagnostik im Hinblick auf die *Prognose* bzw. die Länge der Lebenserwartung menschlichen Lebens. Wird die Lebenserwartung z. B. nach der Diagnostik eines Edwards-Syndroms oder einer Fanconi-Anämie zum Selektionsmaßstab? Ist Nichtsein besser als ein kurzes Dasein mit Defekt? Wer befindet darüber? Nicht nur der durch die Diagnose einer schweren Behinderung bewirkte Konflikt der Zumutbarkeit des Erwartungsleids der Eltern, des (nichtwissenden) Kindes und der Gesellschaft stehen hierbei im Zentrum des ethischen Problems, sondern das noch weniger lösbare Problem der akzeptablen Lebensquantität. Ein wesentlicher Unterschied zur Intensivmedizin Erwachsener besteht darin, daß die Erwachsenen einen Teil des Lebens oder das Leben vollendet gelebt haben. Für das neugeborene Kind geht es um „etwas Leben“ (Tage, Wochen, Monate, Jahre) oder „überhaupt nicht leben“. Wir wissen nicht, ob gar nicht leben besser ist als schwerkrank leben für nur kurze Zeit.

Mit dem Problemfeld der unsicheren Prognose konfrontiert, sind wir heute in zunehmendem Maße durch die sich immer mehr nach unten, d. h. auf die 24. Woche zubewegende *Frühgeburtsmedizin.* Im Zusammenhang mit der pränatalen Diagnostik bewirken wir gelegentlich selbst diesen Konflikt, wenn es z. B. in Verbindung mit einer Amniozentese zum vorzeitigen Blasensprung kommt und die Patientin spätestens nach zweiwöchiger Bettruhe, etwa in der 20. Woche, den Geburtsmediziner bohrend nach der Prognose der weiteren Schwangerschaft und damit des Kindes befragt. Die Diagnostik hat zu einer mütterlichen Bedrohung mit unsicherer Prognose des Kindes geführt. Immer öfter werden wir in dieser Situation mit der offenen oder versteckten Aufforderung zum Schwangerschaftsabbruch konfrontiert – gleichsam zur Korrektur der im Zuge der Diagnostik aufgetretenen mütterlichen und kindlichen „Komplikationen", wobei die auf das Kind hin bezogene „Komplikation" in der ungewissen Prognose besteht.

Die Akzeptanz der ungewissen Prognose menschlichen Lebens als „Indikation" würde zweifellos weitere Konsequenzen hinsichtlich des Bewußtseins für das Leben nach der Geburt haben. So bleibt, ganz abgesehen davon, daß wir eine nicht bestimmbare Prognose für die Rechtfertigung des Tötens heranzögen, in der strafrechtlichen Bewertung nur die medizinische/mütterliche Indikation.

Eine defensivmedizinische und sich vor Haftungsprozessen fürchtende Position des Arztes wird hier leicht zur Verführung. Bei einer schweren Behinderung des Kindes oder einer mütterlichen Bedrohung durch das Amnioninfektionssyndrom hat der Arzt mit hoher Wahrscheinlichkeit eine Klage zu erwarten. Bei Tötung des Kindes aufgrund der dubiösen Prognose wird eine Klage ausbleiben, handelt der Arzt doch auf Wunsch der Patientin. Die Beratung *vor*

Durchführung der Pränatal-Diagnostik hat die die Mutter *und* das Kind bedrohenden Konsequenzen und deren Handhabung einzubeziehen.

Die Brisanz dieser „Indikation" mit all ihren Auswirkungen auf die Gültigkeit humaner Inhalte der Medizin in der Zukunft wird uns besonders augenscheinlich vorgeführt im Falle einer *späten* Abruptio mit der Geburt eines lebenden Kindes. Danach darf der zuvor aktiv in Gang gesetzte Prozeß des Tötens nicht mehr fortgesetzt werden. Im Sinne einer Sterbehilfe bzw. Tötung durch Unterlassen wird das Kind nur beobachtet, bis es schließlich keine Atmung und keinen Herzschlag mehr zeigt. Hiersche hat einen publizierten Fall (Hepp 1981) medizinrechtlich kritisch besprochen. Dieses Faktum wurde von Behrens (Zit. b. Hiersche) mit der Überschrift: „Eine späte Abtreibung ist manchmal eine Frühgeburt – für Ärzte und Helfer ein schreckliches Dilemma" überschrieben. Lee und Baggish (1978) haben in einer Publikation mit dem Titel „Life birth as complication of second trimester" über 607 artifizielle Aborte aus Kindesindikation berichtet. 45 Kinder (7,3 %) kamen mit Zeichen des Lebens zur Welt. Bemerkenswert ist, daß erstmals für eine Lebendgeburt der Begriff „Komplikation" eingeführt wurde.

In diesen Ausnahme- und Grenzfällen werden wir in bedrückender Weise auf die zentrale Problematik, nämlich die Frage nach dem Lebenswert kranker oder durch die Unreife bedrohter Frühgeborener gestoßen. Spätestens hier ist der Frage der sog. *Früheuthanasie* (ein zu Recht als irreführend bezeichneter Begriff, da es sich beim ungeborenen kranken Menschen in der Regel nicht um einen Sterbenden und schon gar nicht um einen Einwilligungsfähigen handelt) nicht auszuweichen. Warum ist das nachgeburtliche schwerkranke Leben plötzlich dem vollen Rechtsschutz unterstellt, so daß aktives Handeln von Passivität abgelöst wird? Wird der Gesetzgeber eines Tages die postpartale Tötung geschädigter Kinder erlauben, so wie er heute, mit Hinweis auf die Zumutbarkeit für die Eltern, die pränatale Tötung gestattet? Im Vorfeld der Diskussion um die Reform des 218 StGB wurde erstmals 1972 auf die Gefahr einer Veränderung des allgemeinen Rechtsempfindens gegenüber dem in unserer Rechtsordnung verankerten Grundrecht „Unantastbarkeit des Lebens“ hingewiesen[40] (Hepp 1972).

Ein Wandel im Bewußtsein dessen, was wir als human anerkennen, ist, induziert durch den technischen Fortschritt, auch zu beobachten in der Diskussion über die pränatale Geschlechtsdiagnose mit geschlechtsselektivem Abort. Es wird vielerorts ernsthaft darüber diskutiert, ob dem ungewünschten Geschlecht Krankheitswert zuzumessen sei und mit in die Zumutbarkeitserwägungen eingehen müsse. Wurde vor wenigen Jahren ein diesbezüglicher Hinweis noch als Mißbrauch pränataler Diagnostik im Sinne inhumanen Denkens und Handelns mit Empörung zurückgewiesen, brechen jetzt die Fronten auf. In Kenntnis dieser Bedrohung weigern sich zwar einzelne Untersucher, die Geschlechtsdiagnose mitzuteilen bzw. tun dies erst nach Ende des dritten Trimenons. Andere plädieren für eine rückhaltlose Aufklärung und beziehen sich hierbei auf das Vertrauensverhältnis Arzt/Patient. Außerdem sei es jedem Patienten möglich, eine Offenlegung der Krankenakte zu

---

40 Zur Diskussion der Grundthese von Peter Singer (1984): „[…] sofern der Tod eines geschädigten Säuglings zur Geburt eines anderen Kindes mit besseren Aussichten auf ein glückliches Leben führt, ist die Gesamtsumme des Glücks größer, wenn der behinderte Säugling getötet wird“ siehe u. a. die Petitionen „Stellungnahme zur Früheuthanasie und Liegenlassen von behinderten Neugeborenen“ von S. Wulfes und Th. Hofmann sowie „gesetzlicher Schutz für die Unantastbarkeit des Lebens“ von S. Wulfes u. A. Rüggeberg, auf welche die Deutsch-Österreichische Gesellschaft für Neonatologie und Pädiatrische Intensivmedizin e.V. durch Obladen (Brief an H. Hepp vom 06.03.1991), wie auch die Deutsche Gesellschaft für Perinatale Medizin durch von Löwenich und Holzgreve (1991) klar und entschieden geantwortet haben.

erzwingen. Was der Patient dann mit dieser Information anfange, sei ausschließlich seine Sache (Martin 1989).

Auch das „FIGO Standing Committee on Ethical Aspects of Human Reproduction“ (1989) konnte keine Einigung über die Abtreibung nach Geschlechtsselektion erzielen. Einige Ausschußmitglieder wollten im völligen Verbot der Abtreibung nach Geschlechtsselektion eine Verletzung des Prinzips der Entscheidungsfreiheit und Unabhängigkeit der Frau sehen. Der Rückzug auf diese anerkannt bedeutende Freiheit der Frau bedeutet für den Arzt nichts anderes, als daß er diese Indikation letztlich akzeptiert. Stellt ein Arzt auf Wunsch der Eltern die Indikation für eine Chorionbiopsie ausschließlich zur Geschlechtswahl des Kindes, so dokumentiert er, daß er einen Schwangerschaftsabbruch aus diesen Gründen gutheißt. International befürworten 25 % der Humangenetiker Geschlechtswahl, 17 % schicken die Patienten weiter und 58 % lehnen dies strikt ab (Wertz & Fletscher 1989). Zu den letzteren gehören deutsche Humangenetiker mit 94 %; 6 % jedoch halten den Wunsch nach einem Sohn oder einer Tochter für eine ausreichende Begründung für eine Chorionbiopsie oder Amniozentese und einen Schwangerschaftsabbruch. Fletscher (1986) sagt voraus, daß, wo technisch Machbares auch bezahlbar ist, Druck ausgeübt werden wird, um sogenannte autonome Wünsche zu verwirklichen. Ablehnung aber erfordert ethische Reflexion und Bekenntnis von seiten des Arztes, die über das alltägliche Maß hinausgeht, d. h. Verweigerung des technisch Machbaren unter rein utilitaristischen Maßgaben ohne Reflexion auf das *Bonum humanum*.

Besonders seit dem Röteln- und Mongoloismus-Urteil des Bundesgerichtshofes sind pränatale Beratung und Diagnose nicht mehr isoliert zu sehen, sondern sind zu beziehen auf den möglichen Abbruch der Schwangerschaft. Das Außerachtlassen der Beratung und der evtl. davon abgeleiteten Diagnostik bedrohen den Arzt, bei Geburt eines geschädigten Kindes für den schadensbedingten *Mehraufwand* (Rötelnurteil) oder für die gesamten Unterhaltsaufwendungen (Mongoloismus-Urteil) herangezogen zu werden. Die Urteile haben zweifellos die Beratungspraxis und besonders die Einstellung zur pränatalen Diagnostik dahingehend beeinflußt, daß wir in der ethischen Reflexion nicht mehr nur fragen, ob wir tun dürfen, was machbar ist, sondern ob wir letztlich tun müssen, was medizinisch möglich ist.

Pränatale Diagnostik eröffnet noch eine weitere Perspektive: die *Schwangerschaft auf Probe* (Hepp 1981). Man kann die Geburt eines gesunden Kindes gleichsam erzwingen, indem man aufeinanderfolgende Schwangerschaften so lange abbricht, bis ein nachweislich gesundes Kind empfangen wurde. Das geltende Recht jedenfalls verbietet der Frau nicht, das Risiko eines kranken Kindes unter den Vorbehalt einer gesetzlichen Korrektur zu stellen (Hanak 1984). Mit Entwicklung der *Präimplantationsdiagnostik* ließe sich ein Embryo mit der anschließenden Absicht erzeugen, ihn nur unter der Bedingung nachgewiesener Gesundheit zu transferieren, anderenfalls ihn jedoch zu selektieren, d. h. zugrundegehen zu lassen. Im ethischen Diskurs ist diese, die Tötung (auch Verbrauch oder Aussondern) in das Therapiekonzept einbeziehende Handlungsweise anders zu beurteilen, als wenn die Patientin durch die pränatale Diagnose in Not und Panik gerät (Zumutbarkeit) und der Abbruch nach 218a, Abs. 2 Nr. 1 die Not wendet (Wuermeling 1990).

Schließlich haben wir uns zu vergegenwärtigen, daß wir an der Schwelle zu pränatalen Voraussagemöglichkeiten von Erbkrankheiten stehen, die erst im Erwachsenenalter manifest werden. An geringen Mengen Zellmaterial kann festgestellt werden, ob im genetischen Programm krank machende Gene vorhanden sind, deren Wirkung erst spät im Leben einsetzt. Hier geht es dann nicht mehr um die mütterliche oder elterliche Belastung (Zumutbarkeit) durch die Krankheit des Kindes, sondern es geht um eine Entscheidung gegen den Kranken, gegen den leidenden Menschen selbst, der besser nicht erleben sollte, was ihm sein genetisches Programm befiehlt (Schroeder-Kurth 1930). Die Zeitspanne der Entwicklung der Erkrankung im nachgeburtlichen Leben soll dem Menschen nicht zugemutet werden. Die Zeit des Menschen, sein Leben ist bedroht durch Wissen. Wer aber befindet hierüber? Das Argument der Nichtzumutbarkeit eines kranken Kindes entfällt. Das Leiden des Nachkommen, das Leiden des „Kindes“ ist jenseits der mütterlichen Fürsorge im Erwachsenenalter.

Die immer intensiver aufkommende Diskussion der Geschlechtsselektion und der letzte Hinweis auf mögliche zukünftige Entwicklungen machen deutlich, wie medizinisch-technischer Fortschritt Bedürfnisse weckt und andererseits Bedürfnisse medizinischen Fortschritt induzieren können. Wechselwirkungen gleicher Art beobachten wir auch in der Rechtssprechung. Sie wirkt ebenfalls bewußtseinsverändernd oder bewußtseinsbildend und wird durch medizinischen Fortschritt herausgefordert und beeinflußt. Wir erkennen und anerkennen, daß das Ethos des Arztes heute immer stärker unter dem Einfluß der modernen Technik – und nicht zuletzt auch der Rechtssprechung steht. Die Entscheidungen aber fallen im individuellen Gespräch zwischen Arzt und Patientin.[41]

---

[41] Aus der Stellungnahme zur vorgeburtlichen Diagnostik und zum Schwangerschaftsabbruch, unterzeichnet von der Vorsitzenden der Kommission für Öffentlichkeitsarbeit und ethische Fragen der Gesellschaft für Humangenetik, Prof. Dr. T. Schroeder-Kurth, und dem Vorsitzenden der Gesellschaft für Humangenetik, Prof. Dr. E. Passarge Abs. 4 sei der folgende Abschnitt zitiert: „Von der grundsätzlich schützenden Haltung der Mitglieder der Gesellschaft für Humangentik e.V. gegenüber dem ungeborenen menschlichen Leben auch nach einer Pränataldiagnostik mit einem auffälligen Befund kann es nur dann eine Ausnahme geben, wenn die Schwangere im Rahmen des rechtlich Zulässigen einen Schwangerschaftsabbruch verlangt. Keinesfalls kann der Arzt aus einer Bewertung der medizinischen Fakten dem Ungeborenen den Lebenswert oder ein

8.3 Pränataler Fetozid von Mehrlingen

Im Gegensatz zur tötenden Selektion des durch die pränatale Diagnose als krank identifizierten Lebens ist das „therapeutische“ Prinzip des Fetozids eines oder mehrerer Kinder nicht die selektive, sondern die unselektive Tötung des ausschließlich nach medizinischen Gesichtspunkten operativ am besten zugänglichen gesunden Kindes.

Jedes in der Regel gesunde Kind ist gegenüber dem Geschwisterkind ein in Hinblick auf Dystrophie und Unreife „schädlicher Einfluß“. Die fragliche Prognose des potentiellen Frühgeborenen wird neben der mütterlichen Bedrohung und der psychosozialen Belastung zur „Indikation“. Die juristische Diskussion macht zunehmend deutlich, daß der Begriff „schädlicher Einfluß“ aus dem 218a, Abs. 1, Nr. 2 StGB nicht einfach in Analogie auf ein gesundes Kind übertragbar ist und somit für den Fetozid bei höhergradigen Mehrlingen eine Kindesindikation ableitbar wäre. Die Reduktion der Mehrlingsschwangerschaft richtet sich in ihrem Umfang nicht nach der gesetzlichen Maßgabe der für die Mutter zumutbaren Belastungen, sondern nach dem Behandlungsziel einer erfolgreichen Schwangerschaft. Da dieses grundsätzlich die Einzelschwangerschaft ist, wohnt, nach Eberbach, der selektiven Abtreibung die Tendenz inne, eher einen Embryo mehr als weniger abzutreiben. Die selektive Abtreibung ist daher weder vom Wortlaut noch Leitbild der embryopathischen Indikation gemäß 218a, Abs. 2, Nr. 1 StGB gedeckt. Recht und Praxis klaffen auseinander (Eber-

---

Lebensrecht absprechen und mit dieser Argumentation einen Schwangerschaftsabbruch fördern oder durchsetzen. Ärztliche Aufgabe nach vorgeburtlicher Feststellung einer schwerwiegenden kindlichen Erkrankung oder Behinderung ist es vielmehr, sowohl die Belange des ungeborenen Kindes, als auch die der Schwangeren in die Beratung einzubeziehen, um so eine individuelle Entscheidung zu ermöglichen, die trotz ihrer Konflikthaftigkeit tragbar ist.“

bach 1989). Die Einbindung dieses Eingriffes in die sog. Kindesindikation wäre in der Tat auch grotesk und würde ohne Zweifel Folgerungen für die Bewertung menschlichen Lebens nach der Geburt haben. So bleibt, ganz abgesehen davon, daß wir eine nicht bestimmbare Prognose für die Rechtfertigung des Tötens heranzögen, in der strafrechtlichen Bewertung nur die medizinisch-mütterliche Indikation und die Notlagenindikation.

Es wurde schon früh prognostiziert (Hepp 1989), daß in Zukunft mit Wahrnehmung und gesellschaftlicher Akzeptanz des neuen Machbaren nicht mehr das medizinische Risiko für die Mutter oder die kaum abwägbare Bedrohung der Kinder als Rechtfertigung für eine Abruptio aller oder den Fetozid einzelner Kinder dienen würde, sondern die Abwehr der langwierigen psychosozialen Belastung durch die höhergradigen Mehrlinge mit oder ohne krankem Kind den Anspruch auf einen Fetozid begründen wird. Eine allgemeine ethische Rechtfertigung mit Hinweis auf den möglichen Verlust aller Kinder durch spontanen Abort ist nicht möglich, ebenso wenig der Hinweis auf das Phänomen des „verschwundenen Fetus" im Verlauf der höhergradigen Mehrlingsgravidität, den wir seit der sonographischen Verlaufsbeobachtung der Gravidität zunehmend wahrnehmen, da die Natur kein ethisches Sollen kennt.

„Ethische" Entscheidung zum Fetozid orientiert sich am Grundsatz, das rettbare Leben dem unrettbaren vorzuziehen. Der Fetozid ist ethisch nicht zu rechtfertigen, im Einzelfall jedoch möglicherweise entschuldbar. Immer bleibt das so bedrückende Problem, daß unselektiv, gleichsam nach dem Würfelprinzip der am besten zugängliche Fetus getötet wird und gesunde Kinder ihr Leben dem Tod gesunder Geschwister danken. Ihnen ist die Gnade des Nichtwissens durch das Schweigen der Eltern und des Arztes zu gewähren. Prävention ist gefordert und – bis auf wenige Ausnahmen einer ausschließlich hormonalen Stimulation – möglich. Die

Alternative – Verzicht auf eine qualifizierte Sterilitätsdiagnose und -therapie mit Transfer von mehr als 3 Embryonen (seit dem Embryonenschutzgesetz in der BRD nicht mehr möglich) oder Eizellen unter Einbeziehung des unselektiven Fetozids als Teil des Therapiekonzepts pervertiert die Behandlung eines Paares mit „Kinderwunsch". Diese Perversion des Denkens und Handelns bliebe langfristig nicht ohne Folgen bei der Verarbeitung dieser „Therapie" durch die Patientin, wie in einem Falle einer Frau nach Vierlings-„Reduktion" auf Zwillinge in der präpartalen Phase bei drohender Frühgeburtlichkeit beobachtet werden konnte. Mit Nähern der Geburt äußerte die Patientin zunehmend sehr ernste Suizidgedanken, die eine intensive psychotherapeutische Betreuung notwendig machten.

9. Embryonenforschung

Die modernen Techniken der Medizin machen es heute möglich, den menschlichen Embryo von seiner Entstehung an diagnostisch und therapeutisch anzugehen. Damit ist zugleich auch Forschung an menschlichen Embryonen möglich geworden. Diese Möglichkeit stellt eine neue Herausforderung an unsere ethische Entscheidungsfindung dar. Es sollen deshalb im folgenden die Möglichkeiten der Forschung an menschlichen Embryonen aufgezeigt und die Gründe für eine solche Forschung dargelegt werden, ehe wir im ethischen Sinn dazu Stellung nehmen.

9.1 Möglichkeiten der modernen Reproduktionsmedizin

Die Reproduktionsmedizin, auch generative Medizin genannt, ist ein interdisziplinäres Gebiet der Medizin und der

Naturwissenschaft. Durch medizinische Forschung ist es gelungen, die Reifung der Oozyten zu terminieren, Oozyten und Spermien zu gewinnen und durch Insemination den Zeugungsvorgang außerhalb des Mutterleibes in der Hand Dritter in Gang zu setzen (*In-Vitro-Fertilisation* = IVF) und neues menschliches Leben so in die Gebärmutter einzugeben (*Embryotransfer* = ET), daß eine normale Schwangerschaftsentwicklung bis zur Geburt möglich ist (Steptoe et al. 1978).

Das Prinzip der IVF mit ET ist also die Zeugung eines Kindes unter Umgehung der Eileiterpassage. Erfolgt die Befruchtung der Eizelle durch eine Samenzelle natürlicherweise in der Tube, so wird bei der IVF eine Art künstliche Tube im Labor geschaffen. In den Zeugungsvorgang selbst greift der Arzt nicht ein. Er wirkt bei der Entstehung des Menschen dispositiv.

Weitere Techniken ließen sich in der Folge von der IVF ableiten: Bei der von Tesarik et al. (1983) erstmals beschriebenen und von Asch et al. (1984) eingeführten Technik des intratubaren *Gametentransfers* (Gamete Intrafallopian Transfer = GIFT) werden die nach laparoskopisch kontrollierter Ovarpunktion gewonnenen Eizellen und die nach Masturbation erhaltenen Samenzellen im Gegensatz zur Technik der IVF nicht im Labor bzw. Brutschrank (extrakorporal) befruchtet und später als Embryonen in die Gebärmutter transferiert, sondern als Gameten über einen dünnen Katheter direkt in die Eileiter gegeben, wo am natürlichen Ort der Befruchtung (intrakorporal) diese sich vollzieht.

Voraussetzung für den Einsatz dieser Technik ist, im Gegensatz zur In-Vitro-Fertilisation, zumindest ein offener Eileiter. Der tubare Embryotransfer (TET) ist eine Kombination von IVF und tubarem Transfer. Nach erfolgreicher extrakorporaler Befruchtung erfolgt der Embryotransfer transabdominal (laparoskopisch) oder transuterin mit Hilfe der Sonographie, Hysteroskopie oder frei Hand in die Tuben.

Ein wohl nur vorläufiger Höhepunkt moderner reproduktionsmedizinischer Forschung ist die Entwicklung der *intrazytoplasmatischen Spermatozoeninjektion* (ICSI) in die Oozyte. Bei ICSI wird ein einzelnes Spermium direkt in das Zytoplasma einer Oozyte injiziert und damit die bei einer andrologischen Sterilität offenbar spontan nicht mögliche Interaktion des Spermiums mit der Oozyte herbeigeführt. Diese neue Technik scheint nach bisher vorliegenden Ergebnissen die erste erfolgversprechende Therapie der andrologischen Sterilität zu werden (Palermo et al. 1993; van Steirteghem et al. 1993). Allein in Deutschland sind 1994-1995 (Stand 20.04.1996) 1662 Schwangerschaften registriert und 1112 Kinder geboren worden. Es gibt bisher keinen Hinweis auf eine erhöhte Rate von Fehlbildungen oder Entwicklungsstörungen.

Grundsätzlich zu unterscheiden ist zwischen den genannten Techniken moderner Reproduktionsmedizin als Therapiemaßnahme der ungewollten Kinderlosigkeit und der mit der Entwicklung gewonnenen Möglichkeit einer Forschung an und mit Embryonen. Nachdem bislang die Entstehung und die Vielfalt menschlichen Lebens ausschließlich Naturgesetzen unterworfen waren, kann heute der Arzt oder Biologe Entscheidungen von unabsehbaren Folgen treffen: Er beurteilt die Reife der gewonnenen Oozyte, er entscheidet über die Durchführung oder Verweigerung der Befruchtung, er bewertet die Teilungsstadien und entscheidet über den Transfer oder das Verwerfen der Embryonen und eventuell auch über die Nutzung für die Forschung an und mit Embryonen. In all diesen Entscheidungen ist die moralische Qualität des gesamten Teams gefordert, wobei der Wissenschaftspositivismus des Biologen oder Physiologen sich nicht in allen Ansätzen mit dem ethischen Standpunkt des Arztes decken muß.

9.2 Forschung an und mit Embryonen

Es ist verhängnisvoll und belastet noch immer die öffentliche Diskussion, daß die moderne Reproduktionsmedizin einerseits und die Gentechnik andererseits, zum Teil aufgrund mangelnder Information durch die Forscher, zum Teil auch durch die Medien miteinander verwechselt werden. Die Techniken der generativen Medizin haben a priori nichts mit Forschung an und mit Embryonen - sieht man einmal von der Forschung zur Entwicklung der Techniken ab - zu tun. Die extrakorporale Befruchtung ist jedoch eine Einstiegstechnik, die embryonales Leben im Labor verfügbar und theoretisch manipulierbar macht. Wenn aber Forschung den Menschen zu ihrem Gegenstand macht, wird dieser - das Wort sagt es - 'Objekt' (Staudinger 1981). Somit wirft jede medizinische Forschung an und mit Embryonen die Frage nach dem Menschen und dem Menschenbild des Forschers auf. Es geht um den Status dessen, an dem wir handeln. Das Problem liegt nicht in der Forschung, sondern im 'Objekt' der Forschung. Diese Tatsache führt zu drei zentralen Fragen:

- Ab wann ist dem neuen menschlichen Leben 'Würde' und damit Lebensrecht und Schutz zuzubilligen?
- Worin liegt die Begründung und wie ist der Umfang der zu gewährenden Grundrechte bemessen?
- Ist das Grundrecht der Forschungsfreiheit in diesem Bereich zu beschränken oder gar aufzuheben - wenn ja, wodurch?

9.2.1 Schutzwürdigkeit des Embryos

Auf Grund der in den ersten Kapiteln dieser biologisch-medizinischen Grundlagen berichteten Fakten besteht heute ein weitgehender Konsens darüber, daß sich die Schutzwürdigkeit des Embryos auf seiner individuellen menschlichen

Existenz gründet. Ebenso besteht weitgehende Übereinstimmung darüber, daß die Schutzwürdigkeit des Embryos mit der Bildung des Genoms beginnt, wenngleich einzelne Autoren für den Umfang der Schutzwürdigkeit und damit des Rechtsschutzes mit terminologischen Abstufungen – Zygote, Konzeptus oder Prä-Embryo – operieren. In Art. 2, Abs. 2, S. 1 des Grundgesetzes ist verankert: „Das Leben des Menschen ist von Anfang an in seinen Schutz genommen."

Bei der Bemessung des Umfanges der Schutzwürdigkeit menschlicher Embryonen sind wir heute im nationalen und vor allem im internationalen Dialog mit zwei Positionen konfrontiert: Die einen anerkennen das Lebensrecht und den Schutz im umfassenden Sinne kategorisch an, was jede Güterabwägung hinsichtlich eines Forschungszieles – auch von hohem medizinischem Range – ausschließt, die anderen relativieren in grundsätzlicher Anerkennung des Lebensschutzes diesen im Sinne einer Güterabwägung auf Zwecke hin, was nach sorgfältiger Prüfung eines nachgewiesen hochrangigen Forschungszieles eine Forschung an und mit Embryonen zuläßt. Diese Position beruft sich auf die 'prozeßhafte' Verwirklichung individuellen personalen Seins in Realisierungsstufen (Abschluß der zellulären Totipotenz, Möglichkeit zur Mehrlingsbildung) und plädiert daher für einen diesen Stufen entsprechenden abgestuften Rechtsschutz.

9.2.2 Freiheit der Forschung

Nach Art. 5, Abs. 3 GG sind Kunst und Wissenschaft, Forschung und Lehre frei, woraus zu Recht eine ethische Verpflichtung zur Forschung begründet wird, wenn Krankheit und Leid vermindert werden können. Generell gilt, daß die Freiheit der Forschung nicht absolut gesetzt ist. Der Wissenschaftler kann sich nicht uneingeschränkt auf die ihm gewährte Forschungsfreiheit berufen. Dem in Art. 5, Abs. 3

verankerten Grundrecht steht gegenüber der nach Art. 79, Abs. 3 des Grundgesetzes unabänderlich geltende Art.1, Abs. 1 unserer Verfassung: „Die Würde des Menschen ist unantastbar. Sie zu achten und zu schützen ist Verpflichtung aller staatlichen Gewalt." Danach haben sich Ethik und Recht nicht dem Fortschritt der Wissenschaft anzupassen. Es gibt deshalb starke Gründe für die Meinung, daß die Freiheit eines Forschers sich auch in der Selbstbeschränkung verwirklicht, zumal wo ethische Grenzen – die jeweils zu definieren sind – berührt werden. Die Diskussion um die Forschung an und mit Embryonen ist gleichsam ein Modell für die Verantwortung des Forschers geworden. Die Freiheit der Forschung hat ihre Grenze an der 'Würde' des Menschen.

9.3 Forschungsziele

Prinzipiell ist zu unterscheiden zwischen einer *therapeutischen Forschung*, der sog. klinischen Forschung, und einer *Grundlagenforschung*, die auch das verbrauchende Experiment einschließt. Da mit Fortschritt der medizinischen Technik und in Deutschland mit Inkrafttreten des Embryonenschutzgesetzes (1991), wonach nur soviel Eizellen (maximal drei) befruchtet werden dürfen wie nach Fertilisation in die Gebärmutter der Eizellspenderin einzeitig übertragen werden, immer seltener sog. 'überzählige' Embryonen verfügbar sind, wird die Erzeugung menschlicher Embryonen ausschließlich zu wissenschaftlichen Zwecken gefordert.

Weltweit werden derzeit drei hochrangige Forschungsziele verfolgt:

- Die *diagnostische Forschung*, die direkt der Verbesserung der Lebensbedingungen von zu implantierenden Embryonen dient. Nachdem hierbei die wissenschaftliche Konzentration vor allem den physikalischen und chemischen Bedingungen der Kulturmedien galt, was zu keiner Verbesserung der klinischen Ergebnisse führte, wird derzeit das Augenmerk vor allem dem 'Umfeld' der Furchungsstadien und der Blastozystenentwicklung gewidmet. Weil es hierbei vor allem um den Kontakt zu Eileiterepithelzellen geht, die zum physiologischen Stoffwechsel beitragen und die Frühentwicklung der Embryonalstadien fördern, läuft diese Forschung derzeit unter dem Begriff der embryoepithelialen „*Co-Culture-Methodenentwicklung*".

- Die *Präimplantationsdiagnostik*, die über die reine Beobachtung des Embryos hinausgeht und nach Abspaltung totipotenter Zellen an diesen die Diagnose von etwaigen Chromosomenstörungen oder Erbkrankheiten vornimmt. Für alle genetisch-diagnostischen Untersuchungen an Blastomerenstadien ist es notwendig, die Zellen (Blastomeren) mittels Mikromanipulation zu entnehmen. Bisher am besten bewährt hat sich die Entnahme im 8- bis 10-Zell-Stadium mittels Haltepipette unter dem Stereomikroskop – das sog. 'Zona-Drilling'. Die Technik wurde bereits bei Ehepaaren mit dem Risiko einer x-chromosamalgebundenen mentalen Retardierung und einer Adrenoleukodystrophie erfolgreich praktiziert, d. h. die 'Rest'-Blastozyste entwickelte sich bis zur Geburt eines gesunden Kindes komplikationslos fort. Als eine weitere Methode wird die *Trophoblastbiopsie* („trophectodermbiopsy") angewandt. Nach Schlitzung der Zona pellucida kommt es zu einer Hernie von Trophoblastzellen, die entnommen und der molekularbiologischen und genetischen Analyse unterzogen werden. Bis zur Diagnosestellung über die molekurlarbiologische und genetische Diagnostik am 'Zwillingsembryo' (totipotente Blastomere) müßte der für die Implantation vorgesehene Embryo tiefgefroren aufbewahrt werden, um je nach Befundergebnis transferiert oder verworfen zu werden. Der 'Zwillingsembryo' wird gleichsam für diagnostische Zwecke 'verbraucht'. Nach dem in der Bundesrepublik Deutschland am 1.1.1991 in Kraft getretenen Embryonenschutzgesetz (ESchG) ist nach 8, Abs. 1 die befruchtete, entwicklungsfähige menschliche Oozyte vom Zeitpunkt der Zygotenbildung an und jede einem Embryo entnommene totipotente Zelle als Embryo definiert. Danach ist die Entnahme einer totipotenten Zelle ebenso wie die an ihr vorgenommene Diagnostik unzulässig, – ganz abgesehen davon, daß das Schicksal des 'Rest-Embryos' von dem diagnostischen Ergebnis abhängt. Durch das Zerstören der noch totipotenten Zelle im Zuge der Diagnostik wird gegen 2, Abs. 1 ESchG verstoßen, da die Diagnostik den Embryo 'verbraucht'. Danach ist eine Präimplantationsdiagnostik in unserem Lande lediglich an ausdifferenzierten Zellen des Trophoblasten, d. h. ab dem 12- bis 16-Zellstadium möglich und wenn nach eingehender humangenetischer Beratung eine Indikation zum Ausschluß schwerwiegender geschlechtsgebundener Erkrankungen im Sinne des 3 ESchG besteht. Eine weitere Voraussetzung ist, daß der Arzt vorab die für ihn zuständige Ethikkommission befragt. Wird bei Vorliegen eines pathologischen Befundes von seiten der Eltern der Transfer verweigert, ist eine Weiterkultivierung wie auch eine Kryokonservierung des Embryos – evtl. zu Forschungszwecken – verboten.

- Die *Kryokonservierung* von Embryonen stellt vor allem im Zusammenhang mit der Präimplantationsdiagnostik einen wichtigen Forschungsbereich dar. Embryonen können im 2- bis 8-Zell-Stadium, aber auch noch später eingefroren und zu einem beliebigen Zeitpunkt aufgetaut und transferiert werden. Das klinische Ziel ist das 'Ersatzkind' für den Fall, daß Transfer und Entwicklung der Schwangerschaft nicht erfolgreich verlaufen oder nach erfolgreicher Gravidität eine weitere Schwangerschaft angestrebt wird. Der Frau würden dabei erneute Manipulationen zur

In-Vitro-Fertilisation erspart werden. Das zentrale Argument für eine Kryokonservierung ist jedoch die verbesserte Synchronisation: – Die Konservierung des Embryos und der Transfer desselben zu einem späteren optimal hormonal synchronisierten Zyklus oder in einer natürlichen, nicht durch Follikelstimulationsbehandlung beeinträchtigten Gelbkörperphase kann eventuell die Einnistung begünstigen und einer frühen Fehlgeburt vorbeugen.

Nach den angewandten Maßnahmen ist zu unterscheiden zwischen *embryoerhaltenden Versuchen* im Sinne einer therapeutischen Forschung und dem sog. *verbrauchenden Experiment*, bei dem die Untersuchungen derart angelegt sind, daß der Erkenntnisgewinn auf Kosten des Lebens des Embryos erzielt wird.

Die unter den drei Forschungszielen aufgezeigte 1. Gruppe ist nach unserer Überzeugung grundsätzlich zulässig. Forschungen im Sinne der 2. und der 3. Gruppe bedürfen jeweils einer intensiven Diskussion unter Einbeziehung der Gedanken über den Beginn und den Umfang des Lebensschutzes sowie der jeweiligen Zulässigkeit im Sinne einer positiven Güterabwägung. Gemeint sind hierbei vor allem Untersuchungen, die im Sinne eines Humanexperiments den Tod des Embryos nicht intendieren, den Embryo jedoch verändern und gegebenenfalls seinen Tod in Kauf nehmen.

9.4 Ethik und Recht der Forschung an und mit Embryonen

In der Diskussion – national und international – um Ethik und Recht moderner Reproduktionsmedizin in der Klinik und vor allem im Bereich der Grundlagenforschung mit ausschließlich zu Forschungs- oder anderen Verwendungszwecken erzeugtem Leben, wobei primär im Sinne des verbrauchenden Experiments der Verlust des Embryos eingeplant ist, stehen sich zwei Argumentationspositionen kontrovers gegenüber: Eine liberale und eine kategorische Ethik.

Die nach wie vor sehr kontroverse Diskussion um eine Forschung an und mit Embryonen basiert auf dem grundsätzlichen Dissens über den Beginn des Menschen und dessen Schutzwürdigkeit. Die Befürworter einer Forschung an menschlichen Embryonen anerkennen früheste Entwicklungsstadien nicht als 'Embryonen', sondern bezeichnen die Präimplantationsphase als das Stadium der Prä-Embryonen und leiten von daher in dieser Phase die Rechtfertigung einer Forschung ab. Hierbei erfolgt auch der Hinweis auf die im Ausland genehmigte Forschung in der Präimplantationszeit, was mit dem Hinweis auf die grundsätzliche ethische Rechtfertigung, ja Notwendigkeit medizinischer Grundlagenforschung unterstützt wird. Der Hinweis auf Festlegungen im Ausland kann u.E. kein tragfähiges ethisches Argument darstellen, ebensowenig die generelle Aussage, Grundlagenforschung sei als solche ethisch gerechtfertigt. Auch ein hochstehendes Ziel muß das angewandte Mittel ethisch nicht rechtfertigen. Es wurde schon darauf hingewiesen, daß die durch Art. 5, Abs. 3 des Grundgesetzes gewährleistete Forschungsfreiheit nur innerhalb der Menschenwürde – Garantie des Art. 1, Abs. 1 des Grundgesetzes – Gültigkeit hat.

Auch der Hinweis auf eine doppelte Moral ist nicht hilfreich. Es wird argumentiert, es sei nicht statthaft, im Ausland erzielte Forschungsergebnisse für Patienten unseres Landes verfügbar zu machen, ohne zu diesen Forschungsergebnissen an und mit Embryonen beigetragen zu haben. Dieses Argument würde generell für alle Länder außerhalb Englands die Übernahme der Forschungsergebnisse von Steptoe und Edwards (1978) verbieten. Wegen der durch eine Forschung zu erwartenden Erfolge läßt sich kein ethisches Postulat ableiten. Auch hier gilt: Der Zweck heiligt nicht die

Mittel. Ferner ist festzustellen, daß zur Verbesserung der Methoden von IVF und ET die Möglichkeiten des Tierexperiments noch nicht ausgeschöpft sind und auch unter diesem Aspekt die Embryonenforschung von der Bundesärztekammer und dem 91. Deutschen Ärztetag (1988) abgelehnt wurde.

Am schwersten wiegt u.E. das Argument, zum Teil auch als Vorwurf vorgetragen, ein Forschungsverzicht sei mit Blick auf die schon heute vorhandenen Forschungsmöglichkeiten, jedoch auch hinsichtlich potentieller Forschungen (Karzinogenese, AIDS etc.), gleichbedeutend mit Verzicht auf Heilungschancen und Förderung einer Leidensverlängerung. Auch bei einem hochrangigen Ziel, so kann gegenargumentiert werden, ist ein Tun nicht verantwortbar, welches im Verbrauch Sterben bewirkt.

Vordergründig und schwach ist das Argument der Rechtfertigung von Forschung an und mit Embryonen, daß die Natur in der Frühphase menschlichen Lebens mit einem Verlust von über 50 % sehr verschwenderisch mit dem Leben umgehe und daher dem Forscher oder dem in Güterabwägung Handelnden – mindestens für einen guten Zweck – das ethisch nicht verwehrt sein könne, was die Natur verschwenderisch betreibe. Hierbei wird übersehen, „daß ein natürliches Geschehen außerhalb des menschlichen Verantwortungsbereichs mit menschlich verantwortetem Handeln nicht vergleichbar ist. 'Die Natur' kennt kein ethisches Sollen und ihre Nachahmung allein kann menschliches Handeln nicht ethisch rechtfertigen. Sonst wäre jedes Töten unter Berufung auf 'die Natur', die jedem Leben schließlich ein Ende setzt, vertretbar“ (Eibach 1985).

Schließlich wird in der Diskussion über die für die Forschung notwendige Verfügbarkeit menschlicher Embryonen auf die Praxis des Schwangerschaftsabbruchs verwiesen. Forschung an und mit Embryonen sei im Gegensatz zu vielen Abbrüchen sinnvoll.

Dem ist entgegenzuhalten, daß der legale Schwangerschaftsabbruch lediglich wegen Unzumutbarkeit des Austragens der Schwangerschaft für die Mutter *straflos* bleibt (218 StGB), während die Verwendung bzw. der Verbrauch von Embryonen für die Forschung nicht aus einer subjektiven Notlage heraus erfolgt. Das konkurrierende Gut, welches den Konflikt definiert und Straffreiheit (nicht Rechtfertigung) begründet, ist also nicht die Not des einzelnen, sondern etwa das gesundheitspolitische Ziel der Allgemeinheit. Von etwas objektiv ethisch Verwerflichem – das Gesetz billigt nur Straffreiheit zu – ist niemals die Rechtfertigung für ein Handeln ableitbar. Analog gilt das auch für den 219d StGB, welcher die Nidationsverhütung straffrei läßt. Der Gesetzgeber spricht hiermit nicht der willkürlichen Verfügbarkeit das Wort, sondern er verzichtet für eine durchaus besondere Kollision der Rechtsgüter – prinzipielle Schutzwürdigkeit des Embryos und Familienplanung durch Hormone oder Intrauterin-Spirale – während der frühesten Phase der Schwangerschaft auf Strafrechtsschutz (Laufs 1987).

In der politischen Diskussion befinden wir uns nach wie vor in einer grotesken Situation: Es gibt gesellschaftliche Gruppen, welche die Tötung im Mutterleib, z. B. bei einer schweren psychosozialen Notlage oder in der 'reinen' – und vom Bundesverfassungsgericht verworfenen Fristenlösung bis zur 12. Woche nach der Empfängnis tolerieren bzw. fordern und jede strafrechtliche Einengung der Tötung menschlichen Lebens im Mutterleib (Beratungsmodell) ablehnen, gleichzeitig aber im Embryonenschutzgesetz strenge strafrechtliche Schutzgebote für den Embryo außerhalb der Frau anerkannten und forderten.

Die Richtlinien zur Forschung an frühen menschlichen Embryonen des wissenschaftlichen Beirates der Bundesärztekammer (1985) wie auch der Bericht der Benda-Kommission (1986) hatten sich für ein 'grundsätzliches' Verbot der

Erzeugung von Embryonen zu Forschungszwecken ausgesprochen. Dieses bedeutete kein kategorisches Nein. Einigkeit bestand seinerzeit darüber, daß über etwaige Ausnahmen, sofern überhaupt zulässig, die zentrale Kommission der Bundesärztekammer zu entscheiden hätte.

Es war und ist unbestritten, daß ethische Grenzziehungen wie auch juristische Rahmenbedingungen geschaffen werden mußten. Dennoch waren viele Mitglieder der Richtlinienkommission der Bundesärztekammer wie auch der von der Bundesregierung eingesetzten Benda-Kommission der Meinung, daß es nicht eines eigenen Embryonenschutzgesetzes bedürfte, zumal die seit 1986 von der Bundesärztekammer eingesetzte 'zentrale Kommission zur Wahrung ethischer Aspekte bei der Forschung an frühen menschlichen Embryonen' ohne notwendige Ahndung eines Verstoßes erfolgreich tätig war. Vor allem von juristischer Seite wurde das Werk der 'zentralen Forschungskommission', bei aller Anerkennung der Motive zur Selbstkontrolle, für zu unbestimmt gehalten und ihm der Rang eines Satzungsrechts abgesprochen. Der Berufsvertretung komme nicht, so Laufs (1987), das Recht zu, über die Grenzlinien zu bestimmen, innerhalb derer der Schutz des menschlichen Lebens gewährleistet bleiben muß. Diese Mahnung teilte auch Schreiber (1987): „Die erwünschte Selbstkontrolle der Ärzteschaft und die Gewissen der Berufsangehörigen, so bestimmend sie sein sollen, reichen nicht aus. Die Fragen gehen elementar auch Nichtärzte an; sie sind Angelegenheit der Allgemeinheit und damit des Rechts."

Am 1.1.1991 ist das ESchG in Kraft getreten. Danach ist in Deutschland die Forschung an und mit Embryonen strafrechtlich verboten. Das Verbot stützt sich auf den Schutz des Lebens und die Achtung der Menschenwürde.

National und international besteht inzwischen ein breiter Konsens darüber, welche Untersuchungen mit Embryonen

ethisch nicht vertretbar sind und daher uneingeschränkt abgelehnt werden:
- Forschung an Embryonen, die am Tiermodell verwirklicht werden können,
- Forschung an Embryonen, die aus den Keimzellen Verstorbener erzeugt werden,
- Forschung an Embryonen ohne Einwilligung der genetischen Eltern nach vollständiger Aufklärung,
- Forschung, bei der der Embryo über einen Entwicklungszustand in vitro kultiviert wird, der dem 14. Tag nach der Befruchtung in vivo entspricht,
- Forschung mit künstlicher Mehrlingsbildung (Klonierung),
- Vereinigung von mehreren Embryonen oder Teilen davon (Chimärenbildung),
- Experimente und Methodenentwicklung einer Geschlechtsselektion,
- Eingriffe mit dem Zweck gentherapeutische Veränderungen der Keimbahnzellen,
- Erzeugung von Mischwesen aus Mensch und Tier (Interspezies – Hybridisierung),
- genetische Manipulationen an Embryonen mit dem Ziel, Persönlichkeits- und Charaktereigenschaften zu verändern.

In jüngster Zeit liegt der Musterentwurf eines Gesetzes zur Regelung der künstlichen Befruchtung vor. Der Entwurf soll, so heißt es, die im ESchG enthaltenen strafrechtlichen Vorschriften um die erforderlichen gesundheitsrechtlichen Regelungen ergänzen, um auf diese Weise zu einer Gesamtregelung der Fortpflanzungsmedizin zu kommen. Diesem Fortpflanzungsmedizingesetz unterworfen werden sollen vor allem drei klinische Therapieansätze:
- die intrazytoplasmatische Spermatozoeninjektion (ICSI) in die Eizelle,

- die heterologe Insemination und
- die Kryokonservierung von Embryonen.

In diesem Gesetzesentwurf für ein Fortpflanzungsmedizingesetz ist ICSI mit Hinweis auf die 'Gefahr der Manipulation durch den Menschen und bei weiterer Entwicklung die Gefahr der gezielten Menschenzüchtung' unter 8 gesetzlich verboten. Das so mißverständliche Wort 'Manipulation' suggeriert dem Laien einen Eingriff in die Keimbahn ('Menschenzüchtung'). Tatsächlich geht dieses Manipulieren, ein Grundmerkmal medizinischen Handelns, nicht über die im Embryonenschutzgesetz zugelassene In-Vitro-Fertilisation hinaus. Eingriffe in die Keimbahn – sollten sie jemals möglich werden – sind im ESchG eindeutig unter Strafe gestellt. Ebenso verboten ist die theoretisch mittels ICSI mögliche Geschlechtsselektion über eine Separierung von x- und y-tragenden Spermien. Die Möglichkeit des Mißbrauchs soll nicht verkannt werden, verbietet aber ethisch nicht den rechten Gebrauch.

Ob die heterologe Insemination unter eine gesetzliche Regelung gestellt werden soll, ist primär eine ethische, juristische und vor allem eine gesellschaftspolitische Problematik. Die zentralen ethischen Bedenken richten sich darauf, daß mit dieser Methode die bestehende Familienstruktur unterlaufen wird (Gründel 1982). Eine gesetzliche Regelung wird wohl besonders mit Blick auf das Kind zu unterstützen sein. Zu beachten bleibt, daß mit der ICSI in Zukunft eine Vielzahl – etwa 80 % – heterologe Inseminationen sich erübrigen werden.

Auch die Kryokonservierung von Embryonen ist nach 1, Abs. 2, Nr. 1,2 ESchG verboten. Dieses Verbot erfaßt auch imprägnierte Oozyten *vor* der Entstehung der Zygote, d. h. die Kryokonservierung von sog. Vorkernstadien (Pronukleusstadium). Durch dieses Verbot soll verhindert werden, daß durch Auftauen imprägnierter Oozyten im Vorkernstadium jederzeit Embryonen entstehen können, die nicht für den Embryotransfer vorgesehen wären.

10. Ergebnisse aus Naturwissenschaften und Medizin

Nach dem Durchgang durch einige, für die Frage nach der Entstehung des Menschen relevante naturwissenschaftliche und medizinische Disziplinen, seien die wichtigsten Ergebnisse noch einmal zusammengefaßt, um eine verläßliche Grundlage für die philosophische und theologische Reflexion zu liefern.

10.1 Die Entstehung des neuen Menschen

Im Akt der Zeugung werden die männlichen Geschlechtszellen (Spermien oder Spermatozoen) freigesetzt. Sie wandern über die Gebärmutter (Uterus) und den Eileiter (Tuba uterina) zur Ampulle des Eileiters, wo sich im günstigen Fall nach dem Eisprung (Ovulation) eine Oozyte befindet, die für die Befruchtung (Fertilisation) bereit ist. Die Spermien interagieren mit der Oozyte. Falls es einem Spermium gelingt, in die schützenden Hüllen der Oozyte einzudringen, beginnt der Prozess der Fertilisation. Dieser Prozess ist eine Abfolge von zell- und molekularbiologischen Ereignissen, die kontinuierlich auf einander folgen und immer neue Entwicklungsschritte herbeiführen bis schließlich das einzigartige Genom des neuen Menschen festliegt. Schon mit dem Eindringen des Spermiums ist entschieden, welches Geschlecht der neue Mensch haben wird. Nach dem Ende der zweiten Reifeteilung und dem Ausstoßen des zweiten Polkörpers ist das einzigartige Genom des neuen Menschen bestimmt. Es ist zunächst noch in die beiden Vorkerne

(Pronuclei) aufgeteilt (Pronukleusstadium). Dann aber kommt es zur Reifung der beiden Vorkerne. Die Vorkerne nähern sich einander und lösen ihre Membranen auf. Während der aktiven Vorkernphase verdoppeln der männliche und weibliche Chromosomensatz ihre DNA. Nach der Auflösung der Kernmembranen ordnen sich die mütterlichen und väterlichen Chromosomen in der Metaphaseplatte an. Mit dem Entstehen einer gemeinsamen Teilungsspindel spricht man üblicherweise von der Zygote. Die Zygote teilt sich mitotisch in zwei Tochterzellen, womit die Phase der Furchungsteilungen und das Blastomerenstadium beginnt. In der Literatur wird der Anfang des neuen Menschen gleichgesetzt mit der Entstehung der Zygote. Es gibt aber gute Gründe dafür, bereits das Ende der zweiten Reifeteilung (Pronukleusstadium) als den Anfang des neuen Menschen zu bezeichnen, weil von diesem Ereignis an das neue Genom festliegt. Die darauf folgende DNA-Synthese und die Anordnung der Chromosomen in der Metaphaseplatte wären dann bereits Selbstorganisationsprozesse des neuen Menschen.

Die Entstehung des Genoms des neuen Menschen ist der einzige uns bekannte diskontinuierliche Prozess im Verlauf der Ontogenese. Während der ersten Reifeteilung von Oozyten und Spermatozyten kommt es in nicht vorhersagbarer Weise zur Rekombination von Genen (crossing over). Es ist ferner nicht vorhersagbar, welches Spermium auf welche Oozyte bei der Fertilisation trifft und welche Chromosomen mit dem zweiten Polkörper nach der zweiten Reifeteilung ausgestoßen werden. Durch die Fertilisation ändert sich der Zustand der Oozyte in qualitativer Weise. Unbefruchtet wäre die Oozyte nach kurzer Zeit zugrunde gegangen, befruchtet hat sie die aktive Potenz erlangt, sich zu einem erwachsenen Menschen zu entwickeln. In beiden Fällen sind die Umgebungsbedingungen gleich geblieben. Die befruchtete Oozyte enthält also alles Wesentliche in sich, um ihre Potentialität allmählich in Aktualität zu überführen.

10.2 Der neue Mensch als ein dynamisches, sich selbst organisierendes System

Schon die ersten Entwicklungsschritte zeigen, daß der neue Mensch als ein dynamisches, sich selbst organisierendes System beschrieben werden muß. Die ersten Furchungsteilungen erfolgen noch im Schutz der Zona pellucida. Durch die Fertilisation wird der Stoffwechsel der Oozyte aktiviert. Wenn der Vorrat mütterlicher mRNA aufgebraucht ist, wird die Transkription aus dem eigenen Genom angeschaltet; dies erfolgt am Übergang vom Vier- zum Achtzell-Stadium. Nach dem Achtzell-Stadium setzt die Compaction ein: die Zellen rücken enger aneinander und bilden morphologisch erkennbare Spezialisierungen aus. Es entstehen innere und äußere Zellen, die unterschiedliche Funktionen aufweisen. Die inneren Zellen differenzieren sich zum Embryoblast, aus welchem der Embryonalkörper hervorgeht, die äußeren zum Trophoblast, der die neue schützende Hülle des Embryos liefert, über welche auch die Nahrungsstoffe heran- und die Abfallprodukte abgeführt werden. Mit dem Übergang zum Sechzehn-Zellstadium geht die Totipotenz, d. h. die Fähigkeit einer Blastomere, einen vollständigen Embryo zu bilden, verloren; es besteht nur noch Pluripotenz, d. h. die Fähigkeit einer Zelle, sich zu verschiedenen Zelltypen zu differenzieren.

10.3 Der neue Mensch als Individuum

Biologisch und systemtheoretisch muß dem neuen Menschen zugesprochen werden, daß er von Anfang an eine strukturelle und funktionelle Einheit darstellt mit der Fähigkeit, sich selbst zu organisieren. Er erfüllt damit alle Voraussetzungen, um als Individuum bezeichnet zu werden, zumal Individuum nicht Unteilbares, sondern Ungeteiltes meint.

Nun gehört es aber zu den Grundeigenschaften von Zellen, daß sie sich teilen und vermehren. Die einheitliche Zygote teilt sich sofort in zwei Tochterzellen. Dennoch ist das neu entstandene Blastomerenstadium wieder eine funktionelle Einheit. Trotz fortgesetzter Zellteilung und Zellvermehrung bleibt der sich entwickelnde Organismus eine funktionelle Einheit, in welcher die einzelnen Elemente zusammenwirken und ein System formieren.

Begriffliche Schwierigkeiten entstehen allerdings durch die Möglichkeit der Bildung von monozygoten Zwillingen. Weil nach der Entstehung des Primitivstreifens normalerweise keine monozygote Zwillingsbildung mehr erfolgt, sind einige Autoren der Meinung, erst von der Entstehung des Primitivstreifens an den neuen Menschen als Individuum bezeichnen zu können. Die vorausliegende Entwicklungsphase nennen sie Prae-Embryo. Mit der Einführung des Begriffs Prae-Embryo ist jedoch das Problem nur umgangen, nicht gelöst. Der Embryo ist vor der Entstehung des Primitivstreifens ebenso Individuum wie nachher. Es ist undenkbar, daß ein Nicht-Individuum nur auf Grund von internen Differenzierungsprozessen (Umwandlung von Ektoblast- in Mesodermzellen) und ohne Hinzukommen von Neuem, wie dies bei der Fertilisation geschieht, zu einem Individuum wird. Positiv gewendet aber bereitet es keine Schwierigkeiten, die Zwillingsbildung systemtheoretisch als eine Bifurkation zu beschreiben. Versteht man Individualität dynamisch von ihrem Ziel her, so ist jeder der Zwillinge von Anfang an auf seine Endgestalt hin angelegt, von welcher her sich seine Individualität bestimmt. Trotzdem ist einzuräumen, daß es schwierig ist, mit der gegenwärtig benutzten philosophischen Begrifflichkeit Zwillingsbildung und Individualität widerspruchsfrei auszusagen.

10.4 Entwicklung der Fähigkeiten, die Grundlage für die Zuschreibung der Personalität sind

Es werden immer wieder neue Grenzübergänge während der Ontogenese vorgeschlagen, die es erlauben sollen, von diesem Moment an dem sich entwickelnden Menschen Personalität zuzuschreiben. Es liegt nahe, solche Grenzübergänge dort zu suchen, wo die somatischen Voraussetzungen für Fähigkeiten entstehen, die als mit dem Personsein eng verbunden gedacht werden. Hierzu gehören vor allem das Bewußtsein, die Fähigkeit zur Kommunikation, das Vermögen zur Reflexion und Abstraktion und die Fähigkeit zum moralischen Handeln. Diese Fähigkeiten sind an die Reifung des Nervensystems, insbesondere an die Entwicklung seiner Netzwerkeigenschaften, seiner Rezeptoren und Effektoren, gebunden. Es besteht jedoch keine Einigung darüber, welche Grenze gewählt werden soll. Eine genauere Analyse der Entwicklungsvorgänge zeigt uns, daß eine solche Grenze nicht auszumachen ist. Die Reifung des Nervensystems ist ein kontinuierlicher Prozess, der auf der Entwicklung nichtneuronaler Strukturen aufbaut. Sie hat frühestens zur Zeit der Pubertät einen Zustand erreicht, der dem des Erwachsenen gleich kommt. Eine Beschreibung der Entwicklung als fortlaufende Umsetzung einer aktiven Potenz in Aktualität wird jedoch der Realität gerecht. Dies veranlaßt uns zu der Aussage, daß die personalen Eigenschaften als Möglichkeiten von Anfang an vorhanden sind und sich Zug um Zug realisieren. Zäsuren sind auf diesem Wege nicht zu erkennen. Selbst beim Erwachsenen sind die wesentlichen Merkmale der personalen Existenz nicht in jedem Falle und nicht zu jeder Zeit vollumfänglich gegeben.

10.5 Die Rolle der Mutter-Kind-Beziehung

Zwar besitzt der Embryo bereits die aktive Potenz zu einer vollständigen personalen Entwicklung und ist in diesem Werdegang auf nichts Wesentliches mehr angewiesen, das er nicht schon der Möglichkeit nach besäße. Dennoch bedarf er für seine Entfaltung der geeigneten Umgebungsbedingungen. Hierfür spielt die Mutter eine ganz entscheidende Rolle. Sie schafft in der frühen Phase der Entwicklung vor allem die materiellen Umgebungsbedingungen. Mit zunehmender Reifung des Kindes werden aber die psychischen und geistigen Aspekte immer wichtiger. Dabei ist die Mutter-Kind-Beziehung nicht nur durch Synergie und Hilfestellung gekennzeichnet, es treten auch kompetitive und rivalisierende Tendenzen auf, die zum Teil schon auf der Ebene des Stoffwechsels nachgewiesen werden können.

10.6 Ärztliches Handeln am sich entwickelnden Menschen

Die großen Fortschritte bei der Erforschung der Entwicklungsvorgänge einerseits und die umfangreichen Neuentwicklungen im ärztlich-klinischen Bereich andererseits haben einen neuen Handlungsspielraum und Verantwortungsbereich für den Arzt eröffnet. Der Zuwachs an neuen Möglichkeiten besteht vor allem in der pränatalen Diagnostik, weit weniger in der pränatalen Therapie. So öffnet sich die Schere zwischen Diagnostik einerseits und Vorbeugung bzw. Therapie andererseits. Der Arzt steht oft vor dem Dilemma: Mangels Therapie kann die pränatale Diagnostik ein Test auf Leben und Tod für den Fetus werden. In solchen Fällen ist eine sorgfältige ethische Reflexion angezeigt, ehe diagnostische Maßnahmen überhaupt ergriffen werden. Trotz des effektiven Rückstands der Therapie im Verhältnis zur Diagnostik muß Stellung bezogen werden zu den sich abzeichnenden Möglichkeiten der Therapie, und zwar vor allem im Bereich der Gentherapie. Wir unterscheiden zwei Formen der Gentherapie: Bei der somatischen Gentherapie sollen die Wirkungen defekter Gene in Körperzellen durch verschiedene Methoden aufgehoben werden; bei der Keimbahn-Gentherapie sollen die defekten Gene in den Geschlechtszellen durch intakte ersetzt werden, wodurch auch die Nachkommenschaft davor bewahrt wird, eine genetisch bestimmte Erkrankung zu erben. Während die somatische Gentherapie gegenwärtig überwiegend bejaht wird, stößt die Keimbahn-Gentherapie auf Ablehnung. Die Bundesärztekammer begründet ihre Ablehnung mit den zur Zeit unabsehbaren Folgen für das Individuum und seine Nachkommenschaft. Eines der wichtigsten Probleme dieser Therapie besteht darin, daß nicht mit Sicherheit vorhergesagt werden kann, ob ein eingeschleustes intaktes Gen wirklich an dem Chromosomen-Ort integriert wird, wo es das defekte Gen ersetzt.

10.7 Forschung an menschlichen Embryonen

Die Reproduktionsmedizin mit ihren Möglichkeiten zur extrakorporalen Befruchtung (In-vitro-Fertilisation, Embryotransfer und intrazytoplasmatische Spermatozoeninjektion) hat das embryonale Leben im Labor verfügbar und im Prinzip manipulierbar gemacht. Es stellt sich daher verschärft die Frage nach der Rechtfertigung von Forschung an Embryonen. Die Forschung soll drei verschiedenen Zielen dienen, nämlich erstens der Diagnostik zur Verbesserung der Lebensbedingungen zu implantierender Embryonen, zweitens der Präimplantationsdiagnostik zur Erkennung von Erbkrankheiten und drittens der Kryokonservierung von „Ersatzkindern“ für den Fall, daß die nach Transfer eingetretene Schwangerschaft nicht erfolgreich verlaufen ist oder nach erfolgreicher Gravidität eine weitere Schwangerschaft angestrebt wird. Die Diagnostik zur Verbesserung der Lebensbedingungen ist grundsätzlich zulässig. Die Präimplantationsdiagnostik geht über die reine Beobachtung des Embryo hinaus. Da sie als verbrauchende Forschung eingeschätzt wird, ist sie für die Phase der Totipotenz verboten. Sie wird in Deutschland erst ab dem 16-Zellstadium möglich, wenn eine Trophoblastzelle entnommen werden kann (Trophoblastbiopsie). Die Kryokonservierung ist ebenfalls durch das Embryonenschutzgesetz verboten, weil sonst Embryonen entstehen oder heranwachsen könnten, die nicht für den Embryotransfer vorgesehen sind, was wiederum zur verbrauchenden Forschung gerechnet werden müßte.

Die moderne Reproduktionstechnologie und die aus ihr ableitbaren Verfahren sind zum Modell für die Verantwortung des Forschers geworden. Die Freiheit der Forschung hat ihre Grenze an der Würde des Menschen. Die Verantwortung des Arztes und Forschers ist niemals von der Verantwortung jedes einzelnen und der Gesellschaft zu trennen. Das Machbare reicht oft über das berufsethische und rechtliche Dürfen und Sollen hinaus. Der Dynamik und Eigengesetzlichkeit des Fortschritts stehen Gesellschaft und Staat schon immer ohnmächtig gegenüber. Es wird zu Recht die Sorge geäußert, daß die „Ethik des Verzichts“ hinter der „Ethik des Machbaren“ zu verschwinden drohe. Am Beispiel der Reproduktionsmedizin kann besonders anschaulich gezeigt werden, daß die Erfolge der Technologie zu einem Fortschrittsoptimismus verführen können, der an das unbegrenzt Machbare glaubt. Wir haben jedoch keine andere Wahl, als die Technik zur Förderung von Humanität zu nutzen. Jedem mit der Forschung und der klinischen Anwendung moderner Reproduktionsmedizin befaßten Arzt oder Biologen müssen die möglichen Zielkonflikte zwischen Forschung und medizinischer Machbarkeit einerseits und ärztlichem Handeln andererseits klar sein. Es ist an uns, ob sich, gleichsam vom Gegenpol her, nämlich der Forschung und Klinik für die Schaffung menschlichen Lebens als Therapie der Sterilität, ein neues und vertieftes Bewußtsein für die Frühphase menschlichen Lebens entwickelt. Die modernen Verfahren der Reproduktionsmedizin sind gleichsam ein Plädoyer für den wehrlosen Embryo. Es wird in Zukunft schwer sein zu bestreiten, daß wir es vom Augenblick der Befruchtung an mit einem neuen Menschen zu tun haben.

Die naturwissenschaftlich erfaßbaren Phänomene haben uns darauf hingewiesen, daß mit der Fertilisation ein neuer Mensch entstanden ist, der die aktive Potenz besitzt, sich zu einem erwachsenen Menschen zu entwickeln, vorausgesetzt es werden ihm die notwendigen, lebenserhaltenden Umgebungsbedingungen gewährt. Hat der erwachsene Mensch Eigenschaften, die die Zuschreibung des Begriffs Person rechtfertigen, so besitzt auch der sich entwickelnde Mensch diese Eigenschaften, wenn auch erst der Möglichkeit nach. Aus dieser Einsicht folgen wichtige Konsequenzen für den Umgang mit dem Embryo und dem Fetus, die im philosophischen und theologischen Teil weiter entfaltet und vertieft werden.

Teil B

Menschenwürde und Lebensschutz: Philosophische Aspekte

Von Hans Michael Baumgartner, Ludger Honnefelder, Wolfgang Wickler und Armin G. Wildfeuer

Eine Antwort auf die ethischen Probleme, die mit dem Beginn des menschlichen Lebens verbunden sind, kann nur im Horizont der Frage gewonnen werden, welcher ethische Stellenwert menschlichem Leben überhaupt zukommt, was die ethische Schutzwürdigkeit menschlichen Lebens begründet und inwieweit bereits die Zygote und der Embryo an dieser Schutzwürdigkeit partizipieren.

Seinen elementaren Ausdruck findet die Schutzwürdigkeit menschlichen Lebens im generellen Tötungsverbot. Die neuzeitliche moderne Ethik westlicher Prägung begründet das generelle Tötungsverbot mit dem Status des Menschen als Person. Andere Kulturen kennen den Begriff der Person nicht, gehen aber auch ihrerseits vom Tötungsverbot aus.

Im Folgenden ist daher zunächst nach der generellen Schutzwürdigkeit des menschlichen Lebens, den verhaltensbiologischen Wurzeln von Tötungshemmung und Tötungsverbot und der Universalisierung des Tötungsverbots im Menschenrechtsethos zu fragen (1.). Anschließend ist zu erörtern, inwieweit sich *philosophisch* der Lebensschutz vom Status der Person und von der dem Menschen eigenen Würde her begründen läßt (2.), und wie es sich mit der Einheit von Person und Menschsein bzw. dem Zusammehang von Person und Natur verhält, ohne den die Frage nach der

Ausdehnung des Schutzes menschlichen Lebens nicht beantwortet werden kann (3.). Erst auf diesem Hintergrund kann dann versucht werden, die Frage nach dem Lebensschutz in Bezug auf den ungeborenen Menschen zu beantworten (4.) sowie das Gesamtergebnis dieser Überlegungen thesenartig zusammenzufassen (5).

1. Die Schutzwürdigkeit menschlichen Lebens

1.1 Tötungshemmung und Tötungsverbot aus verhaltensbiologischer Perspektive

Tiere, Menschen und noch einige andere Organismen müssen, um selbst zu leben, andere Lebewesen töten. Ein Verbot „Du sollst nicht töten" wäre deshalb in seiner weitesten Auslegung – nämlich überhaupt kein Lebewesen zu töten – mit den naturalen Gegebenheiten nicht vereinbar und deshalb unsinnig. Dagegen wäre das Verbot „Du sollst nicht unnötig töten" in ebenso weiter Auslegung ein mit der Natur zu vereinbarender, höchst sinnvoller und allgemein zustimmungsfähiger Imperativ, denn er anerkennt sowohl den Wert des Lebens als auch eine Notwendigkeit des Tötens – freilich nur unter bestimmten Bedingungen und gegenüber bestimmten anderen Lebewesen.

Vergleichende Naturforscher der Neuzeit und Moderne haben den Menschen als Instinktmängelwesen betrachtet und in den Ge- und Verboten einen Ersatz für die Sicherung durch Instinkte gesehen, die sie bei Tieren als gegeben angenommen haben. Im Bestreben, ethische Normen auf eine natürliche Basis zurückzuführen, haben Moralphilosophen deshalb die Meinung vertreten, der Mensch müsse sich frei für ein Verhalten entscheiden, auf das andere Lebewesen schon von Natur aus festgelegt sind. Da die klassische Verhaltensforschung die Instinkte der Lebewesen als vorgegebene Verhaltensprogramme betrachtete, glaubten viele Verhaltensbeobachter, es gäbe eine unserem Tötungsverbot entsprechende instinktive Tötungshemmung im Tierreich, zumindest bei denjenigen Tierarten, die mit Zähnen, Klauen oder anderen gefährlichen Organen in der Lage sind, Artgenossen entweder direkt zu töten oder lebensgefährdend zu beschädigen. Diese Annahme hat sich inzwischen als Trugschluß erwiesen.

Geweihe und Hörner von Hirschen, Antilopen, Nashörnern, ebenso die hauerartigen Eckzähne der Schweine, Flußpferde und vieler Affen sind Organe, die speziell für den Rivalenkampf entwickelt sind. Zwar trifft es zu, daß Tiere im Kampf mit Artgenossen solche gefährlichen „Waffen" sehr vorsichtig einsetzen oder auf deren Gebrauch ganz verzichten. Das gründet jedoch nicht in einer Hemmung, dem Rivalen zu schaden, sondern im Risiko, selbst zu Schaden zu kommen. Nach den Gesetzen der Evolution würde ein Programm, welches gezielt den Gegner schont, alsbald verdrängt von einem unvermeidlich siegreicheren Programm ohne Schonung des Gegners. Doch obwohl sich dieses Programm im Laufe der Evolution erfolgreich etabliert, muß es sich doch auch für den Fall bewähren, daß sein Träger im Kampf unterliegt. Der Kampf wird entschieden durch den, der aufgibt. Und so erweist es sich für beide Seiten als vorteilhaft, den Einsatz allgemein verbreiteter gefährlicher Waffen beim Gegner nicht herauszufordern. Wer allerdings diese Waffen aufgäbe, würde immer unterliegen. Wie weit ein Kämpfer den Kampf eskaliert, hängt zunächst vom Kräfteverhältnis der beiden Rivalen ab; wer keine Gegenwehr erwartet, kann relativ gefahrlos eskalieren. Außerdem hängt der Grad der Eskalation ab vom Wert des Kampfgegenstandes (der für beide Rivalen unterschiedlich hoch sein kann) und von den zu erwartenden Folgen des Kampfausgangs. In sozialen Gruppen etwa, in denen Rivalen in anderen Situationen aufeinander angewiesen sind, würde schon ein nachhaltig verwundeter Partner dann auch als Kumpan in solchen Situationen ausfallen. Aufeinander angewiesene Individuen leben oft in dauerhaften Verbänden und kennen einander. Deshalb beobachtet man, daß kämpferische Auseinandersetzungen in solchen Gruppen zumeist nicht mit ernsthafter Verwundung oder Vertreibung eines Gegner enden, sondern daß der Verlierer seine Unterlegenheit signalisieren und damit den Kampf beenden kann; zwischen einander fremden Artgenossen sind solche „Demuts-Signale" freilich wirkungslos. Eine generelle Tötungshemmung unter Artgenossen ist also weder zu erwarten noch zu beobachten.

Die naturgegebene Tötungsbereitschaft wird vielmehr – so kann man schließen – begrenzt durch ein quasi-rationales Nutzen/Kosten-Kalkül, welches sich unter dem biologischen Fortpflanzungserfolgszwang automatisch einstellt. Die Lösung allgegenwärtiger sozialer Konflikte beruht jeweils auf einer Balance von Konkurrenz und Kooperation, beides Notwendigkeiten zur Maximierung des individuellen Fortpflanzungserfolgs. Je höher entwickelt ein Lebewesen ist, desto mehr spielen individuelle Erfahrungen in seiner Nutzen/Kosten-Abwägung eine Rolle, desto längerfristige Handlungsfolgen lernt es zu berücksichtigen und desto mehr reale und potentielle Kooperations-Partner lernt es kennen und einzuschätzen, und zwar auch über die Artgrenze hinweg. Für das in bestimmten menschlichen Hochkulturen entwickelte Konzept des anonymen Artgenossen gibt es im Tierreich kein Äquivalent, und entsprechend fehlen hier sowohl ein Drang für – wie auch eine Hemmung gegen – einschränkungslose Tötung von Artgenossen.

Ähnliches gilt für den Menschen. Die menschliche Vernunft mit ihren Erfindungs- und Lernprozessen erreicht jedoch extreme Grade der Nutzen/Kosten-Kalkulation, der Abschätzung langfristiger und verzweigter Folgen, und sie kann unterschiedlichste Kategorien von Gruppen definieren, deren Mitglieder einander nicht töten oder beschädigen sollen, ob sie nun untereinander kooperieren oder nicht. Hier setzt die im europäischen Kulturkreis zu beobachtende Tendenz an, das Tötungsverbot und den Schutz des Lebens über den eigenen Sozialverband hinaus immer weiter bis schließlich auf alle Individuen der eigenen Spezies, ja sogar über sie hinaus, auszuweiten.

1.2 Die Universalisierung des Tötungsverbots im Menschenrechtsethos

Wie der kurze Blick auf die Verhaltensbiologie zeigt, erfolgt im humanen Bereich die Normsetzung in bezug auf das Töten im Rahmen der naturalen Vorgegebenheiten durch den Menschen selbst. Dabei spielt für die Normfindung der jeweilige kulturelle Daseinsentwurf, zu dem Sprache und Religion, Ethos und Recht, soziale Ordnung und künstlerische Selbstdeutung gehören, eine wichtige Rolle. Umso bemerkenswerter ist es, daß sich die Idee der Gleichheit und Schutzwürdigkeit menschlichen Lebens über alle Grenzen von Religion, Kulturen und Ethosformen hinweg im Ethos der Menschenrechte und der Menschenwürde weltweit Anerkennung verschafft und eine die unterschiedlichen politischen Kulturen überspannende normative Geltung gewonnen haben. Der Gedanke von Menschenwürde und Menschenrechten hat sich nicht nur in den unterschiedlichen Menschenrechtserklärungen niedergeschlagen, sondern hat auch Eingang gefunden in die Verfassungen einer Vielzahl von Nationen.

So weist die *Allgemeine Erklärung der Menschenrechte* von 1948 in ihrer Präambel hin auf die „Anerkennung der allen Mitgliedern der menschlichen Familie innewohnenden Würde und ihrer gleichen und unveräußerlichen Rechte" als

„Grundlage der Freiheit, der Gerechtigkeit und des Friedens in der Welt". Ihr Artikel 1 geht von dem Grundsatz aus: „Alle Menschen sind frei und gleich an Würde und Rechten geboren. Sie sind mit Vernunft und Gewissen begabt und sollen einander im Geiste der Brüderlichkeit begegnen." Ähnliches findet sich in der *Präambel der Europäischen Menschenrechtskonvention* von 1950. In die gleiche Richtung weisende Formulierungen begegnen seit der *Virginian Bill of Rights* 1776 in zahlreichen Staatsverfassungen. So geht auch das *Grundgesetz der Bundesrepublik Deutschland* vom Gedanken der unantastbaren Würde des Menschen aus. Die Grundrechte werden in Artikel 1 als „unverletzliche und unveräusserliche Menschenrechte" auf die Würde des Menschen gestützt und als „Grundlage jeder menschlichen Gemeinschaft, des Friedens und der Gerechtigkeit in der Welt" wie überhaupt jeder politischen Ordnung bezeichnet (GG Art. 1, Abs. 2). Die menschliche Würde selbst wird ihrerseits nicht mehr begründet, sondern nur als unantastbar deklariert (GG Art. 1, Abs. 1). Menschenwürde und Menschenrechte, so wird deutlich, werden nicht allererst vom Staat zuerkannt, sondern müssen als ein sittlich verbindlicher Kernbestand betrachtet werden, der dem Staat und dem von ihm gesetzten positiven Recht voraufgeht. Von daher ist es auch einsichtig, daß dieser Kernbestand gerade im Rahmen von Verfassungen erscheint, die als „ethischer Grundkonsens" (Isensee 1977) einer Gesellschaft eine wichtige Rolle für die Bindung des Rechts an die Sittlichkeit spielen. In ihnen wird deutlich, daß der weltanschaulich neutrale moderne Rechtsstaat von sittlichen Voraussetzungen lebt, die er selbst nicht erbringen kann und deshalb schützen muß (Böckenförde 1976).

Wie aus diesen Formulierungen hervorgeht, umfaßt der im Menschenrechtsethos garantierte Schutz des menschlichen Leben mit Blick auf seine Begründung und seine Ausdehnung grundsätzlich zwei Momente:

- Er wird mit der *Unantastbarkeit der Würde des Menschen* begründet, wobei Würde dem Gut zukommt, das nicht durch andere Güter aufgewogen werden kann, das keinen Preis hat und also um seiner selbst willen und unbedingt zu schützen ist. Diese Würde, so wird weiter deutlich, kommt dem Menschen zu, weil er „mit Vernunft und Gewissen begabt", d. h. moralisch verantwortliches Subjekt, oder kurz ausgedrückt, „Person" ist. *Person* zu sein, ist mithin der *Grund der Würdezuschreibung.*
- Zugleich wird diese dem Menschen zukommende Würde und das davon abgeleitete gleiche Recht auf Leben, Freiheit und Sicherheit *ausnahmslos allen Menschen* zugesprochen – ohne Ansehen der Rasse, des Geschlechts, der Religion oder des Verdienstes. Daß jemandem der Schutz der Würde der Person zukommt, soll mithin von nichts anderem abhängig sein als dem Umstand, *Individuum der Spezies* zu sein. Mensch zu sein, ist das *Kriterium der Zuschreibung von Personalität.*

Es macht mithin offensichtlich das Proprium des Menschenrechtsgedankens aus, beide Momente, das Vermögen des verantwortlichen Subjektseins (*'Personprinzip'*) und die Zugehörigkeit zur Spezies (*'Naturprinzip'*), als eine *unlösliche, in jedem Menschen begegnende Einheit* zu betrachten. Es ist dieser innere Zusammenhang der beiden Prinzipien, von der – so liegt auf der Hand – die Plausibilität des Menschenrechtsgedankens insgesamt abhängt (vgl. dazu Honnefelder 1996).

1.3 Historische Genese und universale Gültigkeit

Wie aber sind, so ist zu fragen, der absolute Geltungsanspruch dieses sittlichen Kernbestandes, wie er im Gedanken von Menschenwürde und Menschenrechte überzeitlich behauptet wird, einerseits und das Faktum der historischen

Genese seiner Anerkennung im neuzeitlich-modernen Ethos der Menschenrechte andererseits miteinander zu vereinbaren? Denn ohne Zweifel verdankt sich die Idee der Menschenwürde und der Menschenrechte einer historisch-kontingenten Entwicklung: die Ursprünge dieser Ideen sind in der antiken Philosophie sowie in der jüdischen und christlichen Tradition zu suchen und sie sind – vermittelt über Humanismus, Aufklärung und Revolution (vgl. Kühnhardt 1991) – erst im Zusammenhang des neuzeitlich-modernen Menschenrechtsethos zum Ausdruck eines weltweiten ethisch-rechtlichen Konsenses geworden, auf den wir uns bei der Klärung elementarer ethischer Normen beziehen – und zwar gerade angesichts kultureller, religiöser und politischer Verschiedenheit. Da aber die historisch-kontingente Genese und Anerkennung von Normen allein nicht schon per se deren Geltung rechtfertigt – selbst wenn sie auf allgemeine Zustimmung stoßen –, wie kann dann, so ist zu fragen, etwas unbedingt verbindlich sein, dessen normative Setzung von einem historisch-kontingenten Ursprung ausgeht und sich einem geschichtlich gewordenen Anerkennungsprozeß verdankt? Und wie sind Pluralität und Wandel der Normsetzungen zu interpretieren, wenn sie nicht von vornherein als Ausdruck normativer Beliebigkeit gelten sollen?

Die unterschiedlichen geschichtsphilosophischen Deutungsversuche dieses Prozesses stimmen darin überein, daß der Prozeß, der zur allgemeinen Anerkennung von Menschenwürde und Menschenrechten im Menschenrechtsethos geführt hat, nicht als beliebig und historisch zufällig zu betrachten ist, sondern als ein Vorgang, in dem sich die sittliche Selbstwerdung des Menschen als eines der Verantwortung fähigen und sie realisierenden Wesens vollzieht.

So versteht etwa *Thomas Hobbes* (1588-1679) diesen Prozeß als eine vom Selbstinteresse am Schutz des eigenen Überlebens motivierte Entwicklung vom „Krieg aller gegen alle" zu dem das Leben des einzelnen garantierenden Staat, der durch einen von allen freiwillig eingegangenen Herrschaftsübertragungsvertrag konstituiert wird. *Johann Gottfried Herder* (1744-1803) bindet die Universalisierung des Lebensschutzes ein in den Prozeß der zunehmenden Humanisierung des Menschen, der notwendig wird, weil anders das Mängel- und Triebwesen Mensch seine Bestimmung zur Gesellschaftlichkeit nicht einlösen kann. *Immanuel Kant* (1724-1804) interpretiert die zunehmende Anerkennung des Rechts auf Lebensschutz nicht als Fortschritt der Moralität, sondern als Prozeß der rechtlichen Grenzsetzungen menschlichen Handelns, der in der Idee des rationalen Naturrechts auf äußere Freiheit gründet und durch die menschliche Natur offenkundig so befördert wird, daß man auf sein Gelingen hoffen kann. Im Rahmen einer Deutung der Geschichte als Fortschritt im Bewußtsein der Freiheit kennzeichnet *Georg Wilhelm Friedrich Hegel* (1770-1831) diese Entwicklung als Errungenschaft des Menschen im Übergang von abstrakten Rechtsverhältnissen über die individuelle Moralität zur Sittlichkeit im Staat.

Das Phänomen der allgemeinen Anerkennung – so könnte man die bisherigen Überlegungen zusammenfassen –, die von Seiten sowohl kritischer wie spekulativer Geschichtsphilosophie vorgetragene Vermutung einer auch natural als zielgerichtet zu beurteilenden Entwicklung, an deren Ende die mit dem Gedanken der Menschenwürde begründete Anerkennung des generellen Tötungsverbots steht, die Notwendigkeit und Möglichkeit einer vom konkreten Rechtskontext unabhängigen Begründung der Menschenwürde sowie die unabdingbare Verbindung von Recht und Sittlichkeit, von ethischem Charakter und rechtlichem Gehalt der Menschenrechte weisen darauf hin, daß die Suche nach einem von bestimmten Ethosformen unabhängigen und kulturell invariant formulierbaren rationalen Kern der Gedanken der Menschenwürde und der Menschenrechte nicht nur geboten, sondern auch aussichtsreich ist.

Wie aber ist die universale Verbindlichkeit der Schutzwürdigkeit menschlichen Lebens unter Rückgriff auf die durch den Personstatus begründete Würde des Menschen argumentativ einsichtig zu machen? Wie läßt sich insbesondere begründen, daß die im Menschenrechtsgedanken festgehaltenen Momente, die Würde des Menschen und die Ausdehnung dieser Würde auf alle Individuen der Spezies, tatsächlich als notwendige Einheit aufzuweisen sind? Und wie läßt sich angesichts der geschichtlichen und gegenwärtigen Pluralität der Ethiken und Ethosformen der rational rekonstruierbare Kern des Menschenwürdegedankens formulieren und in seiner Evidenz – vorweg und unabhängig von Weltanschauung und christlichem Glauben – einsichtig machen?

2. Die Begründung der Schutzwürdigkeit menschlichen Lebens im Rückgriff auf Personstatus und Menschenwürde

2.1 Die historischen Begründungen

Um die genannten Fragen beantworten zu können, sollen unterschiedliche historische und gegenwärtige Versuche, die Schutzwürdigkeit des menschlichen Lebens im Rückgriff auf die Menschenwürde und den Personstatus zu begründen, untersucht und auf ihren universalisierbaren Kern hin befragt werden. Nur so wird deutlich, daß die in der *modernen* Verwendung des Person- und Würdebegriffs gemeinte, in moralisch-praktischen Zusammenhängen stehende Thematik *von Anfang an* in der Ethik präsent und in deren Reflexionen enthalten ist – und zwar noch ohne die Bindung an die spätere Terminologie. Zudem zeigt gerade der Rückgriff auf die Begriffsgeschichte, daß der Einwand, die Begriffe

„Person" und „Menschenwürde" seien unlöslich mit einer bestimmten, heute nicht mehr akzeptablen Metaphysik verbunden, für die praktische Verwendung dieser Termini nicht zutrifft. Es ist deshalb erforderlich, zuerst das Aufkommen des später mit dem Person- und Würdebegriff Gemeinten in der Ethik der *Antike und des Mittelalters* in den Blick zu nehmen (2.1.1). In der *Neuzeit*, in der die Voraussetzungen für die Verwendung des Person- und Menschenwürdebegriffs im Menschenrechtsgedanken gelegt werden, ist vor allem der praktische Personbegriff *John Lockes* (2.1.2) und die Verwendung des Personbegriffs mit der Bedeutung von Selbstzwecklichkeit und Würde bei *Immanuel Kant* (2.1.3) zu untersuchen. Anschließend ist ein Personbegriff zu erörtern, der die Reichweite des Lebensschutzes besonders zum Problem werden läßt, nämlich der Personbegriff des sog. *Präferenzutilitarismus* (2.1.4).

2.1.1 Der Mensch als Vernunft- und Freiheitswesen: die antik-mittelalterliche Tradition

Seit ihrem Beginn in der griechischen Antike betrachtet die aufkommende philosophische Ethik den Menschen als das Wesen, dessen Auszeichnung darin besteht, Vernunft zu besitzen und sein Handeln durch Vernunft zu bestimmen. In diesem Sinn versteht bereits der platonische *Sokrates* (470-399 v. Chr.) das oberste Prinzip des Sittlichen im Handeln nach der Vernunft („Ich folge dem Logos") und setzt es ab gegen ein Handeln gemäß der bloßen Tradition oder gemäß den Antrieben der biologischen Natur. Was den Menschen auszeichnet und ihn am Göttlichen teilnehmen läßt, ist der Besitz der Vernunft, der es ihm erlaubt, zu sich selbst in ein Verhältnis zu treten („Erkenne dich selbst") und in seinem Handeln seiner Einsicht zu folgen. Der innere Zusammenhang von Vernunftbesitz, Selbstsein und Freiheit, der nach Sokrates gerade das Proprium des Menschen darstellt, ist ihm nicht einfach *gegeben*, sondern *aufgegeben*. In der Sittlichkeit artikuliert sich die Selbstaufgegebenheit des Menschen. Das Handeln, in dem der Mensch von der Einsicht seiner Vernunft abweicht, stellt eine Verfehlung des wesentlichen Menschseins dar und ist daher als Verstoß gegen sich selbst und das der eigenen Vernunftnatur gesetzte Ziel zu betrachten.

Aristoteles (384-322 v.Chr.), der die Ethik als eine eigene philosophische Disziplin konzipiert, greift diesen Gedanken auf. Der Mensch unterscheidet sich von allen anderen Lebewesen dadurch, daß er nicht einfach lebt, sondern nur lebt, indem er sein Leben führt. Er erreicht die Vollendung seiner Natur nicht, indem er handelnd den Zielen seines Strebens einfach folgt, sondern das Ziel des Strebens erfaßt und ihm das jeweilige Handeln als Mittel zuordnet. Seine Natur ist es, mit Vernunft begabt zu sein, d. h. sein Handeln aus Einsicht zu bestimmen, weshalb er ebenso glücken wie scheitern kann, und zwar nicht nur wie die anderen Lebewesen an bestimmten Ursachen, sondern an sich selbst. Verfehlt der Mensch sich aber selbst, wenn er einfach Ursachen folgt und nicht Gründen, oder anders ausgedrückt, sich einfach seinen Antrieben ausliefert, statt seiner Einsicht zu folgen, dann ist „Handeln gemäß der Vernunft" die oberste Maxime, durch die der Mensch sein eigentliches Selbstsein wahrt.

Explizit wird der normative Status des Menschen als Vernunftwesen in der Philosophie der *Stoa*. Sie hebt erstmals das oberste moralische Prinzip eigens von seinem Vollzug ab und macht es damit als Prinzip sichtbar. Dieses Prinzip, das allen moralischen Forderungen zugrundeliegt, besteht in dem Postulat „in Übereinstimmung mit der Natur zu leben", wobei unter Natur die Vernunftnatur des Menschen gemeint ist, wie sie innerhalb der geordneten Natur des Kosmos begegnet. Es gibt, so lautet der Grundgedanke, für den Menschen ein „natürliches Gesetz", an dem er durch den

Besitz der Vernunft teilhat und dem er zu folgen vermag, indem er seiner Vernunft folgt. Die Abhebung dieses Prinzips von seinem Vollzug macht es möglich, zwei Momente des Sittlichen auf eine erste Weise begrifflich zu fassen: den im obersten Prinzip hervortretenden Anspruch des *kathekon*, d. h. des Sollens bzw. der Pflicht, und das in der *syneidesis*, d. h. im Mitwissen um das eigene Tun zum Ausdruck kommende praktische Selbstverhältnis als Gewissen. Die Auszeichnung des Menschen besteht in seiner Selbstaufgegebenheit, die sich im sittlichen Gewissen zeigt.

In der für diesen Zusammenhang bezeichnenden Weise begegnet der Begriff der *Würde des Menschen* zum ersten Mal bei *Cicero* (106-43 v.Chr.). Denn er benutzt den lateinischen Ausdruck *dignitas* nicht nur, um im traditionellen Sinn die Würde zu bezeichnen, die einem Menschen aufgrund des sozialen Ranges zukommt, den er erworben hat, sondern um die herausragende Stellung (excellentia) zu kennzeichnen, die dem Menschen *kraft seiner Natur* innerhalb des Kosmos eignet. Mit der „in natura excellentia et dignitas" (*De off.* 1, 105f.) tritt aber nicht nur zum ersten Mal eine Würde in Erscheinung, die für *alle* Menschen *gleichermaßen* in Anspruch genommen wird, weil sie ihnen allein aufgrund ihres Menschseins eigen ist; mit ihr ist zugleich die sittliche Aufgabe formuliert, die dem Menschen kraft seiner Natur auferlegt ist. Denn wenn es zu seiner Natur gehört, die Welt zu ordnen, muß er dieser Bestimmung entsprechend handeln. Das Würdeprädikat erscheint als eine in der Natur des Menschen verankerte *praktische Zuschreibung*.

Dieser Gedanke wird von den spätantiken und mittelalterlichen Autoren aufgegriffen und in den christlichen Kontext integriert: Es ist die den Menschen auszeichnende Natur als Vernunft- und Freiheitswesen, die ihn zu dem in Genesis 1,26 genannten Ebenbild Gottes macht. Sowohl *Boethius* (475-525) als auch *Thomas von Aquin* (1225-1274) verbinden dabei die Würde des Menschen mit seinem Status, Person zu sein, und verstehen beide Ausdrücke zugleich als Formulierung der dem Menschen auferlegten sittlichen Verpflichtung. Nicht nur derjenige, dem kraft gesellschaftlicher Zuerkennung Würde zukommt, ist Person. Da es „von großer Würde ist, in einer vernünftigen Natur zu subsistieren, wird jedes Individuum einer vernünftigen Natur Person genannt." (*Sth* I 29,3 ad 3) Was das Individuum als vernünftige Substanz auszeichnet, ist aber vor allem das „dominium sui actus" (*Sth* I 29,1), die Herrschaft über und die Verantwortlichkeit für das eigene Handeln. Der Mensch, der die „humanae naturae condicio" (*Consol.* II 5), kraft deren er alle anderen irdischen Dinge überragt, nicht erkennt und anerkennt, fällt daher nach *Boethius* hinter die anderen Dinge zurück.

Da die im Mittelalter ausgearbeitete christliche Lehre von der Gottebenbildlichkeit des Menschen auf die stoische Lehre von der in der Natur des Menschen verankerten Würde zurückgreift, führt das Zurücktreten der theologischen Motive zum Beginn der Neuzeit nicht zur Preisgabe des Gedankens der Würde. *Pico della Mirandola* (1463-1494) benutzt den Begriff der Würde, um das Schöpfertum des Menschen zu bezeichnen; *Pietro Pomponazzi* (1462-1524) betont, daß die mit der Natur verbundene Würde dem Menschen *aufgegeben* ist. *Samuel von Pufendorf* (1632-1694) begründet mit der Vernünftigkeit der Natur des Menschen die Gleichheit aller Menschen (vgl. *De iure naturae et gentium* II 1 § 5), ein Gedanke, der über J. Wise dann in die *Virginian Bill of Rights*, die amerikanische Erklärung der Menschenrechte von 1776 eingeht.

2.1.2 Die Person als sittliches Subjekt: John Locke

John Locke (1632-1704) hat zu Beginn der Neuzeit den praktischen Begriff der Person in einer die nachfolgende Tradition bestimmenden Weise aufgegriffen und mit dem Gedanken des Lebensschutzes verbunden. Der von ihm gewählte, an der Konstitutionsfrage von Bewußtsein orientierte Sprachgebrauch von Person geschieht in deutlicher Absetzung gegen den in der klassischen Definition – etwa eines Boethius – enthaltenen Substanzgedanken. Dadurch erfährt das Verständnis des Subjektseins, wie es die Würde des Menschen begründet, eine für die moderne Fassung des Gedankens der Würde der Person folgenreiche Veränderung und zugleich – wie sich zeigen läßt – eine bezeichnende Engführung.

Locke geht von dem Gedanken aus, daß Moral wie Recht als ein unter Gesetzen stehendes Handeln begriffen werden muß. Das aber bedeutet, daß das Subjekt des Handelns als ein Wesen zu denken ist, dem Handlungen zugerechnet werden können und das für sie Verantwortung übernehmen kann. Deshalb greift er auf die Rechtssprache zurück, um auch das moralische Subjekt als *Person*, d. h. als ein Subjekt zu verstehen, dem Handlungen als Taten zugeschrieben werden können, für die ihm die Verantwortung zukommt.

Die wichtigste Voraussetzung aber, ohne die eine Zuschreibung vergangener wie eine Planung zukünftiger Taten gar nicht möglich ist, ist die Kontinuität des „Selbst", mithin die Identität der Person in der Zeit. Was aber begründet die Kontinuität des Subjekts? Für die voraufgehende Tradition war diese Frage schon dadurch beantwortet, daß der Mensch eine als Lebewesen sich durchhaltende Entität, eine Substanz, darstellt. Eben dieser Gedanke aber wird von Locke als für zu problematisch gehalten, um die Last der Beantwortung einer für die Moral so zentralen Frage zu übernehmen (*Essay* III 11,15). Denn für ihn sind Substanzen nichts anderes als Setzungen des denkenden und mit Bewußtsein ausgestatteten Subjekts zum Zwecke der Einheitsstiftung in unserer Erfahrung. Es ist daher allein das denkende und mit Bewußtsein ausgestattete Subjekt selbst, das allererst Einheit und

Identität zu stiften vermag. Dies gilt erst recht für die Identität der Person. Da Locke Personalität und die Fähigkeit, Bewußtsein zu haben, gleichsetzt, wird personale Identität ausschließlich durch einen unmittelbar einheitsstiftenden Akt des Bewußtseins konstituiert (vgl. *Essay* II 27,9 ff. und 26 ff.). Dem Gedächtnis kommt dabei die Aufgabe zu, die unterschiedlichen, sich auf vergangene Handlungen und Erfahrungen des Subjekts beziehenden Bewußtseinstatsachen präsent zu machen, und damit die für die Zuschreibung und Verantwortung der Taten notwendige Einheit des Bewußtseins in der Zeit und damit die Identität der Person herzustellen. „Dasselbe Bewußtsein macht, daß ein Mensch er selbst für sich selbst ist" (*Essay* II 27,10). Damit ist aber eine gravierende Änderung vollzogen: An die Stelle der *Einheit des Bewußtseins* tritt das *Bewußtsein der Einheit*. Das Selbstbewußtsein ist nicht ein die Einheit der Person begleitender, sondern sie allererst konstituierender Akt. Person ist „ein denkendes, verständiges Wesen, das Vernunft und Überlegung besitzt und sich als sich selbst betrachten kann. Das heißt es erfaßt sich als dasselbe Ding, das zu verschiedenen Zeiten und an verschiedenen Orten denkt. Das geschieht lediglich durch das Bewußtsein, das vom Denken unabtrennbar ist und, wie mir scheint, zu dessen Wesen gehört [...] Denn da das Bewußtsein das Denken stets begleitet und jeden zu dem macht, was er sein Selbst nennt und wodurch er sich von allen anderen denkenden Wesen unterscheidet, so besteht hierin allein die Identität der Person, das heißt das Sich-selbst-gleich-Bleiben eines vernünftigen Wesens." (*Essay* II 27,9) Kurz: Die Person erscheint als das Selbst, dessen Einheit durch die Kontinuität des Bewußtseins konstituiert ist.

Was aber nötigt Locke zum Rekurs auf die in der Kontinuität des Bewußtseins bestehende Einheit? Es ist nicht nur die Möglichkeit von Moral und Recht, sondern auch das unbestreitbare jedermann gleichermaßen bewegende praktische Interesse am eigenen Glück. Beides setzt eine die Zeit überdauernde Einheit des Bewußtseins voraus: Ohne sie können wir unsere Taten nicht auf übergreifende Gesetze und ohne sie können wir uns nicht auf ein geglücktes Leben beziehen, das seine letzte Definitivität erst in der Zukunft, nämlich – wie Locke annimmt – beim göttlichen Gericht gewinnt (vgl. *Essay* II 27,22 und 26). Alle Menschen sind darin gleich, daß sie über das gleiche Interesse am eigenen zukünftigen Glück verfügen, mit den gleichen Vermögen: Vernunft, Bewußtsein, Gedächtnis und Zukunftssorge, ausgestattet und gegenüber der gleichen Instanz, dem göttlichen Gericht, verantwortlich sind. Dies macht die „Würde des Menschen" aus, es begründet die „Achtung vor dem menschlichen Leben" (*Treatises II*).

Mit der Einführung des Personbegriffs in den ethischen Diskurs hat Locke mehr als nur eine folgenreiche terminologische Erweiterung vollzogen. Da er den Personbegriff aus der Sprache des Rechts, nicht der der Ontologie übernimmt, kann er ihn verwenden, um den spezifisch praktischen Kern des menschlichen Subjektseins zu bezeichnen und damit das identifizieren, was von den späteren Theorien der Subjektivität theoretisch wie praktisch ausgearbeitet wird. Das in der aristotelischen Tradition als Gewissen gedeutete Selbstverhältnis des sittlichen Subjekts erscheint nun als Selbstbewußtsein, und zwar als eine in der Zeit sich vollziehende Selbstidentifikation, der sich die Identität des Selbst verdankt. Und nicht nur die Deutung des sittlichen Subjekts erfährt eine Änderung, auch die Begründung verschiebt sich auf bezeichnende Weise: Es ist nicht nur das moralische Sollen und die rechtliche Verpflichtung, die die Annahme des Subjekts als Person im beschriebenen praktischen Verständnis notwendig machen, vielmehr ist es die *Sorge um seine Zukunft*, das *Interesse an seiner Selbsterhaltung und seinem Gelingen*, die das handelnde Subjekt zu dem beschriebenen praktischen Selbstverhältnis zwingen und an seiner

Identität als Person interessiert sein lassen. Es gibt, so macht die Lockesche Wendung deutlich, ein elementares praktisches Interesse an der Wahrung der Kontinuität des Selbst, die nur akzidentell an dem von Locke herangezogenen theologischen Kontext hängt und mit dessen Wegfall erst ihr ganzes Gewicht erhält.

2.1.3 Sittliche Autonomie und Selbstzwecklichkeit der Person: Immanuel Kant

Wie John Locke greift auch *Immanuel Kant* (1724-1804) den Personbegriff des Rechts auf. Denn wenn Sittlichkeit als Handeln unter Gesetzen verstanden wird, dann setzt sie – darin ist Kant mit Locke einig – den Menschen als Wesen voraus, dem Handlungen in der Zeit zurechenbar sind, und das bedeutet, das Person ist. „Person", so heißt es in der Einleitung zur *Metaphysik der Sitten* (223), „ist dasjenige Subjekt, dessen Handlungen einer Zurechnung fähig sind. Die moralische Persönlichkeit ist also nichts anders, als die Freiheit eines vernünftigen Wesens unter moralischen Gesetzen [...], woraus dann folgt, daß eine Person keinen anderen Gesetzen als denen, die sie [...] sich selbst gibt, unterworfen ist." Nicht einig ist Kant mit Locke, daß zur Konstitution der Zurechenbarkeit, und damit der Person, die Identität des Bewußtseins genügt, wie sie als Leistung von der theoretischen Vernunft erbracht wird. Eigens vermerkt er, daß die „Identität der Person aus der Identität des Ich, in dem Bewußtsein aller Zeit, darin ich mich erkenne, keineswegs folgt" (*KrV* 230). Denn da die theoretische Vernunft nach Kants Grundannahmen auf die Erkenntnis von Gegenständen möglicher Erfahrung begrenzt ist, erscheint der Mensch in ihrer Perspektive nur als ein Lebewesen unter anderen, als ein Naturding, das den gleichen Gesetzen unterworfen ist, denen alle Naturdinge unterliegen. Die Freiheit aber, die ihn als Subjekt seines Handelns ausweist, entzieht sich jeder Erfahrung. Ihrer werden wir nur in der Subjektstellung selbst, d. h. in praktischer Perspektive gewärtig. Denn es ist für Kant ein *Faktum der Vernunft* (vgl. *KpV* A 31. 56), d. h. eine intellektuelle Gewißheit für jedermann, daß er unter einem Anspruch des Sollens steht. Schon die Frage, ob ich unter einem solchen Anspruch stehe, läßt dieses Faktum in seiner Unbezweifelbarkeit deutlich werden. Wenn aber das Sollen das entsprechende Können anzeigt, dann bekundet sich in der Erfahrung des Sollensanspruchs die dem Menschen eigene Freiheit.

Freiheit ist für Kant nur Freiheit, wenn sie als eine *ursprüngliche Selbstbestimmung des Willens* gedacht wird, als die Fähigkeit, von sich selbst her einen Anfang zu setzen. Selbstbestimmung des Willens aber bedeutet, sich von nichts anderem als dem Objekt bestimmen zu lassen, das mir die Vernunft zeigt, oder anders gewendet, sich von der Vernunft bestimmen zu lassen. Vernünftig ist aber nur die in Form einer Handlungsmaxime auftretende Objektbestimmung, wenn sie mit Gründen für jedermann als gültig ausweisbar ist, so daß sich als Regel der Regeln, d. h. als ein *oberster Imperativ* die Regel festhalten läßt, nur der Maxime zu folgen, die sich zum allgemeinen Gesetz machen läßt (vgl. *GMS* 440). Ist es aber die Selbstbestimmung des Willens, die die Moralität konstituiert, und liegt Selbstbestimmung des Willens nur da vor, wo der Wille sich durch nichts anderes bestimmen läßt als durch das von der Vernunft aufgewiesene Gesetz, und das bedeutet, wo er nicht nur *gemäß* dem von der Vernunft aufgezeigten Gesetz und der aus ihm sich ergebenden Pflicht, sondern *aus* Pflicht, also aus „Achtung vor dem Gesetz" (*KpV* 73) handelt, dann muß die Form dieser Selbstbestimmung des Willens als *Autonomie* zu einem Inhalt werden, der *unbedingt* verpflichtend ist; der oberste Imperativ ist daher *kategorisch* geboten. Und da es das Subjekt ist, das das moralische Gute in Form der Selbstbestimmung seines Willens hervorbringt und sich damit allererst als moralisches Subjekt hervorbringt, stellt das sittliche Subjektsein und seine in der Autonomie als „freiem Selbstzwang" (H. Wagner) zum Guten realisierte Freiheit nicht mehr einen Zweck dar, der um anderer Zwecke, sondern der als *Zweck an sich selbst* verfolgt werden muß. Da es ein Zweck an sich selbst ausschließt, bloß als Mittel für einen anderen Zweck gebraucht zu werden und dies – der genannten ersten Formulierung des obersten Imperativs entsprechend – für jeden gilt, der die Form des sittlichen Subjekts besitzt, kann Kant diesen Imperativ umformulieren und als Forderung festhalten: „Handle so, daß du die Menschheit in deiner Person als in der Person eines jeden anderen, jederzeit als Zweck, und niemals bloß als Mittel gebrauchst." (*GMS* 429)

Damit ist der Hintergrund skizziert, auf dem Kant den Anspruch des sittlichen Subjekts auf *Würde* formulieren kann. Ist nämlich das Subjekt aufgrund seiner Fähigkeit, sittliches Subjekt sein zu können, Zweck an sich selbst, dann gibt es keinen äquivalenten Wert, gegen den es verrechnet werden könnte. „Was die Bedingung ausmacht, unter der allein etwas Zweck an sich selbst sein kann, hat nicht bloß einen relativen Wert, d.i. einen Preis, sondern einen inneren Wert, d. i. Würde." (*GMS* 435) Kommt aber die Würde dem sittlichen Subjekt in seiner Selbstbestimmung zum Guten zu und ist „Autonomie [...] der Grund der Würde der menschlichen und jeder vernünftigen Natur" (*GMS* 426), dann ist die *Wahrung der Würde des Menschen* die sittliche Grundforderung schlechthin.

Der *Neukantianismus* des 19. Jahrhunderts hat den Kantischen Person- und Würdebegriff – vermittelt vor allem über *Jakob Friedrich Fries* (1773-1843) – wieder aufgegriffen und für die spätere verfassungsrechtliche Verwendung vorbereitet. So betont *Hermann Cohen* (1842-1918), daß der Verlust der Würde als selbständiger Wert eines jeden Individuums „überhaupt unmöglich" (Cohen 1966, 210) ist; *Leo-*

nard Nelson (1882-1927) weist daraufhin, daß zwischen einem positiven und einem negativen Verständnis der Menschenwürde unterschieden werden muß und daß Menschenwürde angesichts der offen zu haltenden positiven Bedeutung in der Ethik nur in der „negativen Form [...] eines Verbotes" (Nelson 1970, 720) als Basisbegriff in Anspruch genommen werden kann. Auf diesem Hintergrund wird *Würde* zu dem Begriff, mit dem – wie dargelegt – in der *Charta der Vereinten Nationen von 1945*, in der *Allgemeinen Erklärung der Menschenrechte von 1948* und in zahlreichen Menschenrechtserklärungen der unverlierbare und unantastbare Eigenwert der Person im Gegensatz zu ihrer Instrumentalisierung in totalitären Gesellschaften als Basisbegriff der formulierten Grundrechte festgehalten wird, wobei im Fall des *Grundgesetzes der Bundesrepublik Deutschland* zusätzlich die Verbindung des Würdeprädikats mit dem Naturrechtsgedanken eine Rolle spielt.

2.1.4 Person und Interessenspräferenz: der Präferenzutilitarismus

Mit der Einführung des Begriffs einer Präferenz von Interessen versucht der sog. *Präferenzutilitarismus*, wie ihn *Peter Singer* und andere vertreten, zwei gewichtige Mängel des klassischen Utilitarismus zu beheben und ein generelles Tötungsverbot auf utilitaristischer Basis zu begründen. Geht man wie der von *Jeremy Bentham* (1748-1832) und *John St. Mill* (1806-1873) entwickelte *klassische Utilitarismus* davon aus, Handlungen von ihren Folgen her (Konsequenzenprinzip) zu beurteilen und diese Folgen ausschließlich von ihrer Nützlichkeit her (Utilitätsprinzip) zu bemessen, die sie für eine möglichst große Zahl von Menschen haben (Sozialprinzip), dann hat diese Deutung ohne Zweifel den Vorzug, bei der Begründung der Moral von einem sehr eindeutigen Phänomen, nämlich dem unbezweifelbaren Eigeninteresse des Menschen auszugehen und sich auf die ethische Forderung nach Unparteilichkeit zu beschränken, d. h. auf die Forderung, gleichen Interessen gleiches Gewicht zuzuordnen, sie also einer Verallgemeinerung einfacher Art (Transsubjektivitätsprinzip) zu unterwerfen. Doch ist damit zugleich der gravierende Nachteil verbunden, zwei andere elementare und unabweisbare sittliche Intentionen nicht angemessen aufnehmen zu können, nämlich die Forderung, jedem einzelnen das Seine zu geben (Prinzip der distributiven Gerechtigkeit), sowie der Anspruch, seine individuelle Selbstbestimmung zu respektieren (Prinzip der Selbstzwecklichkeit des Einzelnen).

Deutlich wird dies am elementaren Verbot der Tötung von Menschen. Die Gründe, derentwegen die Tötung von Personen verwerflich ist, sind – so stellt *Jeremy Bentham* seinem Ansatz folgend fest (vgl. 1789, ch. XVII, A. 330) – keine anderen als die, die auch gegen das Töten anderer empfindungsfähiger Wesen sprechen, nämlich die, die generell gegen Handlungen sprechen, die mehr Leid als Lust, mehr Lasten als Nutzen zur Folge haben. Wenn aber der Gesamtnutzen einer Handlung – wie *Franz von Kutschera* (1982, 138; vgl. auch Harman 1981, 184ff.) formuliert – „das einzige Gerechtigkeitskriterium ist, [gibt es] keine unverletzlichen individuellen Rechte. Selbst die elementarsten Menschenrechte wie das Recht auf Leben, Gesundheit und Freiheit können um eines höheren Gesamtnutzens willen verletzt werden." Zurecht moniert *Otfried Höffe* daher am klassischen Utilitarismus das Fehlen einer „Idee der Humanität" (1979, 120ff.; 1981, 57f.). Führt man aber in den utilitaristischen Ansatz zur besseren Begründung des Tötungsverbots ein – wie *Jonathan Glover* (1977, 83) es vorschlägt – „Autonomieprinzip" ein, dann verliert der Utilitarismus seine eigentliche Pointe und wird zu einem dem Autonomieprinzip nachgeordneten Verfahren der Beurteilung von Handlungsfolgen, wie es beispielsweise auch in der aristotelischen Ethik sinnvoll und notwendig ist. Und nicht nur das elementare Tötungsverbot, sondern auch die Forderung nach distributiver Gerechtigkeit setzt – wie *John Rawls* in seiner *Theorie der Gerechtigkeit* (vgl. 1975, 28-37; 553) deutlich gemacht hat – voraus, daß als Beteiligte Personen unterstellt werden, die nicht nur über eine Vorstellung von ihrem Wohl, sondern auch über einen Gerechtigkeitssinn verfügen und dazu genügt bereits wie bei Kindern die bloße Fähigkeit (capacity).

Um am utilitaristischen Ansatz festhalten, die genannten kontraintuitiven Konsequenzen seiner klassischen Form aber vermeiden zu können, modifiziert der moderne Präferenzutilitarismus, wie ihn *Peter Singer* (engl. Originalausgabe 1979, dt. 1984) vertritt, nicht nur den utilitaristischen Ansatz (vgl. Singer 1984, Kap. I.4), sondern führt zur Begründung des generellen Tötungsverbots einen Personbegriff ein mit dem Ziel, ein nicht-willkürliches Kriterium zu etablieren, anhand dessen sich die Schutzwürdigkeit von Leben – unabhängig von biologischen Gattungs- und Speziesgrenzen – bestimmen läßt (vgl. ebd. 101-128). Dieses die Schutzwürdigkeit unterschiedlicher Lebewesen konstituierende Kriterium ist nach Singer das der je unterschiedlichen Zuschreibbarkeit von Bewußtsein, wobei sich drei Kategorien des Lebendigen mit je unterschiedlichem Lebenswert erheben lassen: Nicht-bewußtes, bewußtes und selbstbewußtes Leben.

- *Nicht-bewußtes*, etwa pflanzliches *Leben*, das weder über Empfindungs- und Erlebnisfähigkeit, noch über einen bewußten Willen oder Interessen verfügt, hat keinen Wert an sich (ebd. 128).
- *Empfindungsfähige Lebewesen*, die „bewußt und fähig sind, Lust und Schmerz zu erfahren" (ebd. 117), verfügen bereits über einen Wert, den es zu achten gilt.
- Der höchste Lebenschutz kommt jedoch nur Leben zu, sobald und solange es über bestimmte Eigenschaften und

Fähigkeiten wie *Selbstbewußtsein und Rationalität* verfügt, die es als „Person" qualifizieren.

„Personen" haben nicht nur ein Interesse an der Vermeidung von Leiden bzw. der Linderung von physischer Schmerzempfindung, sondern verfügen darüber hinaus über zusätzliche moralisch signifikante Fähigkeiten und Eigenschaften wie die, Wünsche zu äußern und mithin Präferenzen zu haben (ebd. 110-112, 165). Diese Eigenschaften setzen die Möglichkeit voraus, über Selbstbewußtsein, Selbstkontrolle, Sinn für Zukunft und Vergangenheit, Kommunikationsfähigkeit, Neugier, Autonomie und Entscheidungsfähigkeit zu verfügen.

Aufgrund dieses graduellen Wertkonzepts, worin sich Stufen von Bewußtsein mit Stufen von Werthaftigkeit verbinden, ist Singer der Überzeugung, eine willkürliche, da bloß an der biologischen Speziesgrenze „homo sapiens" Maß nehmende Zuschreibung von Schutzwürdigkeit vermieden zu haben, wie sie – so seine Unterstellung – gerade der traditionellen „Lehre von der Heiligkeit des menschlichen Lebens" (doctrine of sancity of life) und der Lehre von der besonderen Würde des Menschen zugrundeliege (ähnlich argumentieren M. Tooley, J. Glover, L.W. Sumner, H. Kuhse, M. Lockwood). Denn die Zuerkennung einer besonderen Würde des Menschen werde dort – so der Vorwurf – allein aus der biologischen Taxonomie gewonnen und basiere lediglich auf einem unbegründbaren „Speziesismus" (Singer 1984, 42-61). Menschliches Leben aber sei für sich betrachtet eine rein biologische, naturwissenschaftlich konstatierbare, moralisch jedoch irrelevante Eigenschaft (vgl. auch Sumner 1974, 163-181). Hinzu komme, daß die „Lehre von der Heiligkeit des Lebens" selbst inkonsistent und damit „intellectually unsatisfactory" (Glover 1977, 59) sei, da sie ihr absolutes Credo in der Praxis, z. B. in Situationen von Notwehr und Krieg, nicht uneingeschränkt durchhalten könne. Ohne den religiös-weltanschaulichen Herkunftskontext bleibe vom Begriff der „Menschenwürde" daher nichts weiter übrig als eine „Leerformel" (Hoerster 1983, 93), die sich als eine Beschwörungsstrategie angesichts von Argumentationssnöten und als willkürliche, ideologische Selbstauszeichnung des Menschen erweise (Singer 1978, 159).

2.2 Systematische Überlegungen: Menschenwürde, Menschenrechte, sittliche Subjektivität

2.2.1 Sittliches Subjektsein als Grund der Menschenwürde

Wie gezeigt, begründen die angeführten historischen Positionen die besondere Schutzwürdigkeit des Menschen – den zugrundegelegten unterschiedlichen Ethiken, Anthropologien und philosophischen Systemansätzen entsprechend – in je eigener Weise: unter Rückgriff auf eine Sicht des Menschen als Vernunft- und Freiheitswesen (*Aristoteles*, *Thomas von Aquin*), als der Zurechnung fähiger und auf Glück hin ausgerichteter Person (*John Locke*), als eines Zweckes an sich selbst (*Immanuel Kant*) und als einer durch Interessenspräferenzen moralisch qualifizierten Person (*Peter Singer*). Trotz dieser Unterschiede kommen aber alle dargestellten Positionen darin überein, daß der Grund der Achtung der besonderen Würde des Menschen gerade nicht ein auf ein bloß naturales Kriterium rekurrierender „Speziesismus" ist, nämlich nicht die bloße Zugehörigkeit zur biologischen Spezies homo sapiens, sondern das sittliche Subjektsein selbst, das mit dieser Zugehörigkeit verbunden ist, und zwar unabhängig von den Ethosformen, in denen es sich verwirklicht, und unabhängig von den philosophischen, religiösen und weltanschaulichen Sinnzusammenhängen, denen es jeweils entstammt. Würde ist daher – wie auch der Begriff der Person

– ein genuin praktischer Begriff, der nicht in der Metaphysik erkannt und dann in der Ethik angewendet wird, sondern der seine eigene ursprüngliche praktische Bedeutung hat.

Daß der Grund der Würde nicht in einem naturalen oder metaphysischen Faktum, sondern dem sittlichen Subjektsein besteht, das bestätigen sowohl ein Blick auf die Entfaltung des Würdeschutzes in den Menschenrechten, etwa dem der Meinungs- und Gewissensfreiheit, wie auch die Erläuterungen der Menschenwürde-Kategorie in der Rechtsprechung etwa des *Bundesverfassungsgerichts* und seiner Auslegung des *Grundgesetzes*: der Mensch habe für das Grundgesetz seiner Natur nach „einen eigenen selbständigen Wert" (*BVerfG* Bd. 2, 12). Das „Menschenbild", das die Grundrechte unterstellen, sei die „eigenverantwortliche Persönlichkeit", die „sich innerhalb der sozialen Gemeinschaft frei entfaltet" (*BVerfG* Bd. 32, 107f.) Im Sinne des sittlichen Subjektseins erklärt der *Bundesgerichtshof*, „daß der Mensch auf freie, verantwortliche sittliche Selbstbestimmung angelegt und deshalb befähigt ist, sich für das Recht und gegen das Unrecht zu entscheiden, sein Verhalten nach den Normen des rechtlichen Sollens einzurichten und das rechtlich Verbotene zu vermeiden, sobald er die sittliche Reife erlangt hat" (Entscheidungen des BGH in Strafsachen, Bd. 2, 200). Beide Gerichte erläutern damit mit Rückgriff auf den sittlichen Subjektstatus des Menschen, was die Verfassung selbst mit dem Begriff der Würde des Menschen, ihrer Unantastbarkeit, Unverletzlichkeit und Unveräußerbarkeit als normativ deklariert. Daß diese Würde nur deklariert wird, trägt dem Umstand Rechnung, daß das im obersten Prinzip festgehaltene Subjektsein als Prinzip der Geltung nicht noch einmal aus anderen Prinzipien abgeleitet werden kann: seine Begründung kann daher nur darin bestehen, genau dies zu zeigen.

Der Status des Menschen als sittliches Subjekt, so könnte man resümieren, ist der Kern des im Menschenrechtsethos deklarierten Würdeschutzes und macht seine weltweite Plausibilität einsichtig. Würde kommt demnach jedem Menschen zu, weil er ein individuelles sittliches Subjekt, d. h. ein Wesen ist, dem das *Vermögen* zukommt, sich in Freiheit durch Vernunft zum Handeln zu bestimmen, dem folglich seine Handlungen zugeschrieben werden können, das Verantwortung und Pflichten übernehmen, sein Leben entwurfsoffen gestalten und Interessen verfolgen kann.

2.2.2 Menschenwürde und konkretes Ethos

Die allgemeine Anerkennung des beschriebenen rationalen Kerns des Menschenwürdegedankens über Kulturen und Zeiten hinweg, wie sie sich in den unterschiedlichen Menschenrechtsdeklarationen findet, weist darauf hin, daß man

- zwischen dem universal festhaltbaren Kern des Gedankens,
- den in einer Mehrheit und Verschiedenheit begegnenden tieferen motivierenden Begründungen dieses Kerns und
- den ebenfalls in einer Vielheit und Verschiedenheit von Ethosformen auftretenden gehaltvollen Gestalten des guten Lebens, in die der Kern eingebettet ist,

unterscheiden muß. Daß der Menschenrechtsgedanke de facto stets nur in Verbindung mit solchen tieferen Begründungen und eingebettet in gehaltvolle Ethosformen begegnet und sich vermutlich nicht ohne solche Kontexte bewahren läßt, ist kein Argument dafür, daß der Kern des Gedankens keine von diesen Kontexten unabhängige Gültigkeit besitzt.

Dazu muß freilich der Kern des Gedankens eng gehalten und der Schutz der Würde auf jenes Minimum beschränkt werden, das als unaufhebbare Bedingung der Möglichkeit des sittlichen Subjektseins gelten kann und aus dem sich das Recht ableitet, überhaupt Rechte zu haben. Aus der Achtung vor der Würde als Grundnorm des Menschenrechtsgedankens lassen sich daher weniger Gebote als universale und unabdingbare Verbote ableiten, etwa das von Kant formulierte generelle Verbot, den Menschen „niemals bloß als Mittel" (*GMS* 429) zu gebrauchen, und positiv gewendet das Gebot, ihn „immer zugleich als Zweck an sich" zu betrachten.

Die Menschenrechte bilden daher noch kein vollständiges ethisches Programm. Sie sind noch nicht als Formel für gelungenes Menschsein zu betrachten, zumal sie dann in die Kontroverse über die zu konkreten Interpretationen des gelungenen Menschseins verwickelt und damit gleichsam zu Handlungsanweisungen und folglich konkreten, und das heißt immer situativ bedingten Normen depotenziert würden. Denn eine konkret-inhaltliche Interpretation der Würdezuschreibung würde gerade das einschränken, was dem Würdeprinzip seine unverwechselbare Funktion gibt, nämlich Geltungsgrund diesseits des Streits der Interpretationen zu sein.

Der Einwand, daß mit der Universalität der Geltung der Gehalt des Geltenden abnimmt, verschlägt deshalb nicht, weil die Funktion des Würdegedankens nicht darin besteht, die Quelle für einen Entwurf des gelungenen Menschseins zu sein, sondern als regulatives Prinzip die Bedingung der Möglichkeit solcher Entwürfe sicherzustellen. Zwar begründen Menschenwürde und Menschenrechte kein konkretes Ethos, da aber der Mensch nur in Form des konkreten Ethos und einer konkreten Lebensform sich handelnd zu verwirklichen vermag (vgl. Bubner 1984; Habermas 1984), sichern sie dessen Möglichkeit wie Verbindlichkeit. Da jedes Ethos aus dem Bezug des Handelns auf das dem Menschen eigentümliche Selbstsein seine normative Geltung gewinnt, kein Ethos aber dieses Selbstsein abschließend zu verwirklichen mag, verbietet der gleiche Bezug auf das Selbstsein als Totalität des geglückten Lebens, der jedem Ethos seine Verbindlichkeit gibt, diese Totalität mit dem jeweiligen Ethos zu identifizieren. Aufgabe der Menschenrechte ist es, den Bezug auf die Totalität zu ermöglichen und zu wahren, die Totalisierung dagegen zu verhindern. Die Differenz zwischen der Totalität des Selbstseins und dem jeweiligen Ethos zu schließen, hieße den Zusammenhang aufzuheben und wäre Totalitarismus und Diktatur, zuletzt Anarchie und Kampf aller gegen alle.

2.2.3 Menschenwürde und der Schutz der „Anfangsbedingungen" des Menschseins

Geht man davon aus, daß dem Menschen Würde deshalb zukommt, weil er sittlich handelndes Subjekt ist, dann müssen durch die Würdezuschreibung auch die Bedingungen geschützt werden, ohne die der Mensch nicht wollen und handeln kann. M.a.W.: Kommt die Würde einem Subjekt zu, das die Natur eines Lebewesens hat, und ist *menschliches Leben Bedingung der Möglichkeit des Subjektseins*, dann kommt dem menschlichen Leben Schutzwürdigkeit in dem Maß zu, als es sich als der unbeliebige, obzwar entwurfsoffene Rahmen für die Entfaltung der Person erweist. Je fundamentaler und unabdingbarer sich bestimmte zu dieser Natur gehörige Antriebsstrukturen für Vollzug und Entfaltung der Person erweisen, um so mehr nimmt die Möglichkeit ihrer Realisierung an dem Schutz teil, der der Würde der Person gilt. In diesem Sinn kann man auch von einer Würde sprechen, die der *Gattungsnatur des Menschen* zukommt, und in den Menschenrechten eine Positivierung dieser Würde erblicken.

Dies gilt insbesondere für die *Menschenrechte*, die die Integrität von Leib und Leben und den Schutz von Ehe und Familie betreffen und damit die *fundamentale, vitale Basis der Menschenwürde* sicherstellen. Diese Menschenrechte schützen nicht die „Erfüllungsbedingungen" des Menschseins – denn deren Bestimmung wäre abhängig von der Gestalt der

Erfüllung, der sie dienen soll; und über diese Gestalt sind die Menschen der verschiedenen Zeiten und Kulturen bekanntlich verschiedener Meinung –, sondern vielmehr dessen „Anfangsbedingungen" (Höffe 1991, 24), ohne die überhaupt kein auf das Ziel des gelungenen Lebens gerichtetes Handeln möglich ist. Solche „Anfangsbedingungen" stellen somit keine hinreichenden Bedingungen des gelungenen Menschseins dar, wohl aber notwendige. Als solche sind sie angeboren und unveräußerlich, also kulturinvariant und allem staatlichen Handeln vorwegliegend. Sie stellen eine „Partialanthropologie" (ebd. 18ff.) dar, nicht ein *Menschenbild* im Sinn einer *bestimmten* Sinngestalt gelungenen Lebens.

Zu solchen „Anfangsbedingungen" gehört nach *Otfried Höffe* die Tatsache, daß der Mensch ein Lebewesen ist, ein mit Sprache und Vernunft begabtes Wesen und ein Wesen der Kooperation. Diese dreifache Natur äußert sich in Interessen, „die man weder zugunsten höherer Interessen abwägen, noch gegen gleichrangige Interessen abwägen kann" (ebd. 33) und die Höffe deshalb „transzendentale Interessen" nennt. Aus den anthropologischen Vorgaben werden Ansprüche, weil die dazu gehörigen Interessen eine Gegenseitigkeit implizieren: Der Anspruch auf Schutz der eigenen Interessen – wie etwa der Anspruch auf Schutz der Integrität von Leib und Leben – kann erhoben werden, weil er mit der Bereitschaft verbunden ist, die gleichen Interessen aller anderen zu respektieren. Es ist die „Moral der Tauschgerechtigkeit", die nach Höffe dazu führt, daß der Mensch in der für ihn charakteristischen Situation konfligierender Interessen die Interessen anderer respektiert und daß Menschenrechten Menschenpflichten gegenüberstehen.

2.2.4 Der Schutz menschlichen Lebens und das Problem der „Ausnahmen"

Dient der Gedanke von Menschenwürde und Menschenrechten der Sicherung der „Anfangsbedingungen" des Menschseins, dann trägt das generelle Tötungsverbot dieser Schutzwürdigkeit menschlichen Lebens Rechnung. Wird der Lebensschutz und damit auch die Würdezuschreibung aber, so könnte man fragen, nicht dadurch eingeschränkt, daß in Sondersituationen Ausnahmen vom generellen Tötungsverbot zugelassen werden? Und sind solche Sondersituationen nicht ein Beleg dafür, daß die dem generellen Tötungsverbot zugrundeliegenden evaluativen Grundaussagen, die „Unantastbarkeit" der Menschenwürde und der Anspruch auf „Unverletzlichkeit" des Lebens, ihre Geltung überhaupt einbüßen, wie das vor allem in der neueren bioethischen Diskussion um die Probleme von Lebensanfang und Lebensende vielfach behauptet wird (P. Singer, H. Kuhse, N. Hoerster u. a.) ?

Wie die Tradition zeigt, ist das generelle Tötungsverbot kein absolutes Verbot, d. h. es wird nicht jedes Töten in jeder Situation bedingungslos verboten. So werden seit jeher bestimmte Ausnahmen von seiner generellen Geltung gerechtfertigt. In der Tradition galt dies insbesondere im Fall der Todesstrafe, der Selbstverteidigung, der Selbsttötung und bei der Tötung eines Unschuldigen für den tragischen Fall, daß das Leben zweier Menschen in Konkurrenz zueinander steht, ohne daß einer am anderen schuldig wäre. Eine ähnliche Problematik stellt die freiwillige Selbstaufopferung eines Menschen im Dienste eines als vorrangig erkannten Wertes dar, wie dies aus der christlichen Tradition im Fall des Märtyrertodes bekannt ist.

Diese „Ausnahmen" stellen jedoch die generelle Geltung des Tötungsverbots nicht in Abrede. Denn zum einen nehmen die unterschiedlichen Antworten auf die Frage nach der

Zulässigkeit solcher Ausnahmen am generellen Tötungsverbot Maß und bedürfen daher einer eigenen Rechtfertigung; zum anderen ist das Leben des Menschen für unsere menschliche Gemeinschaft zwar als das fundamentalste der Güter anerkannt, das allen anderen Werten zugrundeliegt; aber es ist als konkrete leibliche Existenz jedes einzelnen der Güter höchstes nicht. Es stellt in dieser konkreten Form nicht einen Wert dar, der erwiesenermaßen nie mit einem anderen wichtigeren und darum vorzugswürdigeren Wert konkurrieren könnte. „Ausnahmen" vom generellen Tötungsverbot sind daher nur erlaubt, wenn z. B. jemand um eines ranghöheren Gutes willen sein *eigenes* Leben preisgibt bzw. das Leben eines anderen deshalb beschädigt oder auslöscht, um das eigene oder das der ihm Anvertrauten zu verteidigen. Die Tradition stellt dem Leben des einzelnen, der sich an der Rechtsgemeinschaft schuldig gemacht hat, das Gemeinwohl gegenüber und rechtfertigt damit die Todesstrafe. Die Selbstverteidigung intendiert nicht die Tötung, sondern die Kampfunfähigkeit des Gegners. Da im Kriegsfall jedoch die Unterscheidung zwischen Kampfunfähigkeit und Tod zu einer reinen Fiktion wird, gibt hier nur der Verweis auf das höhere Gut eine plausible Klärung. Insgesamt gesehen wäre es daher falsch, die aufgezeigten Sondersituationen als unausgewiesene und mit der evaluativen Grundaussage in Widerspruch stehende „Ausnahmen" aufzufassen, die vom generellen Tötungsverbot nicht erfaßt werden bzw. dieses gleichsam „de facto" einschränken.

3. Person und Natur: Die Frage nach der Ausdehnung des Schutzes des menschlichen Lebens

Der Grund für die unbedingte Schutzwürdigkeit des menschlichen Lebens, so lautete das Ergebnis der bisherigen philosophisch-ethischen Überlegungen, liegt nicht in der bloßen Zugehörigkeit des Menschen zu einer bestimmten biologischen Spezies, sondern in der Tatsache, daß es zum Wesen eines Mitglieds dieser Spezies gehört, sittliches Subjekt zu sein. Da aber das leibliche Leben für den Menschen als leib-seelisches Wesen die Bedingung dafür ist, sittliches Subjekt sein zu können, bzw. die Leiblichkeit des Menschen zu den genannten „Anfangsbedingungen" des Menschseins gehört, dürfen Leib und Leben nicht angetastet werden, soll die Würde der Person, d. h. des sittlichen Subjekts, gewahrt werden. Die unbedingte Schutzwürdigkeit der Person, so zeigte sich, überträgt sich auf das leibliche Leben der Person.

Ist aber nicht das leibliche Leben des Menschen nur insoweit geschützt, so könnte man anfragen, als der Mensch die praktische Zuschreibung einer *Person* verdient? Denn schreibt man dem Menschen Personalität nur dann zu, wenn er über bestimmte Eigenschaften wie *Selbstbewußtsein*, *Selbstverfügung* und *Zukunftsbezug* verfügt, dann bezieht sich die Schutzwürdigkeit des Menschen nicht eo ipso auch auf das leibliche Leben in jeder seiner Phasen.

Ohne Zweifel, so ist zu antworten, gibt es Phasen im Leben des Menschen, in denen er die genannten Eigenschaften nicht aktuell vollzieht. Man denke nur an den Schlaf oder an eine Ohnmacht, in die der Mensch verfällt, und besonders an die Stadien der vor- und/oder nachgeburtlichen Entwicklung, in denen der Mensch noch nicht über die physiologischen Voraussetzungen für die genannten Eigenschaften verfügt, oder aber in denen diese physiologischen Voraussetzungen durch eine vorübergehende oder dauerhafte Störung außer Kraft gesetzt sind, wie sie bei geistig Schwerstbehinderten oder an Altersdemenz Erkrankten vorliegt. Ist dem Menschen auch in diesen Phasen seiner Existenz die Eigenschaft zuzuschreiben, Person zu sein? Oder muß zwischen dem Status eines menschlichen Wesens und dem einer Person unterschieden werden? Wie eng hängt das Personsein mit dem organischen Substrat, der biopsychischen Natur des Menschen zusammen? Für den Fall nämlich, daß zwischen Person und Natur, menschlichem Leben und Personsein ein signifikanter Unterschied zu machen ist, muß auch in bezug auf den Schutz des menschlichen Lebens, so scheint es, differenziert werden.

Deshalb ist es notwendig, die oben skizzierten Deutungen des Verständnisses von Person und Menschenwürde daraufhin zu befragen, welche Ansätze sie zur Lösung dieses Problems bereithalten. Erst auf dem Hintergrund dieser Prüfung können dann die Konsequenzen für die Frage nach der Ausdehnung des ethisch gebotenen Schutzes des menschlichen Lebens gezogen werden.

3.1 Die historische Entfaltung des Problems

3.1.1 Die aristotelische Tradition: Aristoteles und Thomas von Aquin

Für die aristotelische Tradition steht die Einheit von menschlichem Handlungssubjekt und menschlichem Lebewesen außer Frage. Für *Aristoteles* ist Leben Selbsttätigkeit, die sich einem Prinzip verdankt, das er bei allen Lebewesen Seele nennt. Jedes Lebewesen besitzt in der ihm eigenen Seele das Prinzip seiner Form und seiner Bewegung. Die Seele ist „die erste Wirklichkeit eines organischen physischen Körpers" (*De an.* II 2, 412b 4f.). Der lebendige Körper hat seine Wirklichkeit nur durch die Seele: Lebendige Dinge besitzen ihr Sein in Form von Leben (vgl. ebd. 415b). Leben aber ist Selbstorganisation und Selbsttätigkeit aus einer Mitte heraus. Seele und Leib verhalten sich zueinander wie Form und Materie und bilden zusammen das eine Lebewesen als eine in Raum und Zeit sich durchhaltende Entität, d. h. als eine Ousia oder eine *Substanz*, wobei die Substanzvorstellung nicht an einem statischen Zustand, sondern an der Einheit des Lebewesens orientiert ist. Deshalb beginnt für Aristoteles das Leben eines Lebewesens mit der Beseelung, d. h. mit der Selbsttätigkeit, die durch die Vereinigung von Formprinzip und Materie einsetzt, und es endet mit der Auflösung dieser aus seiner Mitte heraus sich selbst organisierenden und selbsttätigen Einheit von Leib und Seele. Das dem Menschen eigene Vernunftvermögen wird von Aristoteles als ein Vermögen der *einen* Seele verstanden, die zugleich die vegetativen und sensitiven Funktionen bestimmt und damit das *eine* Prinzip des gesamten vegetativen, sensitiven und geistigen Lebens darstellt.

Dieser Gedanke wird von *Thomas von Aquin* noch konsequenter gefaßt, insofern er auch die Einschränkung ablehnt, die Aristoteles für einen Teil des geistigen Vermögens, den *nous*, gemacht hatte, wenn er von ihm vermerkt, er komme „von außen" in den Menschen. Für Thomas aber ist die Vernunft nicht eine von außen hinzutretende Dimension im Menschen: sie ist zugleich Träger der dem Menschen eigenen Vernünftigkeit wie Organisations- und Lebensprinzip der biologischen Existenz des Menschen. Die Seele bildet für Thomas so sehr eine Einheit mit dem Leib, daß er die vom Leib getrennte Seele für die Zeit dieser Trennung nicht als Person bezeichnet. Daher kann man vom Subjekt immer nur als Substanz sprechen, wie dies im Anschluß an Aristoteles schon *Boethius* (480-524/26) in seiner Definition von Person als „rationalis naturae individua substantia" tut, wie sie sich in seiner Schrift *Contra Eutychen et Nestorium* c. III findet: Person bezeichnet gemäß dieser Definition das Individuum, das eine selbständige persistierende Entität darstellt, und zwar eine solche, der ihrer Natur nach das *Vermögen der Vernünftigkeit* eignet. In dieser durch Boethius fixierten Bedeutung wird der Ausdruck persona von den Autoren des *lateinischen Mittelalters* vor allem im Rahmen der christologischen Auseinandersetzung benutzt und in Teilmomenten weiterentwickelt, wobei sich die Deutungen durch die Art ihres Aristotelesverständnisses unterscheiden.

3.1.2 Die empiristische Tradition: John Locke

Zu einer Trennung zwischen Personsein und Menschsein kommt es erst durch die mit *John Locke* einsetzende Reduktion der Person auf das Selbstbewußtsein: Die Person erscheint – so hatte sich gezeigt – als das Selbst, das durch die Einheit des Bewußtseins konstituiert ist. Sicher ist Locke darin zuzustimmen, daß die Einheit der Kontinuität des Bewußtseins für die moralische Identität der Person eine wichtige Rolle spielt. Doch ist die Einheit des Bewußtseins – wie Lockes Erklärung nahelegt – tatsächlich auch das, was die Person allererst konstituiert bzw. den unbedingten Schutz auch ihrer leiblichen Integrität begründet?

Was gegen diese Annahme spricht, sind nicht nur theoretische Einwände, wie der, daß ein Bewußtsein, das durch seine Vollzüge die Einheit stiften soll, selbst schon eine Einheit besitzen muß – ein Einwand, dem, wie sich zeigen wird, nur mit einer Ontologie zu begegnen ist, die weit problematischer erscheint als die aristotelische Annahme einer ousia. Es sprechen auch, wie Locke selbst einräumt, praktische Gründe dagegen. Soll nämlich nicht schon ein vorübergehendes Vergessen die durch die Kontinuität des Gedächtnisses gestiftete Einheit des Bewußtseins aufheben, muß man eine „mögliche Erinnerung" (*Essay* II 27,10) annehmen, was erneut die Frage auslösen muß, wie denn zwei Bewußtseinszustände verbunden werden sollen, ohne daß es eine der Verbindung dieser Zustände vorgängige Identität und Kontinuität gibt.

Vor allem aber setzt sich die skizzierte Deutung – wie Lockes eigene Ausführungen zeigen – in Widerspruch zu unseren *sittlichen Intuitionen*: Daß auch unmündige und nichtzurechnungsfähige Menschen in ihrem Anspruch auf Leben geschützt werden müssen, steht für Locke außer Frage. Da der von ihm umschriebene Personbegriff diesen Schutz nicht zu begründen vermag, greift er an den Stellen, wo es um diese Gruppen von Menschen geht, auf den Begriff der *Art* zurück, den er mit den Begriffen der Schöpfung und des Eigentums Gottes an seinen Geschöpfen als normativen Begriff legitimiert (vgl. *Treatises II* §66). Geistig Schwerstbehinderte, die nicht zum Gebrauch der Vernunft fähig sind, gehören einer *Zwischenart* an, die zu schützen ist, weil sie Eigentum ihres Schöpfers sind (vgl *Essay* IV 4,12ff.). Damit nimmt Locke für den Lebensschutz des unmündigen und nicht zurechnungsfähigen Menschen auf den Begriff Bezug, den er als Kriterium für den Lebensschutz von Personen (in dem von ihm gemeinten Sinn) ablehnt, nämlich den der *substantiellen Art*. Begründet wird dieser Schutz zudem nicht ethisch, sondern schöpfungstheologisch.

Das aber kann weder praktisch noch theoretisch befriedigen: Eine Begründung des Lebensschutzes, die auf einer genuin theologischen Begründung verbunden mit einem bestimmten ontologischen Artbegriff beruht, muß in dem Augenblick problematisch – und damit für die Betroffenen gefährlich – werden, in dem die Prämissen der theologischen Begründung nicht mehr geteilt werden. „Wenn eine Interpretation die Konsequenz ermöglicht, daß Menschen ihre Rechte nur im Zustand des Bewußtseins haben, dann ist das Leben gefährlicher geworden." (Specht 1989, 112). Um den Lebensschutz der Personen (in dem von ihm gemeinten Sinn) unabhängig von problematischen metaphysischen Prämissen begründen zu können, entschließt sich Locke zu der „theoretischen Notoperation" (Siep 1992, 81) einer Trennung von Person und Menschsein, die jedoch den Lebensschutz eines Teils der menschlichen Wesen in seiner Begründung um so problematischer werden läßt.

3.1.3 Die transzendentalphilosophische Tradition: Immanuel Kant

Immanuel Kant ist mit Locke darin einig, daß der Personbegriff von dem Substanzbegriff angesichts der theoretischen Schwierigkeiten dieses Begriffs getrennt werden muß. Doch in der praktischen Philosophie, so stellt er fest, kann (und muß) der „Begriff der Persönlichkeit" wie der der Substanz „bleiben". Denn nur sofern der empirische Mensch, der homo phaenomenon, an der „Persönlichkeit" als moralischer Idee teilhat, kann diese Idee für ihn zum Bestimmungsgrund des Handelns werden.

Damit stellt sich die für unseren Zusammenhang wichtige Frage, wie Kant die Beziehung zwischen Mensch und Person, bzw. menschlicher Natur und Persönlichkeit bestimmt. Der Ansatz schließt aus, daß die „Persönlichkeit" mit dem empirischen Menschen einfachhin identisch ist, läßt aber auch nicht zu, daß beide getrennt werden. Denn anders als bei Locke ist sie nicht das Resultat und auch nicht bloßer Ausdruck spezifisch menschlicher Vollzüge, sondern deren Voraussetzung. Und als solche kommt sie nicht erst dem moralisch handelnden, sondern bereits dem der Moral fähigen Menschen zu. Daher stellt Kant fest, daß im Unterschied zu vernunftlosen Wesen, die nur einen relativen Wert haben und deshalb als *Sachen* zu bezeichnen sind, „vernünftige Wesen *Personen* genannt werden, weil ihre Natur sie schon als Zwecke an sich selbst, d.i. als etwas, das nicht bloß als Mittel gebraucht werden darf, auszeichnet" (*GMS* 428). Der Respekt vor der Person in Form der *Achtung* kommt daher schon dem „uns möglichen Wille(n) in der Idee" (*GMS* 440), d. h. der Person zu, sofern sie die „Anlage zum Guten" (*MS* 441) besitzt. Deshalb hat die Achtung nach der schon zitierten dritten Formel des Kategorischen Imperativs auch der Menscheit als Gattung zu gelten. Ist aber die Persönlichkeit als das Subjektsein zur Natur des Menschen *der Anlage nach* gehörig, dann ist der Mensch ohne Bedingungen „verbunden [...], die Würde der Menschheit an jedem anderen Menschen praktisch anzuerkennen" (*MS* 462). Es bedarf dazu weder der Gegenanerkennung, noch der Einsicht in das Subjektsein bzw. in die Zwecksetzungen des anderen. Da wir nach Kants erkenntnistheoretischen Prämissen den anderen Menschen immer nur als empirisch gegebenes Wesen, d. h. als homo noumenon, zu erfassen vermögen, muß das Personsein des homo noumenon *unterstellt* und die *Achtung vor dem Leben des anderen* durch das *Recht* sichergestellt werden. Als Grund für die schuldige Respektierung der Handlungszwecke genügt nach Kant der Aufweis ihrer Rechtmäßigkeit.

Stellen aber *Persönlichkeit und menschliche Natur* einen unlöslichen Zusammenhang dar, dann ist es konsequent, bei der Frage nach dem Umgang mit den noch nicht zum Gebrauch der Vernunft gekommenen Menschen wie Kant auch von „Kindern als Personen" zu sprechen und es für „eine in praktischer Hinsicht ganz richtige und auch notwendige Idee [zu halten], den Akt der Zeugung als einen solchen anzusehen, wodurch wir eine Person ohne ihre Einwilligung auf die Welt gesetzt und eigenmächtig in sie herübergebracht haben" (*MS* 280f.). Vor die praktische Frage gestellt, entscheidet sich also Kant ohne zu zögern dafür, Personsein und menschliche Natur als umfangsgleich zu betrachten. Zugleich muß er dafür jedoch eine Einheit beider in Anspruch nehmen, die die theoretische Vernunft nach seinen Annahmen nicht zu erkennen erlaubt, und einen Substanzbegriff im praktischen Bereich postulieren, der sich im theoretischen nicht ausweisen läßt.

3.1.4 Die Diskussion in der Gegenwartsphilosophie

3.1.4.1 Begriffliche Unterscheidungen

Wie sich bereits in Abschnitt 2.1.4 zeigte, folgt die zeitgenössische Diskussion der Frage, wie weit der Schutz menschlichen Lebens auszudehnen ist, über weite Strecken den in der Neuzeit entwickelten Ansätzen insbesondere Lockes und Kants (vgl. auch Honnefelder 1993). Dabei spielen, so zeigte sich, bestimmte aus der Tradition aufgenommene und fortgeführte begriffliche Unterscheidungen eine Rolle. Eine solche Unterscheidung ist die zwischen einem *deskriptiven* bzw. *theoretischen* und einem *präskriptiven* bzw. *praktischen* oder *moralischen* Personbegriff. Im ersten Fall wird beschrieben, was eine Person ist, indem die ontologischen Eigenschaften aufgeführt werden, durch die sich Personen von anderen Entitäten unterscheiden, seien diese Eigenschaften empirisch feststellbar oder nicht; im zweiten Fall wird mit Hilfe des Personbegriffs jemandem der Anspruch zugeschrieben, in einer bestimmten Weise respektiert zu werden. Als besonderes Problem erscheint dabei die Frage, ob der erste Begriff die Grundlage des zweiten ist und ob ohne einen naturalistischen Fehlschluß, d. h. ohne einen logisch illegitimen Schluß von einem reinen Ist-Satz auf einen Soll-Satz, von den Bestimmungen des ersten auf die des zweiten Personbegriffs geschlossen werden kann. Auch wenn dies nicht möglich ist, bleibt die Frage, ob der praktische Personbegriff nicht seinerseits bestimmte *ontologische Implikationen* enthält, oder anders ausgedrückt, ob der für unsere Frage relevante Personbegriff nicht den praktischen Personbegriff mit bestimmten Elementen des deskriptiven Personbegriffs verbindet. Will man die mit den neuzeitlichen Ansätzen Lockes und Kants verbundenen Engführungen vermeiden, dann ist dies nicht ohne Kritik und ohne Erweiterungen um die Elemente der älteren aristotelischen Tradition möglich, die sich als sachlich unverzichtbar erweisen.

3.1.4.2 Die Frage nach den Kriterien der Person im moralischen Sinn

Versteht man Person im moralischen Sinn als Träger sowohl von Rechten als auch von Pflichten, dann erscheint es einleuchtend, daß es bestimmter Eigenschaften bedarf, um Person in diesem Sinn zu sein. *Joseph Fletcher* (1972) nennt deshalb als positive Kriterien des Personseins: ein Mindestmaß an Intelligenz, Selbstbewußtsein und Selbstkontrolle, einen Sinn für Zeit, und zwar sowohl hinsichtlich der Zukunft als auch der Vergangenheit, die Fähigkeit, sich auf andere zu beziehen, um sie besorgt zu sein und mit ihnen zu kommunizieren, Selbststeuerung und Neugier, die Fähigkeit, zu lernen und sich zu ändern, ein Gleichgewicht von Rationalität und Gefühl, individuelle Eigenart und cerebrale Verarbeitungskapazität. *Mary Anne Warren* (1973) spricht von Bewußtsein und Schmerzempfindung, Überlegungs- und Problemlösungskompetenz, selbstmotivierter Aktivität, Kommunikationsfähigkeit und der Ausbildung des Bewußtseins, Individuum der Spezies zu sein. *Joel Feinberg* (1982) führt Bewußtsein, Besitz eines Selbstkonzepts, Selbstwahrnehmung, Fähigkeit zu Gefühl, Vernunft und Verstehen ebenso wie Fähigkeit zu Zukunftsplanung, plangemäßem Handeln und der Empfindung von Lust und Schmerz an.

Wird das Personsein an den aktuellen Besitz der genannten Eigenschaften geknüpft, ist nicht jeder Mensch und nicht jeder in jeder Phase seines menschlichen Lebens Person. Menschliches Leben und Personsein treten auseinander. Dementsprechend unterscheidet *Mary Anne Warren* zwischen „menschlich" im „genetischen Sinn" und „menschlich" im „moralischen Sinn". Diskutiert wird die Frage, ob Zugehörigkeit zur menschlichen Natur nicht *der Möglichkeit* oder *dem Vermögen nach* Personsein im genannten Sinn begründet. Kann aber, so ist zu fragen, ein hinlänglicher

Begriff von *Möglichkeit* bzw. *Vermögen* gebildet werden und hat der mit einem solchen Begriff erfaßte Status Konsequenzen für den moralischen oder rechtlichen Status der Person im beschriebenen Sinn?

Damit wird der Zusammenhang zwischen der Definition des Status der Person und der Schutzwürdigkeit des menschlichen Lebens sichtbar: Kann nur der Status einer Person im genannten starken moralischen oder rechtlichen Sinn eine unbedingte Schutzwürdigkeit des menschlichen Lebens im Sinn eines generellen Tötungsverbots begründen, dann muß es, sofern am Schutz menschlichen Lebens festgehalten werden soll, das über den aktuellen Besitz der diesen Status begründenden Eigenschaften nicht verfügt, andere Gründe als die des Personseins geben. Diese Linie der zeitgenössischen Diskussion läßt sich an drei Positionen verdeutlichen.

3.1.4.3 Moralische und soziale Person: Hugo Tristram Engelhardt jr.

Der amerikanische Bioethiker *Hugo Tristram Engelhardt jr.* (1986, 104-127) knüpft an Kants Personbegriff an und verbindet ihn mit einer Unterscheidung zwischen *biologischem* menschlichem Leben und *personalem* menschlichem Leben. Das Leben von Personen ist unbedingt geschützt, denn sein Schutz fällt unter den „respect for persons", d. h. die Unantastbarkeit der Würde, die der Person zukommt, weil sie einen Zweck an sich selbst darstellt. Sind sich wechselseitig anerkennende Personen, d. h. ihrer selbst bewußte und frei handelnde Subjekte, die Bedingung und der Zweck der moralischen Ordnung, dann ist ein Verstoß gegen das Leben solcher Personen ein Verstoß gegen ihre Würde und damit eine Verletzung der moralischen Ordnung.

Wie aber sind alle diejenigen menschlichen Wesen zu schützen, die die aktuellen Eigenschaften des Selbstbewußtseins und der Selbstverfügung nicht besitzen, denen aber biologisches menschliches Leben zukommt (und dazu rechnet Engelhardt auch solche, bei denen ein völliger Ausfall des Gehirns eingetreten ist, aber vitale Funktionen noch erhalten sind)? Zu ihrem Schutz führt Engelhardt den Begriff der Person im sozialen Sinn ein. Die Menschen, denen zwar wie kleinen Kindern und geistig Behinderten die Eigenschaften einer Person im oben genannten Sinn fehlen, die aber zu einem Minimum an sozialer Interaktion fähig sind, sind so zu behandeln, „als ob sie Personen im strengen Sinn wären" (1982, 97). Der Grund ist eine – wie Engelhardt vermerkt – utilitaristische Überlegung: Weil die Personen im eigentlichen Sinn die Werte und Tugenden des Familienlebens und der Sorge für die Schwächeren aufrecht erhalten wollen und ihnen am Fortleben oder Überleben der genannten Menschen liegt, ist es ihr Nutzen, der sie dazu veranlaßt, den Lebensschutz auf diese Gruppe von Menschen auszudehnen. De facto zieht dies in der Regel keinen geringeren Lebensschutz nach sich; de iure besteht aber von Seiten der Betroffenen ein Recht auf Schutz nur, sofern er ihnen von den Personen verliehen wird. Im Konfliktfall kann daher auch ein Mitglied dieser Gruppe als Mittel gebraucht werden. Zygoten und Feten kommt auch dieser Schutz nicht zu, da die Annahme, sie seien potentielle Personen – Engelhardt ordnet auf wenig plausible Weise dem Fetus eine „potentiality to become", dem Neugeborenen dagegen eine „potentiality of" (1986, 110 ff.) zu –, einen metaphysischen Seelenbegriff voraussetzt, über den in der modernen Gesellschaft kein Einverständnis herzustellen ist.

Prüft man den Vorschlag Engelhardts auf seine Triftigkeit, so vermögen sowohl das Kriterium der Auswahl der Personen im sozialen Sinn als auch die Begründung ihrer Schutzwürdigkeit kaum zu überzeugen. Entweder liegt den Eltern an den unmündigen Kindern, weil sie im oben genannten Sinn potentielle Personen sind, dann bedarf es nicht einer durch einen besonderen Rechtsakt übertragenen

Schutzwürdigkeit, oder aber die Schutzwürdigkeit hängt von zufälligen Wertschätzungen ab, dann aber schließt sie einen einen Gebrauch als bloßes Mittel nicht aus. Zudem leuchtet es wenig ein, warum ein Neugeborenes eine größere Wertschätzung finden sollte als ein Ungeborenes. Wenn aber – wie bei Engelhardt der Fall – Auswahl und Schutzwürdigkeit der Personen im sozialen Sinn von unseren sittlichen Intuitionen und unserer Wertschätzung bestimmt werden, warum bleibt dann die konkrete Ausformung der Kriterien, wie sie Engelhardt gibt, hinter dem zurück, was in der Gesetzgebung der meisten Rechtsstaaten und im Menschenrechtsgedanken zum Ausdruck kommt, wie etwa im unveräußerlichen Recht jedes Menschen (zumindest des neugeborenen) auf Leben, dem Verbot der Instrumentalisierung geistig behinderter Menschen usf.? Die von Engelhardt angenommene Schutzwürdigkeit von Personen im sozialen Sinn setzt sich daher dem Verdacht aus, sie folge Kriterien, die weniger an unseren sittlichen Intuitionen als an mehr oder weniger zufälligen emotionalen Vorlieben und Nützlichkeitserwägungen orientiert sind.

3.1.4.4 Person und menschliches Wesen: Peter Singer

Im Präferenzutilitarismus wird der Schutz menschlichen Lebens mit dem Status einer Person begründet, und dieser Status wird wiederum mit dem Besitz bestimmter Eigenschaften, insbesondere der, nicht nur Interessen, sondern Präferenzen von Interessen entwickeln zu können, gleichgesetzt oder von ihnen abhängig gemacht. Das aber bedeutet für *Peter Singer*, daß es menschliche Wesen wie Embryonen, Imbezile und irreversibel Komatöse gibt, die nicht Personen sind, weil sie diese Eigenschaften nicht besitzen, so wie es umgekehrt in Form von bestimmten Affenspezies und eventuell auch Delphinen, Walen oder Schweinen Lebewesen gibt, die als Personen zu betrachten sind, weil sie – wenigstens in einem weiten Sinn – die genannten Eigenschaften besitzen, obwohl sie keine menschlichen Wesen sind. „Wenn der Fötus nicht denselben Anspruch auf Leben wie eine Person hat", so stellt Singer fest, „dann hat ihn das Neugeborene offensichtlich auch nicht, und das Leben eines Neugeborenen hat also weniger Wert als das Leben eines Schweines, eines Hundes oder eines Schimpansen" (1984, 169). Daß dennoch Kindstötungen nur in Ausnahmefällen erlaubt sein sollen, hat nach Singer seinen Grund allein in den zu befürchtenden „Wirkungen der Kindstötungen auf andere" (ebd. 173). Und was Embryonen betrifft, so haben sie aufgrund des Mangels der genannten Eigenschaften überhaupt keinen Wert an sich (intrinsic value) (ebd. 162 f.) und sind deshalb auch in ihren Interessen – wie beispielsweise dem, keinen Schmerz zu empfinden – nicht mehr oder weniger zu respektieren als andere ähnlich empfindungsfähige Wesen.

Unterzieht man Singers Position der Kritik, so spricht gegen sie – von den generellen Einwänden, denen sich eine utilitaristische Grundlegung der Ethik und ihre Bezugnahme auf Interessen sowie die Singersche Modifikation dieses Ansatzes aussetzen, sowie der Frage der Praktikabilität (vgl. Lenzen 1990; Birnbacher 1990; Hoerster 1990) und dem Problem der in der Interessenabwägung vorauszusetzenden Möglichkeit der Quantifizierbarkeit von Qualitäten einmal ganz abgesehen – der gleiche Einwand, der auch schon gegen Engelhardts Position angeführt wurde: daß sie nämlich die sittlichen Intuitionen nicht angemessen aufzunehmen vermag, wie sie – etwa in bezug auf den Lebensschutz von Neugeborenen – im Menschenrechtsgedanken und in der Mehrzahl der diesbezüglichen rechtsstaatlichen Regelungen zum Ausdruck kommen.

Singers Lösung ist aber – wie schon die John Lockes – auch von ihren internen Voraussetzungen her problematisch.

Wie schon *Michael Tooley* (1985, 121 ff.) festgestellt hat, droht jeder Versuch, das Tötungsverbot mit der Fähigkeit eines Lebewesens zu langfristigen Wünschen und Interessen zu begründen, an der kontraintuitiven Annahme zu scheitern, daß dann schlafende, vorübergehend bewußtlose, zeitweilig emotional Verwirrte oder in ihren Wünschen Indoktrinierte nicht vom generellen Tötungsverbot geschützt sind. Diese absurde Konsequenz ist – so Tooley – nur vermeidbar, wenn die von Singer und anderen angeführten Eigenschaften mit der Annahme einer *diachronen Identität* verbunden werden. Es muß eine in der Zeit fortdauernde identifizierbare Größe geben, der die genannten Eigenschaften in ihrem Wechsel zukommen. Denn nur Subjekte, die über die Zeit hinweg identifizierbar sind, können Interessen haben, die nicht an den Augenblick gebunden sind und die deshalb nach dem utilitaristischen Ansatz ein Tötungsverbot rechtfertigen.

Diachrone Identität aber läßt sich grundsätzlich auf zwei Wegen verstehen: als ein Andauern eines Ereignisses oder als Andauern eines Dinges. Den ersten Fall bezeichnet *David Lewis* (1986, 202 ff.; vgl. Runggaldier 1992) als *perdurance*, den zweiten Fall, das Andauern von Dingen, die sich trotz Änderung zahlreicher Eigenschaften als solche durchhalten (continuants), nennt er endurance. Welche Form der diachronen Identität aber kommt der menschlichen Person zu? Erst die Antwort auf diese Frage – mit der sich Singer nicht beschäftigt – kann darüber entscheiden, ob die von Singer vorgeschlagene exklusive Identifizierung des Personseins mit dem aktuellen Besitz der angeführten Eigenschaften an den genannten kontraintuitiven Konsequenzen scheitert, d. h. haltbar ist oder nicht.

3.1.4.5 Person als psychische Kontinuität: Die reduktionistische Deutung Derek Parfits

Am konsequentesten hat sich *Derek Parfit* mit dieser Frage auseinandergesetzt und damit zugleich die schwerwiegenden Implikationen deutlich gemacht, die mit der Gleichsetzung von Personsein und aktuellem Besitz bestimmter Eigenschaften verbunden ist. Die Annahme, daß der Person die Identität eines continuant, d. h. einer in der Zeit sich durchhaltenden Entität, zukommt, liefe für Parfit auf die Annahme einer „zusätzlichen Tiefentatsache" („deep further fact", vgl. Parfit 1989, 321-347) hinaus, die er aus ähnlichen (empiristischen) Gründen vermeiden möchte, wie sie Locke dazu geführt haben, auf die Annahme einer der Person zugrunde liegenden Substanz zu verzichten. Will man logisch konsistent bleiben, ist dies nach Parfit nur möglich, wenn man wie Locke die diachrone Identität der Person als eine Einheit von Ereignissen, nämlich als Einheit von Personphasen auffaßt, d. h. als eine Relation von physikalischen, vor allem psychischen Ereignissen bzw. Zuständen, die durch starke Ketten von „psychischer Verbundenheit" („psychological connectedness", vgl. Parfit 1989, 199-209), vor allem in Form der Erinnerung, in eine Beziehung der Kontinuität gebracht sind. Die menschliche Person ist daher nichts anderes als eine psychische Kontinuität.

Diese Deutung hat in Parfits Augen einen besonderen Vorzug: Sie behebt die Schwierigkeiten, denen sich die utilitaristische Sicht ausgesetzt sieht, nämlich die Würde der individuellen Person – durch deren Einbeziehung in das kollektive Nutzenkalkül – nicht wahren und der Forderung nach Verteilungsgerechtigkeit nicht entsprechen zu können. Faßt man nämlich die Einheit eines individuellen Lebens als eine Kontinuität von Phasen, dann kann die Gerechtigkeitsforderung statt auf die individuelle Lebenseinheit auf diese

Phasen und ihre Verbindungen bezogen werden. Phasen sind im Unterschied zu individuellen continuants homogenisierbar, so daß die verschiedenen Zustände des Menschen nach Parfit ohne Inkonsistenz als Abstufungen der die Person konstituierenden psychischen Kontinuität aufzufassen und der präferenzutilitaristischen Beurteilung zugänglich zu machen. Feten, geistig Schwerstbehinderte und irreversibel Komatöse sind dann zu Recht nicht als Personen zu betrachten. Die Verantwortlichkeit des Menschen reicht soweit wie die durch sein Gedächtnis hergestellte Identität.

Wie Parfits eigene Analyse zeigt, ist die auf Interessen gegründete und scheinbar metaphysikfreie präferenzutilitaristische Sicht, wie Singer und er selbst sie vertreten, nur konsistent zu machen durch Annahmen, die alles andere als metaphysikindifferent sind. Was nämlich die Deutung der Person als psychische Kontinuität voraussetzt, ist eine Phasen- und Ereignisontologie, wie sie *Williard Van Orman Quine* im Rückgriff auf *Rudolf Carnaps* Rezeption des vierdimensionalen Raum-Zeit-Systems *Minkowskis* entwickelt hat. Dinge sind nach einer solchen Ontologie auf Ereignisse zurückführbar, die ihrerseits als die zeitlichen Wege von Weltpunkten interpretiert werden können, wobei es von unserem jeweiligen praktischen Interesse abhängt, wie wir diese zeitlichen Einheiten bilden. Ist aber eine solche Dinge auf Ereignisse reduzierende Ontologie – wie Quine selbst annimmt – Sache der Wahl, dann kann eine ethische Position, die eine solche Ontologie zu ihrer Konsistenz erforderlich macht, nur dann zirkelfrei begründet sein, wenn es Kriterien gibt, an die wir uns bei der Wahl einer Ereignis- oder einer Dingontologie halten können. Als solche Kriterien bieten sich bevorzugt zwei Formen der Praxis an: die Praxis unserer sprachlichen Verständigung über die Welt und die Praxis unseres Handelns. Beide Kriterien sind zumindest geeignet, um über die Frage zu entscheiden, wer bei der Wahl einer Ontologie die Beweislast zu tragen hat.

Was unsere sprachliche Verständigung über die Welt angeht, so hat schon Michel Lockwood gegen den Warnock-Report angeführt, daß die Weltbeschreibung der von Locke, Parfit u. a. vertretenen Ontologie nicht mit derjenigen vereinbar ist, die wir bei unserem natürlichen lebensweltlichen Sprechen verwenden. Trifft nämlich die Analyse *Saul A. Kripkes* (1972) und *Hilary Putnams* (1979) zu, daß wir Eigennamen und Begriffe natürlicher Arten nur mit starrer Referenz verwenden, dann müssen wir bei Personen und Arten so etwas wie Entitäten annehmen, die fortdauern, auch wenn etliche ihrer Eigenschaften mit der Zeit wechseln. Aristoteles wäre nach dieser Sprachverwendung auch dann noch Aristoteles, wenn er nicht in Stageira geboren und nicht der Schüler des Platon gewesen wäre. Für eine ereignisontologische Deutung ist dagegen der zweite Aristoteles ein anderer und gewissermaßen nur das „Gegenstück" („counterpart", vgl. 1986, 202 ff.) des ersteren. Gerade bei Personen aber nehmen wir an, daß sie noch die gleichen sind, wenn sie sich ändern, daß sie länger oder kürzer leben könnten als sie tatsächlich leben, ohne dabei aufzuhören, dieselben zu bleiben. Wir fragen, wann das Leben einer Person begonnen hat und wie lange es dauert. Für eine ereignisontologische Deutung jedoch sind es die Personen, die dauern, so daß ein Aristoteles, der nur zwei Stunden später gestorben wäre, eine andere Person ist als der, den wir kennen.

Nicht zuletzt sind es *praktische* Phänomene, die die ereignisontologische Deutung problematisch erscheinen lassen: Angst vor zukünftigem Leiden ist nicht Angst vor einer *Phase* des Leidens, sondern davor, daß *ich selbst* leiden werde. Und die Möglichkeit, daß es auch Personen in Form von Zwei-Stunden-Phasen oder von Kombinationen aus bisher fremden Stücken geben kann, verstößt vollständig gegen unsere landläufige Auffassung, nach der wir unter Personen solche Wesen verstehen, die bestimmte Gefühle die *ihren* nennen, die als solche Entwicklungen durchmachen und eine bestimmte Geschichte haben, an die Vorwürfe gerichtet und die zur Verantwortung gezogen werden können. Vor allem wird ein Fall unplausibel, den wir geradezu als Paradigma der Menschenwürde und der aus ihr folgenden Gewissensfreiheit verstehen, nämlich der *Gewissensfall*, in dem wir lieber den Tod des organischen Lebens in Kauf nehmen als durch ein bestimmtes Handeln die personale Identität preiszugeben.

Kann aber die angebotene Deutung der diachronen personalen Identität, die an die Stelle der *Dinge* andere Entitäten, nämlich *Phasen*, setzt, den Vorwurf der Zirkularität nur um den Preis vermeiden, diese Konstitution als konventionalistisch aufzufassen, dann wird man *Peter Simons* (1987) und Edmund Runggaldier (1992) zustimmen müssen, daß eine solche Ontologie die Beweislast für die mit ihr verbundene Umdeutung unserer natürlichen Sprachverwendung und unserer lebensweltlichen Praxis tragen muß und nicht umgekehrt.

3.1.4.6 Person als Substanz: Peter F. Strawson und David Wiggins

Was meint man, wenn man einen Menschen als Person bezeichnet? Hält man sich an Locke, Singer und Parfit, dann ist die *Sorge um ein Weiterleben* das elementare Phänomen, das die Person von anderen Lebewesen unterscheidet und ihr Leben in besonderer Weise schutzwürdig macht. Doch ist es gerade dieses Phänomen, das nicht nur – wie sich bereits zeigte – gegen eine Reduktion der *Person* auf die psychische Kontinuität spricht, sondern auch einen ganz anderen Personbegriff fordert. Denn offensichtlich ist mein Wunsch zu überleben, nicht so zu interpretieren, daß ich wünsche, daß es eine weitere Phase gibt, zu der ich eine psychische Verbindung habe, sondern daß *ich* überlebe. Nicht *ob* ich überlebe, interessiert mich, sondern als *was* ich überlebe, nämlich als der, der ich bin. Gerade die Möglichkeit einer *individuellen Biographie*, an der ich interessiert bin und aus der sich mein Überlebenswunsch ergibt, kann durch die „pure mental connectedness" Parfits (1989, 199-209) nicht angemessen erklärt werden. Das Gedächtnis, das eine Verbindung zwischen den Bewußtseinszuständen herstellt, ist eine notwendige, aber offensichtlich keine hinreichende Bedingung personaler Existenz. Die Überlebenssorge (concern to survive) schließt – so die These von *David Wiggins* (1991, 303-311) – die Identitätssorge *notwendig* ein. Nur wenn es mir um mich und meine Identität geht, bin ich am Fortleben dieser Identität interessiert. Damit ist aber ein höchst wichtiges Resultat erreicht: Wenn es die Sorge um ein Weiterleben ist, die mich zu der praktischen Zuschreibung des Prädikats *Person* im Sinn einer unbedingten Schutzwürdigkeit veranlaßt, dann muß Person ein *continuant* bezeichnen, eine sich durchhaltende Entität, nämlich diesen raum-zeitlich identifizierbaren individuellen Menschen, nicht eine ereignisontologisch zu interpretierende Einheit in Form einer sich über eine bestimmte Zeit erstreckenden Kontinuität des Bewußtseins. Diese Annahme ist nicht das Bekenntnis zu einer unausgewiesenen metaphysischen Realität im Sinne von Parfits „deep further fact", sondern eine ebenso zwanglos wie zwangsläufig im lebensweltlichen Bewußtsein von jedermann getroffene Unterstellung. Ähnliches ließe sich nach *Grant Gillett* (1987) auch für die theoretische Dimension zeigen: Begriffliches Denken und Urteilen erfordert die Annahme eines Subjekts, dem die Gedanken zuschreibbar sind und das zu ihnen Stellung zu nehmen vermag, also eine – dem unsere Gedanken begleitenden „ich denke" Kants vergleichbare – einheitsstiftende Bezugsgröße, ohne die unsere theoretischen Vollzüge nicht erklärbar sind.

Wie aber kann das 'Ich', als das wir uns selbst identifizieren und als das wir von anderen identifizierbar sind, dessen diachrone Identität wir denkend in Anspruch nehmen und an deren Fortdauer wir handelnd Interesse nehmen, gedacht werden, wenn es nicht hinreichend ist, seine Identität als ein „Bündel" (Gillett 1987) von Phasen zu denken? Halten wir uns wieder an die Struktur unserer natürlichen lebensweltlichen Sprachverwendung, so gewinnen wir aufschlußreiche Hinweise: *Personen* gehören nicht nur zu den Entitäten, auf die wir mit sprachlichen Ausdrücken Bezug nehmen, die wie die Eigennamen und der Sortalausdruck 'Mensch' eine starre Referenz besitzen, also ein continuant unterstellen, sie haben auch, wie *Peter F. Strawson* (1993, 110-149) gezeigt hat, die Eigenart, daß von ein und demselben Individuum zugleich P(erson)-Prädikate (wie die Zuschreibungen von Handlungen, Intentionen, Gedanken, Gefühlen und Erinnerungen) als auch M(aterie)-Prädikate (wie die Zuschreibungen von körperlichen Eigenschaften, d. h. notwendig materie-einschließend [matter-involving]) ausgesagt wurden, dann zeigt sich, daß sowohl eine mentalistische wie eine physikalistische Deutung der Person auf eine Auflösung der ursprünglichen Einheit hinausliefe, die sich in der unterschiedslosen Prädizierbarkeit beider Prädikatstypen von ein und demselben Referenzobjekt und ihrem Zusammenhang anzeigt. „Person" ist daher für Strawson ein „ursprünglicher", d. h. nicht durch eine Kombination ursprünglicherer Begriffe wie „Bewußtsein" oder „Körper" definierbarer Begriff.

Wenn wir uns an die Verwendung unserer natürlichen Sprache halten, scheint also 'Person' der Ausdruck zur Bezeichnung eines Lebewesens zu sein, von dem wir eine unabschließbare Liste von P-Prädikaten und darin implizierten M-Prädikaten aussagen können, oder unter dem wir ein Lebewesen verstehen, „bei dem wir nicht umhin können, es als ein tatsächliches oder mögliches Subjekt von Bewußtsein und als ein Objekt von wechselseitiger Zuschreibung und Interpretation zu betrachten" (Wiggins 1987, 69). Das aber bedeutet, daß die Begriffe *Person* und *Mensch* nicht nur auf das gleiche referieren, sondern sich wechselseitig interpretieren und daß wir den Menschen ohne seine Wahrnehmung als *Person* nicht als *Subjekt von Zwecken* verstehen können.

3.2 Konsequenzen für Lebensschutz und Tötungsverbot

Was läßt sich den ausgewählten historischen Positionen und dem Blick auf die Gegenwartsdiskussion für unsere Frage nach der Ausdehnung des Schutzes menschlichen Lebens in Form eines generellen Tötungsverbots entnehmen?

3.2.1 Zwischenergebnis

Der aus der Rechtssprache entnommene Terminus der *Person*, so ist zunächst terminologisch festzustellen, erscheint seit Hobbes und Locke als die praktische Zuschreibung, die den, dem sie zugeordnet wird, als etwas kennzeichnet, das in seinem Anspruch auf Leben unbedingt zu respektieren, d. h. unter ein generelles Tötungsverbot zu stellen ist. Wer aber ist in diesem Sinn *Person*?

Als *Person* jedes Mitglied der biologischen Spezies Homo sapiens zu bezeichnen, kann ohne weitere Begründung nicht befriedigen, weil es nicht die Mitgliedschaft in einer biologischen Spezies ist, die *als solche* den moralischen und rechtlichen Anspruch auf einen entsprechenden Schutz des Lebens begründet – dies wäre in der Tat ein moralisch nicht befriedigender Speziesismus, eine willkürliche Selbstauszeichnung des Menschen, der zudem ein naturalistischer Fehlschluß zugrundeläge – , sondern die *Würde*, die dem Menschen als sittlichem Subjekt, d. h. als Subjekt selbst gesetzter Zwecke zukommt und die aufgrund der Identität von menschlichem Subjektsein und menschlichem Lebewesensein jedem Mitglied der Spezies zukommt.

Daraus den Schluß zu ziehen, Person seien nur die Mitglieder der Spezies, die *aktuell* über die Eigenschaften verfügen, die die Setzung selbst gesetzter Zwecke erlaubt, kann deshalb nicht überzeugen: Die damit getroffene Gleichsetzung verstößt gegen fundamentale sittliche Intuitionen wie die, auch Neugeborene in den Schutz einzubeziehen, und schränkt Sittlichkeit auf die Reziprozität gleich „starker", d. h. in gleicher Weise vollkommen ausgebildeter Subjekte ein. Sie setzt zu ihrer Plausibilität eine ereignisontologische Deutung der Person voraus, für die angesichts unserer anderslautenden natürlichen Sprachverwendung und der entgegenstehenden Intuitionen unserer lebensweltlichen Praxis die Beweislast zu übernehmen wäre.

Gerade die den Menschen auszeichnende Sorge um ein Weiterleben, aber auch theoretische Leistungen und praktische Vollzüge lassen sich nur angemessen explizieren, wenn wir davon ausgehen, daß mit *Person* eine *fortdauernde Entität* gemeint ist, der als untrennbarer Einheit mentale und materielle Prädikate zuschreibbar sind. Offensichtlich kommt die Schutzwürdigkeit des Lebens dieser als Person bezeichneten *Entität* zu.

Den Träger des Lebens zu schützen, solange er Träger aktuellen Bewußtseins ist, erscheint nur sinnvoll, wenn man zuvor – wie in der Bewußtseinsphilosophie Descartes' und im Empirismus Lockes – zwischen biologischem Leben und Bewußtsein eine ontologische Trennung einführt. Vertritt man diese Trennung, dann ist gerade das nicht mehr begreifbar, was die Person ausmacht, nämlich die *individuelle Einheit aus Leib und Ich*, wie sie aus der Beobachterperspektive als das leibhafte Gegenüber und aus der Teilnehmerperspektive als das leibhafte und zugleich um sich selbst wissende Ich erfahren wird. Aus der Perspektive Descartes' und Lockes kann diese Einheit nur als Koexistenz, d. h. als sekundäre Faktizität, nicht als ursprüngliche Einheit begriffen werden. *Bewußtsein* und *Leben* sind aber als solche Abstraktionen: Bewußtsein ist nicht „rein logisch zu nehmende Funktion von Subjektivität", sondern stets „Bewußtsein von Personen" (Hoffmann 1993, 329), Leben nicht ein anonymer Prozeß, sondern Leben eines Individuums. Was die *Person* ausmacht, ist gerade die Tatsache, daß sie beides zugleich ist: Leib und Ich, individuelles Leben und ichhaftes Bewußtsein. Hier liegt der nach wie vor gültige Grund, den Menschen bzw. die Person – wie Aristoteles und Boethius – als eine lebendige Substanz von geistiger Natur zu begreifen. Subjekt und Substanz bilden im Menschen eine ursprüngliche Einheit; Subjektivität und Substantialität sind real nicht voneinander zu trennen. Unter der Voraussetzung einer auf diese Weise ursprünglichen Einheit muß sich die der Person zukommende Selbstzwecklichkeit daher auf beides beziehen, auf das individuelle Leben der Person wie auf ihre die Zwecke selbst setzende Subjektivität.

3.2.2 Die Unverfügbarkeit der Person

Wenn es das sittliche Subjektsein als das Vermögen, sich selbst Zwecke setzen zu können, ist, das die Würde des Menschen begründet, die Freiheit aber, sich selbst Zwecke setzen zu können, niemals Gegenstand theoretischer Erkenntnis, sondern immer nur eigener praktischer Gewißheit sein kann, dann kann das die Würde begründende Subjektsein immer nur mir selbst offenbar sein. Da aber eben dieses Subjektsein in seiner ursprünglichen Einheit mit dem leibhaften Individuum das Besondere der Person ausmacht, kann der Respekt vor der Person nur gewahrt werden, wenn das Subjektsein, das als das, was es ist, nämlich als Subjektivität, der konstatierenden Erkenntnis des anderen verschlossen ist, auch der verfügenden Beurteilung durch den anderen entzogen bleibt. Über das Subjektsein des anderen theoretisch durch Feststellung bestimmter Eigenschaften urteilen zu wollen, stellt nicht nur einen Kategorienfehler dar, es ist zugleich ein Verstoß gegen die Unverfügbarkeit der Person. Soll sie gewahrt werden, muß die Leibhaftigkeit des Menschen als das „deutungslose Zeichen" (Hoffmann 1993, 348) der Person genügen. Die Gestalt des Menschen wird deshalb nach Kant zum „Symbol der Sittlichkeit" (*KU* §§ 59 u. 17), die den Anderen nötigt, mich als Person anzuerkennen. Zur Person gehört das Recht, vom anderen als das „deutungslose Zeichen", d. h. in ihrer Leibhaftigkeit, als Person anerkannt zu werden.

Das Recht bindet deshalb den Respekt vor der Person allein an die Präsenz eines leibhaften Individuums und sieht im Angriff auf das leibliche Leben einen Angriff auf die Person. Es ist diese Annahme, die im Menschenrechtsgedanken ihren Ausdruck findet, wenn die Würde dem Menschen *als Menschen* zugeschrieben und die Unantastbarkeit der Würde in Rechten entfaltet wird, die die Integrität des leiblichen Lebens schützen. Demgegenüber führt der reduzierte Personbegriff zu einem Rechtszustand zurück, der die zu respektierende Würde erneut von nachzuweisenden Eigenschaften abhängig macht und damit die Gleichheitsforderung einschränkt.

In der Unverfügbarkeit des Subjektseins liegt, so wird deutlich, zugleich der Grund für die *Relationalität des Personseins.* Wenn wir als personale Subjekte füreinander verborgen bleiben, ist es die wechselseitige Anerkennung, die uns im praktischen Sinn als Personen konstituiert. Doch bedeutet dies gerade nicht, daß Personalität nichts anderes ist als Relationalität. Zwar bedarf es des Anderen, der mich mit meinem Namen anspricht, um mich selbst als Ich zu erfahren. Doch nur wenn ich die Anlage der Ichhaftigkeit besitze, also Person bin, kann ich mich mit dem mir zugeschriebenen Selbst ins Verhältnis setzen und auf diesem Umweg zu dem konsistenten Ich werden, das ich dann bin (vgl. Pannenberg 1983, 179 ff.). Personalität wird anerkannt, nicht verliehen; sie ist Voraussetzung der Relationalität und zugleich deren Resultat. Anerkennung impliziert stets Anerkennung des Anspruchs auf die leiblichen Minimalbedingungen, ohne die die Person nicht existieren kann, also Anerkennung des Anspruchs auf Leben und leibliche Integrität, auf Raum und Freizügigkeit und soweit möglich auf Wohnung und Arbeit.

3.2.3 Würdeschutz und Eingrenzungsverbot

Dies hat für den Schutz der Würde und des Lebens der Person und seine Ausdehnung gewichtige Konsequenzen: Ist die Subjektivität nur dem um sich selbst wissenden individuellen Ich offenkundig, dann muß aufgrund der ursprünglichen Einheit von um sich selbst wissender Subjektivität und individuellem Leben für jeden anderen der Schutz der Würde da einsetzen, wo sich ein Subjekt als lebendiges Individuum, d. h. als *Leib* zeigt. Der Schutz der Würde darf dann weder auf bestimmten Leistungen jenes Gegenübers beruhen, das Objekt des Schutzes sein soll, noch auf bestimmten Neigungen oder Wünschen des Subjekts, dem der Schutz des anderen abverlangt wird. Der Schutz beruht allein auf der *Anerkennung* des Anderen als Person und diese Anerkennung darf an kein anderes Kriterium gebunden sein als an das, was vom anderen ansichtig wird, nämlich Mensch im Sinn eines leibhaften Individuums zu sein. Es ist also gerade die Unverfügbarkeit des Subjektseins für den anderen, die den Schutz des Subjektseins an das Kriterium der Leiblichkeit bindet.

Sind aber Leib und Ich, individuelles Leben und Subjektsein nicht durch eine Verhältnis der faktischen Koexistenz, sondern durch eine ursprüngliche Einheit gekennzeichnet, der die diachrone Identität einer Entität zugedacht werden muß, dann ist die Tötung des anderen die Aufhebung seiner Anerkennung als Person und aufgrund der im Anspruch der Anerkennung enthaltenen Wechselseitigkeit die Aufhebung der Sittlichkeit überhaupt. Erst dies macht begreiflich, daß der auf dem Gedanken der wechselseitigen Anerkennung der Menschen als unverfügbarer Personen beruhende Menschenrechtsgedanke die schon in früherem Zusammenhang genannten *beiden* Momente enthält: Die Unantastbarkeit des anderen Menschen, die ihm aufgrund der Würde als Person zukommt, und das Verbot, die Zuschreibung dieser Würde von einer anderen Tatsache abhängig zu machen als der, daß er leibhaft als Mensch erscheint.

3.2.4 Metaphysische Implikationen der praktischen Zuschreibung des Begriffs der Person

Im Zusammenhang von Ethik und Recht das Prädikat Person zu gebrauchen, heißt also eine praktische Zuschreibung vorzunehmen, nämlich den anderen als einen solchen zu betrachten, der in den Bereich wechselseitiger Anerkennung einzubeziehen und als solcher zu respektieren ist. Da mir der anzuerkennende Andere primär in seiner Leibhaftigkeit ansichtig wird und ich mir seines Subjektseins nie gewiß sein kann, zwischen beidem aber eine ursprüngliche Einheit besteht, muß bei der praktischen Zuschreibung des Personprädikats – wie bereits im Zusammenhang des Gedankens von Menschenwürde und Menschenrechten erwähnt – zwischen dem *Zuschreibungsgrund* und dem *Zuschreibungskriterium* unterschieden werden. Geltungsgrund der praktischen Zuschreibung ist das sittliche Subjektsein, d. h. das Vermögen, selbstgewählte Zwecke setzen zu können und als solches ein seiner selbst bewußter Selbstzweck zu sein; Zuschreibungskriterium ist das Menschsein, d. h. die Existenz eines leibhaften Individuums, dem dieses Vermögen als ihm ursprünglich zugehörig zugeschrieben wird. Die praktische Zuschreibung ist nicht Konsequenz einer bestimmten metaphysischen Feststellung; wohl aber hat die praktische Zuschreibung bestimmte metaphysische Bedingungen ihrer

Möglichkeit, wie der, daß Ich und Leib eine Einheit bilden, der die diachrone Identität einer Entität zukommt, oder anders ausgedrückt, die Subjekt und Substanz zugleich ist.

4. Der moralische Status des ungeborenen Menschen und die Frage nach der Einheit der ontogenetischen Entwicklung

Wann aber liegt die Einheit vor, die Subjekt und Substanz zugleich ist? Ab wann können wir von einer Entität sprechen, der das *Vermögen* zuzuschreiben ist, selbstgewählte Zwecke setzen zu können? Oder anders ausgedrückt: Wann beginnt das Menschsein? Und ab wann ist es berechtigt zu sagen, daß eine Entität eine Einheit ist von Ich und Leib, von individuellem Leben und zwecksetzender Subjektivität, die als Person anzuerkennen ist. Die Beantwortung dieser Fragen hängt insbesondere davon ab, wie man diese Einheit in ihrer Enwicklung deutet und welchen Stellenwert man insbesondere dem Vorgang der Individuation gibt. Erst dann wird man sagen können, welcher moralische Status dem ungeborenen Menschen zukommt bzw. welchen Schutz man dem vorgeburtlichen Leben angedeihen läßt.

4.1 Die Frage nach moralisch relevanten Zäsuren

In der Vergangenheit wurde die Frage nach der Einheit der ontogenetischen Entwicklung des Menschen bzw. die nach den moralisch relevanten Zäsuren in dieser Entwicklung unterschiedlich beantwortet: in der aristotelisch-mittelalterlichen Tradition durch die Theorie der Sukzessivbeseelung (4.1.1) und in der Neuzeit durch Theorien des Epigenismus und Präformismus (4.1.2). In der modernen Auseinandersetzung um die rechte Konzeption des Personbegriffs wird das

Problem einer möglichen moralisch relevanten Zäsur in der Ontogenese im Rahmen der Frage diskutiert, ob dem vorgeburtlichen Leben überhaupt Personalität zugeschrieben werden kann (4.1.3). Der Wert dieser Deutungen muß sich nicht nur an den philosophischen Voraussetzungen, die den einzelnen Theorien zugrundeliegen, sondern vor allem auch an der Kompatibilität zu den Erkenntnissen der heutigen Embryologie bemessen lassen, die vom Zeitpunkt der Vereinigung von Ei- und Samenzelle an von einer – auch nicht mehr durch die Geburt unterbrochenen – zäsurlosen Ontogenese ausgeht.

4.1.1 Die Lehre von der Sukzessivbeseelung

Die Annahme einer Sukzessivbeseelung, wie *Aristoteles* und *Thomas von Aquin* sie im Anschluß an die antik-mittelalterliche Biologie vertreten, hat in der Seelentheorie, wie sie der aristotelischen Anthropologie zugrundeliegt, ihren Grund. Da Aristoteles in der Seele, die er als Formprinzip der Materie betrachtet, in einer gewissen Analogie zur platonischen Lehre von der Dreiteilung der Seele einen vegetativen, einen sensitiven und einen rationalen Seelenteil unterscheidet, stellt er sich die Entwicklung so vor, daß der Mensch in einer phasenhaften Entwicklung die Stadien dieser drei Seelen durchläuft.

Die im Samen des Mannes enthaltene Kraft (pneuma), so die Vorstellung, veranlaßt und lenkt als aktives Prinzip und Instrument der Seele den Prozeß der Entstehung des Embryo (*De gen. animalium* 741b, 762a) und ermöglicht somit die Entwicklung von der Potentialität zur Aktualität zuerst der vegetativen und dann der sensitiven Seele. Der Embryo durchschreitet dabei im Übergang zum Fetus das Stadium der Pflanze und dann das des Tieres (ebd. 735a, 736b, 740a, 743a, 744 b). Die Entstehung des rationalen Seelenteils, der den Menschen erst zu dem macht, was er seinem Wesen nach ist: ein mit Vernunft und Freiheit ausgezeichnetes Lebewesen, verdankt sich nicht mehr der ursächlichen Wirkung des männlichen Samens, sondern er wird dem Fetus durch geheimnisvolle göttliche Intervention eingegeben (ebd. B, 3; 736 b 27). In diesem Prozeß übernimmt der höhere Seelenteil jeweils die Funktion des niedrigeren.

Auf die Frage nach der Herkunft der Seele hatte sich im Hochmittelalter gegenüber dem schon bei *Platon* begegnenden, letztlich auf dualistischen Annahmen basierenden *Präexistentialismus* (Existenz der Seele vor der Einsenkung in den Leib), dem *Generatianismus* (Entstehung der Seele im Zeugungsakt der Eltern) und dem *Traduzianismus* (Übertragung der Seele mit dem Samen vom Vater auf das Kind) die Lehre des *Kreatianismus* als vorherrschende Antwort durchgesetzt, wonach die Geistseele unmittelbar von Gott geschaffen war und in den von den Eltern als der nur dispositiven Ursache (auf die Seele hin) gezeugten Leib eingesenkt wird (Thomas von Aquin, *Sth* I q. 118, 1 ad 4. 2 ad 2; I q.76, 3 ad 3; I q. 115 2 ad 3; II-II q 64, 8 ad 2; vgl. Ford 1988, 39-43). Erst der Augenblick der Erschaffung und Einsenkung der Geistseele durch Gott (am 40. bei männlichen, am 80. Tag bei weiblichen Embryonen) galt dann als Beginn des spezifisch menschlichen Lebens. Zwar hat der Embryo bereits „Leben", bevor er geistbeseelt ist, doch die volle Dignität, die das Vernunftwesen Mensch auszeichnet, kommt dem Fetus erst nach dem göttlichen Akt der Geistbeseelung zu.

Auch nach dem Einsetzen der modernen embryologischen Forschung ist die Frage nach der Kontinuität der Entwicklung und möglicher moralisch relevanter Zäsuren nicht verstummt. Denn obgleich man seit dem 19. Jahrhundert auch in der Theologie einhellig der Meinung war, daß die Annahme einer einzigen und unteilbaren Seele und damit auch die Simultanbeseelung der Einheit und Kontinuität des sich entwickelnden Lebens besser gerecht wird, wurde auf dem Hintergrund der inzwischen weiterentwickelten Humanbiologie (*H. André*, *A. Müller*, B. Steiner, *H. Woltereck*) und veranlaßt durch den Streit um das biogenetische Grundgesetz und die Auseinandersetzung mit dem Vitalismus die Theorie der Sukzessivbeseelung in der ersten Hälfte des 20. Jahrhunderts von neuscholastisch orientierten Autoren wie *Kardinal Mercier*, *A. D. Sertillanges*, *B. H. Merkelbach* und *A. Niedermayer* erneut diskutiert. Ohne sich auf eine detaillierte philosophische oder theologische Diskussion dieser Positionen und ihrer Probleme einzulassen, spricht gegen die Annahmen, wie sie die unterschiedlichen Sukzessivbeseelungstheorien zugrundelegen, bereits die moderne Embryologie, die den Zeitpunkt der Vereinigung von Ei und Samenzelle als den Beginn eines neuen, sich selbst organisierenden und selbsttätigen Lebewesens betrachtet, dessen Entwicklung von diesem Zeitpunkt an ohne Zäsuren verläuft (vgl. Teil A dieses Bandes). Allenfalls ließe sich damit der Begriff eines „sich selbst überbietenden Werdens" (1961) verbinden, wie ihn *Karl Rahner* entwickelt hat und gemäß dem an die Stelle des Gedankens, daß Gott die Seele punktuell in einem bestimmten Stadium der Entwicklung erschaffen hat, die Annahme tritt, daß die Dynamik der göttlichen Ursächlichkeit den Werdevorgang als ganzes kontinuierlich mitträgt. Rahners dynamische Deutung der Transformation von menschlichen Lebenskeimen zu einem neuen Individuum umgeht mithin – bei allen verbleibenden Problemen – die Schwierigkeit, Gottes Wirksamkeit beim Werdeprozeß des Menschen auf die eines ursächlich wirkenden Demiurgen reduzieren und damit als ein gleichartiges Tun neben das Wirken der menschlichen Erzeuger stellen zu müssen.

4.1.2 Präformismus und Epigenismus

Die Neuzeit versuchte unter dem Eindruck der ersten mikroskopischen Entdeckungen die Frage nach dem Beginn des menschlichen Lebens ohne Rückgriff auf die problematisch gewordene aristotelische Seelenlehre und deren theologische Implikationen zu beantworten. Im Laufe dieser Diskussion, die bereits im 17. Jahrundert einsetzt, bilden sich zwei Positionen aus, die als „Epigenismus" und als „Präformismus" bezeichnet werden. Nach der präformistischen Position, für die später auch die Bezeichnung „Einschachtelungstheorie" (Schneegass 1802) gebräuchlich war, werden Zeugung und Entwicklung (so bei Aromatari 1625; Hartsoeker 1794; van Leeuwenhoek 1722 u. a.), im wesentlichen als Wachstum des im Keim bereits fertig angelegten Organismus angesehen, wobei darum gestritten wurde, ob die Vorausbildung des Organismus in der männlichen Samenzelle („Animalkulisten") oder in der weiblichen Eizelle („Ovulisten") gegeben ist. Ungeachtet dieses Streitpunktes geht der Präformismus insgesamt davon aus, daß es im Verlaufe der embryonalen Entwicklung keine Zäsuren gibt, von denen man sagen könnte, erst jetzt und vorher nicht könne von einem Menschen oder von Personalität die Rede sein. Zwar ist die Vorstellung einer zäsurlosen Entwicklung im Kern mit den heutigen embryologischen Befunden vereinbar. Dies trifft aber für die weiteren Annahmen, die der historischen Gestalt der präformistischen Theoriebildung zugrundeliegen, wie etwa die konkrete Vorgestaltung von physischen Organen oder von psychischen Gebilden im Keim oder die Deutung dieses Prozesses als rein mechanisches Geschehen (Leibniz, *Theodizee*, Vorrede; *Monadologie* § 74), nicht mehr zu.

Weil diese Position für den Ursprung der Organismen keine hinreichende Erklärung zur Verfügung stellt, sondern diese schon voraussetzt – der Verweis auf die Entstehung der ersten Form durch Gottes Allmacht (Haller 1778, 150) vermeidet zwar die Annahme einer Präexistenz der Seele und der Organismen (Harvey 1680, 235), führt aber erneut problematische theologische Positionen ein –, und nicht zuletzt aufgrund der verbesserten mikroskopischen Erkenntnismöglichkeiten wird der Präformismus bereits frühzeitig von der Theorie des „Epigenismus" abgelöst, die anfänglich jedoch wieder auf die Ergebnisse der aristotelischen Biologie zurückgreift (Harvey 1737). So geht der eigentliche Begründer dieser Theorie C. F. Wolff im Rahmen einer „rationalen Anatomie" davon aus, daß bei der embryonalen Entwicklung eine wirkliche Neubildung von Teilen stattfindet, und zwar an einem ursprünglich ungegliederten Keim, dessen Entwicklung aber als durch eine „vis essentialis" gelenkt (Wolff 1759) vorgestellt werden muß, wodurch die Annahme einer die Entwicklung lenkenden Form nicht nötig sei (Blumenbach 1789). Immanuel Kant schließlich verwendet den Begriff der Epigenese zur Erklärung der Hervorbringung von Organismen als Naturzwecke, behält aber den Begriff der „generischen Präformation" bei, „weil das produktive Vermögen der Zeugenden doch nach den inneren Anlagen [...] virtualiter präformiert war" (*KU* § 81). Trotz dieser teleologischen Deutungsmöglichkeit ist allen Ausprägungen des Epigenismus jedoch gemeinsam, daß sie die embryonale Entwicklung von Zäsuren unterbrochen sehen, wie sie die moderne Embryologie gerade ablehnt. Dies gilt auch noch für die modernen Varianten dieser Position, nach denen sich der embryonalbiologische Prozeß, obwohl die genetischen Informationen von Anfang an kodiert sind, über verschiedene Stufen von einer zunächst offenen artspezifischen über die einengende individualspezifische (Nidation) bis zur endgültigen personenspezifischen Prägung entwickelt.

Bereits die *Biologie des 19. Jahrunderts* hat die Theorien des Epigenismus und des Präformismus verworfen. Hinzu kommt, daß aus heutiger Sicht beide Positionen mit erheblichen, hier nicht zu diskutierenden theoretischen Schwierigkeiten verbunden sind, die sie wenig geeignet erscheinen lassen, das Geschehen der Ontogenese adäquat zu deuten. Für den Umgang mit dem ungeborenen menschlichen Leben haben die verschiedenen Deutungen jedenfalls erhebliche Konsequenzen. Folgt man der präformistischen Linie, dann steht – wie schon für das Preußische Landrecht von 1794 – fest: „Die allgemeinen Rechte der Menschheit gebühren auch den noch ungeborenen Kindern schon von der Zeit ihrer Empfängnis an" (ALR I 1,10). Eine heutige ethische Deutung hat jedoch ohne Zweifel den Erkenntnissen zu folgen, die sich aus der Einsicht in die humanbiologischen und embryologischen Fakten ergeben, wonach Zäsuren in der ontogenetischen Entwicklung nicht zu erkennen sind (vgl. Teil A dieses Bandes).

4.1.3 Die Frage nach dem Beginn des Personseins

Aus der Sicht der modernen Embryologie ist der mit der Vereinigung von Ei- und Samenzelle beginnende Prozeß der Individuation ein kontinuierliches Geschehen, in dessen Verlauf keine Zäsuren erkennbar sind (vgl. Teil A dieses Bandes). Aus philosopischer Perspektive jedoch bleibt die Frage nach einer möglichen Zäsur in dieser Entwicklung dann ein Problem, wenn – wie in der modernen Diskussion um den Personbegriff – Menschsein und Personsein nicht als koextensiv betrachtet werden.

Vertritt man etwa die Position, daß nur der aktuelle Vollzug bestimmter Eigenschaften die Anerkennung als Person und den damit verbundenen Lebensschutz begründen, reicht das Personsein nur so lange, wie der aktuelle Besitz dieser Eigenschaften dauert. Schlafende wären dann allenfalls potentielle Personen. Was aber unterscheidet das potentielle Personsein des Schlafenden vom Personsein des Kleinkinds? Will man – wie die Vertreter dieser Position – vermeiden, ein solches potentielles Personsein auch dem Nasciturus zuzusprechen, muß auf andere Kriterien Bezug genommen werden als das Vorliegen menschlichen Lebens. Daß menschliches Leben mit der Zeugung, genauer gesagt mit der

Vereinigung der Gameten beginnt und daß mit Vorliegen eines neuen Genoms von einem neuen, die weitere Entwicklung selbststeuernden Lebewesen der Spezies Homo sapiens, einem „human being" gesprochen werden muß, wird auch von den Vertretern des reduzierten Personbegriffs eingeräumt. Was aber begründet die Annahme potentiellen Personseins – wenn nicht das Vorliegen menschlichen Lebens?

Wenn man nicht sogleich auf das Vorliegen der oben aufgeführten aktuellen Eigenschaften der Person pochen will, so lautet eine erste Antwort, dann ist es sinnvoll auf den Beginn des Einsetzens von Interessen, insbesondere auf das Einsetzen des Überlebensinteresses zu setzen. Nur ein Träger von Interessen kann durch die Beendigung seines Lebens betroffen werden. Im Fall der Abtreibung wird zwar menschliches Leben beendet, doch wird nicht ein schon vorhandenes Überlebensinteresse verletzt, sondern die Entstehung eines solchen Interesses verhindert (vgl. Hoerster 1984, 19). Sieht man einmal von der Schwierigkeit ab, ethische Verpflichtungen an das Vorliegen von Interessen zu knüpfen, fällt es schwer, ein Überlebensinteresse anzunehmen, ohne die oben genannten aktuellen Eigenschaften einer Person vorauszusetzen, oder aber dem menschlichen Lebewesen ein solches Interesse generell zuzusprechen. Im ersten Fall ist auch das Kleinstkind nicht Person und damit nicht durch das generelle Tötungsverbot geschützt, im zweiten Fall fällt das Personsein mit dem Menschsein zusammen, was durch das Argument gerade bestritten werden soll.

Deshalb liegt eine zweite Antwort nahe, wie sie auch von Vertretern des reduzierten Personbegriffs gegeben wird, nämlich die *Geburt* mit dem Verweis auf die mit ihr verbundenen rechtlichen Konsequenzen als Beginn des Personseins zu verstehen. Doch kann, so wäre zu entgegnen, ein rechtlicher Anspruch nicht eo ipso einen moralischen Anspruch begründen, sondern höchstens Indiz für das Vorliegen eines moralischen Anspruchs sein. Es bleibt also nur, in der Geburt selbst ein Faktum zu sehen, das die Qualität des menschlichen Wesens verändert. Nach *Hoerster* (1984, 19) besteht dieses Faktum darin, daß von der Geburt ab nur mit Schwierigkeiten innerhalb der Entwicklung des Kindes zum Erwachsenen Zäsuren anzugeben wären, die die eindeutige Annahme der aktuellen Eigenschaften einer Person rechtfertigten. Da das Faktum der Geburt selbst eindeutig ist, liegt es in dem Interesse, das die lebenden Menschen an der Aufrechterhaltung des Tötungsverbots haben, der Rechtssicherheit wegen alle geborenen Menschen in das Tötungsverbot einzubeziehen, auch wenn Personsein im aktuellen Sinn nicht vorliegt.

Auch *Hugo Tristram Engelhardt jr.* sieht, wie bereits dargelegt, in der Geburt die maßgebliche Zäsur für das Einsetzen des Lebensschutzes, insofern ab dieser Grenze ein Interesse anderer Personen daran besteht, Kinder *als* Personen anzuerkennen, auch wenn sie es im eigentlichen Sinn nicht sind. Bei dieser wie der zuvor genannten Lösung ist die Einbeziehung von Kleinkindern in das Tötungsverbot ein verliehener, nicht ein anzuerkennender Anspruch auf Leben. Warum aber sollte dieser Anspruch dem Menschen ab der Geburt zugesprochen werden und nicht schon vorher, zumal wenn der Zeitpunkt der Geburt inzwischen weitgehend in der Hand des Menschen liegt? Wäre die Geburt tatsächlich der gegebene Zeitpunkt, müßte es, wie Hoerster selbst einräumt, paradoxer Weise im Lebensinteresse des Nasciturus liegen, den gefahrenbringenden Zustand der Schwangerschaft so rasch wie möglich gegen den lebenssichernden Zustand des Geborenseins zu vertauschen.

Für *Ernst Tugendhat* (1994, 192-196) ist es die Geburt, die den Menschen zum Objekt einer moralischen Verpflichtung macht, weil moralische Ansprüche sich auf die Gemeinschaft kooperierender Subjekte beziehen und mit der Geburt ein so vorher noch nicht vorhandener Kommunikationsprozeß einsetzt, der Kleinstkinder zu „sich allmählich entwickelnden Subjekte(n) der moralischen Gemeinschaft" (ebd. 194) und damit zu Objekten moralischer Verpflichtungen wie des Tötungsverbots werden läßt. Dem entspricht nach Tugendhat die Tatsache, daß die bewußte Identität jeder erwachsenen Person bis zur Geburt zurückreicht („Damals begann mein Leben", ebd. 195) und es seit ihrer Geburt ihr Interesse ist, nicht getötet zu werden. Ohne Zweifel ist die Fähigkeit, sich zu einem Subjekt der moralischen Gemeinschaft zu entwickeln, der entscheidende Grund für die Anerkennung der Schutzwürdigkeit, doch ist es angesichts der Arbitrarität, die dem Zeitpunkt der Geburt inzwischen zukommt, wenig überzeugend, mit ihm diese Entwicklung beginnen zu lassen, zumal wenn sie mit einem höchst vagen Kriterium der Kommunikationsfähigkeit verbunden wird, das – ließe es sich exakt fassen – den Lebensschutz wiederum von einer bestimmten Disposition und nicht vom Menschsein abhängig machte. Von Bedeutung ist ebenso die Tatsache, daß die erwachsene, ihrer selbst bewußte Person ihre Identität auch auf Entwicklungsphasen besitzt, in denen es dieses Bewußtsein noch nicht gab und daß es in ihrem Interesse liegt, daß für diese Phasen der Lebensschutz schon bestand; fraglich ist nur, ob die Geburt angesichts der genannten Gründe als die maßgebliche Zäsur für den Beginn dieser Entwicklungsphasen zu betrachten ist.

4.2 Die Frage nach der Kontinuität der Entwicklung

4.2.1 Das Potentialitätsargument

Sind alle Menschen Personen und als solche anzuerkennen? Offensichtlich kann die Frage nur mit ja beantwortet werden, wenn eine Einheit zwischen Mensch- und Personsein in dem Sinn behauptet werden kann, daß auch dasjenige menschliche Wesen, das die eine Person kennzeichnenden Eigenschaften nicht aktuell bezieht, die Potentialität besitzt, sie zu entwickeln. Eben dies ist nicht möglich, so wenden die Vertreter des reduzierten Personbegriffs ein, weil sich ein *Begriff der Potentialität*, der es erlaubt, die Einheitsthese zu vertreten, nicht konsistent formulieren zu lassen scheint.

Zwar leuchte es intuitiv ein, so lautet eine *erste* Begründung dieses Einwands gegen die Brauchbarkeit des Potentialitätsarguments, daß ein neugeborener Mensch eine potentielle Person im oben genannten Sinn ist, weil er die Fähigkeit hat, die sie charakterisierenden Eigenschaften zu entwickeln. Doch sei der dabei verwendete Begriff der Potentialität zu weit; denn in diesem Sinn könne auch vom Ei oder von der Samenzelle gesagt werden, daß sie potentielle Personen seien, weil auch sie die Möglichkeit haben, sich zu einer Person zu entwickeln. Ein angemessenes Abgrenzungskriterium (vgl. den Überblick bei Leist 1990, 83ff.), das es erlaubte, der Zygote die Potentialität zu- und dem Spermium abzusprechen, sei daher nicht angebbar.

Und selbst wenn man die Rede von einer *potentiellen* Person in einem argumentativen Zusammenhang als sinnvoll zuläßt, so lautet eine *zweite* Begründung des Einwands (ebd.), besage sie gerade nicht, was ihr die Verfechter zuschreiben, nämlich daß das betreffende menschliche Wesen bereits Person *ist*. Denn wenn wir der üblichen Sprachverwendung nach z. B. den Prinzen von Wales als potentiellen König des Vereinigten Königreichs bezeichnen, bringen wir dadurch zum Ausdruck, daß er einmal König werden kann oder wird, aber es eben im gegenwärtigen Zeitpunkt noch *nicht* ist. Die Möglichkeit, daß ich zu einem späteren Zeitpunkt im Besitz bestimmter Rechte wie der eines Königs oder der einer Person bin, besage eben nicht, daß ich diese Recht *jetzt* schon hätte.

Beide Begründungen des Einwands, mit denen die Untauglichkeit des Potentialitätsarguments erwiesen werden soll, lassen jedoch eine Unterscheidung außer Betracht, die für die Lösung des „Abgrenzungsproblems" (ebd.) entscheidend ist, nämlich die Unterscheidung, die die mittelalterliche Philosophie im Anschluß an Aristoteles zwischen der *potentia obiectiva*, d. h. der bloßen Möglichkeit, wie sie jederzeit in bezug auf Verbindungen widerspruchsfrei gedacht werden kann, und der *potentia subiectiva*, wie sie nur einem Ding eignet, das, wie ein Lebewesen, bereits existiert und als solches das reale Vermögen besitzt, bestimmte Eigenschaften oder Tätigkeiten zu entwickeln. Im gleichen Sinn unterscheiden Descartes und Leibniz im Anschluß an Suarez zwischen *formeller* und *realer* Potentialität. Im Englischen könnte man in diesem Sinn auf die Unterscheidung von „ability" und „capability" (Wolbert 1989, 25) verweisen. Und in einem ähnlichen Sinn scheint Engelhardt (1986, 110 ff.) zwischen „potentiality to become" und „potentiality of" zu unterscheiden, wobei er merkwürdigerweise die erste Möglichkeit dem Fetus, die letztere dem Neugeborenen zuschreibt.

Die beiden Weisen von Möglichkeit bzw. Potentialität zu konfundieren oder – wie Anton Leist – nur graduell als „schwache" und „starke Potentialität" zu unterscheiden, stellt jedoch einen begriffslogischen Fehler dar. Denn im Fall der *bloßen Möglichkeit* kann ich mir jedwede Verbindung von Elementen als real denken, vorausgesetzt diese Verbindung ist widerspruchsfrei denkbar. Bei den *realen Möglichkeiten*, wie sie Lebewesen eignen, ist dagegen die *Existenz* dieser Lebewesen und die *reale Anlage* zur Ausbildung bestimmter Eigenschaften oder Tätigkeiten vorausgesetzt, um von solcher Möglichkeit reden zu können. So bilden Ei und Samenzelle nach der Vereinigung ein neues Lebewesen, das – wenn bestimmte Rahmenbedingungen vorliegen und äußere Störungen ausbleiben – aufgrund der ihm eigenen, im Genom codierten Anlagen eine bestimmte Entwicklung nimmt, dem also ein *Sein im Modus realen Werdens* zukommt. Daß für das Heranwachsen des Embryos bestimmte Randbedingungen erforderlich sind, macht die ihm inhärente reale

Potentialität nicht mit der dem Ei oder dem Spermium eigenen Potentialität vergleichbar.

Der Vergleich mit dem Beispiel des Prinzen von Wales ist nur triftig, wenn man übersieht, daß hier nur von der *bloßen Möglichkeit* gesprochen werden kann. Zwar sieht die Thronfolgeordnung vor, daß der jeweilige Prinz von Wales der erste Kandidat für die Möglichkeit ist, König des Vereinigten Königreichs zu werden. Doch sind es diese institutionellen äußeren Bedingungen, die dazu führen, daß die betreffende Möglichkeit eintritt, nicht bestimmte reale, sich gewissermaßen von selbst ausbildende Anlagen. Deshalb kann vom Prinzen von Wales auch nur gesagt werden, daß er jetzt Kronprinz, nicht aber daß er ein „werdender König" (Hoffmann 1993, 333) ist.

Eine gewisse Plausibilität gewinnt die Bestreitung des Potentialitätsarguments nur, wenn man eine Ontologie zugrunde legt, die – wie bereits beschrieben – von mindestens drei Voraussetzungen ausgeht: (1) daß es keine andauernden Entitäten, sondern ausschließlich Verbindungen von Phasen im bereits beschriebenen Sinn gibt, (2) daß die Verbindung, die man als *Person* bezeichnet, nur durch die mentale Verbundenheit in Form der Erinnerung konstituiert wird und (3) daß zwischen dem Personsein und dem biologischen Substrat eine nur kontingent faktische Einheit vorliegt. Akzeptiert man diese Voraussetzungen, dann lassen sich Verbindungen, die sich nicht durch das Kriterium der psychischen Kontinuität auszeichnen, beliebig bilden. Und das Faktum, daß mit der Vereinigung von Ei und Samenzelle etwas biologisch eindeutig Neues, nämlich ein neues Lebewesen mit eigenem Genom beginnt, betrifft dann nur das Substrat, das mit der Person in kontingenter Verbindung steht.

Wie wenig plausibel die hier zugrunde gelegte Ontologie ist, zeigt sich auch in diesem Zusammenhang an den Konsequenzen: Nichtzeugen gehört unter diesen Voraussetzungen zum gleichen Handlungstyp wie Schwangerschaftsabbruch; zwischen der Handlung, die den Lebensprozeß, der zur Existenz einer sich entwickelnden Person führt, überhaupt nicht erst beginnen läßt, und der Handlung, die einen bereits begonnen Lebensprozeß abbricht, besteht – handlungstheoretisch und infolge dessen auch moralisch – „Symmetrie" (Tooley 1983, 186). Eine solche Argumentation aber fällt im Ergebnis auf den Stand der älteren Ethik zurück, die von einer solchen Symmetrie ausging, weil ihr die Existenz des weiblichen Eies und die biologische Bedeutung der Vereinigung von Ei und Samenzelle unbekannt war.

Vertritt man dagegen die Ontologie, die unsere lebensweltliche Sprachverwendung und unsere vertrauten handlungstheoretischen Annahmen implizieren, nämlich die schon beschriebene Ontologie der Person als *continuant*, so scheitert dies keineswegs an dem Einwand *Engelhardts*, eine solche Ontologie laufe auf eine Metaphysik der Seele hinaus, die aufgrund ihrer starken Prämissen nicht mehr konsensfähig sei. Wie die Diskussion innerhalb der sprachanalytischen *philosophy of mind* der letzten Jahre gezeigt hat, schließt eine Deutung der Person als psychophysisches „continuant" keineswegs die ältere Annahme einer nach dem Form-Materie-Schema gedeuteten Leib-Seele-Einheit aus, wie immer diese Annahme bewertet werden mag.

4.2.2 Das Kontinuitätsargument: die Frage nach dem eigenen Ursprung als notwendiges Ingrediens des eigenen Identitätsbewußtseins

Die diachrone Identität, nach der sich die Schutzwürdigkeit des Menschen als Person bemißt, so lautet die These des reduzierten Personbegriffs empiristischer oder bewußtseinsphilosophischer Provenienz, stellt sich dar als eine durch die Erinnerung konstituierte psychischen Verbundenheit der mentalen Zustände und Phasen der Person. Im Gegensatz dazu muß, so die These eines an Sprachverwendung und Handlungsverständnis orientierten Personbegriffs, die diachrone Identität der Person aufgrund der Einheit von Leib und Ich als Dauer der Existenz des leibhaften Individuums verstanden werden, dem das Vermögen zukommt, die für Personen charakteristischen Vollzüge auszubilden. Beide Weisen der Identität stehen, so besagt das Kontinuitätsargument (Baumgartner 1987), in einem inneren Zusammenhang und dieser Zusammenhang zeigt sich in der Weise, in der wir uns rück- und vorblickend als mit uns selbst identisch erfahren bzw. uns selbst Identität zuschreiben.

Dies läßt sich anhand der im Bewußtsein vollzogenen Konstitution der eigenen Identität im Verlaufe des eigenen Lebens zeigen. Das durch Rückblick und Vorblick konstituierte Bewußtsein der eigenen Identität wie die Übertragung dieser Konstitutionsleistung auch auf die Mitmenschen im Verlaufe des zeitlichen Lebens ist begleitet von der Frage einer anfangssetzenden Ursache wie der nach dem notwendig eintretenden Ende des eigenen Lebens. Denn daß der Einzelne nicht immer war – und auch nicht immer sein wird –, gehört zu den selbstverständlichen Erfahrungen und ist intuitiv plausibel. Ebenso plausibel ergibt sich, daß die den Menschen faktisch interessierende Frage nach der eigenen Herkunft auf einen räumlich-zeitlichen Ursprung bzw. eine entsprechende Ursache der eigenen Existenz zielt. Es ist wenig plausibel, diesen die eigene Existenz begründenden Ursprung alleine mit der raum-zeitlich fixierbaren Geburt beginnen zu lassen. Denn selbst ohne medizinisch-naturwissenschaftliche Detailkenntnisse kommt hier die Frage nach dem eigenen Ursprung bzw. der eigenen Herkunft für das natürliche Bewußtsein noch nicht an ihr Ende. Sie überspringt die Geburt in eine pränatale Vergangenheit, die sie jederzeit als Ursprungsgeschehen versteht. Dem korrespondiert, daß die Geburt als Nahtstelle zwischen pränatalem und postnatalem Leben lediglich die mehr oder weniger peripheren Umweltbedingungen verändert. Existenz- und Identitätsbegründend ist sie nicht. Sie bedingt ebensowenig eine auch nur irgendwie geartete substantielle Veränderung dessen, was pränatal als Nasciturus bezeichnet wird. Stellt die Geburt aber selbst keinen qualitativen Sprung in dieser Kontinuität dar, so zeigt sich an der Frage nach der eigenen Herkunft, daß die Kontinuität der eigenen Identität jeweils zurückprojeziert wird bis zu dem Zeitpunkt, da tatsächlich ein qualitativer Sprung, der gleichzeitig Ursprung der eigenen Existenz ist, unterstellt werden muß. Die Frage nach dem Anfang der eigenen Existenz und damit dem Beginn der eigenen Identität kann folglich allein durch den Hinweis auf die Eltern, wissenschaftlich gesprochen auf die Vereinigung von Gameten, eine befriedigende Antwort finden. Selbst wenn die Eltern nicht feststehen, ist es doch unbezweifelbar, daß der Ursprung der eigenen Existenz eine Ursache haben muß, die menschlich ist und die vor der je eigenen Geburt liegt. Eben deshalb wird auch die Personalität in das Ursprungsgeschehen zurückprojiziert: „*Ich* bin gezeugt worden!" Dieses Selbstverständnis der eigenen Herkunft wird intuitiv plausibel auf alle übertragen, die zu sich Ich sagen.

Elementares Faktum dieser Selbstzuschreibung von Identität ist das Wissen darum, daß unsere diachrone Identität nicht nur eine bestimmte zeitliche Erstreckung besitzt, sondern darüber hinaus selbst zeitlich im Bewußtsein konstituiert ist. Sie verdankt sich einem uns selbst entzogenen, von anderen gesetzten Anfang und besitzt eine Dauer, die nur begrenzt in unserer Hand ist. Die so beschriebene Konstitutivität diachroner Identität, die sich aus dem Selbstverständnis eines mit Selbstbewußtsein ausgestatteten Individuums herleitet, läßt sich aber auch noch in folgender Weise explizieren. Auch das Wissen um den eigenen Tod, so hat die philosophische Tradition von ihren frühen Anfängen an gewußt, stellt den Menschen anders als die ihm artverwandten Tiere vor die Frage nach dem Ganzen seines Lebens (Heidegger 1949). Die Überlebenssorge, so zeigte sich bereits in früherem Zusammenhang, impliziert die Identitätssorge; zum menschlichen Handeln gehört das praktische Selbstverhältnis (Tugendhat 1979). Die das Handeln leitende, vom Interesse am gelingenden Leben bestimmte Frage 'Wer will ich sein?' kann nicht ohne die Frage beantwortet werden, woher ich komme. Denn nur im Rückbezug auf den nicht selbst gesetzten Anfang kann ich eine Antwort auf die Frage erwarten, wer ich bin oder wer ich sein will. Das Interesse an unserer qualitativen Identität setzt also das Interesse an unserer numerischen, zeitlich sich erstreckenden Identität voraus. Deshalb gehört es zu unserem praktischen Selbstverhältnis und Selbstverständnis, unsere Identität auf deren zeitlichen Anfang zurück zu beziehen und als eine Einheit zu begreifen. Wenn wir im Rahmen unserer praktischen Selbstbeschreibungen sagen „Ich wurde dann und dann geboren" oder „Ich wurde von X und Y als meinen leiblichen Eltern gezeugt" identifizieren wir auch die zeitlichen Phasen unserer leiblichen Vergangenheit, die unserem Bewußtsein entzogen sind und bleiben, als die unseren und schreiben sie dem eigenen Ich als Phasen von dessen Dauer zu.

Die von Überlebens- und Identitätssorge geleitete praktische Selbstidentifizierung reicht sicher bis zu unserer Geburt, aber hört mit ihr – wie Tugendhat (1984, 195) meint – keineswegs auf. Mein Wunsch, nicht getötet worden zu sein, bezieht sich keineswegs nur bis zum Zeitpunkt meiner Geburt zurück. Und ebenso beginnt 'meine Geschichte' keineswegs erst mit meiner Geburt. Warum auch sollte sie erst hier beginnen, wenn ich – wie Tugendhat einräumt – in raumzeitlicher Kontinuität mit dem voraufgegangenen Embryo identisch bin. Sicher stellt die Geburt eine bestimmte Zäsur dar, doch beginnt mit ihr gerade nicht die diachrone Identität des individuellen menschlichen Wesens, mit dem ich mich nach rückwärts identifiziere. Sie reicht bis zu dem Zeitpunkt zurück, an dem dieses individuelle Lebewesen begann, also bis zu dem qualitativen Sprung, der der Ursprung jener Entität ist, aufgrund deren der Mensch Subjekt sein kann, und der deshalb als der Ursprung der eigenen Existenz identifiziert wird.

Ist diese Auslegung der eigenen Selbstidentifikation triftig, dann leuchtet es nicht ein, die Identitätssorge nur auf die Zeit bis zur eigenen Geburt zu beziehen und das berechtigte Interesse des erwachsenen und seiner selbst bewußten Menschen daran, nicht getötet worden zu sein, – wie Tugendhat – nur auf die eigene Vergangenheit bis zum Zeitpunkt der Geburt zu beschränken. Wenn ich nicht – sofern ich überhaupt leben will – wollen kann, daß man mich in den Stadien meiner *postnatalen* Existenz getötet hätte, in denen ich meiner selbst noch nicht bewußt war, dann kann ich auch nicht wollen, in den *pränatalen* Stadien meiner Existenz getötet worden zu sein.

Liegt es aber in meinem Interesse, nicht abgetrieben worden zu sein, so argumentiert *Richard M. Hare* (1988, 214-233), dann ist es geboten, *mein* Interesse auf das Interesse *aller* späteren Personen zu verallgemeinern. Merkwürdigerweise ist es aber für Hare kein Verstoß gegen dieses berechtigte Interesse, wenn ein Embryo abgetrieben wird, an dessen Stelle ein anderer zur Geburt gelangt. Einleuchtend wäre dies aber wiederum nur, wenn zwischen einer *möglichen* Person und einer *potentiellen* Person (in dem Sinn eines Lebewesens, dem das Vermögen zukommt, die für eine Person charakteristischen Eigenschaften auszubilden) kein Unterschied bestünde.

4.3 Individuation und Zwillingsbildung: Die Frage nach der Ausdehnung der Schutzwürdigkeit des Embryo

Sowohl aufgrund des Potentialitäts- wie auch des Kontinuitätsarguments kann man davon ausgehen, daß ab der Fertilisation eine kontinuierliche Entwicklung einsetzt, die nicht mehr von moralisch relevanten Zäsuren unterbrochen ist, so daß auch der Embryo in jeder seiner Lebensphasen unter dem Schutz steht, der Personen allgemein gilt. Wenn aber das leibhafte Individuum das Kriterium für die Zuschreibung des Prädikats einer Person bzw. einer potentiellen Person im oben genannten Sinne ist, dann ist der Einwand möglich, daß der Embryo so lange nicht als Individuum bezeichnet werden kann, als die Möglichkeit der Bildung monozygoter Zwillinge besteht. Wie aber steht es mit dem Embryo in der Phase möglicher Zwillingsbildung? Die Möglichkeit der Zwillingsbildung darf, wie in Teil A gezeigt wurde, nicht so interpretiert werden, als bestünde der Embryo in dieser Phase aus Zellen, die sich völlig unabhängig von einander entwickeln. Vielmehr ist der Embryo auch in dieser Phase schon ein einheitliches System, das sich selbst organisiert. Unbestritten ist auch, daß das individuelle Genom der Zygote auch im Falle monozygoter Zwillinge fortdauert. Es kann auch kein Zweifel daran bestehen, daß das adulte menschliche Individuum in ununterbrochener diachroner Identität bis auf die Zygote zurückgeht und die Vereinigung von Ei und Samenzelle das signifikante Ereignis ist, das ein neues menschliches Lebewesen hervorgehen läßt. Um dem Tatbestand der Mehrlingsbildung Rechnung zu tragen, haben eine Reihe von Autoren, vor allem aus dem Bereich der Moraltheologie, zwischen genetischer Einzigartigkeit und ontologischer Individualität unterschieden und daraus Konsequenzen für die Frage nach dem Status des Embryos bis zum Abschluß der möglichen Mehrlingsbildung gezogen.

Wie immer man aber die im Teil C noch näher zu verfolgende Frage nach der Kontinuität der Entwicklung des individuellen Embryos im Blick auf die Mehrlingsbildung beurteilen mag, so ist zu fragen, ob ein hier verbleibender Zweifel überhaupt Auswirkungen auf die praktische Zuschreibung des Prädikats der Person und damit auf die Schutzwürdigkeit des Embryos haben kann. Die Schwierigkeiten, den Status des Embryos von seinem Entwicklungsanfang her in theoretisch angemessener Begrifflichkeit zu bestimmen, so ist als erstes zu antworten, können kaum als Widerlegung der Einsicht gelten, die sich vom Entwicklungsende her nahelegt. Ex post nämlich betrachtet sich jeder der aus den beiden Zwillingsembryos hervorgegangenen Personen als gezeugt von den Eltern und in ununterbrochener Kontinuität seiner Entwicklung auf den Zeugungsakt zurückgehend. Aus dem retrospektiven Blickwinkel der erwachsenen Zwillinge setzt daher beider Identität mit dem Zeitpunkt der Zeugung des „Ursprungsembryos" ein.

Auch wenn Schwierigkeiten der theoretisch-begrifflichen Deutung bleiben, so ist als zweites zu antworten, ist bei der moralischen Bewertung dem tutioristischen Weg – oder dem *benefit of the doubt argument*, wie es in der modernen Ethik Verwendung findet, – zu folgen. Gemeint ist, daß bei einem nicht behebbaren Zweifel in der moralischen Bewertung einer Handlung dem Prinzip zu folgen ist, daß man sich bei Gefahr einer Handlung so zu verhalten hat, als ob die Gefahr vorläge (idem est in moralibus facere et exponere se periculo faciendi [Eine Tat zu begehen und sich der Gefahr auszusetzen, sie zu begehen, ist moralisch gleich zu bewerten]). So hat der Jäger auf der Pirsch, der bei einer Bewegung im Buschwerk nicht sicher ist, ob sich dahinter Mensch oder Tier verbirgt, den Schuß zu unterlassen. Unterstellt man die Triftigkeit dieser Regel und geht davon aus, daß auch die Deutung, die das Leben des Embryo bis zur Entstehung des Primitivstreifens als ein präpersonales Stadium versteht, dieses Leben als ein fundamentales, weil die Entwicklung zur Person bedingendes Gut betrachtet, dann muß der genannten Regel und dem für fundamentale Güter wie die Integrität von Leib und Leben geltenden Verbot willkürlich eingrenzender Definitionen gefolgt und der *tutioristische Weg* gewählt werden, nämlich den Embryo wie eine Person zu behandeln, auch wenn die Frage nach dem Beginn des individuellen menschlichen Lebens noch nicht als endgültig geklärt angesehen werden sollte (zu einem möglichen probabilistischen Gegeneinwand vgl. Teil C dieses Bandes).

5. *Abschließende Überlegungen*

Im modernen Kontext ist die Schutzwürdigkeit des menschlichen Lebens an den Begriff der Person gebunden. Jemanden im ethischen Zusammenhang als *Person* zu bezeichnen, heißt ihn – unabhängig von den mannigfachen begriffsgeschichtlich anzutreffenden Verwendungsweisen und sonstigen gegenwärtigen Konnotationen des Terminus – als Wesen zu bezeichnen, dem nicht nur ein bestimmter Wert, sondern *Würde* zukommt, d.h ein Anspruch auf Unantastbarkeit, der nur im gleichen Anspruch einer anderen Person seine Grenze findet.

Der Grund der Würde ist die Tatsache, daß dem Menschen das Vermögen zukommt, sittliches Subjekt, d. h. Subjekt selbst gesetzter und zu verantwortender Zwecke zu sein. Soll es überhaupt Recht und Moral als Möglichkeit freier Selbstbindung an das Gute geben, müssen das sittliche Subjekt und seine Freiheit als *Selbstzweck* respektiert werden.

Da das sittliche Subjekt nicht anders existiert als in Form eines lebendigen menschlichen Individuums und dieses Individuum durch eine ursprüngliche Einheit von Leib und Ich ausgezeichnet ist, schließt die Würde des Subjekts den *Schutz der Integrität von Leib und Leben* wesentlich ein. Das Leben ist nicht das ranghöchste, wohl aber das fundamentale Gut. Jemanden als Person zu bezeichnen heißt daher ihn als einen solchen zu identifizieren, dessen Anspruch auf Integrität von Leib und Leben von mir unbedingt oder zumindest unabdingbar zu respektieren ist.

Wenn es zum sittlichen Subjektsein gehört, einerseits nur dem handelnden Subjekt offenbar zu sein, andererseits ursprünglich mit dem menschlichen Individuum verbunden zu sein, muß jedes menschliche Individuum auch als sittliches Subjekt, d. h. als Person anerkannt werden. Die *Gleichheit in der menschlichen Natur* begründet den Anspruch auf *Gleichbehandlung in der Würde* und in den sie bedingenden fundamentalen Gütern.

Diese fundamentale sittliche Einsicht hat sich in Form des *Gedankens der Menschenwürde und der Menschenrechte* – unabhängig von der kontingenten Herkunft dieses Gedankens aus der griechisch-römischen Philosophie und der jüdischen und der christlichen Religion sowie der neuzeitlichen Aufklärung, unabhängig auch von den verschiedenen Geltungs- und Begründungskontexten, in die er faktisch eingebettet ist – zu weltweiter Anerkennung gebracht. Zu diesem Gedanken gehören unlöslich zwei Momente: die Unantastbarkeit der menschlichen Würde und das Verbot, diese Würde an etwas anderes zu binden als an das Kriterium, Mensch zu sein.

Eine Ethik, die die praktische Zuschreibung des Prädikats der Person von dem *aktuellen Besitz von Eigenschaften* abhängig macht, die zur Realisierung des Subjektseins gehören, verstößt gegen die im Menschenrechtsgedanken zum Ausdruck kommende Intention. Wer nur den als Person anerkennt, der der reziproken Anerkennung aktuell fähig ist, vermag zwar Sittlichkeit als „Fairneß" der gleich Starken zu erklären und eine Verallgemeinerungsforderung erster Stufe zu begründen, nicht aber Sittlichkeit als „Solidarität" (Patzig 1978). Solidarität, die auch die Schwächsten der Gesellschaft umfassen soll, impliziert eine Verallgemeinerbarkeit, die von allen besonderen Attributen absieht und Unantastbarkeit nur dem Menschen als Menschen zuspricht.

Ein reduzierter aktualistischer Personbegriff der skizzierten Art verstößt aber nicht nur gegen die genannte Selbstauslegung des Sittlichen, sondern scheitert auch an der von ihm zu seiner Konsistenz vorausgesetzten *metaphysischen Annahmen* empiristischer oder bewußtseinsphilosophischer Art. Die natürliche Sprachverwendung wie die Selbstauslegung unseres Handelns legen nahe, *Personen* eine diachrone Identität zuzuschreiben und sie als leibhafte Individuen, d. h. als ursprüngliche Einheiten von Leib und Ich, Subjekt und Substanz zu verstehen.

Dies heißt nicht, daß die praktische Zuschreibung des Personprädikats von einer bestimmten *Metaphysik* abhängig, wohl aber, daß sie nicht mit jeder beliebigen Metaphysik vereinbar ist, soll sie in Übereinstimmung mit unserer praktischen Selbstauslegung stehen. Zumindest hat eine reduktionistische Metaphysik der Person, die wie die beschriebene empiristische oder bewußtseinsphilosophische Metaphysik mit zentralen Annahmen unserer praktischen Selbstauslegung nicht zur Deckung gebracht werden kann, die *Beweislast* zu übernehmen.

Im Zweifelsfall ist daher dem Personverständnis zu folgen, wie wir es im Bereich unserer praktischen Selbst- und Fremdzuschreibungen unterstellen. In diesem Sinn ist jedes menschliche Individuum in der oben charakterisierten ursprünglichen lebendigen Einheit und der vollen Erstreckung seiner diachronen Identität als *Person* zu bezeichnen. Da die Geburt keine grundsätzliche Zäsur in der diachronen Identität und Kontinuität des Individuums darstellt und zum menschlichen Individuum die natürliche aktive Potenz gehört, die aktuellen Eigenschaften einer Person auszubilden, ist auch der ungeborene Mensch, selbst wenn es wie bei eineiigen Zwillingen die genannten Schwierigkeiten der theoretisch-begrifflichen Explikation gibt, in moralisch-praktischer Hinsicht von Anfang an als Person zu betrachten und in seinem Lebensanspruch zu respektieren.

Teil C

Menschenwürde und Lebensschutz: Theologische Aspekte

Von Stefan Niklaus Bosshard, Gerhard Höver, Raphael Schulte und Hans Waldenfels

1. Einleitende Überlegungen

Der theologische Teil stellt, ausgehend vom christlichen Glaubensgut und seiner aus der theologisch-wissenschaftlichen Reflexion gewonnenen Wirklichkeitssicht, das vor, was für den Christen in der speziellen Perspektive unseres Projekts vom menschlichen Sein und Leben, von der Würde und dem Personsein des Menschen sowie vom Wert individuellen Lebens verbindlich gilt, wenn es um grundsätzliche Entscheidungskriterien für den ethisch zu verantwortenden Umgang mit menschlichem Leben geht. Die hier bedachten Inhalte sind daher nicht als allgemeine Aussagen einer theologischen Anthropologie zu verstehen, sondern sind auf die Themenstellung dieses Projekts hingeordnet und begrenzt.

In den heute vielfältig motivierten Diskussionen über das zu schützende menschliche Leben und, dafür grundlegend, über Würde und Wert des menschlichen Individuums wie auch in den Erörterungen über die Möglichkeit und die Notwendigkeit, das Vorhandensein und den Beginn menschlich-individuellen Lebens wird in der Argumentation vielfach ein Personbegriff verwendet, der sowohl vom allgemeinen Sprachgebrauch wie auch vom Begriff der Person innerhalb der christlich-theologischen Wissenschaft wie auch in der vorwissenschaftlichen Glaubenssprache auffallend abweicht. Diese Mehrdeutigkeit von „Person" zwingt gerade im interdisziplinären Gespräch zu großer Achtsamkeit, wenn man zu gemeinsam vertretbaren Feststellungen und Aussagen gelangen und nicht in gegenseitigen Mißverständnissen enden will.

Es erscheint daher angeraten, daß die systematische Theologie sich zunächst auf genuin christlich-theologische Kategorien stützt. Erst wenn das von den verbindlichen Glaubensaussagen her zu Sagende über den engeren Kreis christlicher Gesprächspartner hinaus vermittelt wird, ist es angebracht und sinnvoll, einen hinreichend allgemein gebräuchlichen Personbegriff einzuführen.

Der Lebensbeginn gehört wie das Lebensende zu den intensivsten Existenzerfahrungen. Deren Bewältigung geschieht religions- und kulturgeschichtlich gesehen in Symbolen und Riten. Die diskursive Rationalität, wie sie in der philosophischen Auseinandersetzung um den Personbegriff zutagetritt, hat lediglich den – gleichwohl unhintergehbaren – ethischen Kerngehalt des Zusammenhangs von Menschenwürde, Person und Lebensschutz im Blick, sie ist aber auf eine religiöse-metaphysische Sinndeutung hin offen und angewiesen, welche das Phänomen menschlichen Lebens vom Ort des Menschen im Ganzen des Kosmos bzw. von der Erfahrung des Heiligen her zu interpretieren vermag. Greifbar werden diese Deutungen in der Art und Weise, wie der Respekt vor dem menschlichen Leben im Kontext der Religionen und Kulturen zum Ausdruck kommt.

Im Folgenden wird dann der Geschichte der christlichen Theologie entsprechend vom *Menschen* die Rede sein. Dabei muß sich zeigen, ob das Menschenverständnis jene Momente enthält, die dem vorgestellten Personbegriff entsprechend die entscheidenden Kriterien für das wahre, anzuerkennende und zugleich schützenswerte Menschsein abgeben.

Dieser Ansatz entspricht dem methodologischen Grundprinzip aller Theologie als *intellectus fidei*. Danach ist alles in ihr zu Behandelnde als *von Gott her* zu Verstehendes und Auszusagendes zu begreifen. Es kommt hinzu, daß geistesgeschichtlich die anthropologischen und personologischen Kategorien nicht aus philosophischem, sondern aus christlich-theologischem Glaubensinteresse entwickelt worden sind, somit nicht im Blick auf den Menschen, sondern im Blick auf das Geheimnis des dreifaltigen Gottes sowie auf Jesus Christus als den, der als in seinem Gottsein und Menschsein *Einer* zu „begreifen" und theologisch zur Sprache zu bringen ist. Daraus folgt, daß der theologische Personbegriff in einem langen Ringen aus Glaubensinhalten und deren Einsichtnahmen gewonnen, dann freilich auch philosophisch wirksam wurde, weil die Christologie ihrerseits notwendig nach einer entsprechenden Anthropologie rief.

Das Gesagte ist bis heute innerhalb der dogmatischen Theologie wie auch im offiziellen Sprachgebrauch der Kirche – von Ausnahmen wie der Pastoralkonstitution *Gaudium et spes* abgesehen – gültig. Das wiederum hat zur Folge, daß z. B. in dogmatischen Handbüchern der theologischen Anthropologie „Person" kein Schwerpunkt inhaltlicher Gliederung ist. Erst im Gespräch mit bestimmten Philosophien und deren Auswirkungen auf die christliche Ethik kommt es hier zu neuen Akzentsetzungen.

In der theologischen Erörterung geht es somit zunächst und grundlegend darum zu beschreiben, wie sich das *Menschsein* vom Glauben her versteht, und dann festzustellen, was von da aus *menschliches* Personsein ist und einfordert. Insofern als alle Theologie grundsätzlich und unüberholbar an die Heilige Schrift gebunden ist und der Personbegriff sich dort noch nicht findet, motiviert dieser Sachverhalt zusätzlich das vorgesehene Verfahren. Ausgehend von der theologischen Grundlegung des Menschseins, ist dann sowohl nach der theologischen Deutung der Einbindung des Menschen in den Lebenszusammenhang der Natur zu fragen wie nach dem theologischen Umgang mit einer der Theonomie entzogenen neuzeitlichen Personauffassung. Erst vor diesem Hintergrund läßt sich die moraltheologische Fragestellung behandeln.

2. Respekt vor dem menschlichen Leben im Kontext der Religionen und Kulturen

Beim Respekt vor dem menschlichen Leben fällt der Blick zentral auf den Menschen selbst als Subjekt verantwortlichen Handelns. Aus der abendländischen Sicht der Dinge ist dieses Subjekt der einzelne Mensch in seiner Individualität und Würde. Da aber das abendländisch-christliche Wertesystem sich heute in den größeren Zusammenhang einer weltweit sich ausbreitenden Pluralität von Religionen und Weltanschauungen eingebunden sieht, kann das abendländisch-christliche Menschenverständnis allein nicht mehr ohne weiteres als allgemein gültige Norm vorausgesetzt werden. Es muß vielmehr in Beziehung gesetzt werden zu den Menschenverständnissen, wie diese in anderen Religionen und Kulturen anzutreffen sind, sich von diesen kritisch anfragen lassen, aber sich auch selbst als kritische Anfrage verstehen.

Dabei eröffnen sich eine Reihe von Problemfeldern: (1) Das heutige Verständnis vom Menschen stellt keineswegs einfach die Summe unterschiedlicher Menschenbilder dar, wie sie in den verschiedenen Religionen und Kulturzusammenhängen abgerufen werden können. Vielmehr entsteht unter dem Einfluß der bis in die Gegenwart weltweit exportierten westlichen Zivilisation und Technologie der Ruf nach einer globalen Weltethik, in der Grundmomente abendländischen Denkens wirksam sind. (2) Dabei ist zu beachten, daß die zentrale Charakterisierung des Menschen als Person außereuropäisch weithin eine europäische Übertragung darstellt, deren genaue Entsprechung in anderen Religionen und Kulturen heute erst zu entdecken ist. (3) Die Infragestellung einer individualistischen Sicht des menschlichen Lebens bringt es aber dann mit sich, daß alternativ andere Richtwerte des menschlichen Lebens stärker in den Vordergrund treten. Dazu gehören die Natur und die sie tragende und begleitende Gesetzlichkeit, die menschliche Gesellschaft in ihren verschiedenen Institutionen, der Transzendenzbezug des Menschen und damit die Begründung seiner religiösen Existenz, nicht zuletzt aber das Leben selbst in der Vielzahl seiner Facetten. (4) Auch wenn das abendländische Denken im Rahmen des gegenwärtig sich verbreitenden Pluralismus nicht unbedacht als Norminstanz eingebracht werden kann, läßt sich im Spannungsfeld von Globalisierung menschlichen Denkens und Handelns und kulturellhistorisch und damit lokal bedingter Motivierung der konkreten Denk- und Handlungsabläufe nicht übersehen, daß die Problematisierung dieses Spannungsfeldes bislang wesentlich von der abendländischen Wissenschaft bestimmt ist und folglich auch die kritischen Rückfragen von dorther gestellt werden.

Damit bietet es sich an, daß wir im Folgenden ohne den Anspruch auf eine umfassende Darstellung der religionsgeschichtlichen Daten den Blick auf solche Momente menschlicher Grundverständnisse richten, die bei der Beschäftigung mit der Frage nach Menschenwürde und Lebensschutz in unserem eigenen Kulturraum nicht unbeachtet bleiben sollten. Dazu gehören vor allem a) die Einbettung menschlichen Lebens in umfassendere Lebensabläufe, b) die Einbindung des menschlichen Einzellebens in den umfassenden Rahmen menschlicher Gesellschaft bzw. des Menschengeschlechts, c) die Abhängigkeit menschlichen Lebens von seinem umfassenderen Orientierungrahmen. Anders gesagt: Es geht vor allem um das Verhältnis von Menschsein und Natur, von Mensch und Menschen, von Mensch und Religion.

So richtig es ist, die Religion selbst noch einmal auf ihre Kulturbezogenheit abzufragen, insofern jede Religion ihre von Menschen gestaltete Seite hat, wird dieser Zusammenhang hier in der Rede vom „Kontext der Religionen und Kulturen" eher vorausgesetzt als ausführlich erläutert. Umgekehrt sei ausdrücklich darauf hingewiesen, daß „Religion" hier nicht als Resultat einer rein menschlichen Projektion verstanden wird, sondern als Grundweise menschlicher Einbindung in den Raum der den Menschen anfordernden Unverfügbarkeit.

2.1 Leben

Der Mensch ist wesentlich ein Lebewesen. Mehr als alle anderen menschlichen Funktionen ist sowohl in den archaischen wie auch in den geschichtlichen Kulturen der Atem der deutlichste Ausdruck für Leben und Lebendigkeit (vgl. Long 1987, Sundermeier 1990). Gerade in den auf Europa alternativ wirkenden Kulturen Asiens, aber dann auch in den Religionen im Umfeld des Christentums sind „Atem" und „Leben" vielfach austauschbare Begriffe. Atmend ist der Mensch in den größeren Lebenszusammenhang eingebunden, bindet sich der Mensch auch selbst aktiv in diesen ein. Gemeinsam mit allem Lebenden sieht sich der Mensch in den Ablauf des Werdens und Vergehens eingebettet und dem Wechsel von Zeugung und Tod unterworfen. Dieser Ablauf wiederum scheint den Kreislauf der Dinge auszumachen. Wo der Mensch aber selbst vor allem als Teil des Kreislaufs der Dinge gesehen wird wie im Hinduismus und Buddhismus, kommt der begrenzten Einzelexistenz im Vergleich zur unvertauschbaren Einmaligkeit einer unwiederholbaren Lebensexistenz eine geringere Bedeutung zu. Reinkarnatorisches Leben erhält – jenseits der auch hier gegebenen Differenzierungen (vgl. Long 1987; Smith 1987; Werblowsky 1987; v. Brück 1987; Kochanek 1992) – gerade in der Relativierung aller Individualität ihre Faszination. Das einzelne Leben hat als solches entsprechend keinen Wert (vgl. Sundermeier 1990, 517-519).

Dem widerspricht nicht die andere Beobachtung, daß der Mensch bei aller Eingebundenheit in einen zyklisch erscheinenden Lebensprozeß sich zugleich als ein Lebewesen erkennt, das sich dem Aufgehen in den Kreislauf der Dinge widersetzt und sich als Wesen mit einem Selbstbewußtsein versteht, das sich sowohl reflektiert wie auch Ziele setzt, die nicht einfachhin mit dem identisch sind, was ihm als seine „Natur" aufgeht. In allen Religionen ist der Mensch bei aller Eingebundenheit in einen ihm vorgegebenen größeren Lebensrahmen, der als „Natur" oder „Welt" angesprochen wird, zugleich das Wesen, das sich in Unterschieden und Unterscheidungen, Widersprüchen und Gegensätzen, damit in Spannungsfeldern wie Einheit und Vielheit, Eigenheit und Andersheit, männlich und weiblich, gut und böse u. a. wiederfindet, mit denen er sich auf jeden Fall nicht einfachhin abfinden will.

Aus der Vorgabe wird für den Menschen eine Aufgabe. Wenn nicht alles täuscht, markiert die Einsicht in diese Tatsache in den verschiedenen Religionen zugleich die gemeinsame Unterscheidung zwischen dem Menschen und den anderen Lebewesen. Freilich unterscheiden sich die Religionen dann in der Einschätzung des dem Menschen geschenkten Raumes freier Verfügung. Das gilt einmal, wo der Mensch über das nichtmenschliche Leben, sodann aber auch, wo er über eigenes und fremdes menschliches Leben verfügt.

In allen Religionen spielen Gebote gegen die Verletzung des Lebens eine wesentliche Rolle. Doch selbst wo das Tötungsverbot allgemein formuliert erscheint, ist zu fragen, a) wie das Verbot begründet wird, b) in welchen Fällen das

Verbot seine Gültigkeit verliert, c) ob es für alle Lebewesen, also auch für Tiere gilt, d) ob es auch ein Verbot gegen andere Weisen der Lebensbeeinträchtigung als die physischen einschließt, e) wie zentral das Verbot in der einzelnen Tradition ist (vgl. Juergensmeyer 1987). Hinsichtlich der vor allem von Indien verbreiteten Propagierung der Gewaltlosigkeit (skt. ahimsa) darf nicht übersehen werden, daß diese Lehre zwar seit langem in den verschiedenen religiösen Traditionen Indiens eine Rolle spielt, jedoch erst durch Gandhi seine heutige Bedeutsamkeit erlangt hat (vgl. Caillat 1987; Thannippara 1988). Wer nach der Achtung des Lebens in anderen Religionen fragt, kommt an Praktiken wie Menschenopfern, Kindestötungen, zumal Tötungen von neugeborenen Mädchen oder auch Witwenverbrennungen, neuerlich auch am Organhandel, nicht vorbei. (Beachtet man, daß Indien zu den Ländern gehört, in denen der Organhandel besonders auffällig blüht, so erweist sich die Propagierung der Gewaltlosigkeit zugleich auch als Ausdruck einer Ideologie.)

Wo unter religiösem Vorzeichen nach dem Lebensschutz zu Beginn wie auch am Ende eines menschlichen Lebens gefragt wird, ist sowohl nach der religiösen Einbettung wie auch der religiösen Bedeutung von Geburt und Tod (vgl. Gross 1987; van Baaren 1987) zu fragen. Der Frage der Verfügung über das menschliche Leben im Sinne heutiger wissenschaftlicher Möglichkeiten und gesetzlicher Regelungen ist aus religionsgeschichtlicher Perspektive erst dort Raum gegeben, wo die religiöse Tabuisierung dieser Bereiche zugunsten einer säkularen und damit nichtreligiösen Normbestimmung aufgehoben wird. Damit ist zu unterscheiden zwischen den traditionellreligiösen Formen des Umgangs mit werdendem und vergehendem Leben und den modernen säkularistischen Weisen staatlicher Lenkung des Zeugungs- und Gebärverhaltens (vgl. die staatlichen Maßnahmen zugunsten der Geburtenkontrolle in Indien, China und in vielen Ländern der Dritten Welt).

Da die manipulativen Möglichkeiten im Bereich der Lebenserzeugung wie der Lebensbeendigung weltweit in vieler Hinsicht den im Westen eröffneten Möglichkeiten folgen, ist es verständlich, daß diese Fragen unter strikt religiösem Vorzeichen vor allem in jenen Religionen diskutiert werden, die sich der Auseinandersetzung mit der modernen Lebensgestaltung öffnen. Das gilt neben dem Christentum vor allem für Judentum und Islam, in geringerem Maße für die führenden Religionen Asiens, die hinduistischen Religionen und den Buddhismus. Insofern als sich für die konkreten ethischen Anfragen aus den alten Heiligen Schriften über allgemeine Maximen hinaus keine eindeutigen Weisungen ableiten lassen, ist auf die konkreten Argumentationen zu achten. In gewissem Sinne ist der Fragenkodex hinsichtlich des konkreten Lebensschutzes erst in das interreligiöse Gespräch einzubringen.[1]

2.2 Individuum

Die Würde des menschlichen Lebens ist heute weltweit mit der Betonung der menschlichen Person verbunden. Damit hat dieser in seinem Ursprung abendländische Begriff ohne genauere Bestimmung seiner Abkünftigkeit einen globalen Charakter erhalten. „Person" meint aber wesentlich den Menschen als Individuum. Aufgrund der abendländischen Herkunft des Personbegriffs stellt sich die Frage nach der menschlichen Individualität im Hinblick auf andere Religionen und Kulturen weniger terminologisch als sachlich-inhaltlich.

1 In den einschlägigen religionsethischen Handbüchern fehlen die hier gestellten Fragen noch fast vollständig; vgl. etwa Ratschow 1980; Hinweise zu Judentum und Islam finden sich bei Antes 1984, Register.

Dabei erscheinen – unabhängig von der Relativierung der individualistischen Perspektive, die sich schon aus der Einordnung des Menschen in den Bereich der Natur und des Lebendigen ergibt, – folgende eher gegenläufige Beobachtungen wichtig:

Der Mensch existiert nicht als Einzelwesen, sondern ist zugleich Glied der menschlichen Gesellschaft, wie sie sich von der Familie bzw. dem Familienverband über die Sippe, den Ort, den Stamm bzw. das Volk und den Staat in umfassendere Menschheitsverbünde hinein verwirklicht. In vielen Kulturen wie etwa in den fernöstlichen ist der Mensch entsprechend zunächst durch seine zwischenmenschlichen Relationen definiert als älterer oder jüngerer Bruder bzw. ältere und jüngere Schwester, als Lehrer und Schüler, Herr und Knecht u. s. w. (vgl. Malek 1988). Erst die Aufnahme und Einbindung in dieses Geflecht, das im Ahnenkult (vgl. Hardacre 1987; Borengässer 1988) die irdische Existenz überdauert, verschafft dem Menschen seine unvertauschbare Individualität.

Andere Faktoren, die die menschliche Individualität ins Bewußtsein treten lassen, sind die Erfahrung unterschiedlicher Weisen von Machtausübung (physisch, politisch, moralisch, spirituell u. a.) und die daraus sich ergebende Autorität, insofern sie an Einzelwesen ablesbar ist, die Rolle Einzelner in den menschlichen Gesellschaften[2]. Religiös bedeutsam sind auch der Monotheismus, in dem das Personsein Gottes allerdings die Personalität des Menschen zu einer nachgeordneten Größe werden läßt, und der vor allem in den mystischen Religionen Asiens zu beobachtende Drang nach Wiederherstellung der fundamentalen Einheit in allem.

---

2 Vgl. zur Bedeutung von Heilsgestalten in den verschiedenen Religionen Waldenfels 1988, sodann den Einfluß des Weisen in den verschiedenen Religionen; vgl. die Thesen zur Weisheit in Waldenfels 1990, 167-184, bes. 174-179.

Die Rolle des Einzelnen ganz allgemein wird vor allem in jenen Religionen betont, die heute als Weltreligionen bezeichnet werden, insofern sie allen Menschen den Weg zu Heil und Erfüllung vermitteln. In diesem Sinne verdienen diese Religionen hier größere Aufmerksamkeit als die archaischen, schriftlosen bzw. traditionellen Lokalreligionen. Freilich bleibt die Wertung des Individuums in den klassischen indischen Religionen, zumal in Hinduismus und Buddhismus, ambivalent. Die Universalisierung des Heilsangebots an jeden einzelnen trifft sich im übrigen heute auch mit dem politischen Grundverständnis unserer Zeit, insofern die Demokratie für die Grundrechte aller Menschen eintritt (vgl. dazu Rouner 1988; Hilpert 1991, 214-229).

Die Vielfalt menschlicher Beziehungen, denen sich das individuelle menschliche Leben nicht entziehen kann, relativiert auf jeden Fall eine abstrakte Absolutheit. Das heißt: Die Unvertauschbarkeit und Einmaligkeit eines jeden einzelnen Lebens entläßt dieses nicht in eine unaufhebbare Rücksichtslosigkeit bzw. monadenhaftbeziehungslose Egozentrik. Gerade darin werden die Menschenbilder anderer Kulturgebiete wie Afrikas und Ozeaniens, aber auch die der alten asiatischen Religionen Indiens, Chinas und des übrigen Fernen Ostens sowie die Menschenbilder im semitischarabischen Umfeld des Christentums zu Alternativen und Korrekturen an den neuzeitlichwestlichen Ausprägungen eines individualistischen Menschenbildes (vgl. den Übersichtsartikel Mensch, in: Waldenfels 1988, 405-415; Wissmann 1990).

Dem widerspricht nicht die andere Beobachtung, daß das Individuum in vielen nichteuropäischen Kulturen oft bis zum völligen Verlust seines Eigenwertes gemeinsamen Zielen der Gesellschaft (Volk, Staat etc.) untergeordnet wird und dann das schwache und behinderte wie auch das ungeborene oder ungewünschte Leben (z. B. Mädchen, 2./3.Kind in China; alte Leute, sog. „lebensunwertes Leben") grundsätzlich gefährdet ist. So ist z. B. „typisch für indisches

Denken, daß der Mensch im allgemeinen nicht eine in sich geschlossene, autonome Persönlichkeit ist wie in der soziologischen und psychologischen Theorie des Westens, sondern Personen als 'dividuell' oder 'teilbar' gedacht werden. Der 'dividuelle' oder 'teilbare' Mensch muß, um zu existieren, heterogene Einflüsse in sich aufnehmen und gibt ebenso Einflüsse wieder ab in Form von 'kodierten Substanzen'." (Sontheimer 1988, 408)

Insofern als die menschliche Individualität bzw. sein Personsein die Basis der menschlichen Würde und damit auch der menschlichen Grundrechte darstellt, ist letztendlich nach der Konstitution bzw. Begründung der menschlichen Person zu fragen. Dabei zeigt sich im Blick auf die verschiedensten Religionen, daß der Mensch bei aller Betonung der Einheit weithin als ein Zwischenwesen beschrieben wird, das zwischen Gott bzw. dem Göttlichen und der Erde ausgespannt lebt. Als Zwischenwesen ist der Mensch aber zugleich ein zerrissenes Wesen. Ohne in die Einzelheiten zu gehen, kann gesagt werden, daß die Teilhabe des Menschen am göttlichen Leben seine besondere Würde als Einzelwesen konstituiert. Quer durch die Kulturen und Religionen ist die Beschäftigung mit dem, was im abendländischen Raum als „Seele" bzw. „Geistseele" und deren Unsterblichkeit bezeichnet wird (vgl. Art. Soul, in: Eliade 1987, 13, 426-465; auch Resch 1988; Ries 1987; Sonnemans 1988), der Ort, von dem her der Rang menschlicher Individualität in den einzelnen Religionen bestimmt werden kann. Damit kommen diese zugleich in ihrer Bedeutung für die Bestimmung des Menschseins in den Blick.

2.3 Gesetz

Religion spricht letztlich von der Abkünftigkeit des Menschen, aber auch von seiner Zielgerichtetheit. Die Frage, ob der Mensch in seinem Wesen religiös ist oder nicht, wird heute vor allem in unserer Kulturwelt gestellt. Außerhalb Europas ist die innere Verflochtenheit von religiösem und ethischem Verhalten, religiös orientiertem und philosophischem Denken nach wie vor weithin die Regel. Eine Stelle, an der die Zweigleisigkeit in der neuzeitlichen Geistesgeschichte inhaltlich deutlich in Erscheinung tritt, ist das Gegenüber von „Religion" und „Natur". So ist neuzeitlich der Religionsbegriff zu einem alle Religionen verbindenden Allgemeinbegriff geworden. Zugleich ist der Naturbegriff anthropologisch ein von ethnischen, geschlechtlichen, religiösen, zeit- und ortsbezogenen Rücksichten abstrahierender Allgemeinbegriff.

Das hier gemeinte Gegenüber von Religion und Natur findet einen Kreuzungspunkt, wo aus religionswissenschaftlicher Perspektive im „Gesetz" ein die verschiedenen Kulturen verbindender Begriff wahrgenommen wird (vgl. dazu Oeming 1988). Wir führen den Begriff „Gesetz" an dieser Stelle vor allem deshalb ein, weil im schlechthinnigen „Gesetz" das Unverfügbare, damit zugleich das Unverletzliche seinen Ort hat, das in der Vielzahl der Gesetze seine Konkretisierung im alltäglichen Leben einfordert. Im Blick auf das „Gesetz" und die Gesetze wird jedenfalls der Gesamtrahmen sichtbar, in dem menschliches Leben sich vollzieht.

Innen – Außen: Wer „Gesetz" religiös denkt, stößt zunächst auf das Spannungsfeld von Innen und Außen. Im Menschen erscheint das Gesetz in diesem Sinne zunächst in doppelter Hinsicht als ein inneres Moment des Menschen selbst. Einmal meint es den Bauplan des Menschen, sein Wesen bzw. seine Natur. Nach ihm lebt der Mensch. Freilich stellt sich für den Menschen heute die Frage, wieweit er in diesen Bauplan eingreifen kann und darf. Das hängt nicht zuletzt davon ab, ob der umfassende Begriff der „Natur" eine Letztauskunft darstellt oder im Blick auf einen Schöpfergott als „Schöpfung" zu interpretieren ist.

Gesetz ist für den Menschen aber dann auch jene Instanz, die in der abendländischen Kultur als „Gewissen" angesprochen wird[3]. Dieses erschöpft sich freilich nicht in der reinen Autonomie des Innen, sondern stellt, selbst eingebettet in einen umfassenderen Horizont, die den Menschen als nächste bestimmende Handlungsinstanz dar.

Ausgehend von der abendländischen Sicht der Dinge, kann der umfassendere Horizont unreligiös oder religiös formuliert werden. Eher unreligiös bilden die menschliche Gesellschaft oder die menschliche Natur bzw. auch die menschliche Vernunft diesen Horizont, religiös läßt er sich als Weltgesetz oder göttliches Gesetz ansprechen. Was abendländisch heute im Gegenüber von Autonomie und Heteronomie ausartikuliert wird, ist außereuropäisch, zumal in den asiatischen Hochreligionen, aber auch in den Naturreligionen Afrikas und Ozeaniens nur in einer starken Verschränkung des Innen und Außen zu erfahren. Das gilt bis in die Konstituierung des positiven Rechts hinein. Hier ist als besonderer Fall die Exklusivität des islamischen Scharia-Rechts in vielen überwiegend islamischen Staaten zu nennen.

Im Gegensatz dazu verdient die Begründung des Naturrechts vor allem Aufmerksamkeit, wenn es unter Ausschluß jeder religiösen Verankerung im Sinne eines gottlosen, d. h. gottunabhängigen Denkens vertreten wird. Die religionsorientierte Sicht der Dinge weist den Menschen nicht zuletzt auf die Aporetik einer rein immanent argumentierenden anthropozentrischen Ableitung des Rechts hin.

Mensch(en) – Nicht-Mensch: Angesichts des Gegenübers von Religion und Natur, göttlichem Gesetz und Naturgesetz ist

[3] Despland (1974, 50), macht darauf aufmerksam, daß es den Begriff *„conscientia"* im Sinne von „Gewissen" als inneres Organ außerhalb des Christentums nicht gibt, wohl ein breites Feld von *„conscientia"* im Sinne von „Bewußtsein" sowohl in hinduistischen wie buddhistischen Philosophien.

folglich nicht nur formal, sondern auch inhaltlich nach dem Verständnis der Natur zu fragen. Dabei zeigt sich, daß „Natur" – quer durch die Kulturen und Religionen – sich nicht auf das Menschsein beschränkt, sondern auf jedes Einzelne wie auf das Ganze der Wirklichkeit der Welt bezieht. Die Frage nach dem, was Natur ist, endet nicht beim Menschen, sondern führt über den Menschen hinaus in einen Bereich, der nicht- bzw. übermenschlich zu nennen ist. Hier bleibt die Frage nach der Natur dann entweder unbeantwortet im Verstummen und in der Verweigerung weiterer Antworten, oder aber „Natur" ist selbst nur das vorletzte Wort. „Natur" ist entweder einfach das, was „aus sich selbst" ist oder wird, oder sie ist als die Weltwirklichkeit ihrerseits auf eine noch größere Wirklichkeit – das Göttliche oder Gott – bezogen. Diese Beziehung kann selbst noch einmal entweder – im Begriff der Emanation – im Sinne einer Identitätsfeststellung oder – im Begriff der Schöpfung – im Sinne einer letzten unaufhebbaren Verschiedenheit verstanden werden.

Der Prozeß dieser Erkenntnis, der sich mit der Einladung zur Anerkennung einer letzten, dem menschlichen Willen entzogenen Unverfügbarkeit verbindet, macht aus der dem Menschen gegebenen Natur für ihn die Aufgabe, sich entweder dieser „Natur" oder aber dem göttlichen Willen entsprechend zu verwirklichen. Aus der Gabe des Menschseins wird jedenfalls eine Aufgabe. Wird die Rede von der „Verantwortung" oder auch der „Entsprechung" aber radikal zu Ende gedacht, ergibt sie letztlich nur in einem religiösen Kontext einen Sinn. Dabei ist, unabhängig von der Zugehörigkeit zu einer bestimmten Religion, jeder Respekt vor einem das eigene Menschsein transzendierenden und verpflichtenden Gesetz als fundamental „religiös" zu bezeichnen.

Heiligkeit: Die Bedeutung „Gesetz" steht zumindest einschlußweise hinter zahlreichen Grundworten der verschiedenen Religionen (vgl. unter dieser Hinsicht Dharma, Tao, Torah, Nomos, Scharia, auch Tabu u. a.). Alle diese Worte sprechen sowohl von Aufgegebenem und Zugeteiltem wie auch von Entzogenem und Versperrtem. Sie beziehen sich auf eine prinzipielle Geltung wie – ausdifferenziert – auf die Konkretheit des Verhaltens. In gewissem Sinne berührt sich das „Gesetz" als Prinzip mit dem, was das Heilige genannt wird.[4]

Im Begriff des Heiligen treffen sich Metaphysik und Ethik, Religion und Moral. Es sind entsprechend zwei Momente, die bei der Frage nach dem Schutz des Lebens zu betonen sind: a) die Unverfügbarkeit des in der Rede vom „Ganz Anderen" sprachlich eher Verhüllten als Angedeuteten und b) die moralische Pflicht gegenüber der Unverletzlichkeit der Natur bzw. des göttlichen Gesetzes.

Im konkreten Umgang mit dem Lebendigen bleibt freilich die Frage nach den Grenzen: Grenze zwischen Unverfügbarkeit und Verfügbarem, Grenze auch zwischen Unverletzlichkeit und Verletzung. Die Frage nach dem, was als Lebensverletzung anzusehen ist und was nicht, ist so leicht nicht zu beantworten.

Jedenfalls markiert die Rede vom Heiligen, wie sie aus der Geschichte der Religionen zu vernehmen ist, die entscheidenden Einsichten, daß a) die Verfügungsmacht des Menschen begrenzt und b) der Mensch in einen Rahmen eingebunden ist, der ihm vorgegeben und gesetzt ist und dem er sich nicht in Eigenmächtigkeit entziehen kann. Damit sind die Religionen in ihren Botschaften zugleich grundlegende Merkposten für den Umgang mit dem menschlichen Leben und den Lebensstationen. Merkposten schließen freilich weder aus, daß der Mensch seinen konkreten Verfügungsspielraum in der Dialektik von Außen und Innen zu jeder Zeit neu absteckt, noch daß er ihn dann verantwortlich füllt.

---

[4] Wir führen diesen Begriff ein, obwohl er nach R. Otto u. a. zunächst eher in einer sich wandelnden europäischen Situation als Platzhalter für die Rede von Gott, Religion und religiöser Erfahrung und Wahrnehmung eingeführt worden ist; vgl. Lanczkowski 1985; Oxtoby 1987; Splett 1988.

3. Geschöpflichkeit und Gottebenbildlichkeit

3.1 Phänomenologie des christlichen Verständnisses vom Menschen

3.1.1 Menschsein von Gott her

Der Grund-Satz aller den Menschen betreffenden christlichen Glaubensaussagen lautet: Der Mensch versteht sich in seinem Sein und Wesen wie auch in allem, was ihn ausmacht, in seinem Tun und Sollen nicht von sich selbst, sondern ausdrücklich von Gott her. Was der Mensch an sich erfährt, wird folglich nicht *von ihm her* auf Gott hin interpretiert, vielmehr *erfährt* der Mensch seine *eine* und volle Wesenswirklichkeit wie auch deren einzelne Elemente aus und in seinem von Gott begründeten Gegenüber zu Gott. Folglich haben alle für den Menschen eigenartigen und lebensrelevanten Einsichten wie alle seine Lebensvollzüge diese Grundausrichtung. Der Gottesbezug ist kein Zweites bzw. Nachträgliches, das am Ende erst aus weiteren Bestimmungen und Bedingungen menschlichen Daseins resultiert.

Biblisch gesehen *ist* der Mensch als solcher und in allen seinen Wesenselementen Gottbezogenheit. Das ist nicht zuletzt deshalb von entscheidender Bedeutung, weil für den Christen die weder hintergehbare noch überholbare Überzeugung gilt, daß seine Glaubenseinsicht ihm nicht unterscheidend *als Christen* geschenkt ist, sondern für den Menschen *als Menschen* gilt, – eine Einsicht, die dem Menschen von allem Anfang an zukommt bzw. ihm im Erlösungsgeschehen *wieder*geschenkt ist. Auch wenn diese Einsicht somit vom christlichen Glauben her gewonnen erscheint, so ist sie doch von gesamtmenschlicher Gültigkeit, so daß der Christ sich im Sinne seines Heils- und Geschichtsauftrags gedrängt fühlt, überall für die Beachtung der Grundeinsicht einzutreten.

Damit haben die christlichen Einsichten zum Menschsein nicht den Charakter einer Gruppenmeinung, die für andere zur freien Diskussion und Disposition steht. Freilich darf diese Feststellung nicht in dem Sinne mißverstanden werden, als ob über das christliche Glaubensverständnis nicht diskutiert werden könne. Erörterungen, die zur Klärung dienen, sind vielmehr gerade um der Sache willen in hohem Maße gefordert.

Mit dem Gesagten verbindet sich die Einsicht, daß das christlich gültige Gottesverständnis aus seinem Wesen heraus jenseits eines wie immer gefaßten Deismus anzusetzen ist. Gott ist gerade nicht der Welttranszendente, der die von ihm einmal und ein für allemal geschaffene Welt und in ihr dann den Menschen prinzipiell in ihr Eigenes *ent*lassen hätte, um dann selbst jenseits von allem an allem unbeteiligt zu bleiben. Wäre das der Fall, so wären Sein und Geschehen der Welt aus sich allein zu erfassen und zu erklären. Gott als der ermöglichende Grund von allem stünde „draußen", allem nur *gegenüber*, um im besten Fall, wenn überhaupt, mittelbar (durch sog. Zweitursachen) in das Geschehen von Natur und Geschichte punktuell „einzugreifen". Anders gesagt, muß Gott gerade dort, wo es um die Fragen des wahren Menschseins geht, in allem zur Auswirkung kommen. Gott muß *in* der Welt und *in* allem wie immer im einzelnen verstandenen Universalgeschehen „da-sein", wirksam und beteiligt sein. Nur unter Beachtung dieses Sachverhaltes tragen die im weiteren Verlauf zu erörternden christlichen Einsichten zur Lösung der konkreten Problematik bei.

3.1.2 „Geschöpf Gottes" – „Ebenbild Gottes"

Geschöpflichkeit und Gottebenbildlichkeit sind von der Heiligen Schrift her vorgegebene sprachliche Ausdrücke, mittels derer der Mensch *als Mensch* gültig zur Sprache kommt. Dabei meinen die beiden Abstrakta nicht *Etwas* vom Menschen, kein je bestimmtes Wesenselement menschlichen Seins, sondern den Menschen selbst, sein eigentümliches *Mensch*sein. Wo folglich innere Momente der Geschöpflichkeit und Gottebenbildlichkeit hervorgekehrt werden, werden damit immer schon der konkrete *Mensch* bzw. das menschliche Leben als solches angesprochen, also das, was der Mensch *ist*, nicht das, was er, gleichsam neben anderem *hat*.

Die grundlegende Aussage über den Menschen, daß er von Gott erschaffen ist, benennt *einen* „doppelten" Sachverhalt: Der Mensch ist – neben und mit anderen Geschöpfen – *Geschöpf*, *und* er ist das als aus ausdrücklich überlegtem göttlichen Freiheitsentschluß (vgl. Gen 1) *so*-geartetes Geschöpf; er *ist* „Ebenbild Gottes, ihm ähnlich", so daß er die „Gottebenbildlichkeit" nicht wie ein Bild an sich trägt, das ein *anderes* anzeigt. Gottes Ebenbild läßt sich vom Menschen im Sinne eines Eigennamens aussagen, der den Betreffenden *selbst* und seinem *ganzen* Sein nach bezeichnet.

„Geschöpf Gottes" und „Ebenbild Gottes" bezeichnen den Menschen nicht gleichsam beschreibend-definitorisch *in sich*. Vielmehr bringen die Bezeichnungen das konkrete Wesen des Menschen in seiner eigenartigen Relationalität *zu Gott* zum Ausdruck. Diese Relationalität hat in Gott bleibend ihren Ursprung, und als solche soll der Mensch sich selbst frei vollziehen. In gewissem Sinne will in den genannten Formeln der Genitiv sowohl als *genitivus subiectivus* wie *obiectivus* verstanden sein, wenn der Mensch als Mensch zur Sprache kommen soll.

3.1.3 „Erschaffen"

Was bislang gesagt worden ist, ist im Folgenden zu entfalten. Dabei ist darauf zu achten, daß das, was als Wesens*elemente* erscheint, trotz des scheinbaren Nacheinanders in der Sprache, stets den ganzen Menschen *als* Menschen meint. So bekommt die grundlegende Aussage, daß der Mensch *Geschöpf Gottes* ist, ihren eigentlichen Inhalt und ihr Gewicht von der analogielosen Eigentümlichkeit jenes göttlichen Wirkens, das „Erschaffen" genannt wird.

„Erschaffen" im streng theologischen Sinn bezeichnet den göttlich-*präsentischen* Akt des beständig freien Wirkens Gottes, das jenes Sein- und Leben-*Geben* (*creare est dare esse*) ist, aus dem sich das Geschöpf empfängt und aufgrund dessen es wesensmäßig ist. „Erschaffen" bezieht sich folglich nicht nur auf die Anfangsetzung von Erschaffenem, es ist vielmehr als Sein-*Geben* in währendem Präsens zu sehen, so daß Erschaffenes nicht Gewordenheit (*nach* vollendeter Tat gewordenes Perfectum) meint, sondern Gegebenes im Gegeben-*werden*; dem entspricht folglich vonseiten des Erschaffenen das Erschaffen-*Sein* als Sich-aus-diesem-Gegebenwerden-*Empfangen*.

Dieses Erschaffen Gottes ist *freier* Selbstvollzug Gottes. Gottes Schöpfer-Sein gehört somit nicht zur göttlich-naturalen Notwendigkeit seines Gott-Seins; es entspringt vielmehr seinem göttlich-freien Willensentschluß, dem gegenüber er auch im bleibenden Vollzug frei bleibt (personales Treu-Bleiben). Darin gründet u. a. die Rede vom Erschaffen als Anfangsetzung erschaffenen Seins *und* vom Bleiben bei und in diesem freien Entschluß des Erschaffens.

Dieser Sachverhalt gab Anlaß zu der – wenig glücklichen – Unterscheidung von „*creare*" und „*conservare*", obgleich es sich bei „beidem" gerade nicht um zwei unterschiedliche Wirkakte Gottes, sondern um das *eine* Wirken handelt, das, einmal begonnen, „weiterhin" durchgehalten wird. Dieses *eine* Wirken heißt „*creare*" = „erschaffen" im strengen Glaubenssinn. Anders gesagt: „Geschöpflichkeit" ist als das ursprüngliche und bleibend grundlegende Seinsverhältnis des Geschöpfes *zu Gott* seinem freien Erschaffer zu verstehen und folglich bleibend zu beachten. Es betrifft den Menschen als ganzen, sein Sein und Leben, Leib und Seele, wie immer auch dieses Menschsein sich selbst gestaltet oder auch pervertiert. Diese „Geschöpflichkeit" ist von sich aus unaufhebbar und hält sich solange durch, als Gott in seinem Erschaffen bzw. in seinem konkreten und freien Sein-*Geben* verbleibt (*conservare*).

3.1.4 „Personal"

Wenn wir personal" im Gegensatz zu „natural" als ursprüngliche Freiheit verstehen, ist der freie göttliche Willensentschluß bzw. die Liebe Gottes als personales Wirken zu kennzeichnen. In diesem Sinne ist Gott personal *in* seinem „Erschaffen" genannten Wirken, engagiert und interessiert er sich für das Erschaffene „persönlich". Gottes „Geben" zielt auf einen „Adressaten", nämlich auf den, *dem* gegeben wird, und darin auf die Gabe als das dem Adressaten des Gebens Gegebene. Dieser Sachverhalt ist für den Menschen als Menschen von grundlegender Bedeutung, soll das „Wesen" seiner Geschöpflichkeit voll zur Sprache kommen.

Hier kommt ein erstes entscheidendes Moment dessen zum Vorschein, was Gottebenbildlichkeit im genuin biblisch-christlichen Sinn und in dessen Folge christlich auch von der menschlichen Person ansagt. Der Mensch wird/ist als das Wesen erdacht und erschaffen, dem es in seinem Erschaffen-*Werden* mitgegeben wird, sich selbst als dieses eigenartige Gott-Gegebene *bewußt* zu empfangen, um *aus* und *in* diesem Sich-aus-göttlich-freiem-Geben-Empfangen jene Gegebenheit selbst zu *sein* und zu *leben*, die ihm von Gott als seinem Schöpfer zugedacht, gebend dargereicht und zur Selbstaneignung zugeeignet wird. Gott gibt im Erschaffen des Menschen als Menschen diesem eigenartigen Geschöpf persönlich, d. h. in Freiheit die Fähigkeit, der göttlich-schöpferischen Freiheit entsprechen zu können. Das heißt: Er gibt ihm die Freiheit zu sich selbst im Empfangen, im Sein und Leben, und darin im Selbstvollzug *als* solcherart Gabe auf den Gebenden antworten zu können.

Erschaffen-Sein wird dem Menschen weder verfügt noch zugefügt; der Mensch wird nicht als Produkt gemacht oder erstellt. Das Erschaffensein kommt ihm nicht von Natur aus zu, sondern – wie gesagt – nur, aber dann bleibend aus dem personal-freien und den Menschen in die Freiheit entlassenden Selbstentschluß Gottes. Von daher entsteht und besteht das, was die spezifische Freiheit des Menschen ausmacht, aus der Freiheit Gottes *als* Schöpfer. Sie ist von dieser ihrer Herkunft her als gestiftete Freiheit zu verstehen. In *diesem* Sinn meint auch Gottebenbildlichkeit nicht, daß der Mensch Gott nochmals für einen anderen „abbilden", darstellen oder vorstellen soll (zu diesem Element der Gottebenbildlichkeit vgl. weiter unten). Vielmehr zielt Gen 1 und Ps 8 u. ä. auf jenes Grundlegende, daß der Mensch Gottes *Du*, *sein* Gegenüber sei, das aber gerade nicht als „anderes seiner selbst", als Gegenstück seines Gottseins (gleichsam als Nicht-Gott-Sein), sondern eben „als Gottes Ebenbild, ihm ähnlich" (Gen 1,26 f.; Ps 8 u. ä.).

3.1.5 „Von Angesicht zu Angesicht"

Mit der Formel „Gottes Ebenbild, ihm ähnlich" ist – zuerst und für alles weitere grundlegend – das ins Wort gebracht, was in der biblischen Formel der eschatologischen Erfüllung allen Menschseins „sich schauen von Angesicht zu Angesicht" genannt wird: Gott gibt dem Menschen, ihn erschaffend, das Angesicht, auf das *Gott* als sein Du zu schauen wünscht. Das aber ist der Fall, weil der Mensch, sich selbst von Gott als dem Schöpfer im Angesicht Gottes empfangend, sein „Angesicht" Gott in gegebener Freiheit zuwendet und zueignet, auf daß *beide* im Miteinander-von-Angesicht-zu-Angesicht jenes Sein und Leben in Gemeinschaft sind, das *in* Gott und aus Gott *im* Menschen vorgegeben ist.

Damit ist zugleich die innere Wirklichkeit dessen ausgesagt, was mit „Partnerschaft" des Menschen zu Gott angesprochen wird. In dieser entspricht bzw. antwortet der Mensch als Du Gottes dem Ich Gottes in einer Weise, daß er darin das eigene Ich-Sein erkennt und vollzieht und die ihm mit-gegebene Freiheit lebt.

3.1.6 Recht auf Leben

In der menschlichen „Partnerschaft" zu Gott ist ursprünglich auch das grundgelegt, was wir das eigentümliche Recht auf Leben nennen, jenes Recht, das dem Menschen als Menschen eignet und er allen und allem anderen gegenüber in Anspruch nehmen kann bzw. das entsprechend zu achten ist. Das persönliche Lebensrecht kommt dem Menschen nicht aus sich, d. h. aus der „Natur" zu, sondern ausdrücklich aus dem *Schöpfer*sein Gottes. Denn im Verständnis der Schöpfung setzt Gott zuerst sich selbst das Recht, das der Mensch gerade *als* dieses Geschöpf seinem Schöpfer gegenüber *ist* und deswegen Gott bei seinem (Schöpfungs-)Wort nehmen darf, ja aus Geschöpfgerechtigkeit nehmen soll.

Das impliziert das andere, daß nämlich dort, wo einem Menschen das Recht auf sein Leben streitig gemacht und es ihm gar genommen wird, dieses unmittelbar als Angriff auf göttliches Recht, somit auf Gott selbst und seinen Willen, sich persönlich in seinem Schöpfer-Bleiben zum Leben-*Geben* zu verpflichten.

3.1.7 „Menschsein"

War bisher vom Menschen bzw. menschlichen Leben eher in einem in gewisser Hinsicht offenen Sinn die Rede, so sind jetzt Klärungen anzubringen, die das menschliche Geschöpfsein in seinen weiteren Wesenselementen, wie sie aus der Gottebenbildlichkeit folgen, erläutern. Mit „Mensch" ist schon im alltäglichen Sprachgebrauch sowohl der einzelne Mensch, das Individuum als auch die Menschheit insgesamt, das „Gesamt" aller Menschen angesprochen; diese ist freilich mehr als die bloße Summe vieler Exemplare einer Spezies; es erschöpft sich auch nicht in der im jeweiligen Heute lebenden Generation, sondern meint dann die Gemeinschaft aller Menschen.

Vom Menschen können wir nur dann gültig sprechen, wenn wir *gleichzeitig* und in *gleich* gültiger Wertung von dem reden, was wir allgemein Individuum, das Selbst- oder Ich-Sein des einzelnen Menschen nennen, *und* davon, daß genau dieser einzelne Mensch *Glied* der *einen* Menschengemeinschaft ist, – „beides" er selbst, ganz, unaufhebbar und keines auf Kosten oder zu Lasten des anderen. Anders gewendet: Wir werden dem Menschen nur gerecht, wenn wir erkennen, daß dem Menschen *zugleich* Individualität *und* Sozietät eignet. Die Heilige Schrift bringt das in ihrer Sprache u. a. dadurch zum Ausdruck, daß sowohl der Einzelne als auch die Gemeinschaft, das „Volk", bis hin zur Menschengemeinschaft insgesamt, von Gott mit Du angeredet wird, daß der Einzelne genauso wie das „Volk" das Gegenüber Gottes des Schöpfers ist.

Die Eigenart des Menschen ist – wie gesagt – nur vom inneren „Wesen" dessen her zu erfassen, was den analogielosen Selbstvollzug Gottes ausmacht, der im Bezug auf Welt und Mensch „Erschaffen" heißt. Theologisch kann nur das trinitarische Geheimnis Gottes selbst – der *eine* Gott als Vater, Sohn und Heiliger Geist – einen Zugang zum „Verstehen" dieser Eigentümlichkeit des Menschen von Gott her bieten, wobei das Geheimnis Gottes sich letztendlich nicht aufhebt. Dennoch muß der Versuch gemacht werden, theologisch das Individuum-Sein und das Glied-der-Menschheit-Sein in den Momenten zu erläutern, die für die Thematik von Bedeutung sind.

3.1.8 Individuum in Menschheit

Der einzelne Mensch ist als Individuum, als Er-selbst, als Ich oder wie immer das bezeichnet werden mag, was der *Einzelne* als dieser eine *Mensch* ist, wesentlich mehr bzw. „anderes" als das, was mit „Exemplar der Spezies", „etikettiertes Einzelstück" einer Gattung o. ä., mit „Teilhaber am rein 'natural' verstandenen einen Menschsein" unterscheidend-bestimmend im Blick auf die Mit-*Menschen* oder Mit-*Geschöpfe* ausgesprochen sein will. Gewiß ist es *auch* all das zusätzlich Genannte; dennoch gilt es vor allem das eigentlich Ursprüngliche zu nennen, in dem alles weiterhin Genannte gründet.

Aus dem christlichen Glauben heraus formuliert, ist *jeder* Einzelne jemand, den *Gott* sich *namentlich* als Du seiner Liebe gegenüberstellt, den also Gott selbst beim *Namen* nennt und dem er damit das ihm namentlich zugedachte Er-selbst-Sein verleiht. „Name" steht hier für das, was bzw. wer ein Mensch von Gott her *ist*. In dieser Namens-Gebung wird der Mensch sich selbst zueigen gegeben. In seinem *namentlichen* Selbst-persönlich-gemeint-Sein erhält er, was sonst vor allem in negativ klingenden Formulierungen ausgedrückt wird: seine Unverwechselbarkeit und Unvertretbarkeit – und das für Gott und deshalb für alle und alles andere. In seinem Namensruf wird der Mensch in die Lebensgemeinschaft mit Gott gerufen. Biblisch findet das seinen eindeutigen Ausdruck in einem Satz wie „Ich, der dich erschaffen hat, [...] ich habe dich bei deinem Namen gerufen; du bist mein!" (Jes 43,1 f.; vgl. Jer 1,4 f.; Ps 139 oder Joh 10,1-5.14ff.; Lk 15,3-7; 1 Kor 12 u. ä.). Jeder Einzelne ist daher im Sinne des liebend-namentlich Erschaffens Gottes von Gott namentlich („individuell"; „persönlich" u. s. w.) als Du gemeint und zwar auf ein Leben in Lebensgemeinschaft hin im Sinne der Treue Gottes zu seinem Schöpferwort.

Das so verstandene namentliche Individuum ist – unter Einschluß alles Gesagten – diesem seinem *ganzen* Sein nach Glied der einen Menschheit. Diese meint jedoch in der theologischen Anthropologie nicht zunächst die biologische Spezies, auch nicht die philosophisch verstandene *essentia* bzw. *natura*, sondern zuerst, ursprünglich und wesentlich die *konkrete* Gesamtmenschheit, die die Heilige Schrift „Volk Gottes" nennt. „Menschheit" ist somit keine abstrakte Größe; sie ist vielmehr genau so konkret anzusehen wie der einzelne Mensch. Nicht das gemeinsame Wesen „Mensch" ist gemeint, das sich im Einzelnen konkretisiert bzw. an dem der Einzelne partizipiert. Vielmehr ist „Menschheit" das Konkretum, das jeder Mensch „kon-kret" und unverkürzt *ist*, ohne daß dadurch „Menschheit" nach Maßgabe der „Anzahl" der Einzelnen multipliziert würde. Ebenso konkret ist die „Gesamtheit" der Menschen die „Menschheit", ohne deswegen das „Allgemeine" zu sein, an dem die Einzelnen „nur" teilhaben.

Die konkrete „Selbigkeit" der Menschheit aller einzelnen Menschen wie der Gesamtmenschheit ist in dem Sinn zu verstehen, daß ihre eigentümliche „Unbegreiflichkeit" nie aufgehoben werden kann, da sie in der Freiheit des göttlichen Schöpfer-Entschlusses begründet ist. Die alttestamentliche Bildsprache drückt diesen Sachverhalt in der Rede vom „Eigentumsvolk Gottes" oder von „Gottes Braut" aus, der als Ausdruck der Gottverweigerung des Einzelnen wie des „Volkes" die Rede von der „Hurerei" gegenübersteht. Ähnliches findet sich neutestamentlich im Verständnis des „Leibes Christi", der als der eine viele Glieder hat und der zugleich Bezeichnung der Realität des bleibenden Christus wie der Kirche ist (vgl. 1 Kor 10-12).

Daraus folgt, daß menschliches Individuum-Sein nie absolut zu setzen ist, sondern als *menschliches* Individuum-Sein in seinem gleichzeitigen Glied-Sein nicht nur *Relationalität hat*, sondern *ist*. Diese Relationalität bezieht sich sowohl auf

Gott als auch auf *die* Mit-Menschen in den kleineren und größeren Gemeinschaften, schließlich auf das, was hier „Gesamtmenschheit" genannt wird. Damit ist der Vollzug des menschlichen Namentlich-Selbst-Seins im Individuum- *und* im Glied-Sein die Aufgabe, die dem Menschen in seinem Gabe-Sein aus göttlichem Geben (= Erschaffen) aufgetragen ist. Allein in der integrativen Erfüllung dieser Lebensaufgabe entspricht der Mensch – als Einzelner wie als Menschheit – dem ihm schöpferisch-liebend gegebenen Sein in Wahrheit *und* Gerechtigkeit.

Die *Ethik* dieser Aufgabenerfüllung *ist* der Mensch selbst *als* der und *in* dem, der er von Gott her ist – in den Worten des Cyprian: „Sei der, der du von Gott her (geworden) bist!" Damit ist von diesem Menschenverständnis her jedes „individualistische" und „sozialistische", jedes „egoistisch-subjektivistische" und „kommunistische", jedes „uniformistische" und „pluralistische" Mißverständnis des Menschen und seines Lebenssinnes prinzipiell abzuwehren. Weil das Namentlich-Individuum-Sein und das Glied-Sein nie auf eine der beiden Seiten des einen Menschseins zurückgeführt werden kann, sind beide Grundmomente des Menschseins *immer zugleich* zu berücksichtigen, wenn es um die Fragen der Wertung, der Würde, des Rechtes u. s. w. des Einzelmenschen oder der Gesamtmenschheit geht.

3.1.9 Mann und Frau

Zur Eigenart menschlicher Geschöpflichkeit und Gottebenbildlichkeit gehört es, daß der Mensch von Gott her *als Mann und Frau erschaffen* ist. Mann- und Frau-Sein meint im christlichen Glauben wiederum nicht zunächst die biologisch-geschlechtliche Spezifizierung von männlich und weiblich oder Männchen und Weibchen bei sog. zweigeschlechtlichen Lebewesen, sondern zuerst und prinzipiell nochmals das, was mit „Ebenbild Gottes, ihm ähnlich" (Gen 1,26 f.)

ins Wort gebracht ist. Daher wäre an dieser Stelle eigentlich alles zu wiederholen, was zuvor zur Geschöpflichkeit in Gottebenbildlichkeit herausgestellt wurde.

Es wäre dabei darauf zu achten, daß in allen Aussagen zur Gottebenbildlichkeit statt „Mensch" jeweils „Mann" bzw. „Frau" zu setzen ist. Das würde bei richtiger Durchführung einen doppelten Durchgang durch die gemachten Aussagen erforderlich machen. Denn in der aller Theologie vor- und aufgegebenen Grundaussage der Heiligen Schrift wird dem *Mensch*sein als dem „Als-Ebenbild-Gottes-Erschaffen-sein" durch die scheinbar folgende Spezifizierung „als Mann und Frau erschaffen" keineswegs etwas „Anderes" oder „Neues" hinzugefügt.

Es gilt: Wie der *Mensch* das Ebenbild Gottes *ist*, so *sind* in genau derselben Konkretheit, Gänze *und* Namentlichkeit *Mann* und *Frau* „Ebenbild Gottes", weil „Mann" und „Frau" vollgültig „Mensch" sind. Beides, Mann- bzw. Frau-Sein, bedeutet je ganz Ebenbild-Sein, ohne daß dem Menschsein des Mannes oder der Frau im Vergleich zum anderen etwas „fehlen" würde und sich Mann- und Frau-Sein erst gegenseitig zum vollen und wahren Menschsein ergänzen müßten. Damit ist jedem „maskulinistischen" wie „feministischen" Mißverständnis des Menschen mit der prinzipiellen Glaubensaussage der Heiligen Schrift gewehrt.

Die Erklärung des rechten christlichen Menschenverständnisses erweist sich freilich dann als schwierig, wenn sie rein innerweltlich verstanden, genauer gesagt: wenn der grundlegende Gottesbezug außeracht gelassen wird. Es muß daher darauf hingewiesen werden, daß die Konsequenzen des vollgültigen christlichen Menschenverständnisses nur theologisch, d. h. von Gott her auf die heutigen Anfragen nach Würde, Wert, Leben und Lebensrecht(en) des Menschen formuliert werden können.

3.1.10 Leib und Seele

Die Geschöpflichkeit und Gottebenbildlichkeit betrifft den Menschen in seinem *ganzen* Sein. Das ist ausdrücklich für jene seinshafte „Komplexität" herauszustellen, als die sich der *eine* Mensch lebendig erfährt und die vor allem in der Formel „Leib und Seele" angesprochen wird. Tatsächlich gehört es trotz bleibender „Frag-Würdigkeiten" und unterschiedlichster Verstehensmuster zur Selbsterfahrung des Menschen, sich als Einheit *in* einem dieser eigenen Seinsreichtum zu erleben. Dieser wird mit verschiedenen Ausdrücken zur Sprache gebracht. So kennen wir „Leib und Seele", „Geist, Seele, Leib" oder „Geist und Körper (Materie)", – Formeln, zu denen andere wie das Sprechen vom „Ich" in seinem „Gegenüber" zu „seiner" Seele und „seinem" Leib und dessen Gliedern hinzukommen. Über diese und andere „Gegebenheiten" „verfügt" das „Ich", es *hat* sie, wenngleich der Mensch das alles zugleich auch *ist*: sein Leib, seine Seele u.s.w., die gerade nicht als zuvorliegende und selbständige, die Einheit konstituierende Komponenten des eigenen Seins erfahren werden.

Aus der christlichen Glaubensüberzeugung ist im Blick auf das rechte Verständnis der Geschöpflichkeit in Gottebenbildlichkeit festzuhalten: Von Gott her ist der *Mensch* in seiner *ganzen* konkreten *Ein*heit gemeint und erschaffen. Als ganzer ist der Mensch Gottes Ebenbild, nicht nur oder doch in ausgezeichnetem Sinn sein Geist oder seine Seele. Das Leibliche ist ebenso gültig dieser Mensch wie das Geistige, auch wenn beide nicht einfach „dasselbe" sind. Beim Menschen vom „verleiblichten Geist" zu sprechen hat denselben Wert wie ihn als „vergeistigten Leib" anzusehen. Beide Formeln kehren jeweils *einen* Gesichtspunkt hervor, wobei jedoch niemals eine Minderbewertung des einen dem anderen gegenüber Platz greifen darf. Darum darf die Gottebenbildlichkeit mit ihren Wesenselementen nicht unbemerkt ins rein Geistige verlegt werden, mit allen Folgen des Mißverständnisses hinsichtlich der Leiblichkeit des Menschen und den damit gegebenen Abwertungen der materiell-leiblichen Seite des Menschseins.

3.1.11 Menschliche Aufgabe

Es gibt einige Momente der Gottebenbildlichkeit, die zwar als ihre Auswirkungen wesentlich zu ihr gehören, jedoch nicht für ihren Wesenszug genommen werden dürfen. An erster Stelle steht der Mensch in seinem schöpferischen Eigensein dem gegenüber, was mit „Welt", „Natur", ja auch „Schöpfung" bezeichnet wird und in dem er seine Lebens*aufgabe* findet. Aus der ihm eigenen Geschöpflichkeit in Gottebenbildlichkeit eignen dem Menschen die grundsätzliche Befähigung und Ermächtigung zu wirkkräftigem Umgang mit allem anderen Erschaffenen, zumindest soweit es sich unterhalb des menschlichen Bereichs befindet. Diese Feststellung deckt freilich in keiner Weise, was in der Menschheitsgeschichte an schuldhaftem Mißverstehen und Mißbrauch dieser gottverliehenen Befähigung und Ermächtigung geschehen ist. Vielmehr geht es im Hinblick auf die hier gemeinte Thematik um das rechte Verstehen und den rechten Vollzug dessen, was der Mensch von Gott her *ist* und daher auch von sich aus sein soll.

Auch hier ist zur Anwendung zu bringen, was zuvor zur Relationalität des Menschen und zum rechten Verständnis dessen gesagt wurde, was mit „Menschenrecht(en)" bezeichnet wird. Nicht in Willkür und verantwortungsloser Rücksichtslosigkeit, sondern in bedachter Rücksichtnahme auf das aus göttlichem Geben zu-eigen-gegebene Sein, damit im Angesicht Gottes *und* seiner selbst hat der Mensch die Gabe als *Aufgabe*. In diesem Sinne hat er sein Gottes-Ebenbild-Sein auch in der darin mitgegebenen, jedoch von vornherein gerichteten Autorität über andere und anderes auszuüben.

In den Bereich der damit gehörigen Mächtigkeit gehört alles, was sich auf das dem betreffenden Menschen Eigene, auch auf den Mitmenschen, ja bis zu Gott hin bezieht. Im einzelnen ist an das zu denken, was sich mit den Stichwörtern „Gewissen", „Gottgehorsam", „Verantwortung", „Schuld", „Sünde" u. ä. verbindet. Das damit Gemeinte versteht sich, wo es als eigentümlich Menschliches begriffen wird, aus dem, was zur Geschöpflichkeit und Gottebenbildlichkeit herausgestellt wurde. Als Mensch weiß der Mensch um seine ihm eigentümliche personale, d. h. unvertretbar-alleinige Verantwortung, in der er sich selbst gott-, selbst- *und* wirklichkeits*gerecht* vollziehen, aber auch versündigen, pervertieren und schuldig machen kann.

Der Mensch kann sich auch als Unmensch vollziehen. Darin gründet u. a. das Recht, ja gegebenenfalls die Pflicht des Menschen, seinen Mitmenschen zur Verantwortung zu ziehen, d. h. ihn unter Berufung auf die Gottebenbildlichkeit des Menschen zur Wahrung des Menschseins aufzurufen.

3.1.12 Würde des Menschen

Von hierher ist zu verstehen, was die Würde des Menschen, seinen *Wert* ausmacht, was als Wert und Würde des menschlichen Lebens und alles dessen, was von Gott her dazugehört, zu gelten hat und entsprechend beachtet und geschützt werden muß. Was die Würde des Menschen des Einzelnen wie der Menschheit von ihrem Ursprung her ist, sagt die Heilige Schrift bezeichnenderweise – und zwar unter ausdrücklicher Berufung auf die Gottebenbildlichkeit des Menschen – in Ausdrücken aus, die für die unvergleichliche Würde und Hoheit *Gottes* gebraucht werden: Herrlichkeit (hebr. *kabod*, griech. *doxa*), Hoheit, Heiligkeit, Licht, Leben, Herrschermacht u. ä.

Damit sind wir gehalten, das als Würde und Wert des Menschen und zwar jedes Menschen anzusehen, was *Gott* ihm kraft freien und überlegten Selbstentschlusses (vgl. Gen 1,26 f. u. ö.) als solche zumißt, so daß er ihm seine Wert-Schätzung zuteil werden läßt. Darin zeigt sich dann, welchen Wert Gott *seinerseits* darauf legt, den Menschen in der Achtung der Liebe zu Angesicht haben zu können. Damit partizipiert der Mensch auf jeden Fall vorgängig zu allem eigenen Selbstvollzug seiner Würde an der Würde, Hoheit und – darin begründet – an der Unantastbarkeit *Gottes*, so daß ihm aus dem gottgegebenen Recht die entsprechende Achtung und Beachtung gezollt werden muß. Das gilt für den Einzelmenschen im Blick auf seine Mitmenschen wie auf sich selbst, so daß die Achtung des Menschen *Selbst*achtung als Lebensforderung einschließt.

3.1.13 Geschichte: Urschuld und Erlösungswirklichkeit

Weil aber Gott aufgrund seines Schöpferwirkens und in dessen andauernder Verwirklichung mit dem Menschen *Geschichte* gestaltet und wie der Mensch selbst Geschichte *erfährt* (vgl. dazu die biblische Rede vom *Bund*, in dem Gott Lebensgemeinschaft als reales Miteinanderleben-in-Geschichte gestiftet hat und Mensch und Gott in lebendiger Gegenseitigkeit des anderen Schicksal ist), ist vom Menschen heute und konkret nur mit ausdrücklichem Einbezug der geschichtlichen Gewordenheit(en) zu sprechen. Damit sind zugleich noch einige weitere Elemente des faktischen Menschseins zu nennen.

Im christlichen Verständnis ist die Geschichte des faktischen Menschseins mit den Signaturen „Ursünde", „Ursündlichkeit des Menschen (der Menschheit)" und „Erlösungswirklichkeit" gezeichnet. „Seit" der „Ursünde" ist das Menschsein von ihr genauso real und tiefgreifend bestimmt wie vom Geschöpfsein, wenngleich letzteres das *Ursprünglich*-Grundlegende ist.

Es ist aber mit Nachdruck zu betonen, daß das mit „Ursünde", „Ursündlichkeit" und „Erlösungswirklichkeit" vergleichsweise hilflos Angesprochene keineswegs als eine *Interpretation* zu verstehen ist, mit der bestimmte Menschengruppen wie die Christen *von sich aus* eine bestimmte, (noch) unverstandene lebenswidrige Wirklichkeit des Daseins bezeichnen, um dieser in religiöser Absicht eine lebensrelevante Bedeutung zuzuweisen. Vielmehr handelt es sich um eine *reale Wirklichkeit*, die in ihrer Unheimlichkeit und Absurdität oder wie immer man es nennen mag, nur von daher begriffen werden kann, von woher der Mensch kommt. Christlich gesprochen gehört die mögliche Einsicht zum Wesen des Sündigen-Könnens. Diese Einsicht ist aber mit allen ihren Wesenselementen und Folgen selbst bereits Gabe der Erlösungswirklichkeit und somit eine wiedergeschenkte Erkenntnismöglichkeit.

Die aus der „Ursünde" oder „Urschuld" sich ergebenden unverfügbaren Folgen werden theologisch als „Erbsündlichkeit" angesprochen, d. h. als Verunstaltung und Pervertierung des eigentlich *menschlichen*, gottebenbildlichen Lebens und seines Zieles. Sie zeigen sich seither in der persönlich unverschuldeten, aber dennoch unausweichlichen und unverfügbaren Auslieferung des Menschen an Unrecht und Ungerechtigkeit, an Krankheit, Sterben-Müssen und Tod, die zum menschlichen Leben gehören, ohne daß damit die Grundgegebenheit der Geschöpflichkeit und Gottebenbildlichkeit aufgehoben oder zerstört wäre. Die Erbsündlichkeit hat den wirklichkeitsgerechten Vollzug und die Erfüllung des ursprünglich schöpfergegebenen *menschlichen* Seins und Lebens gleichsam prinzipiell verunmöglicht.

Die Folgen der Urschuld betreffen das *ganze* menschliche Sein bis hinein in seine Leiblichkeit. Seither ist der Mensch unwiderrufbar und unausweichlich im innersten Kern geprägt; er trägt alle Auswirkungen seines gott- und deshalb menschenwidrigen Selbstvollzuges; sein Dasein ist das eines

Sünder-Menschen. Das kommt in Formeln wie Leben-zum-Tod, Krankheit, Entfremdung, Ungerechtigkeit u. ä. zum Ausdruck, wobei das damit tatsächlich Gemeinte nicht Ergebnis naturwissenschaftlich-physiologischer Forschung oder philosophischen Denkens ist, sondern Ergebnis *pervertierten* Menschseins. Das ist zu beachten, wenn *heute* Würde und Wert des faktischen Menschen individuell wie kollektiv gültig und verbindlich bewertet werden soll.

Anders formuliert: Dem *Mensch*sein eignet seit der „Ursünde" die Eigenart, daß der Mensch den ihm von Gott gegebenen Auftrag nur schwer zu erfüllen imstande ist und sich ihm geistig genauso wie leiblich aufgrund des radikalen Widerspruchs und der Verweigerung der Gabe des Selbstseins immer wieder entzieht. Entsprechend werden menschliches Sein und Leben prinzipiell als widersprüchlich erfahren. Sie münden, auf sich allein gestellt, notwendig im Widerspruch menschlichen Lebens schlechthin, nämlich im *Tod*, der im Falle des *Menschen* daher grundsätzlich mehr und anderes ist als nur das Lebensende eines Exemplars der Spezies. Dabei muß mitberücksichtigt werden, daß auch der Christ weiß, daß die eigentliche, absolut widersinnige Tiefe alles dessen kaum voll erlebt, erfahren, begriffen und ins Wort gebracht werden kann wegen der verschuldeten Verunmöglichung des wahren Seinsvollzuges des Menschen und seiner vollen Erkenntnis.

3.1.14 Erlösungswirklichkeit

Die in aller Kürze beschriebene Geschichtsgeprägtheit des Menschen durch die „Ursünde" ist deswegen ausdrücklich im Blick zu behalten, weil die *göttliche Geschichtsantwort* auf die „Ursünde" und ihre Folgen sich nicht nur auf deren Auswirkungen im Sinne ihrer Beseitigung und einer Grunderneuerung des Menschseins bezieht. Vielmehr wird alles Gewordene aufgegriffen, angenommen und in das Erlösungswirken selbst überführt und das in einem zweifachen Sinn:

Zunächst hat der Erlöser Jesus Christus, der als der Sohn und Logos selbst Gott ist, zum Erlöser*werk* gerade das *verunstaltete* Menschsein persönlich angenommen, sich hypostatisch geeint und im *Tod* am Kreuz und *durch* diesen Tod in sein Ende gebracht. Was folglich „Erlösungswirklichkeit" genannt wird, ist weder Gottes Geschichtswirken und Wirksamwerden aufgrund des Selbstvollzuges *allein* seines *Gott*seins noch Ergebnis einer *rein menschlichen* Metanoia, d. h. eines rein menschlichen Denk- und Geistesprozesses bis in die Leiblichkeit hinein. Die göttliche Erlösung wird vielmehr aufgrund der Menschwerdung des *Gottes*sohnes im *pervertierten* Menschsein gewirkt (vgl. „Fleisch der Sünde": Röm 8,3; „zur Sünde gemacht": 2 Kor 5,21 u. ö.). Damit erweist er sich als ausdrücklich am menschlich-menschheitlichen Leben Beteiligter, im persönlichen Erleben und Ertragen, in seinem „Zur-Sünde-Geworden-Sein" bis zum Ende des Todes. Sein Leben schließt Krankheit, Ungerechtigkeit, Entfremdung und den faktischen Tod der Menschheit ein. Erlösung ist so gewirkt, daß sie sich weiterhin auf *diese* Weise in der Zeit verwirklicht. Die Heilige Schrift spricht von alledem bezeichnenderweise in ausdrücklichen Wert- und Würdekategorien, wobei vor allem auch das Leibliche des Menschen, zumal seine Verunstaltung herausgestellt wird. Der Sohn Gottes persönlich wird von Gott dem Vater als Preis und Zeichen dafür gegeben, daß Gott am Menschen trotz dessen Verweigerung als sein ursprünglich gemeintes Gegenüber festhält („Ihr seid um einen teuren Preis erkauft": 1 Kor 6,20). Gerade dem Verunstalteten, durch Verweigerung Lebensunfähig-Gewordenen gibt Gott seine Würde zurück. Darin ist das begründet, was wir die Erlösten-Würde des Menschen aufgrund des göttlich-geschichtlichen Wirkens nennen. Im so gearteten Erlösungshandeln wird jene Wert-Schätzung Gottes offenkundig *und* tätig, die er selbst dem „unwertesten" Leben, dem Sünder-Sein, zuteil werden läßt. Der Sünder ist in den Worten des Neuen Testaments „Perle" und „Schatz" (vgl. Mt 10,26-31; Lk 15,3-32; 1 Kor 6,19 f.; 7,23; 8,1-13 u. ö.).

Damit ist dem Menschen in seiner verunstalteten und verunmöglichten Existenz eine neue Dignität verliehen, kraft derer gerade dem Kranken und Lebensunfähigen, dem Lebensschwachen und Fremden, dem Gefangenen, Unfreien, Heimatlosen und Verachteten eine Würde zukommt, die für den Christen eine quasi-sakramentale Heilsrealität darstellt. Denn aufgrund der Ansage Jesu liegt in all diesen, persönlich oft unverschuldeten Existenzweisen eine sonst nicht gegebene Christus-Gegenwart vor, deren Beachtung über das eigene endgültige Heil entscheidet (vgl. Mt 25,31-46). Diese Würde verlangt vom Mitmenschen, dem aufgrund derselben Erlösungswirklichkeit die gleiche Würde zukommt, Achtung und Wertschätzung, die sich in der *Tat* zu bewähren hat. Auch hier geht es um die Würde, die Gott selbst zukommt, indem er sie dem Menschen schenkt. Die Folgen für die Bewertung allen menschlichen Lebens sind offenkundig.

3.1.15 Weitergabe des Menschseins

Zur Geschöpflichkeit in Gottebenbildlichkeit gehört schließlich auch die Befähigung, Beauftragung und Ermächtigung zur Weitergabe des Menschseins an folgende Generationen. Auch diese ist ausdrücklich in ihrer *menschlichen* Eigenart zu sehen und darf daher nicht auf etwas Allgemein-Biologisches reduziert werden, wie es den Lebewesen überhaupt zukommt. Daß es sich in der Hervorbringung eines neuen Menschen (*generatio novi hominis*) um etwas *Menschen*-Eigentümliches handelt, ist christlicherseits verbindliches Glaubenswissen und ergibt sich als Konsequenz aus dem zuvor Gesagten. Menschliche Zeugung ist folglich nicht

Produktion bzw. Reproduktion allein naturaler Art, vielmehr *ein* Fall jenes ausgezeichneten Geschehens, in dem es zu einem freien Miteinanderwirken Gottes und des Menschen kommt, d. h. ein elterliches Entstehen-Lassen, das in Gottes Geben gründet und somit als Gabe Gottes in die Hände der Menschen selbst gelegt ist.

Das eigenartige Miteinander von menschlichem und göttlichem Wirken in der Zeugung menschlichen Lebens und somit im Lebensbeginn jedes einzelnen neuen Menschen spricht sich u. a. in der verbindlichen Glaubensaussage aus, daß „jede einzelne *Seele* von Gott allein unmittelbar aus nichts erschaffen" und „dem Leib eingegossen" wird. Dabei sind freilich die Begriffe „Seele" und „Leib" in ihrer zeitgebundenen Frage- und Verstehenssituation zu sehen.

Das Entstehen-Lassen oder das „Zeugen" der Eltern eines neuen *namentlichen Menschen* (s. o.) ist *im* Akt der Eltern als Geschehen zugleich und wesentlich Akt geschöpflich-göttlicher Aktivität; ihm kommt deswegen eine besondere Dignität zu. Das Entstehen oder „Werden" des (Einzel-)Menschen im Sinne *seines* Anfangs ist ein Ereignis, in welchem die Zeugenden *und* Gott konkret miteinander wirken. Der neue Mensch *beginnt* nicht einfach aufgrund elterlichen Handelns und *nur* so. Vielmehr ist es Gott, der das Ursprünglichste dessen gibt, in dem sich der Mensch als Du Gottes erfährt.

Was im Ereignis des Anfangs beginnt, oder besser jetzt: *wer* da im Ereignis des Anfangs beginnt, ist – im Gefolge elterlichen Wollens und Handelns – von göttlich-ursprünglichem Lebensinteresse. Über dieses „wer", d. h. dieses namentlich beginnende Du/Ich und sein ihm zugeeignetes Leben entscheiden bedeutet folglich immer zugleich über *Gottes* Interesse entscheiden. Das meint auch die Heilige Schrift, wenn sie nachdrücklich mahnt und daran erinnert, daß *alles* Leben, nicht nur das menschliche, Gott gehört, so daß jeder Frevel gegen „Blut" und Leben unmittelbar *Gottes*frevel ist. Aus all dem folgt, daß auch die Zeugung eines neuen Menschen keine individualistisch zu entscheidende Angelegenheit ist. Sie betrifft vielmehr wesentlich und verbindlich den Menschen in seinem individuellen *wie* menschheitlichen Sein, wobei dieses in seiner Geschöpflichkeit in Gottebenbildlichkeit als grundlegendes Mit-Gott-Sein und Mit-Gott-Wirken ausdrücklich bedacht sein will.

3.2 Spezifisch christliche Konnotationen des Personbegriffs

Der eigenständig-christlich-theologische Ansatz, wie er im Hinblick auf die theologische Grundlegung entwickelt wurde, verdeutlicht, daß es im menschlichen Verstehensprozeß unterschiedliche, nicht aufeinander reduzierbare Angänge zur Beurteilung des gleichen Sachverhaltes wie des Lebensbeginns und der darin zu achtenden Würde des Menschen gibt. Fordert die christliche Theologie aber für ihre Beurteilungskriterien allgemeingültige Verbindlichkeit, so kommt sie nicht umhin, ihren Verbindlichkeitsmaßstäben im Diskurs mit anderen Angängen zumindest Plausibilität zu verleihen.

Die für die christliche Theologie zu benennende Maßgeblichkeit verbindet sich einmal mit dem Anspruch, die Welt und den Menschen sub ratione Dei, d. h. im Lichte Gottes zu sehen, sodann aber diesen Gott im Lichte und in der Gestalt Jesu von Nazaret zu erkennen. Beides stellt im Pluralismus heutiger Zeit ein schwer zu bewältigendes Problem dar, da im angesprochenen Diskurs viele sich weigern, in Jesus von Nazaret die Gestalt Gottes zu erkennen, und darüber hinaus noch mehr Menschen nicht bereit sind, Gott zu einem Argument im Zusammenhang mit den hier zu erörternden konkreten Verhaltensweisen des konkreten Lebens werden zu lassen. Abgesehen davon, daß auf die erforderliche Grundsatzdebatte hier lediglich hingewiesen, sie jedoch nicht geführt werden kann, muß die christliche Theologie, wenn sie überhaupt im Gespräch bleiben will, dennoch einen Ausweg aus der genannten Aporie anbieten.

Diesem Auftrag kann sich die Theologie schon deshalb nur schwer entziehen, weil in und von der abendländisch-westlichen Welt her eine anthropozentrische Weltsicht sich weltweit ausbreitet, die sich zugleich von der christlichen Theozentrik freizumachen sucht. Es ist also zu fragen, wie die christliche Theologie zur neuzeitlichen Anthropozentrik steht. Der Personbegriff bietet hier gerade wegen der langen Problemgeschichte des ontologisch-metaphysischen Denkens ein großes Differenzierungspotential.

Wenn man die theologische Anthropologie, wie sie das II. Vaticanum in der Pastoralkonstitution „Gaudium et spes" Nr. 12 – 22 formuliert hat, theologisch auf den Punkt bringt, kann man feststellen, daß es der Aspekt der „Personalität" des Menschen ist, über den die Grunddaten von „Kreatürlichkeit" und „Begnadung" in einen Verstehenszusammenhang gebracht werden können. Der Mensch ist als Person geschaffen und in seine grundlegenden Rechte vom Schöpfer eingesetzt, doch erst in der Erlösung durch Christus wird die personale Gottebenbildlichkeit gänzlich wiedergeschenkt und zudem zu einer geheimnisvollen höheren Würde erhoben, die im Gleichförmigwerden mit dem erhöhten Herrn besteht. Schon von hier aus wird einsichtig, daß eine solche Bestimmung der menschlichen Natur für das sittliche Handeln relevant werden muß, ist doch „natura" im scholastischen Verständnis nichts anderes als das Wesen, insofern es Prinzip des Selbstvollzugs ist.

Christliches Persondenken, so ist zunächst der Problemhorizont abzustecken, ist wesentlich geprägt durch die Entwicklung zweier theologischer Traktate, in denen „persona" zu den Grundbegriffen gehört. In der Trinitätslehre, die auf dem Konzil von Konstantinopel (381) in den Kernpunkten vollständig vorlag, sprechen wir vom *einen* Wesen Gottes, der in drei Personen subsistiert. Diese Einsicht führte zu dem trinitarischen Grundgesetz, wie es im Konzil von Florenz (1438-1445) bestätigt worden ist: Die drei (Personen) haben eine Substanz, ein Wesen, eine Natur, eine Gottheit ... und alles ist eins, wo sich keine Gegensätzlichkeit der Beziehung entgegenstellt („trium [sc. personarum] est una substantia, una essentia, una natura, una divinitas ... omniaque sunt unum, ubi non obviat relationis oppositio", vgl. Denzinger/Hünermann 1991, Nr. 1330). Für die Bestimmung menschlicher Personalität ist hierin einerseits die gegenüber der griechischen Ontologie abweichende Funktion der Relationskategorie von Wichtigkeit, die nicht als Akzidens nach der aristotelischen Kategorientafel, sondern als zur Substanz gehörig auftritt. Zum anderen ist in der „Definition" des Symbolum die Frage angelegt, ob Personalität notwendig mit (eigenem) Selbstbewußtsein koinzidieren muß; die abendländische Trinitätslehre hat dies (bis hin zu Karl Barth und Karl Rahner) abgelehnt.

In der Christologie wird „Person"" zum Begriff, der gegenüber dem differenzierenden „Natur"-Begriff Einheit ausdrückt. Bei der Frage, wie die Einung von Gottheit und Menschheit in der „persona" Christi zu denken ist, stellte sich schon der Scholastik das Problem, ob Personalität und Subjektivität bzw. Individualität synonym zu verwenden sind. Alexander von Hales' Differenzierung von „esse naturale" und „esse morale" präfiguriert dabei erstmals jene Unterscheidung zwischen personal-sittlichem und dem naturalen-rationalen Sein des Menschen, die in der Neuzeit erhebliche Schwierigkeiten bereiten wird (vgl. Kobusch 1993).

Die Rede von „Personalität", soviel haben die theologischen Hinweise ergeben, impliziert stets eine bestimmte Ontologie. Geht es zunächst um die eminent „praktische" Frage nach der Zuschreibbarkeit von Handlungen bzw. nach dem letzten Einheitsgrund und Träger von Aktvollzügen, so kommt man doch nicht umhin, auch nach dem ontologischen Status und dem Sinn dieser erschlossenen Realität zu fragen, deren Identität erst im Verweisungszusammenhang von „Was" und „Wer"-Frage bestimmbar wird.

Versteht die neuzeitliche Entwicklung von Descartes bis Kant die Verantwortung vor allem im Horizont subjekt- und bewußtseinsphilosophischer Überlegungen (vgl. Teil B dieses Bandes), so tendiert eine gegenläufige Strömung, der dialogische Personalismus, dazu, Menschsein und Personalität gänzlich aus der Interaktion mit anderen Personen abzuleiten. Fehlt seitens eines Subjekts die grundsätzliche Kommunikationsfähigkeit, gerät seine Personalität in Zweifel. Ein theologisches Pendant dazu bildet das radikal relationale Verständnis von Kreatürlichkeit, wie es z. B. in der Dialektischen Theologie unseres Jahrhunderts entwickelt wurde: Außerhalb seines sich stets actualiter vollziehenden Aufgerufenseins durch Gott ist der Mensch eigentlich nichts, der Tod ist dann nur als Ganztod zu verstehen.

Gegen diese Denkrichtung ist einzuwenden, daß der Mensch auch in seinen ersten konstitutiven Beziehungen von seinem Dialogpartner als volle Person anerkannt werden muß, selbst wenn er dies noch nicht antwortend belegen kann. Gegen die aktualistische wie gegen die extrem relationalistische Sicht von Personalität ist also die klassische Sicht von Personalität, wie sie etwa Thomas von Aquin formuliert hat unverzichtbar. Personalität hat zu tun mit Vernunft und freiem Willen einerseits, ist aber dabei wesentlich Subsistenz: sich dynamisch realisierender Selbstand in der Spannung von „actus primus" („erstgegründeter Akt") und „actus secundi" („zweitgegründete Akte"), von grundlegender Potentialität und aktuierenden Vollzugsschritten in der Zeit. Person ist der letzte Bedeutungsträger des geistigen Seienden, als Möglichkeit dauernder Selbstinbesitznahme „perfectissimum in tota natura", das „Vollkommenste in der ganzen Natur". Als solches ist sie nicht mehr anderweitig ableitbar, sondern selbst letzte Ganzheit, wie es Thomas von Aquin durch seine spezifische Lehre von der Einheit der intellektiven Wesensform überzeugend zu begründen vermag.

Eine Fortschreibung und Erweiterung erfuhr die Bestimmung der Personalität in der franziskanischen Schultradition (vgl. Hartmann 1994). Richard von St. Viktor ersetzte das nur innerpsychische, am Modell göttlicher Selbsterkenntnis orientierte Trinitätskonzept durch ein stärker interpersonal, vom innergöttlichen Liebesdialog her gedachtes. „Person"" bestimmt er dabei als „naturae intellectualis incommunicabilis existentia" (unmitteilbare Existenz einer geistigen Natur). In dieser mehr negativen Formulierung ist der personale Selbstand gegen jede aktualistische oder relationalistische Auflösung gewahrt.

Duns Scotus hat diese „Unmitteilbarkeit" in drei Aspekten entfaltet. Sie meint zum einen *Unabhängigkeit*: Weil die Person Stand in sich hat, besitzt sie eine Neigung zu grundlegender Unabhängigkeit. Sie macht sich nicht fest an Kreatürlichem, sondern sucht ihre Vollendung in der Gemeinschaft mit Gott. Ferner ist der Aspekt der *Unverlierbarkeit* hervorzuheben. Die Mitteilung der Person vermag nie so weit zu gehen, daß daraus seinshafte Abhängigkeit entstünde. Dies gilt für das sittlich positiv wie negativ zu klassifizierende Handeln. Liebe kann so ein freies Geschehen sein, ohne als Selbstmitteilung in die Angst vor Selbstverlust münden zu müssen. Sünde aber kann den Menschen nie so radikal schädigen, daß er seine Personalität verlöre und ins Nichts der Beziehungslosigkeit fiele. (Natürlich darf die hypostatische Union nicht einfachhin unter diese Konzeption gerechnet werden, ohne daß Gottes besonderes Eingreifen bei der Entstehung der Verantwortung Christi berücksichtigt würde.)

Personalität, wie sie uns gegeben ist, ist als unverlierbare jedenfalls stets auch *Unwiederholbarkeit*, die nie gänzlich kommunikabel sein kann: persona est ineffabilis. Sie unterscheidet sich gerade darin von „Individualität", die sich vom Gattungsbezug, d. h. von der washeitlichen Seite her bestimmt. Person ist mehr als der Einzelfall eines Allgemeinen, sie ist qualifizierte Vereinzelung und damit vielleicht in der Nähe zu dem, was H. U. v. Balthasar unter dem „universale concretissimum" als der unverwechselbaren „Stelle" der Anwesenheit von Sein versteht. Das concretum ist unendlich kostbar, endliche Geschöpflichkeit ist nicht ein letztlich tragischer Mangel, sondern „geeinte Vielheit" – dies entspricht weit mehr dem kommunialtrinitarischen Grundschema des göttlichen Seins als eine monadenhafte Individuierung.

Aus diesem Personverständnis heraus läßt sich die kantische Bestimmung der Person als „Selbstwert" tiefer gründen. Weil die Person niemals ganz „erkannt" werden kann, muß sie meinem Verstehen gegenüber „der andere" bleiben, der sich mir nur in Freiheit erschließen kann. Liebe als die Grunddimension personaler Selbstmitteilung ist durch nichts in der Welt erzwingbar, sondern darf nur als Antwort auf eigene Liebe erhofft werden. Personen müssen darum um ihrer selbst willen geliebt werden und entziehen sich jeder Verzweckung. Den anderen erkennen heißt ihn an-erkennen. Dies hat die Tradition mit dem Terminus der „benevolentia" auszudrücken versucht.

Dieser ursprüngliche Akt personaler Anerkennung ist nun nach zwei Dimensionen hin zu explizieren. Zum einen kann er beim Menschen als eines leib-seelischen Wesens niemals auf der grundlegenden Ebene der Werte stehenbleiben, der fundamentale Imperativ liebender Anerkennung wird zu einem Akt grundsätzlicher Weltbejahung als des Ortes, an dem sich allein personale Begegnung ereignen kann. Zum anderen fallen im Vollzug personaler Anerkennung Bejahung des anderen und Bejahung meiner selbst zusammen. Kommuniale Existenz besteht stets in direkter Proportionalität von „Selbstsein" und „Beim-anderen-sein".

Der oberste „Wert", welcher als sich selbst rechtfertigend, damit meinen eigenen Wollensvollzug legitimierend erscheint, ist die Liebe. In ihrem An-spruch aber sind Selbstbejahung und Bejahung des anderen ursprünglich verknüpft. Wenn, wie dieser Anspruch besagt, Vernunft ganz und gar sein soll, so kann diese keine vereinzelte Vernünftigkeit sein, sondern der Anspruch an die Person schematisiert sich, wie Fichte gezeigt hat, ursprünglich zur Forderung nach Interpersonalität. Liebe ist dann die Bejahung eigener Vernünftigkeit, die zugleich auf die Begegnung mit fremder Vernünftigkeit hin offen ist.

Nimmt man diesen Selbstvollzug noch genauer in den Blick, so läßt sich sagen, daß Selbstbejahung als Bejahung eigener Vernünftigkeit und Freiheit die Grundlage personaler Selbstbeziehung ist. Person wird Ereignis von Geistigkeit, wenn sie reflex „Ja" zu dem sagt, was sie immer schon ist. In theologischer Perspektive können wir dies durchaus trinitarisch deuten: Die Trinität, so lehrt die Tradition im Ausgang von Augustinus' psychologischer Dreifaltigkeitsspekulation, ist gekennzeichnet durch ihren immerwährenden Selbstbezug in Erkennen und Lieben. Primäres Objekt, so sagt die Scholastik, des Erkennens und Liebens Gottes ist die göttliche Wesenheit selbst. Diese Selbstbezüglichkeit Gottes prägt die gesamte Schöpfung in ihrer Gottabbildlichkeit. Dies meint Thomas von Aquin, wenn er die „Selbsterhaltung" unter den „inclinationes naturales" des Menschen als Gemeinsamkeit mit allen „res" deutet, und dies steckt letztlich hinter der Aussage der scholastischen Transzendentalienlehre, daß „ens" und „unum" konvertibel seien.

Im geistigen Sich-selbst-Ergreifen des Menschen findet die (von Teilhard evolutiv gedeutete) Kette sich steigernder Selbsttranszendenz in der Schöpfung ihren Höhepunkt. Der Mensch ist dadurch befähigt zu einem Grundakt der Selbstaffirmation als eines personkonstituierenden „actus primus".

Personalität wird ursprünglich in der Liebes-Würdigkeit der eigenen Person bejaht. In diesem Faktum wurzeln auch alle Ansätze des modernen Denkens, die den spezifisch sittlichen Selbstvollzug in einem Akt der „Selbstwahl" (wie bei Kierkegaard) oder der transzendentalen Freiheitsentscheidung (vgl. Hermann Krings) verorten wollen. Auf jeden Fall ist menschliche Identität in diesem Horizont als dynamisches Geschehen zu fassen, dessen Vollzug selbst zum sittlichen Auftrag wird. Ein Gewissen hat – überspitzt formuliert – nur der, der sich ein Gewissen daraus macht, eines zu haben. In einem selbstbejahenden Akt, im affirmativen Vollzug der menschlichen „Autoteleologie" kann deshalb auch die Diskussion um die Letztbegründung von Ethik ihren Ausgang nehmen.

Die vollständige Form des reflexiven Selbstvollzugs nennt Thomas von Aquin „reditio completa in seipsum": ein äußerstes Bei-sich-Sein, tiefste Gegenwärtigkeit eigener Personalität. Man kann sie explizieren in der Differenzierung nach intellectus, voluntas und memoria als den seelischen Grundvermögen. Im intellektiven Bereich ist die reditio zunächst die Selbstintegration. Intellektive Momente der reditio in se sind neben der Selbstintegration auch die Weltoffenheit, die freilich erst durch die Geschiedenheit von Ich und Welt ermöglicht wird, sowie die Selbsterkenntnis hinsichtlich der eigenen Taten, die jene Zweistufigkeit der praktischen Vernunft ermöglicht, durch die eine Rede vom „Gewissen" als Selbstverhältnis der praktischen Vernunft möglich wird. Auch im Bereich des Willens gibt es das Moment reflektierender Distanz. Spätestens mit Duns Scotus haben wir die „voluntas ut natura" (der natürliche Wille) von der „voluntas ut libera" (der freie Wille) zu unterscheiden. Nicht schon das naturhafte Streben, sondern erst der freie Wille ermöglicht sittliche, d. h. von rechten Kriterien geleitete Selbstverwirklichung. Freiheit muß sich also auch liebend selbstbejahen, um werthaft zu werden und sich selbst an das höchste Gut binden zu können. Schließlich vollzieht sich das Selbst auch im Bereich der memoria. Erinnernd holt das Herz ein, was der Mensch getan hat, aber es läßt auch durch das Vergessen die Offenheit des Menschen für je neue Welteinflüsse nicht zugrundegehen. Weil Bekennen von Schuld immer Erinnern, d. h. Selbstidentifikation mit vergangenen Freiheitstaten ist, kann es ohne Erinnerung keine sittliche Personalität geben.

So stößt die Person in der Selbstreflexion gemäß ihren Seelenvermögen auf den Grund der eigenen Existenz vor, begegnet dort aber nicht nur ihrem eigenen Selbstsein, sondern darüber hinaus dem „Sein selbst", auf das sie sich als den Ursprung und den Grund ihrer eigenen Transzendentalität verwiesen weiß (vgl. Lotz 1967). Die Erfahrung letzter „solitudo", letzter Einsamkeit im Selbstvollzug der inkommunikablen Existenz öffnet dann den Blick auf das Transzendente. Das Zugleich von personaler Selbsterkenntnis und Gotteserkenntnis steht am Ursprung christlichen Denkens.

Nun ist dieser Weg der Selbsterkenntnis unlösbar mit der Frage nach dem Guten verbunden. Wo das „Erkenne dich selbst" zum Ausgangspunkt der Frage nach Grund und Wesen allen Seins gemacht wird, rückt auch die Dynamik menschlicher Existenz in ihrem Begehren und Wollen stärker in den Blick und läßt die Frage nach dem Inbegriff des jeweilig Erstrebten und Erstrebenswerten als Frage nach dem Guten wachwerden (vgl. Kuhn 1959). Mit dieser Fragerichtung aber stößt der Mensch auf eine Ordnung eigener Art. Sie ist zwar ebenso wie etwa die physiologische Ordnung von Gesundheit und Krankheit polar strukturiert, aber ihre Polarität gründet nicht in der Beziehung des Guten zum Bösen, sondern in der Abwendung vom Bösen. Die Ordnung des Guten ist daher auch nicht durch zusammenfassende Beschreibung der Güter resp. umgekehrt der Übel in ihrem Grund zu erfassen, sondern nur über die anerkennende Erkenntnis, daß das wahre Menschsein selbst durch ein alles übersteigendes Gut vermittelt und verdankt ist.

Wenngleich das anerkennende Moment in seiner Unbedingtheit wohl erst mit dem Christentum deutlicher in Erscheinung getreten ist, so ist es doch die anthropologische Ausrichtung, welche den Ruf des Sokrates mit dem „christlichen Sokratismus" der Kirchenväter und der mittelalterlichen Philosophen verbindet (vgl. Gilson 1950, 241 f.). Ihr gemeinsamer Antiphysizismus lenkt die Reflexion immer wieder von der Erkenntnis der äußeren Welt auf den Menschen als wichtigsten und würdigsten Gegenstand zurück, „weil die Normen für unsere Lebensführung einzig in *diesem* Wissen ein zuverlässiges Fundament haben" (ebd. 241). Aber erst der christliche Sokratismus ist es, der nun in radikaler Weise „la misère et la grandeur de l'homme", Elend und Größe des Menschen, (vgl. dazu Courcelle 1974/1975) auszuloten beginnt und die Antwort *Pascals* auf die Weisung des Apollo von Delphi vorbereitet: „Das Wissen von Gott ohne Kenntnis unseres Elends zeugt den Dünkel. Das Wissen unseres Elends ohne Kenntnis von Gott zeugt die Verzweiflung. Das Wissen von Jesus Christus schafft die Mitte, weil wir in ihm sowohl Gott als unser Elend finden" (Pascal, Nr. 527). Es überrascht vielleicht nicht, daß Papst Paul VI. gerade hier an Pascal und damit an den „christlichen Sokratismus" der Kirchenväter und mittelalterlichen Philosophen anknüpft und angesichts der modernen Formen des Autonomismus, nämlich des szientistischen Menschenbildes und seiner „utopia cosmica, che fa dell'uomo il Dio dell'uomo" (kosmischen Utopie, die aus dem Menschen den Gott des Menschen macht), einen „anderen Humanismus" gegenüberstellt: Er stützt sich auf die antike Weisheit des „Erkenne dich selbst" und erkennt und bejaht „per via di fede, ma stampata nell'esperienza" (durch den Glauben, aber eingeschrieben in die Erfahrung) die Gottebenbildlichkeit des

Menschen und seine damit übertragene Verantwortung in der Schöpfung (Paul VI. 1974, 434).

Das Spezifische eines solchen „anderen Humanismus" besteht nun eigentlich gerade darin, daß er im Hinblick auf die heilsgeschichtlich verstandene Natur des Menschen prinzipiell kommunikabel ist mit jedem Humanismus, der seinen Ausgang vom Staunen über die grundlegende Würde des Menschen nimmt. In seiner konkreten Gestalt freilich wird er wohl immer mit der Schwierigkeit konfrontiert bleiben, sich einerseits in Kategorien der Freiheit auszulegen, andererseits an einem bleibenden *Paradigma* orientiert zu sein. Es ist die Grundfrage, wie überhaupt die Forderung der imitatio Christi in Einklang zu bringen ist mit der sittlichen Grunderfahrung des Menschen, im Gewissen unbedingt verpflichtet zu sein, keinem anderen Gesetz unterworfen zu sein als dem, von dem er sich in seinem Innersten unausweichlich gefordert weiß und vor dem er auch all seine Gesetzgebung für die sittliche Ordnung zu verantworten hat (vgl. dazu Lacoste 1984, 217 f.). Die neuzeitliche Auslegung dieser Grunderfahrung durch den praktischen Typus der sittlichen Autonomie beinhaltet ja im Grunde auch eine Kritik daran, sittliche Gewißheit in autoritär vorgegebenen Paradigmen der Lebensführung zu begründen. An ihre Stelle tritt nun, selbst paradigmatisch für Humanität geworden, das Subjekt als universaler Gesetzgeber. Je mehr nun aber das neue Paradigma des Sittlichen auf die Formalität bloßer Gesinnung reduziert wird, desto gehaltsärmer wird es auch, desto leerer seine Evidenz, desto weniger „ereignet" sich in ihm unbedingter Sinn, sondern weist lediglich noch auf die Möglichkeit seines Wirklichwerdens in der Welt hin. Die sittliche Grunderfahrung ist zweifellos eine eigenständige Sinndimension menschlicher Freiheit, die weder auf ein utilitaristisches Glücksstreben noch auf ein kosmisches Naturgesetz zurückgeführt werden kann; sie begründet denn auch die Ethik als eine „epistemologisch und methodologisch autonome Disziplin" (Styczen 1979, 60). Dennoch darf sie nicht aus dem Bezug zur Gestaltwerdung oder „Repräsentanz" des Unbedingten in der Geschichte herausgelöst werden, soll sie nicht „der Fülle der Wahrheit und mit dieser auch jener existentiellen Überzeugungskraft" entbehren, „von der allein Leben sich formen läßt" (Müller 1966/67, 20). Hierin eröffnet sich der Bereich, in dem die sogenannten „propriumsbildenden" (Styczen 1979, 61) Elemente der Anthropologie auf die Ethik einwirken und mit den Aussagen über das sittlich Richtige auch eine bestimmte Sinngestalt des Ethos verbinden.

Das Proprium der Theologie besteht in der Berufung auf den *„theologischen Vorbehalt"*, d. h. in ihrer dezidierten Berufung auf die Tatsache, daß ein wahrhaft anthropozentrisches Denken immer ein *relativ*-anthropozentrisches Denken ist, weil – theologisch gesprochen – die Anthropozentrik von der Theozentrik umfangen ist. Die Begründung des theologischen Vorbehalts beruht somit auf der grundsätzlichen Rückbindung alles Geschöpflichen, den Menschen eingeschlossen, an Gott. Dabei kann es der Theologie weniger auf die verbale Annahme eines bestimmten, christlich ausartikulierten Gottesverständnisses ankommen; es muß ihr vielmehr darauf ankommen, daß Menschen sich der Einsicht unterwerfen, daß sie einer letzten Unverfügbarkeit gegenüberstehen und diese – wie immer sie sich ihnen auch begründen mag – zu respektieren haben. Analog zur Berufung des Grundgesetzes der Bundesrepublik Deutschland auf „Gott" und zur damit zum Ausdruck gebrachten Respektierung menschlicher Grenzen wirbt die Theologie im allgemein-menschlichen Diskurs auch heute mit ihrem theologischen Vorbehalt zunächst einmal für die grundsätzliche Respektierung von Grenzen. Sie tut dies – sofern sie nicht den Respekt vor Gott ausdrücklich ins Spiel bringt – vor allem im Hinblick auf den mitmenschlichen Umgang und dabei noch einmal im Blick auf das ungeschützte und gefährdete menschliche Leben, wie es in Wehrlosen und Behinderten, in Unmündigen und Schwachen, auch in geistig Retardierten und der Selbstverfügung nicht, noch nicht oder nicht mehr Mächtigen in der menschlichen Gesellschaft zum Vorschein kommt. Unter dieser Rücksicht gilt die besondere Fürsorge gerade auch denen, die sich in der Anfangs- und Endphase des Lebens befinden und darin als wehrlos anzusprechen sind.

Es ist nicht Sache der Theologie – in diesem Sinne gibt es auch deutlich eine Begrenzung ihrer wissenschaftlichen Kompetenz – positiv über einzelne Schritte der wissenschaftlichen Erkenntnis in Paläontologie, Biologie, Reproduktions- bzw. generativer Medizin und benachbarten Forschungsbereichen zu befinden. Wohl wird sie sich im wissenschaftlichen Diskurs an der Prüfung möglicher *Grenzüberschreitungen*, wie sie in den empirischen Wissenschaften unter illegitimer Extrapolation der jeweiligen wissenschaftlichen Kompetenz vorkommen, beteiligen. Dabei bedient sie sich sowohl der vertretbaren Einsichten der normativen Wissenschaften wie der Philosophie als auch der eigenen genuin theologischen Vorgaben, zumal des zuvor erläuterten „theologischen Vorbehalts".

Gerade angesichts der in einer pluralistischen Gesellschaft zu entwickelnden Entscheidungsinstanzen in grundlegenden Fragen, die wie der Umgang mit dem Lebensbeginn, konkret: mit begonnenem Leben die Einstellung der gesamten menschlichen Gesellschaft zum Leben berühren, hat das Christentum seine eigenen Überzeugungen auch hinsichtlich der Entscheidungsautoritäten einzubringen.

Der Beitrag zur Frage ist auch an dieser Stelle zunächst kritischer Art. Das Christentum leistet im Hinblick auf die radikal-autonome Anthropozentrik Einspruch gegen jede Hypostasierung einer den Platz Gottes füllenden Ersatzgröße. Dazu gehört der Rekurs auf „*die* Wissenschaft" oder „*die* Gesellschaft" oder „*die* öffentliche Meinung", auf das

„*Man* sagt, denkt, tut", somit die Berufung auf quantitative Größen wie sie demokratisch/demoskopisch erfragt und unter der Hand für verbindlich erklärt werden. In dieser Kritik findet das Christentum im übrigen – ungewollt – Bundesgenossen unter solchen, die die genannten Größen unter Hinweis auf ihre kulturellen Bedingtheiten relativieren.

Ein Verständigungsort tut sich auf, wo Menschen unterschiedlicher Denkweisen – auch bei Ablehnung eines bestimmten Gottesverständnisses – dennoch in der Anerkennung von grundsätzlicher Unverfügbarkeit gegenüber gewissen Grundzügen menschlichen Daseins übereinstimmen. Dazu gehören etwa die Unverfügbarkeit über das Leben, der Einsatz für eigene und fremde Freiheit in individueller und kollektiver Hinsicht, der Respekt vor der Eigensphäre des Anderen, eine grundsätzliche Offenheit füreinander u. a. m. Auch wenn dieser Art Einstellungen nach ihren Konkretionen rufen und dann nochmals zu prüfen sind, kommen sie doch darin überein, daß in vielem nicht Menschen letztlich übereinander verfügen, dafür sich aber eine Offenheit für ein der menschlichen Verfügung Entzogenes zeigt und daraus Respekt und Ehrfurcht wie auch ein neuer Sinn für die Würde der Träger solcher Haltungen erwächst.

Bei aller Forderung eines „gewissenhaften" und damit gewissenskonformen Verhaltens kann das Christentum aus seinen Grundprinzipien heraus nicht darauf verzichten, den Menschen in seinen persönlichen Entscheidungen, um die es auch in den Fragen des Umgangs mit beginnendem und begonnenem Leben geht, auf die Einbindung in eine umfassendere, nicht der menschlichen Verfügung unterliegende Ordnung aufmerksam zu machen, wie sie eben die „Schöpfung" darstellt.

4. Lebensrecht und sittliche Verantwortung

4.1 Die christliche Botschaft vom Leben

Der Zusammenhang von Lebensbeginn, Personalität und Menschenwürde bringt in prägnanter Weise die sittliche Verantwortung des Menschen für das Leben in seiner Ganzheit zum Ausdruck. Geburt und Tod sind ursprüngliche Symbole für das Leben, sinnbildhafte Momente eines Daseins, das sich nicht selbst verdankt. „Leben" ist ein Schlüsselbegriff von Glaube und Theologie. Er ermöglicht nicht nur „ein durchgehendes, wenn natürlich auch gestuftes und analog angewandtes Verständnis der *einen* Geschichte der kreatürlichen Wirklichkeit" (Rahner 1968, 180), sondern ist auch umfassender Heilsbegriff, Ausdruck des höchsten Gutes von Gottes Selbstmitteilung. „Weil und insofern der Besitz dieser Selbstmitteilung Gottes begriffen werden kann als höchste, absolute Stufe des Lebens, darum kann folgerichtig das Christentum als die Lehre vom Leben schlechthin verstanden werden, als Bekenntnis von Gott dem Lebendigen und vom ewigen Leben" (ebd. 184).

Trotz der umfassenden Bedeutung für all das, was dem Glauben Inhalt und Fülle zu verleihen vermag, ist „Leben" in der religiösen Perspektive gerade nicht als ein vitalistisches Prinzip zu verstehen, das allem materiellen Sein immanent ist. Der „Odem Gottes"liegt zwar aller Lebensdynamik zugrunde, er darf aber „nicht mit einem geschaffenen neuen substantiellen Prinzip verwechselt werden" (ebd. 172). In der Sicht des Glaubens trägt „Leben" von Anbeginn an eine Verheißung und Berufung an sich, die einerseits die Verabsolutierung des rein Organischen verbieten, die andererseits das Vor- und Aufgegebensein des Lebens zum Maß der Handlungsverantwortung werden lassen. „Der Mensch ist zu einer Lebensfülle berufen, die weit über die Dimensionen seiner irdischen Existenz hinausgeht, da sie in der Teilhabe am Leben Gottes selber besteht. Die Erhabenheit dieser übernatürlichen Berufung enthüllt die *Größe* und *Kostbarkeit* des menschlichen Lebens auch in seinem zeitlich-irdischen Stadium. Denn das Leben in der Zeit ist Grundvoraussetzung, Einstiegsmoment und integrierender Bestandteil des gesamten einheitlichen Lebensprozesses des menschlichen Seins. Eines Prozesses, der unerwarteter- und unverdienterweise von der Verheißung erleuchtet und vom Geschenk des göttlichen Lebens erneuert wird, das in der Ewigkeit zu seiner vollen Erfüllung gelangen wird (vgl. 1 Joh 3,1-2). Zugleich unterstreicht diese übernatürliche Berufung die *Relativität* des irdischen Lebens von Mann und Frau. In Wahrheit ist es nicht 'letzte', sondern 'vorletzte', Wirklichkeit; es ist also *heilige Wirklichkeit* die uns anvertraut wird, damit wir sie mit Verantwortungsgefühl hüten und in der Liebe und Selbsthingabe an Gott sowie an die Schwestern und Brüder zur Vollendung bringen" (Papst Johannes Paul II., Enzyklika „Evangelium vitae" = EV 2).

Quelle des christlichen Verständnisses von Leben ist die biblische Botschaft. Die Bibel aber begreift die Einheit des Lebens von der konkreten Erfahrung des menschlichen Lebens und Todes her. Leben wird aus der Zugehörigkeit zur „Erde" heraus interpretiert. So realistisch der Blick des Alten Testaments für die Polaritäten ist, welche die irdische Existenz bestimmen, gilt Leben nie als eine rein profane Größe. Vielmehr hat „schon dieses irdische, in unbefangener Lebensbejahung angenommene und verteidigte Leben [...] in sich selbst eine theologische Tiefe in der Schrift: es stammt von Gott, dem absolut Lebendigen (Ps 18,47), wird erweckt von ihm, der die Quelle des Lebens ist (Ps 36,10) durch seine 'Ruach' (vgl. Ps 104,30; Jes 42,5), so daß dieses Leben immer als abhängig erfahren wird von Gott, als hinfällig trotz aller inneren Vitalität und Selbstmacht des Menschen. Von da aus wird verständlich, daß das leibhaftige Leben des Menschen von vornherein als einbezogen erfahren wird in die personale, dialogische Geschichte des Heils und Unheils, die sich zwischen Gott und Mensch begibt" (Rahner 1968, 175). Das Verständnis des Lebens steht somit in einer geschichtlichen Dimension, nämlich im Rahmen der Offenbarung Gottes, der sich als barmherziger Rettergott Israels erweist. Gerade diese Erfahrung der „Lebendigkeit" Gottes als die heilvolle Nähe seiner Zuwendung aber mußte auch den Tod nicht einfach als bloßes Ende von Leben, als Polarität, die zum Leben hinzugehört, begreifen lassen, sondern als Realität des Getrenntseins von Gott. Der Tod ist Symbol der Gottesferne des Menschen, der sich der Lebendigkeit Gottes gegenüber verweigert. Er steht im Zeichen einer Unheilsgeschichte, welche die gesamte Welt erfaßt hat, und die nur durch Gottes schöpferische Initiative überwunden werden kann. So wie der Tod aber die ganze irdische Realität des Menschen bedroht, kann auch alle Errettung und Befreiung aus der Todesmacht nur als Leben des einen und ganzen Menschen, „der seine letzte Lebendigkeit in Leibhaftigkeit vollzieht" (ebd. 176), gedacht werden. Das, was die Bibel „ewiges Leben", „Auferstehung des Fleisches" nennt, ist nicht die metaphorische Verwendung des in der Erfahrung von „Erde" gewonnenen Lebensbegriffs auf Bereiche, die von allen irdischen Bezügen letztlich abgetrennt sind, sondern die geschichtliche Enthüllung dieser Lebenserfahrung selbst.

In der Sicht des Neuen Testaments weist „Leben" zurück auf das Mysterium des dreieinen Gottes. Seine innere Lebendigkeit legt sich aus in personhafter Wahrheit und Liebe, sie ist in Jesus Christus „arm" geworden, „um euch durch seine Armut reich zu machen" (2 Kor 8,9), d. h. sie hat sich in ihm in die niedrigsten und unsichersten Bedingungen des menschlichen Lebens hinein entäußert, „usque ad mortem, mortem autem crucis" – „Gehorsam bis zum Tod, bis zum Tod am Kreuz" (Phil 2,8; vgl. auch die Karfreitagsliturgie). Für das Handeln im Horizont des Glaubens entscheidend und unterscheidend zugleich ist also die christologische Perspektive, d. h. die Botschaft von der definitiven Überwindung der Unheilsmacht des Todes durch Kreuz und Auferstehung Jesu Christi, durch die Konfrontation dessen, der das Leben schlechthin ist, mit der Todesmacht, der die gesamte Welt verfallen ist. In Christus ist die Entscheidung für das Leben schon definitiv gefallen, ist das endzeitliche Handeln Gottes schon da, in Christus sind wir aber auch noch mitten in dieses Entscheidungsgeschehen hineingestellt – und zwar genau in dem Maße der Verantwortung, die wir vor Gott haben. „Wir stehen diesem Konflikt nicht nur ‘gegenüber’, sondern befinden uns notgedrungen ‘mitten drin’: wir sind alle durch die unausweichliche Verantwortlichkeit in die bedingungslose Entscheidung für das Leben involviert und daran beteiligt" (EV 28). Die biblische Sicht des Lebens beinhaltet somit die Realistik der sittlichen Verantwortung des Menschen im Umgang mit dem Leben. Das Leben nämlich *„ist immer ein Gut"* (EV 34) – dieser Kernsatz ist Ausdruck intuitiver Ahnung und kulturgeschichtlicher Erfahrung der Menschheit schlechthin, Ausdruck aber auch der Berufung des Menschen, dessen tiefen Grund zu erfassen.

4.2 Sittliches Subjektsein und die teleologische Dimension des Lebens

Verantwortung als Ausdruck sittlicher Freiheit ist geradezu ein Inbegriff der Kultur der Moderne. „Moderne" bedeutet, so ist vom Glauben her ohne weiteres anzuerkennen, „Kultur der Menschenrechte" (EV 18). An der Bedeutung der Freiheit als eines Grundwertes ist nicht zu rütteln; von daher wendet sich die christliche Botschaft vom Leben gegen eine „Vorstellung von einem ‘Gesetz ohne Freiheit’ […], wie es z. B. in den Ideologien der Fall ist, die die Rechtmäßigkeit eines jeden Eingriffes in die Natur gleichsam im Namen ihrer Vergöttlichung bestreiten; eine Vorstellung, die wiederum die Abhängigkeit vom Plan des Schöpfers mißachtet" (EV 22).

Das kritische Urteil des Glaubens aber gilt einer Vorstellung von Freiheit, die von der Orientierung am Guten als Quelle moralischer Identität losgelöst ist. „Unser Leben braucht eine teleologische Dimension; sie kann als sittliche Dimension nur in dem Beitrag bestehen, den unser Leben nach unserem Willen zur besten Welt leisten soll" (Ricken 1995, 76 f.). Im Rahmen eines Modells intentionaler Seinsvollkommenheit, wie sie die klassische Tugendethik darstellt, ist die teleologische Dimension in der apriorischen Bindung der Freiheit an das Gute gegeben. Durch die wesentliche Hinordnung des Willens auf das Gute selbst ist der Raum eröffnet, in dem Freiheit als inhaltlich seinsmäßige Größe, d. h. als „lebendige Freiheit" (vgl. Guardini 1994, 95 ff.) existent sein kann. „Vollendet wird die sittliche Freiheit darin, daß der Mensch das Gute nicht nur von Fall zu Fall tut, sondern daß es ihm zur Haltung wird; wenn er Tugend gewinnt im reinen Sinne des Wortes; wenn er das Sittliche nicht nur tut, sondern sittlich ist" (ebd. 112). Die sittliche Verfaßtheit des Subjekts gründet in diesem Rahmen, wie er vor allem bei Thomas von Aquin ausgearbeitet worden ist, wesentlich in der Vernunftgemäßheit der Freiheit, welche als „principium diiudicationis bonitatis" (Prinzip der Beurteilung des Guten) nicht aus einer vorgelagerten Seinsmetaphysik einfach deduziert werden kann, sondern sich als eigenständige Leistung der praktischen Vernunft aktualisiert (vgl. dazu im Hinblick auf Thomas von Aquin Kluxen 1980). Die Eigenständigkeit des sittlichen Subjektseins wird hierbei in der aktiven Teilhabe des Menschen am „ewigen Gesetz" als Ausdruck der Vorsehung Gottes (vgl. Pesch 1982, 74 ff.) manifest. Wenngleich im erkennend-wissentlichen Akt der Vorsehung Gottes alle Dinge dem Schaffen Gottes entspringen und auf ihn als letztes Ziel hingeführt werden, ist die entscheidende Hinwendung zu Gott, die neuplatonische

„epistrophe" (wörtlich „Umkehrung", d. h. die Zurückwendung des Verursachten zur Ursache), über den Menschen vermittelt.

Freilich ist der thomanische Gedanke der Vorsehung Gottes zunächst eine Aussage über Gott selbst bzw. die immanenten göttlichen Handlungen seines Erkennens und Wollens im Hinblick auf den „Plan der Weltregierung" (vgl. *Sth* I-II 91, 1; 93, 1; dazu Pesch 1982, 75). Die „ratio" dieser Weltregierung ist von der „executio", der Ausführung, unterschieden. Diese geschieht durch die Vermittlung von Zweitursachen, – „nicht, weil die Macht Gottes solcher bedürfte, sondern aus reiner Güte, ‘damit er (Gott) die Würde der Kausalität auch den Geschöpfen mitteile’ (22, 3)" (ebd. 76). Damit aber stellt sich die Frage, ob nicht das „principium executionis bonitatis" (Prinzip der Ausführung des Guten) als eigentliches Konstitutionsprinzip der sittlichen Subjektivität – und damit auch ihrer Würde – anzusehen ist. Eine Teilhabe am ewigen Gesetz i. S. der „ordinatio rationis" (Anordnung der Vernunft) als sittliche Pflicht kann von einem tugendethischen Modell intentionaler Seinsvervollkommnung aus nur als Zielnotwendigkeit im Horizont einer ontotheologischen Metaphysik vermittelt werden. Erst vom christlichen Schöpfungs- und Offenbarungsglauben her konnte in diesem Kontext das Beanspruchtsein zum Selbstvollzug praktischer Vernunft in seiner letzten Verbindlichkeit einsichtig gemacht werden. Der Aufweis, daß durch die theonome Beanspruchung die Struktur der praktischen Vernunft nicht verändert wird, ist dabei die besondere Leistung der thomanischen Ethik (vgl. Böckle 1973, 177). Die Frage allerdings bleibt, ob nicht die teleologische Dimension des Lebens entschiedener vom Prinzip der „Ausführung" des Guten her begriffen werden muß, wenn das „Um-seiner-selbst-willen" (griech. hauton heneka) Spezifikum von Freiheit überhaupt ist. Ein Mensch, so definiert Aristoteles, „ist frei ([griech.] eleutheros), der um seiner selbst willen (hauton heneka) und nicht um eines anderen willen ist" (*Met* A 982 b 25f, zit. n. Coreth 1985, 22).

Im Begriff des Lebens ist die teleologische Dimension auf das Gute hin in greifbarer Konkretheit präsent. „Leben" als das sichtbare Korrelat dieser Teleologie bestimmt sich somit auch nicht in bloßer Selbstzentriertheit und Selbstorganisation, sondern durch den Wahrheitsbezug. Von daher, so kann man in theologischer Perspektive sagen, trägt das Leben „unauslöschlich *eine ihm wesenseigene Wahrheit* in sich. Der Mensch muß sich, wenn er das Geschenk Gottes annimmt, bemühen, das Leben *in dieser Wahrheit zu erhalten*, die für jenes wesentlich ist" (EV 48).

In der sittlichen Beanspruchung erfährt der Mensch nicht nur seine eigene Freiheit, sondern auch die Wahrheit des Sittengesetzes. So betrachtet gilt das Tötungsverbot, sowohl als Defensiv- wie als Anspruchsrecht, als elementarer Ausdruck desjenigen *Rechts*, das unlösbar mit der dem Leben eigenen Wahrheit verknüpft ist. Der Kern des Tötungsverbotes besagt nämlich, daß der Mensch kein letztes Verfügungsrecht über das Leben hat, das es ihm erlaubte, Entscheidungen über die Lebensperspektive eines Menschen zu treffen und daraus Konsequenzen über Leben oder Sterben abzuleiten. Das Argument der Lebenschancen, die beeinträchtigt werden, oder des unzumutbaren Schadens für das Kind, wo die Tötung dann nur noch das kleinere Übel darstelle, ist deshalb so fragwürdig und verwerflich, weil es sich ein Urteil über den „Wert" dieses Lebens etwa in dem Sinne, daß dieses Leben es nicht wert sei, gelebt zu werden, anmaßt und somit das Lebens*recht* eines anderen Menschen fundamental mißachtet oder bestreitet. Die Verweigerung des Achtungsanspruchs gegenüber dem Leben eines anderen Menschen ist das, was in der eigenmächtigen Verfügung über das Leben eines Menschen irreversibel vollzogen wird, die Mißachtung der wesenseigenen Wahrheit des Lebens das eigentliche Unrecht. Sie vernichtet mit der Tötung zugleich die Differenz zwischen Person und Sache, wie sie der Rechtsüberzeugung von der unantastbaren Würde des Menschen zugrundeliegt. „Würde" bringt ja eine mit dem bloßen Menschsein gegebene Subjektqualität zum Ausdruck, die den Menschen als Träger sittlicher Zweckhaftigkeit begreift und die gerade einer verfügenden Beurteilung des „Wertes" von Vernunftgesetzlichkeit entzogen ist (vgl. dazu Teil B dieses Bandes).

Ein Recht aber, das auf einem objektiv notwendigen Zweck gründet, der zugleich Pflicht ist, kann nicht rein subjektiver Art i. S. etwa eines Prinzips der Privatheit sein, sondern ist widerspruchsfrei nur als subjektiv-öffentliche Größe allgemeingültiger Art zu denken. Der Schutz des menschlichen Lebens bedeutet somit immer zugleich öffentliche Verantwortung, d. h. umfaßt die sittlich-rechtliche Verantwortung eines staatlichen Gemeinwesens im ganzen. So betrachtet enthält das Grundgesetz der Bundesrepublik Deutschland als Ausdruck dieser Verantwortung in der Auslegungstradition der Verfassungsgerichtsbarkeit „ein Bekenntnis zum grundsätzlichen Wert des Menschenlebens und zu einer Staatsverfassung, die sich in bewußtem Gegensatz zu den Anschauungen eines politischen Regimes stellt, dem das einzelne Leben wenig bedeutete und das deshalb mit dem angemaßten Recht über Leben und Tod des Bürgers schrankenlosen Mißbrauch trieb" (BVerfGE 18,117). „Menschenwürde" bezeichnet diesen grundsätzlichen „Wert" des Menschenlebens, – „Würde" aber meint etwas, das ohne Äquivalent ist. Die Wertordnung, wie sie das Grundgesetz repräsentiert, ist somit nicht nur eine beschreibende Aussage über fundamentale Rechtsgüter, sonder primär als ein Bekenntnis zu verstehen, in dem Verantwortung übernommen wird. Sie ist nicht nur Beschreibung einer Wahrheit über den Menschen, sondern auch Ausdruck des allgemeinen sittlichen Wollens. Alle sittlich-rechtliche Verantwortung gegenüber dem menschlichen Leben hat ihr Maß an der unverfügbaren Würde des Menschen. Das Bekenntnis zur Menschenwürde beinhaltet einen Grundsatz, der die Kategorie einer irgendwie abschätzbaren Eigenschaft übersteigt. Es kennzeichnet somit auch das Lebensrecht seiner inneren Logik nach als ein Recht, das jedem menschlichen Lebewesen – unabhängig vom ontogenetischen Entwicklungsstand – notwendig zukommt. An diese Grundüberzeugung knüpft das Bundesverfassungsgericht in seiner Entscheidung vom 28. Mai 1993 an, wenn es feststellt: „Wo menschliches Leben existiert, kommt ihm Menschenwürde zu (vgl. BVerfGE 39,1 [41]). Diese Würde des Menschseins liegt auch für das ungeborene Leben im Dasein um seiner selbst willen; es zu achten und zu schützen bedingt, daß die Rechtsordnung die rechtlichen Voraussetzungen seiner Entfaltung im Sinne eines eigenen Lebensrechts des Ungeborenen gewährleistet (vgl. auch BVerfGE 39,1 [37]). Dieses Lebensrecht, das nicht erst durch die Annahme seitens der Mutter begründet wird, sondern dem Ungeborenen schon aufgrund seiner Existenz zusteht, ist das elementare und unveräußerliche Recht, das von der Würde des Menschen ausgeht; es gilt unabhängig von bestimmten religiösen oder philosophischen Überlegungen, über die der Rechtsordnung eines religiös-weltanschaulich neutralen Staates kein Urteil zusteht" (Urteil des BVerfG v. 28. Mai 1993 Abschn. DI. 1.a).

Von diesem Ansatz her darf der grundrechtliche Status des Ungeborenen als Träger eines eigenen Rechts auf Leben nicht gegen philosophisch-religiöse Überzeugungen vom Wert des Lebens an sich ausgespielt werden, wie dies etwa bei R. Dworkin (1994) im Hinblick auf das amerikanische Rechtsverständnis geschieht. Dworkin betrachtet i. S. der Locke'schen Tradition nur denjenigen als Träger von Rechten, der eigene Interessen haben kann, was für ihn bzgl. des Frühstadiums der menschlichen Entwicklung nicht gegeben zu sein scheint (vgl. ebd. 26). „Personaler Wert" erschöpfe sich in subjektiver Bedeutung für den Träger (vgl. ebd. 107), eine staatliche Verantwortung für den Lebensschutz von Anfang an könne nur derivativer Art sein (vgl. ebd. 20). Wegen der zu geringen Eindeutigkeit des Personbegriffs (vgl. ebd. 36) könne eine originäre Verantwortung nur vom intrinsischen Wert des Lebens her begründet werden. Prima facie glauben die weitaus meisten Menschen, „daß das Leben eines menschlichen Organismus einen Wert an sich hat, und zwar in jeder Form, die es annimmt, selbst in der noch völlig unentwickelten Form eines sehr frühen, soeben erst eingenisteten Embryos" – „zumindest intuitiv" (ebd. 102). Erst die weltanschaulich-religiöse Deutung dieser „humanen Wurzel" führe – so die These Dworkins – zu den großen Kontroversen vor allem bzgl. der Abtreibungsdebatte, wie sie etwa in den USA in der Aufspaltung zwischen „Konservativen" und „Liberalen" zu finden sei. Der intrinsische Wert des menschlichen Lebens sei – zumindest grundsätzlich – nicht infrage gestellt, sondern die Interpretation des Lebens als etwas „Heiliges" und die damit verknüpften Konsequenzen.

Dworkin greift also die religiös-weltanschauliche Überzeugung von der Heiligkeit des Lebens auf, in der die teleologische Dimension des Lebens manifest zum Ausdruck kommt. „Heiligkeit" bedeutet für ihn so viel wie „Unverletzlichkeit", „Wert an sich" im Unterschied zum „quantitativ Wertvollen" (ebd. 108). „Heiligkeit" korrespondiert wesentlich mit dem Phänomen der Ehrfurcht. Ehrfurcht etwa gegenüber bestimmten Arten des Lebens, aber auch gegenüber besonderen Werken menschlichen Kunstschaffens entspringe einem „tiefen Respekt vor dem schöpferischen Geist" (ebd. 114). Grundlage des Heiligen ist von daher die Ehrfurcht vor dem schöpferischen Prinzip selbst, sei dies als natura naturans oder als Gott verstanden. Für die Begründung der Heiligkeit des individuellen menschlichen Lebens spielt nun nach Dworkin eine andere Tradition des Heiligen eine „weniger offensichtliche, jedoch genauso entscheidende

Rolle" (ebd. 120): nämlich die menschliche kreative Kraft, wie sie in der Weitergabe des Lebens den sichtbaren Ausdruck findet: „Der Gedanke, jedes individuelle menschliche Leben sei unverletzlich, wurzelt daher wie unsere Sorge um das Überleben unserer Gattung als Ganzes in zwei miteinander verbundenen und sich überschneidenden Grundlagen des Heiligen: natürlicher *und* menschlicher Schöpfung. Jedes menschliche Geschöpf, auch der unreifste Embryo, ist ein Triumph göttlicher oder evolutionärer Schöpfung, die ein komplexes, vernunftbegabtes Wesen gleichsam aus dem Nichts entstehen läßt, und zugleich ein Triumpf dessen, was wir oft das 'Wunder' menschlicher Fortpflanzung nennen, das jedes neue menschliche Wesen zugleich anders als die anderen und dennoch zu einer Fortsetzung ebender menschlichen Wesen werden läßt, die es hervorgebracht haben" (ebd. 120 f.). Freilich rechnet Dworkin zum menschlichen Beitrag als der „zweite(n) Form heiliger Schöpfung" (ebd. 121) nicht nur die Zeugung durch die Eltern als solche, sondern auch den Entschluß zur Nachkommenschaft und Austragung der Schwangerschaft sowie die kulturelle Formung der fortschreitend selbständiger werdenden Persönlichkeit des Kindes. Die Art und Weise sowie das Ausmaß der von ihm so bezeichneten „Investitionen" in ein menschliches Leben werden nun hinsichtlich der „Qualität" dessen, was „Heiligkeit" als Wert an sich ausmacht, relevant. „Heiligkeit des Lebens" ist sicher nicht quantitativ zu messen, sie ist jedoch für Dworkin bezogen auf das Maß schöpferischer Investitionen. Nicht der bloße Verlust für sich genommen gefährde die Unverletzlichkeit menschlichen Lebens, sondern die „Frustration" der in ihm investierten schöpferischen Kraft (vgl. ebd. 129). Was als tragischer, sinnloser oder verfrühter Tod gelte, hänge vom Maß der unerfüllten Hoffnungen, die ein menschliches Leben repräsentiert, ab, d. h. von der Realisation der in ihm angelegten Teleologie.

Dworkins sog. „Frustrationsthese" (vgl. ebd. 129) liefert seiner Meinung nach auch den Erklärungsansatz für politische Kontroversen zwischen „Konservativen" und „Liberalen" bei der Abtreibungsdebatte: „Wir können die ganze Meinungsvielfalt zum Abtreibungsthema – von der konservativsten bis zur liberalsten Einstellung – am besten verstehen, wenn wir die Meinungen über die relative Schwere der beiden Formen von Frustration auf einem Spektrum anordnen, das von einer extremen Position zur anderen reicht – von der Ansicht, jede Frustration der biologischen Investition sei schlimmer als jede denkbare Frustration menschlicher Investitionen, über ein gemäßigteres und komplexeres Abwägen bis hin zu der Meinung, die Frustration rein biologischer Investitionen im menschlichen Leben spiele kaum eine Rolle und die Frustration einer menschlichen Investition sei in jedem Falle schlimmer" (ebd. 132). An diesem Punkt kommen dann religiös-weltanschauliche Richtungen zum Tragen: „Ein streng orthodoxer oder fundamentalistischer Mensch kann darauf beharren, der Abbruch einer Schwangerschaft sei immer ein ethisches Unrecht, da die bewußte Zerstörung von etwas von Gott als heilig Erschaffenem nie durch irgendeinen menschlichen Nutzen aufgewogen werden könne" (ebd. 133). Die Schlüssigkeit von Dworkins Argumentation kommt allerdings genau dort an ihre Grenze, wo die schöpferische „Investition" Gottes mit der „biologischen Investition" gleichgesetzt und der menschlichen „Investition" gegenübergestellt wird. Es ist die Konsequenz eines reduktionistischen Begriffs von Heiligkeit, der von der Vorstellung allgemeiner Schöpfermacht her gewonnen wird (vgl. die religionsgeschichtliche Problematik des Begriffs bei Lanczkowski 1985), und einer unzureichenden Phänomenbeschreibung von Ehrfurcht. Es ist sicher richtig, daß Ehrfurcht gegenüber dem Wesen von Achtung komplexer strukturiert ist, insofern es von der Spannung zwischen Verehrung und Furcht gekennzeichnet ist (vgl. dazu Bollnow 1947,

58). Es mag auch richtig sein, daß Ehrfurcht von etwas Allgemeinerem erregt wird, das man „vielleicht am ehesten als 'Leben' bezeichnen (kann), wobei hier Leben nicht im biologischen Sinn zu verstehen wäre, sondern als das göttliche, alles durchwaltende Leben, das uns trägt und dem wir in jedem Augenblick unseres Daseins verhaftet sind" (ebd. 69). Der Kern des Phänomens ist aber das „Verhältnis zum Leben in seiner übermächtigen Verletzlichkeit" (ebd.). Gerade dies erweckt auch das mit der Ehrfurcht verknüpfte Schamgefühl als einer originären, nicht durch Gewohnheit erzeugten seelischen Regung. Die Scham verhindert die taktlose Annäherung an die Innerlichkeit und verhüllt schützend „das schaffende, aber in seinem Schaffen so tief verletzliche Leben im Menschen" (ebd. 138). Von daher wird die Unverletzlichkeit des Lebens nicht erst dort angegriffen, wo die „Investitionen" frustriert werden, sondern wo dessen Innerlichkeit durch „Investitionserwägungen" verrechnet wird. So wie der „Kitsch" durch das Zur-Schau-Tragen von „Investitionsgefühlen" nicht nur eine Entartung von Kunst, sondern Ausdruck grundlegender Schamlosigkeit ist (vgl. ebd.), so verletzt der Versuch, die inhaltliche Füllung des intrinsischen Wertes des Lebens vom Frustrationsgefühl her zu leisten, zutiefst die innere Teleologie dessen, was als das Heilige Gegenstand und Grund von Ehrfurcht ist. Dworkin stellt nicht nur tendenziell göttliches und menschliches Wirken auf einunddieselbe Ebene des kategorialen Handelns, sondern verkennt auch auf der menschlichen Ebene die anthropologisch-ethische Bedeutung von Schwangerschaft als vitaler Lebenseinheit von Mutter und Kind. Fernerhin kann das, was „Heiligkeit des Lebens" bedeutet, nicht einfach gegen die leistungsunabhängig zu denkende Würde, die im sittlichen Subjektsein wurzelt, ausgespielt werden, so wenig wie das Gefühl der Ehrfurcht von dem der Achtung abgelöst werden kann. Die Eingrenzung des Menschenwürdeprinzips auf Wesen, die Interessen haben und artikulieren können, bedürfte zudem einer Begründung, die Dworkin aber schlechthin schuldig bleibt. Richtig hingegen dürfte die Verknüpfung des Gedankens der Heiligkeit des Lebens mit dem Gedanken der Individualität i. S. der Unwiederholbarkeit des einzelnen menschlichen Lebens sein.

„Heiligkeit des Lebens" bringt die Überzeugung von der unantastbaren Würde nicht nur im Hinblick auf die Menschheit allgemein zum Ausdruck, sondern bezieht sie auf den *einzelnen* Menschen. Gerade die jüdisch-rabbinische Tradition verknüpft in diesem Zusammenhang das Prinzip der Heiligkeit des Lebens mit der Gottebenbildlichkeit jedes einzelnen Menschen. So betont die Mischna: „Der Mensch wurde deshalb erschaffen, um dich zu lehren, daß, wenn jemand *eine* jisraelitische Seele vernichtet, es ihm die Schrift anrechnet, als hätte er eine ganze Welt vernichtet, und wenn jemand *eine* jisraelitische Seele erhält, es ihm die Schrift anrechnet, als hätte er eine ganze Welt erhalten." Obwohl alle Menschen Ebendbild Gottes sind, ist trotzdem ihre jeweilige Individualität gewahrt. Denn die Mischna fährt an gleicher Stelle fort: „[...] Und endlich auch, um die Größe des Heiligen, gespriesen sei er, zu verkünden; wenn ein Mensch mehrere Münzen mit einem Stempel prägt, so gleichen sie alle einander, der König der Könige aber, der Heilige, gepriesen sei er, prägt jeden Menschen mit dem Stempel des Urmenschen, und doch gleicht nicht einer dem anderen." (Mischna Synhedrin 4,5). So gesehen ist der Gedanke der Heiligkeit des Lebens zugleich der Zugang zur Wirklichkeit der Schöpfung, „weil jeder Mensch sich als einzeln und einzig weiß. Gelänge eine lückenlose genetische Analyse dieses Individuums, dann wäre die Person, dieses Einmalige, Unvergleichliche, Einige, Angesicht, dessengleichen nie gewesen ist, nie gehörte Stimme, nie gesehene Gebärde [...] ganz unabgeleitet, unableitbar, ganz da und nicht anders als da [...] Mit jeder Geburt tritt, weil jeder

Mensch einzig ist, der erste Mensch in die Welt" (Buber in: Hersch 1968, 79).

4.3 Die Anfänglichkeit des menschlichen Lebens

Die Überlegungen zum sittlichen Subjektsein und der teleologischen Dimension des Lebens im Zusammenhang mit dem Gedanken der Heiligkeit des Lebens führen zur Frage, wie überhaupt die spezifische Anfänglichkeit des menschlichen Lebens zu verstehen sei. Ausgangspunkt der theologisch-philosophischen Diskussion um den Lebensbeginn ist das aristotelische Diktum „Ein Mensch zeugt einen Menschen" (*Met* Z 7, 1032 a 25) und das damit verknüpfte Beseelungsproblem. Sowohl die jüdisch-rabbinische wie auch die christliche Diskussion über den Status des Embryos verknüpften die Septuagintaversion von Ex 21,22 f. mit Beseelungsvorstellungen aus der griechischen Philosophie. In beiden Traditionen aber war der Meinungsstreit weit differenzierter, als er bisweilen wiedergegeben wird.[5] Durch die kirchenrechtliche Tradition wurde einerseits der Gedanke der Heiligkeit des Lebens auch im weltlichen Recht wirksam, andererseits aber ebenso die Spekulation über den Beseelungszeitpunkt (vgl. Eser 1982).

Die Diskussion um den Zeitpunkt der Beseelung sowie um das Verständnis von Beseelung im Zusammenwirken Gottes mit dem Menschen bestimmt die theologische Diskussion bis in die Gegenwart hinein. Obgleich in der kirchlich anerkannten Lehre des Kreatianismus verankert, ist die Diskussion um Sukzessivbeseelung/Epigenismus und Simul-

---

[5] Vgl. zur jüdisch-rabbinischen Tradition Feldman 1980; Greenberg 1976; Jakobovits 1978; Lubarsky 1984; Sinclair 1980; Washofsky 1981; zur Entwicklung im christlich-abendländischen Recht u. a. Jerouschek 1988 sowie bzgl. der Quellen im Corpus Juris Canonici Friedberg 1879, Bd I, 462 f., Bd. II, 794 u. 802.

tanbeseelung/Präformismus bis heute nicht beendet (vgl. etwa den Überblick bei Demel 1994, 1995 sowie bei Breuer 1995). Der Streitpunkt der Diskussion ist hierbei nicht die generelle Infragestellung des moralischen Status des Embryos von Lebensbeginn an, sondern das Verständnis der Einheit des Menschen in der Verschiedenheit seiner Entwicklungsphasen und die möglichen Konsequenzen im Umgang mit Konfliktfällen (vgl. etwa auch die Diskussion in Luyten 1979). Bedenkt man, daß die naturwissenschaftlichen Einsichten, die den jeweiligen Theorien zugrunde liegen, sich grundlegend geändert haben, sind rein historische Argumentationen wenig sinnvoll. Die Sukzessivbeseelungstheorie, die Thomas von Aquin in Rezeption der aristotelischen Theorie formuliert hat, geht so gesehen noch von der Vorstellung aus, daß der Same des Mannes als aktives Prinzip das eigentliche Formmoment darstelle und die Frau nur den Nährboden – das semen muliebre – bereitstelle. Gleichwohl macht Thomas, wie vielfach übersehen wird, aber auch den nicht-zeitlichen Ursprung der rationalen Seele deutlich, wenn er sagt, daß diese dritte Beseelung wenngleich am 40. bzw. 80. Tag datierbar, „per instans" durch göttliche Intervention geschehe (vgl. Thomas von Aquin, *Sent II* dist 18 q 2 a 2 sowie *Sth* I q 90 – 92). Von daher steht die neuere moraltheologische und bioethische Diskussion um den Lebensbeginn, wie sie in den USA teilweise geführt wird (vgl. Faßbender 1995), auf einem anderen Hintergrund, wenn epigenistische Grundannahmen probabilistische Argumentationen im Umgang mit dem Lebensbeginn stützen sollen. Die Tradition des Probabilismus erlaubt es, bei gegebenen Gründen einer nur wahrscheinlichen Meinung zu folgen, auch wenn die Gegenmeinung wahrscheinlicher ist, und darf in diesem Falle annehmen, daß das betreffende Gesetz nicht greift oder verpflichtet. Demgegenüber aber vertritt das Lehramt der katholischen Kirche in der Frage von Lebensbeginn und Lebensschutz eine tutioristische Position, die dazu verpflichtet, im Zweifelsfall der jeweils strengeren Meinung zu folgen (vgl. die Erklärung der Glaubenskongregation „De abortu procurato" vom 18.11.1974). So argumentiert denn auch die Instruktion der Glaubenskongregation „Über die Achtung vor dem beginnenden menschlichen Leben" (22.2.1987): „Sicherlich kann kein experimentelles Ergebnis für sich genommen ausreichen, um eine Geistseele erkennen zu lassen; dennoch liefern die Ergebnisse der Embryologie einen wertvollen Hinweis, um mit der Vernunft eine personale Gegenwart schon von diesem ersten Erscheinen eines menschlichen Wesens an wahrzunehmen: Wie sollte ein menschliches Individuum nicht eine menschliche Verantwortung sein? Das Lehramt hat sich nicht ausdrücklich auf Aussagen philosophischer Natur festgelegt, bekräftigt aber beständig die moralische Verurteilung einer jeden vorsätzlichen Abtreibung. Diese Lehre hat sich nicht geändert und ist unveränderlich. Deshalb erfordert die Frucht der menschlichen Zeugung vom ersten Augenblick ihrer Existenz an, also von der Bildung der Zygote an, jene unbedingte Achtung, die man dem menschlichen Wesen in seiner leiblichen und geistigen Ganzheit sittlich schuldet. Ein menschliches Wesen muß vom Augenblick seiner Empfängnis an als Person geachtet und behandelt werden und infolgedessen muß man ihm von diesem selben Augenblick an die Rechte der Person zuerkennen und darunter vor allem das unverletzliche Recht jedes unschuldigen menschlichen Wesens auf Leben" (Instruktion „*Donum vitae*" der Kongregation für die Glaubenslehre I,1).

Die Entscheidung für tutioristisches, probabilioristisches, äquiprobabilioristisches oder probabilistisches Vorgehen, d. h. für ein bestimmtes „Moralsystem" löst freilich nicht die grundsätzliche Frage nach der Deutung menschlichen Lebensbeginns. So klar sich die Lehrmeinung des Kreatianismus in der augustinischen, von Thomas von Aquin übernommenen Formulierung „anima rationalis creando infunditur et infundendo creatur" (Die Vernunftseele wird von Gott erschaffend eingegossen und eingießend erschaffen, *Sent III* dist 3 q 5 a 2, zit. bei Demel 1995, 28) durchgesetzt hat und „zur kirchlichen Verurteilung des Generatianismus, zumindest in seiner Grundauffassung von der Zeugung der Geistseele durch die Eltern" (ebd.) geführt hat, so strittig ist die philosophisch-theologische Diskussion um den Zeitpunkt der Eingießung der Geist-Seele. Die Kongregation für die Glaubenslehre läßt daher in ihrer Erklärung über den Schwangerschaftsabbruch „ausdrücklich die Frage nach dem Zeitpunkt der Eingießung der Geist-Seele beiseite. Über diese Frage gibt es keine einmütige Tradition, und die Autoren sind sich uneinig" (zit. ebd. 29). Wie die Diskussion erkennen läßt, geht es nicht isoliert um die Frage des Zeitpunkts der Beseelung, sondern um die metaphysisch-theologische Beurteilung dessen, was „menschliches Wesen" bezogen auf seine Genese bedeutet.

Die Komplexität dieser Fragestellung zeigt sich schon daran, wie stark metaphysische Grundannahmen oft unausgesprochen die naturwissenschaftliche Hypothesenbildung bestimmen und umgekehrt die embryologische Sichtweise entscheidend vorgibt, was als einschlägig hinsichtlich der Beweiskraft philosophischer oder theologischer Theorien gilt. Der rasche Fortschritt embryologischer Einsichten in den letzten Jahren hat hierbei sowohl die bioethische/moraltheologische Debatte wieder verstärkt in Gang gesetzt als auch die Frage nach der eigenständigen Bedeutung der verwendeten philosophischen und theologischen Kategorien neu aufgeworfen. Die Eingriffs- und Manipulationsmöglichkeiten im Umgang mit menschlichem Leben in seinen Anfängen, wie sie heute gegeben sind, verleihen der Diskussion um die Deutung des Lebensbeginns ihre Dringlichkeit.

Die vor allem in Nordamerika geführte moraltheologische Auseinandersetzung ist durch die intensive Rezeption der naturwissenschaftlichen Erfahrungsbasis gekennzeichnet. Damit ist zugleich die früheste Entwicklungsphase von der Vereinigung von Ei- und Samenzelle bis zur Implantation (Nidation) verstärkt in den Blickpunkt getreten und hat die Frage aufgeworfen, ob die Blastozyste überhaupt als Embryo i. S. eines menschlichen Wesen anzusehen sei. Die Diskussion, wie sie insbes. N. M. Ford (1988) ausgelöst hat, verbindet hierbei die bereits zuvor vielfach diskutierte Frage, ob vor Ausschluß der Zwillingsbildung von Person i. S. der individua substantia rationalis naturae gesprochen werden kann, mit dem Problem, ob vor diesem Zeitpunkt überhaupt ein menschlicher Organismus als selbständig Seiendes vorliegt. Die Begriffe „Totipotenz" oder „Teilbarkeit" suggerieren, daß die Blastomeren ein mehr oder weniger unstrukturiertes Gebilde darstellen, dem aber das für die Existenz von Lebendigem notwendige Einheitsprinzip fehle. Selbstverständlich stelle auch die Zygote eine biologische Entität dar, deren Individualität durch ihr genetisches Programm gegeben ist, die Frage aber sei, ob diese Entität mit dem Wesen identisch ist, das später als Kind uns entgegentritt. Von daher vertreten N. M. Ford u. a. die These, daß die genetische Individualität von der sog. Entwicklungsindividualität zu unterscheiden sei. Der Begriff des „Prä-Embryo" beinhaltet nicht nur die These von der „verzögerten Hominisation", sondern auch die Behauptung, daß bis zum irreversiblen Beginn der Zelldifferenzierung kein integrierter menschlicher Organismus vorliegt. Dies vermeidet sicherlich die problematischen Implikationen der Rede vom „artspezifisch menschlichen Leben" im Hinblick auf das Leib-Seele-Verhältnis (vgl. dazu Demel 1995, 36 ff.), es beantwortet aber nicht die Frage, was denn überhaupt das belebende Prinzip menschlicher Organismen ist und ob unter diesen Voraussetzungen noch von „Zeugung" des Menschen durch den Menschen, bzw. durch die Eltern gesprochen werden kann. Damit wäre eine der menschheitsgeschichtlich gesehen grundlegendsten anthropologischen Überzeugungen zugunsten einer unbestimmten Entwicklungsmetaphorik aufgegeben.

Eine solche Konsequenz scheint jedoch auch von den jüngsten embryologischen Einsichten über die Frühentwicklung her nicht gerechtfertigt (vgl. auch Teil A dieses Bandes). In seinen „reflections on some recent catholic claims for delayed hominisation" wirft daher auch M. Johnson (1995) den Vertretern der „Präembryo-Theorie" vor, die biologische Faktenlage nicht gründlich genug rezipiert zu haben. Auf der Grundlage von Scott F. Gilbert's „Developmental Biology" (1994) macht er geltend, daß bereits die Blastomeren qualitativ differenzierte und geordnete Teile eines Ganzen darstellen, die in wechselseitiger Kooperation zueinander stehen (vgl. ebd. 760). Bereits die erste Aktivität der Zygote, durch welche die erste Teilung vorbereitet wird, markiert den Beginn eines distinkten menschlichen Organismus. Dieser von Anbeginn an vorliegende Organismus besitzt Lebensfunktionen, die einzelnen Zellen stellen so gesehen eher „Organe" dar, die durch Position und cytoplasmisches Material soweit differenziert und strukturiert sind, daß der Embryo einnistungsfähig ist (vgl. ebd. 753). Entsprechend der wachsenden Komplexität unterliegt das Organ der zentralen Kontrolle einer graduellen Differenzierung, bis die Reife erreicht ist, die der Reife des differenzierten Organismus entspricht (vgl. ebd. 751). Wenn nun aber von einem lebendigen Organismus von Anbeginn an ausgegangen werden muß, so ist es für Johnson gemäß dem aristotelischen Grundsatz „vivere est esse viventibus" (das Leben ist bei den Lebewesen das Sein; Aristoteles, *De an.* 2, 4, 415 b 13) zwingend, diese biologische Einheit auch als ontologische Individualität i. S. der individuellen Substanz der vernünftigen Natur anzusehen. Das Phänomen der „Totipotenz" und der damit verbundenen Möglichkeit der Mehrlingsbildung werde gegenüber diesem Tatbestand überbewertet, zumal es ein seltenes Vorkommnis sei. Gegenüber letzterem Gedanken hat freilich J. Porter in seiner Replik (1995) zurecht geltend gemacht, daß es nicht auf die Eintrittswahrscheinlichkeit ankomme, sondern auf die bloße Möglichkeit. Genauer betrachtet argumentiert Johnson jedoch mit dem Gedanken einer natürlichen Teleologie, die als solche bei menschlichen Wesen auf eine singuläre Entstehung hin tendiere; die Abspaltung einer einzelnen Zelle aus dem strukturierten Verband der Blastozyste habe daher den Charakter eines Zufallsereignisses, das durch das Entwicklungspotential, das den frühen Zellen eignet, aufgegangen werde (vgl. ebd. 759 f.). Das Totipotenzphänomen besitzt somit für Johnson nicht den Charakter einer Schlüsselerfahrung, die bzgl. des Zeitpunktes personaler Existenz bzw. der Beseelung die entscheidende Relevanz besitzt.

So plausibel Johnsons Einwand gegenüber den Vertretern der These „verzögerter Hominisation" ist, daß sie nicht „biologisch" genug dächten, bleiben natürlich auch bei seiner Deutung Fragen offen. Sein Ansatz wie auch die These des sog. „Präformismus" führen zwangsläufig zur Annahme, daß – im Hinblick auf die von allen unbezweifelte Tatsache der Mehrlingsbildung – menschliches Leben nicht nur durch Zeugung beginnen kann, sondern auch durch ungeschlechtliche Vermehrung etwa i. S. von Sprossung o. dgl., daß also „*Entstehung* des Menschen und Zeugung des Menschen nicht immer unbedingt identisch sein müssen" (Demel 1995, 45). Es fragt sich dann allerdings, ob mit dieser Hypothese nicht die Einheit der Gattung Mensch und damit die Einheit des letzten Grundes aufgegeben ist.

Die Schwierigkeiten führen auf die Probleme der Bestimmung des Wesens von etwas und der Bedeutung der „Genesis" i. S. von Zeugung für die Allgemeinheit der Wesensgestalt, wie sie bereits bei Aristoteles in den Blick kommen (vgl. dazu Pérez-Paoli 1996). Wenn Johnson in seiner Deutung die Einheit des lebendigen Organismus (a biological entity) ipso facto mit „ontologischer" Individualität gleichsetzt, diese i. S. der Boethianischen Persondefinition versteht und die „individua substantia rationalis naturae" (Einzelsubstanz einer Vernunftnatur) mit „Organismus der menschlichen Spezies" übersetzt, so ist sein Gedankengang entweder zirkulär oder es fehlt gerade der entscheidende Teil im Beweisgang, nämlich der Schluß auf die von Johnson so genannte „ontologische" Individualität. Dazu müßte die Beziehung der „ousia" (griech. Wesen) sowohl zu „Individualität" wie auch zu „Allgemeinheit" erst aufgezeigt werden. Der Rückgriff auf ein biologisches Substrat i. S. des Materieprinzips unterläuft, wie Johnson es unterstellt, die Schwierigkeiten der Analogizität im Wesensbegriff selbst, auf jeden Fall dann, wenn man, wie Johnson, die aristotelisch-thomanische Ontologie zum Interpretationsansatz der embryologischen Einsichten macht. Greift man auf die „Metaphysik" des Aristoteles zurück, so wird die „ousia" des einzelnen Gegenstandes „primär mit der Form identifiziert, welche ihm Einheit und Wirklichkeit verschafft" (Pérez-Paoli 1996, 108). Als „Eidos" (die das artliche Sosein bestimmende Form) verstanden macht sie nicht nur die Spezies Mensch aus, sondern jedes Individuum dieser Spezies. Von diesem „Eidos" behauptet Aristoteles ein „Nicht-Entstanden-Sein". Im Blick auf den Verursachungszusammenhang des „homo generat hominem" (der Mensch zeugt einen Menschen) kann daher „Werden" in Bezug auf „Eidos" nicht „zu etwas werden" bedeuten, sondern „*in einem anderen auftreten bzw. in etwas werden* [...] Die Form im Sinne des Aristoteles entsteht und vergeht deswegen nicht, weil sie in einem tieferen Sinne *das eigentlich Entstehende und Vergehende* ist, nämlich *mit* dem Individuum, das sie konstituiert -" (ebd. 112 f.). Von der Sachebene her betrachtet kann sich der Mensch nur als individuelles Wesen entwickeln. Damit ist noch nicht geklärt, „in welcher Beziehung die einzelne Form zur Allgemeinheit steht" (ebd. 114, vgl. z. Folg. ebd. 114 ff.).

Nun ist das Wesen eines natürlich Seienden in seiner Wirklichkeit keine reine Aktualität, sondern vermag sich nur in der Verbindung mit der Übergangsbewegung von der „Dynamis" (griech. Vermögen/Möglichkeit) zur „Energeia" (griech. Wirklichkeit) zu vollziehen. Das mit „Seele" gemeinte Prinzip ist das belebende Moment, welches das Wesen in seiner Wirklichkeit erhält. Im Zusammenhang mit der Bewegungsform des natürlichen Seienden bestimmt sich das Lebendige für Aristoteles „in entscheidender Weise an dessen Eignung zur Erhaltung des Lebens im Werden [...], bzw. – angesichts der Endlichkeit des lebenden Einzelnen – an dessen Eignung zum immer wieder Werden, d. h. an dessen Fortpflanzungsvermögen, so daß die Zeugung als das 'natürlichste' Werk [...] der Seele in ihrem elementarsten Sinne vom Lebensprinzip gilt, d. h. als ihre naturmäßig eigentlichste Funktion, durch welche Vergängliches Göttliches nachahmt" (ebd. 116). Die Beziehung der einzelnen Form zur Allgemeinheit ist somit zunächst durch den kontinuierlichen Zusammenhang in der „Reproduktion" der einzelnen Formen gegeben. Die gattungsmäßige Allgemeinheit i. S. von Menschengeschichte reicht jedoch nicht zu, um das „Eidos" auch als die Wesenseinheit der Art „Mensch" erfassen zu können. Diese Wesenseinheit kommt nur als gewußte Form, als „Eidos kata logon" (die in den Begriff gefaßte Form), welches der eigentliche Definitionsgegenstand ist, in den Blick. „Dies Gewußte ist nämlich kein Beliebiges, sondern macht das Wesen des einzelnen Gegenstandes aus, das ihm Bestand gibt und das einzige Beständige an ihm während der ganzen Zeit seiner Dauer ist. Der als Mensch verstandene Säugling ist nicht irgendwie zufällig und unter Umständen auch ein Mensch, sondern er ist es wesentlich. Es ist seine eigene Natur, die ihn an dieser Entwicklung des Lebens hält, welche wir an ihm 'sehen'" (ebd. 119). Auf der Ebene der „Beschreibung" ist somit die Form, welche das Wesen eines natürlichen Seienden ausmacht, ebenso vereinzelndes Prinzip wie auch Prinzip der Verallgemeinerung. Denn die qualitative Einheit der Wesensform i. S. der „ontologischen" Individualität ist nicht ipso facto mit der Sachebene des biologischen Organismus konstituiert, sondern gründet für Aristoteles in der Einfachheit des letzten Grundes im Ewigen. „Das Gewußte im Ewigen ist das Unbewegte, das bei sich selbst als Einsicht, bei den anderen als Prinzip und Ursache Anwesende, und in diesem Sinne Allgemeine" (ebd. 117). Folgt man den aristotelischen Grundannahmen über die „ousia" des sinnlichwahrnehmbaren Seienden, so ist bezogen auf den Lebensbeginn die ontologische Bestimmung dessen, was der Embryo bis zur Nidation darstellt, weder allein vom biologisch Allgemeinen des Selbstorganisationsprinzips her in zureichender Weise möglich noch vom mathematisch Allgemeinen i. S. der numerischen Identität her. Das, was die „ontologische" Individualität ausmacht, ist somit als „Individuierung von innen" zu verstehen.

Der Schöpfungsglaube kann unter diesen Voraussetzungen das Diktum „homo generat hominem" sich zu eigen machen. Der Gedanke der creatio ex nihilo hat hierbei zur deutlichen Abgrenzung der göttlichen Schöpfertätigkeit von der generatio als innerweltlicher Veränderungsbewegung geführt (vgl. Stammkötter 1992, 1401 f.), er hat dafür jedoch die besondere Anfänglichkeit des menschlichen Lebens stärker in den Blick gerückt.

Der Anfang des menschlichen Lebens ist letztlich ein Geheimnis so wie der Anfang von Freiheit überhaupt, er gründet theologisch gesehen im unwiderruflichen Ja Gottes zu diesem konkret in Erscheinung tretenden Leben. Diese besondere Anfänglichkeit menschlichen Existierens gilt es gegen jede Infragestellung vom Lebensbeginn an zu schützen. Als Träger einer Bestimmung, die alle innerweltlichen Bezüge übersteigt, existiert das individuelle menschliche Leben von Anbeginn aus einer ihm eigenen Zukünftigkeit heraus. Ein Schwangerschaftsabbruch ist daher nicht ein bloßer Eingriff in den mütterlichen Organismus, der ein „Zellwachstum" beendet, sondern bedeutet die Tötung eines Menschen, die Verfügung über seine Zukunft, aus der er heraus existiert.

Im Horizont des Schöpfungsglaubens gewinnt daher auch der Begriff der Individualität als Grundbestimmung menschlicher Identität eine spezifische Konnotation. Individualität ist von der spezifischen Anfänglichkeit menschlichen Existierens her zu verstehen und ist nicht schon durch die numerisch-referentielle Identifikation ausgeschöpft. Mögen konkrete Gegenstände und Dinge hinreichend durch eine raumzeitliche Lokalisierung identifiziert werden können, wodurch sie referentiell – gewissermaßen aus der Außenperspektive – von anderen Gegenständen unterschieden sind, so geht es bei der Individualität eines Wesens, das Träger von Menschenwürde ist, nicht mehr primär um die Unterscheidbarkeit „von außen", sondern um die Unterscheidung „von innen", „in der sich die Einzelnen selber als einzelne, als Einheit in sich konstituieren und *sich* dadurch von andern abheben und unterscheiden" (Angehrn 1985, 246). Da aber der Mensch nicht als ort- und geschichtsloser Einzelner existiert, sondern viele Voraussetzungen seines Tuns und Seins somit vorgegeben sind, daß er nur von einem solch vorweg schon faktisch bestimmten Fundament aus sein praktisches Selbstsein zu realisieren vermag, ist die „Vorgegebenheit", mit der der einzelne sich auseinanderzusetzen hat, „für jeden 'je seine eigene', und sie letztlich eine konkret-historische" (ebd. 253). So betrachtet ist das „geschichtliche" Faktum des Lebensbeginns Signum für die uneinholbare Singularität des Menschen wie für die Unverrechenbarkeit des geschichtlichen Anfangs seiner Freiheit selbst.

4.4 Die Unteilbarkeit des Lebensschutzes

Der Gedanke der Unteilbarkeit des Lebensschutzes gehört zur Grundüberzeugung der christlichen Botschaft vom Leben. Mit hoher Sensibilität für die besondere Anfänglichkeit des menschlichen Lebens beschreibt die Bibel die Formung des Menschen im Mutterleib (vgl. Ps 139). „Was hier im Verborgenen entsteht, stammt nicht nur aus den schöpferischen Fähigkeiten der beteiligten Menschen. Gott selber kennt von Anfang an das, was hier entsteht, von Grund auf. Schon den Embryo – hier findet sich das nur an dieser Stelle im Alten Testament vorkommende Wort 'golem': das 'unfertige' Wesen – sahen Gottes Augen. Gott kennt schon die Ur- und Keimgestalt jedes Menschen. Damit wird auf einzigartige Weise offenbar, wie tief jedes Menschenleben in Gott gründet und warum es auch für den Embryo eine letzte Würde des Menschen gibt, die unantastbar ist. Gott kennt jeden Menschen von Uranfang an. Unsere Identität liegt tiefer als unsere bewußte Existenz und unser Hervortreten in die Menschenwelt durch die Geburt. So gründet sie auch noch tiefer als in dem Erwachen des menschlichen Bewußtseins, der Aufnahme der menschlichen Zwiesprache oder gar der Anerkennung und Annahme durch eine menschliche Gemeinschaft. Gott gibt jedem ungeborenen Kind sein Ja, seine Anerkennung und seine Würde, die ihm kein menschliches Machen und Planen, Ablehnen und Töten einfach nehmen kann. In diesem Sinne gilt das Berufungswort nicht nur für die großen Glaubensboten, sondern für jeden Menschen: 'Noch ehe ich dich im Mutterleib formte, habe ich dich ausersehen [...]' (Jer 1,5; vgl. Gen 2,5-7)" (Lehmann 1992, 37).

Der Einsatz für den Schutz des Lebens in all seinen Phasen von Anbeginn an kann geradezu als ein Proprium des christlichen Ethos von der Antike an bezeichnet werden. Als eines der frühesten Zeugnisse stellt die Zwölfapostellehre (Anfang

2. Jh.) zwei Wege gegenüber, den Weg des Lebens und den Weg des Todes. „Die Zwei-Wege-Lehre des Didachisten basiert auf einem jüdischen Archetyp, der die Tötung der Leibesfrucht mit der Tötung eines neugeborenen Kindes auf eine Stufe stellt. So verwundert es nicht, daß die nachfolgende christliche Tradition diesen Zusammenhang beibehält. Bezogen auf die Verpflichtung zur Gottes- und Nächstenliebe fordert der Didachist in seinem Verbotskatalog, der den Weg des Lebens charakterisiert: ‘Du sollst nicht töten, nicht ehebrechen, nicht Knaben schänden, nicht huren, nicht stehlen, nicht Zauberei treiben, nicht abtreiben, noch ein Neugeborenes töten’. Durch und durch Sünder und auf dem Todesweg sind diejenigen, die Kinder morden und die Gebilde Gottes vernichten" (Gessel 1992, 188). Das einheitliche strikte Verbot von Abtreibung, Tötung neugeborener Kinder und Kindesaussetzung gehört zum Kernbestand altchristlicher Tradition und Kirchenordnung. Für den Christen ist das Kind im Mutterleib Geschöpf Gottes und nicht Teil der Mutter (vgl. Peters 1988,39). Damit wandte sich die Kirche sowohl gegen die römische Rechtsauffassung, die das Kind in völliger Abhängigkeit von der ‘patria potestas’ (väterliche Gewalt) sah, als auch gegen eine bes. in der Oberschicht weit verbreitete Praxis von Abtreibung und Kindesaussetzung. „Wie sehr dabei das christlich motivierte Abtreibungsverbot von der Vorstellung einer Gott zukommenden ‘patria potestas’ geprägt war, bezeugen die einschlägigen Stellungnahmen etwa von Augustinus und Hieronymus, die eigens darauf abstellten, daß auch das Einverständnis des irdischen Ehegatten einen Schwangerschaftsabbruch nicht rechtfertige. Galt der Fet als Gegenstand göttlicher Fürsorge, so mußte ein Schwangerschaftsabbruch auch mit der christlichen Vorstellung von der ‘Heiligkeit des Lebens’ unvereinbar erscheinen" (Jerouschek 1993, 49). Abtreibung, Kindestötung und Aussetzung mit Todesfolge sind in christlicher Sicht in gleicher Weise Mord.

Kennzeichnend für die Entwicklung des Lebensschutzgedankens im Christentum war auch, daß Abtreibung und Kindestötung zusammen mit Unzucht erwähnt oder gar gekoppelt war. Auch wenn der tatbestandliche Zusammenhang von Unzucht und Abtreibung später gelockert wurde, konnte Abtreibung in ethischer Sicht zum einen als Sünde gegen das 6. Gebot, zum anderen als Sünde gegen das 5. Gebot beurteilt werden (vgl. Nicholson 1978). Auch dort also, wo Abtreibung als Mord qualifiziert war, wurde die darin implizierte Sünde oft als Sünde gegen die Geschlechtlichkeit betrachtet, und zwar deshalb, weil Abtreibung das Band zwischen geschlechtlicher Vereinigung und Fortpflanzung zerstört, d. h. Abtreibung berührt über den Aspekt der Kindestötung hinaus auch den Sinnzusammenhang von Sexualität. Diese Perspektive war lange bis ins Mittelalter hinein für die *moraltheologische* Beurteilung wirksam und bezog sich auf die gesamte Dauer der Schwangerschaft vom Beginn der Zeugung an. Für die eher *kirchenrechtliche* – tatbestandlich orientierte – Beurteilung aber war der Bezug auf das 5. Gebot maßgeblich, und hier griffen nun auch bei der Frage, wie die christliche Sicht der Anfänglichkeit menschlichen Lebens auf empirische Tatbestände zu beziehen sei, die Spekulationen über den Zeitpunkt der Beseelung. Demgegenüber hat sich nicht nur das Wissen um den Beginn menschlichen Lebens grundlegend geändert, sondern auch das Verständnis dessen, was Schwangerschaft seinem Wesen nach bedeutet, sowie der spezifischen Konflikthaftigkeit, die damit verbunden sein kann. Die Unteilbarkeit des Lebensschutzes beinhaltet nämlich auch, das ungeborene Kind nicht als quasi außerhalb des Mutterleibes existierendes Wesen zu schützen, sondern als Menschen, der in Lebenseinheit mit der Mutter steht, d. h. in einer Schutz- und Hilfsbedürftigkeit seitens der Mutter. Der Schutz des Lebens verlangt, diese einmalige Lebenseinheit des ungeborenen Kindes mit seiner Mutter zu sichern und zu fördern. Der Schutz des ungeborenen Kindes und der Schutz und die Förderung der Mutter, die Schwangerschaft auch anzunehmen und bejahen zu können, sind eine untrennbare Einheit. Gerade weil das Kind auf Fürsorge angewiesen ist, muß man ebenso entschlossen für die Personwürde der „werdenden" Mutter eintreten.

In ethisch-rechtlicher Perspektive ist es daher entscheidend, das spezifische Beziehungsverhältnis zwischen dem ungeborenen Leben, dem von vornherein ein Achtungsanspruch als Verantwortung zukommt, und der Mutter in den Blick zu nehmen. Das Problem liegt somit eigentlich weniger in der Frage, ob dem Ungeborenen ein Lebensrecht zukommt oder nicht, sondern in der Tatsache, daß mit dem Faktum des Lebensbeginns auch ein Verhältnis begründet wird, das keine Sachbeziehung darstellt, sondern eine personale Einheit. Mit jeder Zeugung eines Menschen beginnt auch ein Abhängigkeitsverhältnis, das zumindest bis zum Erwachsenenalter andauert, das als personale Einheit das ganze Leben bestimmt. Von daher ist das Lebensrecht des Ungeborenen nicht nur je für sich allein zu schützen, zu schützen ist vielmehr auch das spezifische Beziehungsverhältnis, in dem Mutter und Kind stehen. Diese spezifische Einheit zwischen Mutter und Kind, die beide einem möglichen Druck seitens Dritter aussetzt, ist selbst schon ein schutzwürdiges Gut. Man kann sogar sagen, daß dieser spezifischen Lebenseinheit, die kein Äquivalent mit anderen zwischenmenschlichen Beziehungen hat, eine Würde eigener Art zukommt.

Das Bundesverfassungsgericht hat in seiner Entscheidung vom 28. Mai 1993 diesem Sachverhalt im Begriff der „Zweiheit in Einheit" Rechnung getragen. Es ist eine entscheidende Grundlage dafür, den vom Gesetzgeber vorgenommenen Wechsel im Schutzkonzept als legitim erachten zu können. Ein wirksamer Schutz des ungeborenen menschlichen Lebens ist „nur *mit* der Mutter aber nicht gegen sie möglich.

Diese Unentdecktheit, Hilflosigkeit und Abhängigkeit des auf einzigartige Weise mit der Mutter verbundenen Ungeborenen lassen die Einschätzung berechtigt erscheinen, daß der Staat eine bessere Chance zu seinem Schutz hat, wenn er mit der Mutter zusammenwirkt. Diese Einschätzung kann sich auch darauf gründen, daß eine Frau, die von einer ungewollten Schwangerschaft erfährt, in besonderer Weise existentiell betroffen sein kann. Sie muß unter Umständen ihre Lebensplanung tiefgreifend ändern und sieht sich weit über die mit einer Schwangerschaft unvermeidlich einhergehenden Beschwerden hinaus im einzelnen unübersehbaren und lange andauernden Handlungs- und Sorgepflichten, gegebenenfalls auch zusätzlichen Lebensrisiken ausgesetzt [...]. Eine Strafandrohung bewirkt hier wenig, so daß es um so näher liegt, der Frau mit präventiven Mitteln des Rechts bei der Bewältigung ihres Konflikts zu helfen, damit sie ihrer Verantwortung für das Ungeborene gerecht werden kann" (Urteil des BVerfG vom 28. Mai 1993 [hier u. im Folg. jeweils nach den Abschnitten zit.] D II.3).

Sosehr Art und Umfang des Lebensschutzes der Eigenart dieser unvergleichlichen Lebenseinheit von Mutter und Kind zu entsprechen hat, hat nun auch ein dem Prinzip der Menschenwürde verpflichtetes Schutzkonzept in der inhaltlichen Ausfüllung und Bestimmung der Verhältnismäßigkeit Grenzen zu beachten, die sich aus der Wertpräferenz des Grundgesetzes ergeben. Das Bundesverfassungsgericht spricht hinsichtlich der verfassungsrechtlichen Einschätzung der infrage stehenden Verhältnismäßigkeiten vom „Untermaßverbot" (vgl. Leitsatz 6 sowie D I.2.b), das durch die Merkmale der Angemessenheit und Wirksamkeit in Rücksicht auf die entgegenstehenden Rechtsgüter näher beschrieben wird. Ansatzpunkt dazu im Sinne einer primären Mindestanforderung ist, daß „der Schwangerschaftsabbruch für die ganze Dauer der Schwangerschaft grundsätzlich als Unrecht angesehen wird und demgemäß rechtlich verboten ist" (D I. 2.c. aa; vgl. Leitsatz 4). Die Unverfügbarkeit menschlichen Lebens gilt als erster Grundsatz auch in der Situation der vitalen Lebenseinheit von Mutter und Kind in der Schwangerschaft. Nun bedeutet dies im Rahmen der Verfassung nicht, daß damit im Falle eines Schwangerschaftskonflikts die Frau keine Grundrechtspositionen mehr besitze. Sie kann nicht die „Freiheit des Glaubens, des Gewissens und die Freiheit des religiösen und weltanschaulichen Bekenntnisses" (Art 4 Abs. 1 GG) materiellrechtlich geltend machen (vgl. Leitsatz 4), wohl aber "– ausgehend vom Anspruch der schwangeren Frau auf Schutz und Achtung *ihrer* Menschenwürde (Art. 1 Abs. 1 GG) – vor allem ihr Recht auf Leben und körperliche Unversehrtheit (Art. 2 Abs. 2 GG) sowie ihr Persönlichkeitsrecht (Art. 2 Abs. 1 GG)" (Leitsatz 5).

Relevant im Sinne des Urteils des Verfassungsgerichts sind also die mit dem Lebens- und Persönlichkeitsrecht verknüpften Grundrechtspositionen der Frau. Sie lassen Ausnahmelagen zu, die keinesfalls Freigabe des Schutzes Ungeborener beinhalten, wohl aber ein Absehen von der strafrechtlichen Durchsetzung der Pflicht zum Austragen der Schwangerschaft erlauben können. Solche Ausnahmelagen sind für das Verfassungsgericht auch über den Fall einer ernsten Gefahr für das Leben der Frau oder einer schwerwiegenden Beeinträchtigung ihrer Gesundheit hinaus denkbar: „Das Kriterium hat – unbeschadet des Umstandes, daß die Beteiligung der Frau an dem Schwangerschaftsabbruch strafrechtlich nicht als Unterlassungsdelikt einzuordnen ist – deshalb seine Berechtigung, weil sich das Verbot des Schwangerschaftsabbruchs angesichts der einzigartigen Verbindung von Mutter und Kind nicht in einer Pflicht der Frau erschöpft, den Rechtskreis eines anderen nicht zu verletzen, sondern zugleich eine intensive, die Frau existentiell betreffende Pflicht zum Austragen und Gebären des Kindes enthält und eine darüber hinausgehende Handlungs-, Sorge- und Einstandspflicht nach der Geburt über viele Jahre nach sich zieht [...]. Aus der Vorausschau auf die damit verbundenen Belastungen können in der besonderen seelischen Lage, in der sich werdende Mütter gerade in der Frühphase einer Schwangerschaft vielfach befinden, in Einzelfällen schwere, unter Umständen auch lebensbedrohende Konfliktsituationen entstehen, in denen schutzwürdige Positionen einer schwangeren Frau sich mit solcher Dringlichkeit geltend machen, daß jedenfalls die staatliche Rechtsordnung – ungeachtet etwa weitergehender moralischer oder religiös begründeter Pflichtauffassungen – nicht verlangen kann, die Frau müsse hier dem Lebensrecht des Ungeborenen unter allen Umständen den Vorrang geben (vgl. BVerfGE 39,1 [5])" (D I.2.c. bb).

Die Erfassung von Ausnahmelagen, die vor der Verfassung Bestand haben können, in Form von objektivierbaren Ausnahmetatbeständen (Indikationen) bringt allerdings nicht geringe Schwierigkeiten mit sich. Dies ist bereits in der Entscheidung des Reichsgerichts vom 11. März 1927 zutage getreten, die zum ersten Mal im Rahmen des deutschen Rechts eine medizinische Indikation zuließ. Die Problematik lag in der Begründung, nämlich „daß regelmäßig sowohl der Verlust des Lebens als auch eine (im Sinne des Paragraphen 224 StGB) schwere Gesundheitsschädigung des fertigen Menschen höher zu bewerten ist als der Verlust der Leibesfrucht" (zit. aus Hürth 1928, 34). Gerade damit verstieß das Gericht gegen die Überzeugung von der Unantastbarkeit des Lebens. Die damalige moraltheologische Kritik an diesem Urteil macht dies deutlich.

Der Gedanke der Unantastbarkeit des Lebens besagt ja im Hinblick auf den Lebensschutz im Schwangerschaftskonflikt, „daß die direkte, das heißt als Ziel oder Mittel gewollte Abtreibung immer ein schweres sittliches Vergehen darstellt, nämlich die vorsätzliche Tötung eines unschuldigen

Menschen" (EV 62). Im Falle eines vitalen Konflikts, wie ihn die medizinische Indikation bezeichnet (vgl. dazu Demel 1995), hat man hierbei geltend gemacht, daß die Tötung eines Kindes in der Entscheidung, welches Leben rettbar ist, nur indirekt, als Nebenfolge der Handlung in Kauf genommen, nie aber als Hauptzweck etwa eines therapeutischen Eingriffs direkt intendiert werden darf. Die Handhabung dieser Unterscheidungen hat bekanntlich zu vielerlei Mißverständnissen und Fehlinterpretationen im Bereich der Moraltheologie geführt, sie hat zu einer generellen Infragestellung der Überzeugung von der Heiligkeit des Lebens im Bereich der utilitaristischen Ethik Anlaß gegeben (vgl. Kuhse 1994) und die grundsätzliche Frage hervorgerufen, wieweit der Gedanke der Heiligkeit des Lebens überhaupt den Konsistenzerfordernissen einer Ethik entspricht (vgl. zu dieser Diskussion Donagan 1977). Darüber ist vielfach vergessen worden, worum es bei der Unterscheidung „direkt – indirekt" eigentlich geht.

In seiner Kritik des Urteils des Reichsgerichts von 1927 hat P. Franz Hürth SJ, der spätere maßgebliche Berater Pius XII., das Prinzip der Handlung mit Doppelwirkung geltendgemacht mit der Begründung, daß zwar „eine Erfolgshandlung, die mit einem negativen, nicht beabsichtigten Erfolg verkettet ist, wegen dieses Erfolges unerlaubt sein kann und es nicht selten ist; andererseits können Erfolgshandlungen wegen solcher nichtbeabsichtigten üblen Nebenwirkungen nicht immer verboten sein. Das menschliche Leben würde dann unerträglich schwer werden, und viel notwendiges Gute wäre unmöglich wegen dieser unlöslichen Verkettung der nicht beabsichtigten Wirkungen. Die theoretische Norm über die sittliche Erlaubtheit solcher Handlungen mit Doppelwirkung (actiones duplicis effectus) lautet, daß solche Erfolgshandlungen sittlich zulässig sind, wenn der nicht beabsichtigte ungünstige Nebenerfolg durch den beabsichtigten guten Erfolg nach einer verständigen Schätzung in der sittlichen Ordnung aufgewogen wird, wobei selbstverständliche Voraussetzung ist, daß der negative Erfolg in keiner Weise in sich, auch nicht als bloßes Mittel, bezweckt wird" (Hürth 1928,46 f.). Es geht also in erster Linie bei der Unterscheidung zwischen direktem und indirektem Handeln nicht um kausale Abfolgen, sondern um die Wahrung des Sinns des Sittengesetzes als einer universalen Ordnung im Rahmen einer Ontologie der Handlung. Die sittliche Verantwortung verlangt hierbei, nicht am „Wert" des einen gegenüber dem anderen Leben Maß zu nehmen, sondern an der Rettbarkeit des einen Lebens gegenüber dem weniger oder unrettbaren anderen Lebens. Die gemeinsame Erklärung des Rates der Evangelischen Kirche in Deutschland und der Deutschen Bischofskonferenz „Gott ist ein Freund des Lebens" erklärt hierzu: „In einer äußersten Zuspitzung können die betroffenen Menschen aber in ihrem Gewissen dem Konflikt ausgesetzt sein, daß sie Gottes Gebot wohl als für sich verbindlich anerkennen, aber dennoch angesichts der unerträglich erscheinenden Schwierigkeit, in die sie die Schwangerschaft gebracht hat, für sich keinen Weg sehen, das ungeborene Kind anzunehmen und also am Leben zu erhalten. Wenn in ganz besonderen und mit anderen Situationen nicht ohne weiteres vergleichbaren Fällen das Leben der Mutter gegen das Leben des Kindes steht und ein Schwangerschaftsabbruch aus medizinischen Gründen angezeigt ist, muß unausweichlich eine Entscheidung getroffen werden, die so oder so das Gewissen belastet. Konfliktlagen von dieser Schärfe können nicht allgemeinverbindlich aufgelöst werden" (Gott ist ein Freund des Lebens 1990, 68 f.). Wenn man hier ethisch gesehen zu Ausnahmen neigt, die über diesen Rahmen hinausgehen, muß man sich im klaren sein, daß man damit das Urteil über die gleiche Würde des infrage stehenden Lebens ändert und eventuell unter gleichen Umständen die Konsequenzen auch für das geborene Leben ziehen müßte.

Beinhaltet die Überzeugung von der Unantastbarkeit des Lebens die Verantwortung für die sittliche Ordnung in dem Sinne, daß es um die Wahrung des Sinns des Sittengesetzes geht, so muß auch alle Beratung im Schwangerschaftskonflikt daraufhin orientiert sein, die Notlage in ihrer sittlichen Dimension wahrzunehmen und überwinden zu helfen. Ein Schwangerschaftskonflikt kann durchaus als eine Infragestellung der Identität der betroffenen Frau beschrieben werden. Er kann nicht nur die gewohnten Lebensbezüge, sondern auch das Verhältnis zu sich selbst bis hin zur Wertorientierung ins Wanken bringen. Aus der familientherapeutischen Erfahrung betrachtet sind es die verschiedenen Bindungs- und Loyalitätskonflikte, welche zur Bewältigung aufgegeben sind. Schwangerschaftskonfliktberatung ist somit nicht nur Information, Ratgeben, Einsichtsvermittlung, sondern empathische Annahme, in der es gilt, den Punkt zu finden, der die Frau bei sich selbst ankommen läßt, den Zugang zu ihren eigenen Kräften, zu ihrem innersten Wollen zu finden: Beratung ist, wie das Bundesverfassungsgericht sagt, Ermutigung (D IV.1). Solche Ermutigung steht sicher unter den Wirkungsbedingungen von Beratung, ist aber nicht ohne Zielorientierung. Beratung hat den elementaren Zwiespalt aufzudecken „zwischen der Erkenntnis, schutzbedürftiges menschliches Leben in sich zu tragen, dem Wunsch, das Kind haben zu wollen einerseits und andererseits der Sorge, der damit verbundenen Aufgabe nicht gewachsen, schweren Konflikten im persönlichen Umfeld ausgesetzt zu sein oder eigene Lebensvorstellungen zurückstellen zu müssen" (D IV.1). Eine solche Beratung, die diesen Zwiespalt aufdeckt und die Notlage im Sinne des Lebensschutzes zu überwinden sucht, erachtet auch das Verfassungsgericht gerade nicht als eine von außen kommende Fremdbestimmung. Denn eine Entscheidung zum Abbruch der Schwangerschaft richtet sich nicht nur auf die Verletzung bzw. Zerstörung eines fremden Rechtsguts, sondern zugleich auf die Integrität der Frau, sie geht als ein existentieller Eingriff bei der Frau „immer zugleich auch auf Selbstverletzung" (Urteil des BVerfG vom 28. Mai 1993 Abschn. B.III).

So gesehen ist in Wirklichkeit die Tötung des ungeborenen Kindes zugleich eine schwere Kränkung der werdenden Mutter, Ausdruck demütigender Abhängigkeiten und keineswegs Zeichen einer Befreiung der Frau. Möglicherweise ist es auch das Gespür für die latente Projektion lebensabgewandter Haltungen auf Menschen, die in besonderer Abhängigkeit stehen, welche sich mitunter in radikalen Forderungen nach autonomer Lebensplanung artikuliert, das Gespür für den Ausfall und das Versagen einer Verantwortung dafür, das Leben wählen zu können. Denn es ist nicht der Wunsch nach Selbstbestimmung, das abstrakte Selbstbestimmungsrecht, das in der Beratung seitens der Schwangeren geäußert wird, sondern Ratlosigkeit, Verlust an Lebensperspektiven, die das eigentliche Problem darstellen. Lebensschutz im Schwangerschaftskonflikt ist in seiner Unteilbarkeit ein Problem, das jeden einzelnen in der Gesellschaft angeht. In der Art und Weise, wie sich die Öffentlichkeit dessen annimmt, zeigt sie, wie sie wirklich zum Leben steht.

Zum Beginn menschlichen Lebens in der Phylogenese

Von Karl J. Narr

1. Möglichkeiten und Grenzen archäologischer Forschung

Die Frage nach dem Beginn des menschlichen Lebens und seines Rechtes auf Schutz und umgekehrt seines Endes und eines Rechtes auf Tötung wird auch in der Neuzeit noch durchaus verschieden beantwortet. Oft genug gilt das menschliche Neugeborene wegen seiner 'Unfertigkeit' nicht als voller Mensch, und auch dem erwachsenen Fremden wird wirkliches Menschsein häufig abgesprochen, sei es auch lediglich durch Einschränkung des Wortes 'Mensch' auf die eigene Gruppe. Auf die zahlreichen, nicht selten religiös motivierten Formen eines Tötungsanspruchs kann hier nicht eingegangen werden. Als banale Kenntnis darf gelten, daß wir schon in den frühesten im engeren Sinne historischen Epochen auf Praktiken und Auffassungen stoßen, die sich von den heute mit universalem Anspruch vertretenen Forderungen unterscheiden. Indes bleibt man auch damit innerhalb der Spezies Homo sapiens und zwar bei deren jüngsten Vertretern, also dem Ergebnis einer langen biologischen Entwicklung und kulturellen Entfaltung. Natürlich möchte man darüber gern mehr und näheres wissen; doch archäologische Erforschung vermag zur Frage der Entstehung menschlichen Lebens für die Ontogenese nichts und für die Phylogenese lediglich insofern etwas beizutragen, als sie nach möglichen kulturellen Kriterien für das Auftreten des spezifisch Menschlichen in urgeschichtlicher Zeit sucht, mit anderen Worten: danach, wann im Hominidenstamm das Leben menschlich wurde.

Die anzulegenden Maßstäbe kann sie allerdings nicht von sich aus festsetzen, sondern nur Phänomene zur Deutung anbieten oder dabei selbst die Fachgrenzen ausdrücklich überschreiten. Doch schon auf dem Wege dahin sind die von ihr bereitgestellten Sachverhalte vielfach mehrdeutig, offen für eine Interpretation in der einen oder anderen Richtung und für fundamentale Fragen von anthropologischen Vorentscheidungen abhängig. Dabei ist 'Entscheidung' vielleicht gar nicht einmal der eigentlich treffende Ausdruck, denn die Wahl erfolgt häufig genug – oder eher zumeist – unbewußt und nicht selten expressis verbis mit dem Anspruch auf Unvoreingenommenheit.

Die Multivalenz beruht gewiß nicht nur, aber doch zu einem guten Teil darauf, daß die Quellen der Urgeschichte lediglich einen erhaltungs- und forschungsbedingten Auszug aus dem einstmals Vorhandenen darstellen: Zum einen wird vieles von vornherein keinen materiellen Niederschlag finden und dieser überwiegend aus vergänglichen und meist auch vergangenen Stoffen bestehen; zum zweiten ist intensivere Forschung noch räumlich und zeitlich begrenzt. Verallgemeinerungen werden nur mit entsprechender Zurückhaltung erlaubt sein, und selbst ein allgemeiner Überblick wird nicht auf eine gelegentliche Darlegung einzelner Befunde als Beispiele für grundsätzlich Mögliches verzichten können. Oft übergangen wird eine Selbstverständlichkeit: Das Nichtvorhandensein von Belegen ist kein Beleg für das Nichtvorhandensein der Sache; festgestellte Leistungen markieren nicht zugleich Grenzen der Befähigung. Da aber evolutiv-progressive Interpretation davon ausgeht, daß bestimmte Fähigkeiten, je weiter zurück, umso mehr noch fehlen müssen, liegt das Dilemma auf der Hand. Gewiß ist zum einen manchmal auch das Fehlende einsichtig zu erschließen; zum zweiten aber kann praktisch jederzeit ein Fund die Situation grundlegend verändern. Das Zeichnen des allgemeinen Umfeldes wird deshalb im Kern ebenfalls nur ein Minimalbild ergeben können, und selbst das ist nicht möglich ohne Einbeziehung von Analogien, deren Auswahl wiederum sorgsamer Beschränkung auf das Wahrscheinliche bedarf.

Besonders für die frühen Zeiten und selbst für entscheidende Fragen ist die prähistorische Archäologie weitgehend auf naturwissenschaftliche Hilfen angewiesen, nicht zuletzt für die zeitliche Einordnung der Phänomene. Jahreszahlen und für die ältesten Zeiten sogar Jahrzehntausend- und Jahrhunderttausend-Zahlen stehen zwar nur in geringem Umfang zur Verfügung und sind mit nicht wenigen und nicht geringen Spielbreiten und Unsicherheiten behaftet, sollen aber im folgenden als einfaches Verständigungsmittel dienen.

2. Alter und frühe Kultur des Homo sapiens

2.1 Die letzten zehntausend Jahre

Als ein wichtiges, ja ausschlaggebendes Kriterium des Menschlichen gilt die Sprache: Im allgemeinen wird mit großer Selbstverständlichkeit davon ausgegangen, daß ein gesunder und über das Stadium des Kleinkindes hinausgelangter Mensch sprechen kann. Das beruht auf der Erfahrung, daß alle derartigen Menschen, von denen wir Kenntnis haben, sprechen können oder konnten. Für die im engeren Sinne historische Zeit gibt es genügend schriftliche Zeugnisse, die Sprachliches und die Sprache selbst wiedergeben. Zudem wissen wir, daß es Menschen gibt, die Sprechen, aber nicht Lesen und Schreiben gelernt haben, obwohl sie die erforderlichen psychischen Fähigkeiten besitzen. Das übertragen wir mit einiger Selbstverständlichkeit auf die Vergangenheit und gehen davon aus, daß Menschen sprechen konnten, ehe vor etwa fünftausend Jahren die Schrift erfunden wurde. Tun wir schematisch einen Schritt um weitere fünftausend Jahre zurück, treffen wir auf ein Sprache erforderndes Maß von Vorausschau und Organisation, von Lernen und Anleitung, zum Beispiel bei einer zumindest stadtartigen Siedlung mit mächtiger Mauer und anderen mit geradezu raffiniert angelegten und erstaunlich kunstvoll ausgeführten Bauten. Wie aber sieht es allgemein und früher aus?

Die genannten Erscheinungen wirkten bei ihrer Entdeckung erstaunlich, ja für diese frühe Zeit unglaublich; sie widersprachen dem einfachen Schema, nach dem die stabilere Ernährungsgrundlage durch Ackerbau und Viehzucht eine Bevölkerungsverdichtung und Expansion und schließlich eine Ballung in größeren Siedlungen ermöglicht bzw. herbeigeführt hat. Tatsächlich aber gelangen wir mit den genannten Befunden in die Zeit frühester Zeugnisse für Bodenbau und Tierhaltung in der vorder- und kleinasiatischen Zone, bezeugt durch kultivierte Getreide und Hülsenfrüchte; anderes mag vergangen sein. (Trotz immer wiederholter Behauptungen ist jedoch keineswegs sicher, daß es sich dabei um die Anfänge des Pflanzenanbaus handelt und nicht um ein sekundäres Zentrum.) Ein weiterer Schwerpunkt liegt in Mesoamerika, allerdings ohne derart imponierende Bauten und anfänglich lediglich mit Gemüseanbau, erst später mit Mais. (Ob und wie ein Fundgebiet im Andenraum damit in Verbindung zu bringen ist, bleibt noch ungeklärt.) Eine weitere Frühform darf in Südostasien angenommen werden, doch wird es sich dort um Pflanzen wie den Jams handeln, die leicht vergehen und archäologisch nur unter besonders glücklichen Umständen faßbar wären.

Alles in allem bleibt es eine offene Frage, warum man dazu überging, mühselig im wahrsten Sinne des Wortes Arbeit in den Boden zu stecken und entsprechende Bindungen einzugehen: Insgesamt ist der Übergang zu Bodenbau und Viehzucht noch keineswegs eindeutig zu erklären, auch nicht, ob es dabei primär um die Gewinnung vermehrter und stabilerer Grundnahrung ging oder zunächst nur um geschätzte, aber nicht lebensnotwendige Eßwaren. (Nicht immer bildet der für uns naheliegende und gängige 'praktische' Zweck das ursprüngliche Motiv von Erfindungen; so gehen z. B. der vor mehr als 8.000 Jahren – in Süd- und Ostasien anscheinend noch früher – auftretenden Töpferei gebrannte Tonfigürchen vorauf, – ja, derartige Kunstwerke kommen lokal und zeitlich begrenzt schon vor mehr als 20.000 Jahren in Mähren vor.) Auch daß im Nahen Osten vor dem Auftreten der Kulturpflanzen ein 'fortgeschrittenes' technisches Niveau und wahrscheinlich komplexere Gesellschaftsformen archäologisch aufscheinen, kann nicht als notwendige Voraussetzung für die neue Wirtschaftsweise verstanden werden; im Gegenteil könnte ein spezialisiertes Jägertum sich eher als besonders unflexibel und hinderlich erweisen.

Gewiß sind die genannten und vielleicht auch weitere frühe Zentren zunächst nur inselhafte Vorkommen innerhalb des großen Meeres von Sammler- und Jägerkulturen. Für diese darf als sicher angesehen werden, daß die Sammeltätigkeit – von weit nördlich gelegenen Zonen abgesehen – ebenso wie heute die (höchst wahrscheinlich vornehmlich von den Frauen besorgte) stabile Grundlage der Ernährung bildete. Zudem verbirgt sich hinter der handlichen Formel 'Sammler und Jäger' eine Fülle äußerst verschiedener Zustände. Unter günstigen Bedingungen kann eine seßhafte Lebensweise erreicht werden, ja ein Maß an Stabilität und Größe, Art der Bauten und Siedlungen, das Ackerbauern durchaus ebenbürtig ist. Vielleicht gab es ähnliches wie bei neuzeitlichen westkanadischen Beispielen von Wirtschafts- und Gesellschaftsformen (sogar mit Sklaverei und dem Recht zum Sklaventöten), die schlagwortartig 'plutokratisch' genannt werden können, gleichwohl aber lediglich dermaßen dürftige archäologische Spuren hinterlassen könnten, daß man eher auf äußerst ärmliche Verhältnisse schließen würde. Es spricht nicht wenig dafür, daß gerade für die nachpaläolithische Zeit manches unterschätzt wird. Im übrigen erweisen sich selbst einfache Sammler(innen) und Jäger keineswegs als begierig, die überlegene Wirtschaftsform aufzugreifen. Wo immer man derartiges noch beobachten konnte, zeigte sich eher eine Abneigung und zögernde Akzeptanz unter dem Druck veränderter Bedingungen auf der einen Seite und einer manchmal geradezu 'präkolonialistisch' zu nennenden Tendenz zur Abhängigmachung und Ausbeutung, wo nicht zu Verdrängung und Ausrottung auf der anderen. Eine relative Füllung der Räume mag dazu beigetragen haben.

Vor etwa zehntausend Jahren, teilweise auch etwas früher, teilweise erst später, mehren sich die Hinweise auf Fernwaffen, zumal durch das Auftreten von Pfeilspitzen, die offensichtlich nicht nur der Jagd dienten, sondern auch dem Kampf, wie entsprechende Verletzungen belegen. Eine Gruppe von Felsbildern zeigt neben sonstigen Darstellungen aus dem alltäglichen Leben Kampfszenen und offensichtlich rituelle Tötungen, zum Beispiel einzelne Männer, von Pfeilen gespickt am Boden liegend, davor Bogenschützen aufgereiht wie ein Exekutionskommando. Schädel durch Beilhiebe getöteter Menschen sind in Gruppen deponiert; in einer Grube im Bereich der frühen Ackerbaukultur Mitteleuropas liegen über dreißig Personen – Frauen, Männer und Kinder – ebenfalls mit großenteils eingeschlagenen Schädeln. Daß solche und ähnliche Befunde aufs ganze selten sind, mag dadurch zu erklären sein, daß sie auf Handlungen zurückgehen, die nur selten an den normalen Aufenthaltsplätzen und damit entsprechenden Forschungsstätten stattgefunden haben, sondern abseits davon. Reste von Kannibalismus, der in einigen Fällen vorzuliegen scheint, werden schon eher an Siedlungsplätzen zu erwarten sein, sind aber vielfach mehrdeutig.

Bodenbau und Viehzucht haben sich von dem westasiatischen Zentrum schon vor mehr als 8.000 Jahren in kleinere Gebiete und in großer Breite immerhin vor über 5.000 Jahren auch nach Europa und in Teile Asiens ausgebreitet. Analoge Vorgänge können wir für andere Erdteile annehmen, aber noch nicht so deutlich erkennen; in weiten Bereichen fehlt es allerdings an wirklicher Viehzucht.

Jedenfalls wurden die entscheidenden Schritte schon in der Steinzeit (teilweise auch 'Steinkupferzeit') getan. Gewiß ist es bei der Entwicklung und Ausbreitung von Bodenbau und Viehzucht, bei der Anpassung an eine jeweils andere Umwelt wie bei deren Anpassung an die eigenen Bedürfnisse auch zu folgenschweren Fehlentscheidungen und zu wirtschaftlichen und demographischen Katastrophen gekommen, und ohne Zweifel hat es auch unvermeidlich zerstörerische Veränderungen gegeben: das Roden der Wälder mit seinen Folgen, zumal einer schon früh festzustellenden Bodenerosion, die Versalzung von Böden und ähnliches: Öffnung wie Verödung von Landschaften haben bereits vor Jahrtausenden eingesetzt.

Dabei hat der Wandel nicht nur die wirtschaftlichen Verhältnisse betroffen, sondern ebenso die gesellschaftlichen, und es wird zudem solche geistig-religiöser Art gegeben haben, in denen sich nicht zuletzt, wenn natürlich auch nicht ausschließlich, Unterschiede in den Auffassungen vom Verhältnis des Menschen zur Natur gespiegelt haben. Die schon für frühere Zeit zu erschließende Reflexion zunächst auf die animalische Fruchtbarkeit dürfte sich mehr der Erde und den Kulturpflanzen zugewandt haben. Zeugnisse für eine Deposition von Schädeln und für Menschenopfer können in Zusammenhang mit Vorstellungen und Bräuchen stehen, in denen Werden und Vergehen, Tod und Töten eine Rolle spielen. Aus solchen Indizien oder in Analogie zu späteren Verhältnissen ist jedoch nichts Allgemeines für die Frage von Lebens- oder Tötungsrechten abzuleiten.

2.2 Von etwa 35.000/40.000 bis 10.000 Jahren vor heute

2.2.1 Das Jungpaläolithikum Europas

Bei der Suche nach Kriterien für wirklich menschliches Wesen wird des öfteren die Kunst herangezogen, für die Urgeschichte im großen und ganzen begrenzt auf bildende Kunst, denn anderes wird sie nicht erfassen können. Doch selbst wenn es so wäre, daß heute bei allen Gruppen von Menschen ohne Ausnahme bildende Kunst eine Rolle spielt, bliebe doch die Frage, ob das ausreicht, sie als etwas für den Menschen Notwendiges und Unverzichtbares anzusehen. Der folgende Vergleich hinkt wie alle, sei aber trotzdem gewagt: Wir gehen einer Zeit entgegen, in der man sagen wird, daß alle Menschen lesen und schreiben können und man sich letzten Endes den Menschen prinzipiell ohne Schriftlichkeit nicht mehr vorzustellen vermag. Dürfte deshalb jemand in einer ferneren Zukunft ohne jegliche historische Kenntnis oder nach Vernichtung sämtlicher Quellen – wenn denn solches denkbar wäre – die Schriftlichkeit zum Kriterium des Menschlichen erheben? Ähnlich mag es sich mit der Kunst verhalten. Bisher ist bildende Kunst im frühen Jungpaläolithikum nur für Teile Europas nachzuweisen. Für das praktische Fehlen oder das spätere Auftreten in anderen Gebieten können die besondere Art der Materialien und der Orte der Anbringung, die Erhaltungs- und Forschungsbedingungen eine Rolle spielen. (Es gibt frühe, wenn auch wenige Zeugnisse einer Kleinkunst in Afrika, noch undeutliche und umstrittene Indizien in Südamerika.) Jede Verallgemeinerung könnte durch einen einzigen Fund widerlegt werden und ist deshalb nur als grundsätzliche Möglichkeit zu behandeln.

Bezeichnend für das Jungpaläolithikum sind raffinierte Techniken der Herstellung von Werkzeugen und Waffen und eine jägerische Spezialisierung mit besonderen Fernwaffen wie der Speerschleuder und spätestens vor etwa 15.000 Jahren Pfeil und Bogen, – im gegebenen Rahmen und in den Auswirkungen Erfindungen von sicher nicht geringerer Bedeutung als z. B. die Dampfmaschine in späterer Zeit. Derartiges – wie auch anderes und früheres – läßt innovative Individuen postulieren. Bei aller Anerkennung der Wirkung von Bedingungen und Bedürfnissen wird diese Folgerung sich nicht umgehen lassen, mag eine solche Neuerung auch mehrfach und zu verschiedenen Zeiten errungen worden sein. Daß wir ein Individuum im vollen Wortsinn, d. h. nicht nur als Skelett erfassen können, ist zwar eine große Seltenheit, berechtigt aber nicht dazu, das Wirken von Individuen in der Frühzeit zu leugnen.

Die uns vorliegenden Artefakte bilden indes eine Auswahl, die es mit sich bringt, daß für die Urgeschichte vielfach die Jagd im Vordergrund des Interesses steht und ihre Bedeutung und die Möglichkeit der Steigerung durch bessere Bewaffnung überschätzt werden. Sich die Wirtschaft der Jungpaläolithiker nach Mustern bei heutigen Sammler(innen) und Jägern vorzustellen, ist sicher nur begrenzt möglich, da solche Völker und Stämme durchweg in Randgebiete und unwirtliche Zonen abgedrängt waren und nur in stark veränderter Form jetzt noch dort leben. Immerhin zeigt sich aber, daß selbst in einer sehr unwirtlichen Umwelt zwei bis drei oder auch vier Tage Arbeit in der Woche ausreichen, um die Versorgung mit Nahrung sicherzustellen. Im Jungpaläolithikum war zumindest in einigen Gebieten der Tisch reicher gedeckt. (Ob das Vorkommen von Skeletten relativ großwüchsiger Menschen und die Darstellung gut genährter, nur ausnahmsweise extrem fettleibiger Frauen damit zu tun hat, muß dahingestellt bleiben.) Dabei verschafft das Sammeln in der Regel den stabilen, nicht von den Zufälligkeiten und Gefahren der Jagd abhängigen Anteil der Nahrung. In günstigen Gebieten kann er mehr als drei Viertel ausmachen, in ungünstigen und weiter nördlichen nicht soviel, aber nur unter extremen Bedingungen weniger als etwa ein Viertel.

In dieses Umfeld gehören die frühen Werke einer bildenden Kunst, vor allem die eindrucksvollen Höhlenbilder. Sie sind keineswegs einfach naturalistisch im Sinne einer gleichsam fotografischen Wiedergabe, sondern lassen oft genug in klar stilisierender Prägung Einzelheiten zugunsten des Wesentlichen weg oder heben es sonstwie hervor. Gewiß kann man die Konzentration auf Tierdarstellungen als Armut an Motiven sehen; als Qualitäten brauchen sie jedoch den Vergleich mit späteren Kunstübungen nicht zu scheuen: Ihre Schöpfer sind uns darin gleichwertig. Gerade das aber stieß auf Zweifel und Ablehnung, weil es nicht in das gängige Bild vom primitiven Frühmenschen paßte.

Besonderheiten der Kunstwerke selbst und ihrer Lage zeigen, daß es sich nicht etwa um reine Wiedergabe von Ereignissen handelt: Es fehlt praktisch ganz an eindeutigen szenischen Zusammenhängen, und die Bilder beschränken sich manchmal auf eine, nahezu regelmäßig aber auf wenige Tierarten, oder es überwiegen zumindest einige alles andere. Noch dazu zeigt sich dort, wo auch Spuren von Wohn- oder Lagerplätzen festzustellen sind, daß nicht vornehmlich jene Tiere dargestellt wurden, die an diesem Ort in Mahlzeitresten auftreten. Das läßt an ein Verbot des Tötens oder Verzehrens bestimmter Tierarten denken.

In der altsteinzeitlichen Felsbildkunst steht das 'Tier an sich', das Wesenhafte des Tieres, im Zentrum des Interesses, manchmal durch eingezeichnete Geschosse als Jagdwild charakterisiert, selten auch in Verbindung zu menschlicher Gestalt, zumal in einem Miteinander und Ineinandergehen menschlicher und tierischer Formen und Attribute; es darf eine besondere und innige Beziehung zwischen Mensch und Tier oder sonstigen tierischen oder menschengestaltigen Wesen angenommen werden, die für unsere Begriffe und unser Verständnis teilweise die Abgrenzung verschiedener Seinsbereiche übersteigt und auflöst. Wie eine animalistisch geprägte Vorstellungswelt im einzelnen auch zu verstehen sein mag, die verbreitete und oft wie eine Tatsache behandelte generelle Erklärung durch und als Bildmagie wird den Dingen jedenfalls nicht gerecht.

Anders als die meisten der großen Höhlenbilder liegen die Werke der sogenannten Kleinkunst, zum Beispiel Ritzungen auf Knochenplättchen oder Elfenbeinstücken und kleine Plastiken von Tieren oder Menschen aus Knochen, Elfenbein oder Stein an den Wohnstellen. Soweit Figürchen deutlich als Frauen gekennzeichnet sind, überwiegt keineswegs die bekannte Art voluminöser Weiblichkeit, bei der die Zonen des Nährens und Gebärens besonders hervorgehoben sind, während Arme, Füße und Gesicht völlig vernachlässigt blieben, oft hingegen große Sorgfalt auf Haartracht oder Kopfschmuck verwendet wurde. Gewiß drängt sich bei solchen Figurinen die Vorstellung an Fruchtbarkeit auf; indes gilt das eben nicht allgemein, und ohnedies wird es auch andere inhaltliche Aspekte gegeben haben. Völlig schematisiert und recht rätselhaft sind zahlreiche Ritzzeichnungen und einige Plastiken von Frauen mit ausladendem Gesäß, aber überwiegend ohne Brüste, in einem späteren Teil des Jungpaläolithikums.

In den Gräbern dieser Zeit sind den Toten zumeist Beigaben in verschiedener Zahl und Art mitgegeben; einige Gräber sind dadurch so hervorgehoben, daß man sie irgendwie herausragenden Personen zuschreiben darf. Nur zwei Beispiele: Im Grab eines älteren Mannes lag neben einer männlichen Elfenbeinplastik – etwas einmaliges – eine Anzahl von besonderen Gegenständen, die sonst aus Wohn- oder Lagerplätzen gar nicht oder kaum bekannt sind oder nur in diesem einen Fall in einem Grab vorkommen, jedenfalls Dinge, für die kein praktischer Zweck und kaum Schmuckcharakter zu erkennen ist, und die eher an eine zeremonielle Verwendung denken lassen; hingegen fanden sich in einem anderen Grab

Waffenspitzen mit einer Widerhakenreihe und Schmuckketten aus großen Bärenzähnen, die teilweise wiederum mit Einritzungen von Zackenspitzen und Tiergestalten versehen sind, was aber den Schmuckcharakter nicht erhöht und demnach einen anderen Sinn gehabt haben wird, am ehesten einen irgendwie mit der Jagd verbundenen.

Menschendarstellungen treten in den Höhlenbildern nur selten auf und erscheinen in deutlichem Unterschied zu den Tierbildern zumeist stark schematisiert und verzerrt. Einige sind offenbar von Geschossen getroffen. Entfernung des Kopfes oder sonstige Zerstückelungen sind nach dem Tod erfolgt, z. B. die schalenförmige Herrichtung menschlicher Schädeldächer. Anzeichen ritueller Tötung liegen nicht vor, vielleicht abgesehen von einem Felsbild in Italien, das auch nach seinem Stil ein Einzelfall ist: Vor einer Gruppe von Männern mit vogelartig ausgezogenen Gesichtern liegen zwei zu einem Bogen gekrümmte ithyphallische (oder Penisfutterale tragende) Gestalten, die offenbar so gefesselt sind, daß sie sich qualvoll selbst erwürgen, falls es sich nicht um ein zeitweiliges Quälen handelt.

2.2.2 Gleichzeitiges in anderen Erdteilen

Unter verschiedensten Kulturverhältnissen bis in die Neuzeit mangelt es nicht an Beispielen dafür, daß 'primitiver' Charakter und sogar Fehlen von Steinwerkzeugen nicht als Maßstab für mangelnde Befähigung zu komplizierteren Konzeptionen und Handlungen taugt. In der Zeit des Jungpaläolithikums sind die Artefakte im größten Teil Asiens, in Afrika und Australien sowie der benachbarten Inselwelt erheblich einfacher und gehen im Grunde nicht über das hinaus, was wir schon von den allerältesten kennen; gleichwohl bezeugen sie die Befähigung der damaligen Menschen, schon vor mehr als 12.000 Jahren in fast alle Erdgebiete mit ihren unterschiedlichen Umweltbedingungen vorzudringen, und das nicht etwa nur über gefällige Landbrücken, sondern teilweise durch Überwindung beachtlicher Meeresstrecken.

Damals war wenigstens zeitweilig, nämlich bei einer Absenkung des Meeresspiegels bis an die 100 Meter oder auch mehr, der südliche Teil Indonesiens bis einschließlich Java mit Südostasien als sog. Sundaland verbunden, während das Sahul genannte 'Großaustralien', zu dem Australien und die Inseln Tasmanien und Neuguinea zusammengeschlossen waren, vom asiatischen Kontinent abgesetzt blieb. Gleichwohl gab es in diesem Sahulland bereits vor gut 30.000, wahrscheinlich aber schon 40.000 Jahren Menschen, die vom Sundaland her über Timor eine Meeresstrecke von wenigstens 70 km zu überwinden hatten, falls sie nicht weiter nördlich etappenweise über Sulawesi (Celebes) und die Molukken über ähnlich lange oder auch noch längere Seestrecken nach Neuguinea oder zu dem Landgebiet zwischen Neuguinea und Australien gelangten. Nicht viel später als im Sahulland treffen wir menschliche Hinterlassenschaften auf Neubritannien und Neuirland sowie den nördlichen Salomonen, und auch dafür kann von Landbrücken nicht die Rede sein. Unter günstigen Wetterbedingungen dürften die Fahrtziele zwar in Sicht gekommen sein, bevor die Ausgangsgebiete aus dem Blickfeld verschwanden; aber die Überwindung einer beträchtlichen Blindstrecke zum Erreichen der Admiralitäts-Insel Manus ist immerhin vor etwa 12.000 Jahren bezeugt.

Alles in allem muß es seemännische Fähigkeiten und seetüchtige Fahrzeuge gegeben haben, auch wenn wir über die Art der Beförderungsmittel nichts wissen. Indes sollte man die Erwartungen in die technischen Fertigkeiten nicht zu gering ansetzen. Wir müssen vielmehr ähnlicher Überraschungen gewärtig sein wie bei Funden in Australien, die unter glücklichen Bedingungen erhalten blieben und zeigen, daß dort vor immerhin 9.000-10.000 Jahren unter anderem hölzerne Grabstöcke sowie Speer- und Lanzenspitzen, zum Teil mit seitlichen Zackenreihen, und nicht nur einfache Wurfhölzer, sondern regelrecht als Bumerang funktionierende mit einfachsten Steinwerkzeugen gefertigt wurden. Einige Skelettfunde, die in den Variationsbereich heutiger Menschen gehören und mehr als 25.000 Jahre alt sind, weisen – wenn auch noch vereinzelt – auf Brand- wie Körperbestattung unter Beigabe roten Farbstoffs.

2.3 Von mehr als 130.000 bis 40.000/35.000 Jahren vor heute

Wenn auch bildliche Darstellung etwas anderes ist als sprachlicher Ausdruck, wird angesichts der allgemeinen Verhältnisse im Jungpaläolithikum nicht bezweifelt, daß die damaligen Menschen Sprache besessen haben und ohne Sprache die Errungenschaften des Jungpaläolithikums nicht möglich gewesen wären, – ja, daß damit sogar der Anfang der Sprachlichkeit schlechthin erfaßt werden könne. Sie wäre dementsprechend den Vorgängern (nicht unbedingt gleichbedeutend mit Vorfahren) des im Jungpaläolithikum in Europa auftretenden Homo sapiens (sapiens) abzusprechen, also dem Homo (sapiens) neanderthalensis und erst recht den noch früheren Hominiden. Diese Auffassung wurde unterstützt durch eine anatomische Rekonstruktion, die eine Unfähigkeit der Neandertaler zu ausreichend artikulierter Sprache belegen sollte, durch einen neueren Fund jedoch überholt ist. Sie könnte ohnedies nicht mehr besagen, als daß man gewisse Laute nicht hervorzubringen vermochte, nicht aber, daß die übrigen für die Bildung wirklicher Sprache nicht ausgereicht hätten. Schließlich sind auch 'uns' keineswegs alle möglichen Laute geläufig, und gäbe es z. B. nicht die Sprache der Buschmänner oder der Xhosa, käme wohl kaum jemand 'von uns' auf den Gedanken, daß verschiedenartige Schnalzlaute bedeutungsbestimmende Teile von Wörtern sein können.

Nach ähnlich allgemeiner Auffassung wie bei der Sprache unterscheidet es den Menschen vom Tier, daß er sich der Sterblichkeit bewußt ist und sich irgendwie mit Sterben und Tod auseinandersetzt. Das aber kann die prähistorische Archäologie nur aus dürftigen und seltenen Indizien erschließen, zum Beispiel durch gewisse Gräberfunde. Im hier behandelten Zeitraum bergen sie vor allem Neandertaler, die in Europa und Vorderasien sowie bis in die Vorberge des Tienschan bezeugt sind, neben dem in Vorderasien aber Funde des anatomisch 'modernen' Menschen vorkommen. Diese treten nach bisherigen Kenntnissen und Datierungen vor mehr als 80.000 Jahren auf, d. h. ebenso früh wie die dortigen Neandertaler, wo nicht früher, auf jeden Fall aber um Jahrzehntausende eher als der 'moderne' Mensch des europäischen Jungpaläolithikums.

Die Grundformen der Steinwerkzeuge sind erheblich einfacher als im Jungpaläolithikum; auch kommen Werkzeuge aus Knochen selten vor, sind in der Regel ähnlich einfach zugehauen und zeigen manchmal dieselben Formen wie die aus Stein. Gegenstände aus Holz sind nur vereinzelt erhalten, z. B. eine gut geschnitzte Lanze von etwa 2,50 m Länge. Stein wurde zu verschiedenen sich immer wiederholenden und über weite Gebiete verbreiteten Formen verarbeitet, die auf mehr oder minder flache, gleichwohl einfache Abschläge von Steinstücken zurückgehen. Mikroskopische Untersuchungen zeigen trotz der formalen Unterschiede, etwa von Spitzen und sog. Schabern, nur geringe, ja praktisch fehlende Korrespondenz zwischen solchen 'Typen' und den Stoffen, die mit den Werkzeugen bearbeitet wurden.

Eine Erklärung für die Wiederholung der unterschiedlichen Formen allein aus dem Rohstück sowie einer fortlaufenden und dabei die Stücke zu einem jeweils anderen Artefakttypus verändernden Nachschärfung, wie das eine modische Richtung aus französischen und vorderasiatischen Funden versucht, versagt mindestens bei den blattartig-flächig retuschierten Werkzeugen in mittel- und osteuropäischen Funden und bei den auch noch vorkommenden sog. Faustkeilen, auf die noch zurückzukommen sein wird. Ohnedies wäre der Schluß auf einen irgendwie inferioren Menschen, der nur mehr oder weniger unbedacht seine Werkzeuge zu schlagen wußte, d. h. ohne auf bestimmte Endformen abzuzielen, auch für die zeitlich nahestehenden Vertreter der anatomisch 'modernen' Menschheit zu ziehen, denn die Artefakte stimmen im vorderasiatischen Fundgebiet in der Hinterlassenschaft beider Menschenformen überein.

Beide zeigen auch grundsätzliche Übereinstimmung bei den Bestattungen in Höhlen oder unmittelbar davor. Das bisher alleinige Auftreten an solchen Lokalitäten könnte allerdings teilweise darauf zurückgehen, daß sie für die Ausgräber leicht aufzufinden und vielversprechend sind; das Leben an solchen Plätzen ist eher nur ein Aufenthalt unter besonderen Bedingungen gewesen. Die Zahl der Gräber ist insgesamt gering – nicht einmal 50 innerhalb von mehr als 50.000 Jahren – , fast ausschließlich in zwei Bereichen, in Frankreich und Vorderasien, die zu verschiedenen Zeiten Forschungsschwerpunkte wurden. Wir wissen nicht, ob nur einem kleinen Teil der Toten ein solches Begräbnis zuteil wurde und nach welchen Kriterien man vielleicht ausgewählt hat. Ob das Überwiegen von Kindern und Männern gegenüber Frauen in den Gräbern der Wirklichkeit entspricht, muß angesichts der kleinen Zahl offen bleiben, und sie ist ebenso zu bedenken, wenn abweichend vom allgemeinen Überwiegen der ungefähren Ost-West-Ausrichtung der Körperachse die Nord-Süd-Richtung bei den vorderasiatischen Funden des öfteren vorkommt. Zumeist sind die Knie leicht, öfters aber auch extrem angezogen. Bei einigen Toten war der Schädel separiert oder überhaupt allein niedergelegt.

Die Auffassung dieser und anderer, zumal nicht bestatteter Skelettreste als Zeugnisse für Kannibalismus wird durch die Auswahl der Knochen unwahrscheinlich, ist aber letzten Endes nicht auszuschließen.

Ob Grabbeigaben vorliegen, läßt sich vielfach nur schwer beurteilen, denn entsprechende Fundstücke können auch zufällig mit der Füll- oder Deckerde ins Grab geraten sein. Indes liegen in einer offenbar teilweise zerstörten Gruppierung von acht Gräbern, die wie ein kleiner Friedhof wirkt, Artefakte der üblichen Art, aber in besonders guter Ausführung über den Skeletten eines etwa zehnjährigen Kindes in einer kleinen Grube und eines Neugeborenen oder Fetus sowie eines weiteren Neugeborenen in einer benachbarten Eintiefung; drei gut gefertigte Artefakte befanden sich Ost-West ausgerichtet unter einem von sechs wie ein Muster arrangierten, jedoch bis auf diesen einen fundleeren kleinen Hügeln über den Resten eines Fetus etwa des siebten Monats in einer flachen, ebenfalls etwa Ost-West verlaufenden Eintiefung; drei als hervorragend gearbeitet und groß beschriebene Stücke gab es in einer umfangreicheren Grube mit Skelettresten eines etwa dreijährigen Kindes, dessen Kopf vom Körper getrennt war und über einen Meter entfernt von diesem lag: Alles in allem wohl zuviel des Zufalls! Gleichwohl darf nicht verschwiegen werden, daß die Gräberfunde dieser Zeit von Anfang an und immer wieder, so auch jüngst noch, angezweifelt wurden, ohne freilich die sich wiederholenden Besonderheiten erklären zu können.

Ein Teil der Toten weist Spuren von Erkrankungen, vor allem altersbedingten wie Arthritis, und von Verletzungen auf (in einem Fall durch tiefes Eindringen eines lanzenartigen Gegenstandes in die Hüftgegend). Am Schädel des namengebenden, etwa 40-50 Jahre alten Menschen aus dem Neandertal waren mehrere alte Verwundungen festzustellen, und sein linker Arm war offensichtlich steif geworden; die vordere Partie des Schädels eines Mannes von reifem

Alter aus dem Nordosten des Zagros-Gebirges weist verheilte Verletzungen auf, rechter Arm, Schlüsselbein und Schulterblatt waren nie voll ausgewachsen und der Arm außerdem zu Lebzeiten oberhalb des Ellenbogens amputiert. Daß Behinderte und Krüppel ein für damalige Verhältnisse hohes Alter erreichten, ist kaum ohne Schutz und Mitsorge einer Gemeinschaft zu verstehen.

Als eine Art von Fürsorge wird man auch die Bestattungen ansehen können. Wie auch immer man die Befunde im einzelnen verstehen will, sprechen sie insgesamt zumindest für ein Bewußtsein von Sterblichkeit und Tod und eine irgendwie geartete Auseinandersetzung damit. Unterschiede zu den jungpaläolithischen Gräbern betreffen im wesentlichen Art und Zahl der Beigaben und entsprechen der Verschiedenheit der technisch-ergologischen Verhältnisse: Es kann eben nicht mehr und anderes beigegeben werden als man hat; das Prinzip aber bleibt trotz der unterschiedlichen Qualität der Dinge das gleiche.

3. Homo oder Pithecus?

3.1 Homo (ehemals 'Pithecanthropus') erectus. Von gut eineinhalb Millionen Jahren bis etwa 200.000/300.000 vor heute

Weiter zurückschreitend geraten wir in eine Art von Datierungsloch, das sich nur langsam schließen lassen dürfte. Das gilt nicht zuletzt für die drei oder vier Jahrhunderttausende vor dem letzten, in denen eine Anzahl aufschlußreicherer Befunde greifbar wird.

Gleichwohl treffen den ältesten Hinweis auf eine Nutzung des Feuers vor etwa eineinhalb Millionen Jahren in

Chesowanja (Kenia). (Vorwegnehmend sei gesagt, daß dies die Zeit der Ablösung des Homo habilis durch Homo erectus ist und die Zuordnung der archäologischen Befunde zum einen oder anderen sich nicht durch einen klaren Fundzusammenhang entscheiden läßt; es gibt zudem in dieser Zeit und auch in Chesowanja selbst noch robuste Australopithecinen.) Es handelt sich bei dem Befund um eine Stelle verbrannten Bodens, die auf eine Temperatur von 400-600 Grad schließen läßt. (Derartiges würde aus jüngerer Zeit schwerlich solchen Zweifeln begegnen, wie sie in diesem Fall vorgebracht werden.) Im oben genannten Zeitraum treffen wir Belege des Feuers praktisch in allen Erdgebieten, die damals nachweislich bewohnt waren; indes sind sie im freien Gelände kaum erhaltungsfähig und deshalb weiterhin sehr selten: Entgegen dem Topos vom 'Höhlenmenschen' ist in der wirklichen Frühzeit der Aufenthalt in Höhlen kaum belegt. Daß Feuerstellen aus der Zeit der Neandertaler erheblich häufiger sind, muß nicht einen Unterschied zwischen gelegentlicher Nutzung natürlich entstandenen Feuers und künstlichem Entfachen spiegeln, sondern kann ebensogut auf die günstigeren Fund- und Erhaltungsbedingungen in Höhlen und unter Felsschutzdächern zurückgeführt werden. Durch bessere Konservierung dürfte es auch zu erklären sein, daß in einem immerhin über zwei- oder gar dreihunderttausend Jahre alten Lagerplatz bei Nizza Feuerstellen mit aus Steinen aufgeschichtetem Windschutz in Behausungen, die über das Maß kleiner Hütten hinausgehen, bewahrt blieben.

Soweit wir bis heute sehen, sind in dieser gesamten Periode die Steinartefakte in Süd- und Ostasien mit wenigen Ausnahmen praktisch ebenso grob und roh wie die allerältesten bekannten überhaupt. Einfache Werkzeuge sind aber auch in anderen Gebieten noch später vertreten (vgl. oben zu Australien), sei es allein oder neben anderen, vor allem den Faustkeilen: Die zeichnen sich durchweg aus durch die

Regelmäßigkeit ihrer Grundformen und eine anspruchsvollere Art der Herstellung.

Faustkeile treten vor allem in Afrika vor mehr als einer Million Jahren auf, vielleicht seit annähernd eineinhalb Millionen Jahren, hingegen in Europa vielleicht vor mehr als einer halben Million Jahren zunächst in Süd- und Westeuropa, erst später auch in Teilen Mitteleuropas, und ähnlich scheint es in Vorderindien zu stehen. Meist wird von einer Kontinuität über diesen gesamten Zeitraum ausgegangen, doch kann man sich angesichts der zeitlichen Größenordnung dafür nur auf formale Übereinstimmungen berufen, und räumlich zeichnet sich eine Anzahl von Lücken ab, von denen wir nicht wissen, ob sie real oder forschungsbedingt sind. Angesichts der übereinstimmenden besonderen, nicht durch Material und mögliche Verwendungszwecke hinreichend zu erklärenden Form der Faustkeile ist es jedoch nicht unvernünftig, an eine Verbindung zu denken. Zwischen Afrika und Europa müßte sie nach dem bisherigen Verbreitungsbild über das westliche Mittelmeergebiet gegangen sein, auf welche Art auch immer. Die Annahme von Landbrücken beruht allerdings im Grunde auf der Überzeugung von einem primitiven Unvermögen des damaligen Homo und findet nach derzeitigem Stand – erschwert allerdings durch tektonische Unwägbarkeiten – keine überzeugenden geologisch-paläontologischen Stützen.

Seit Beginn der Forschung wurden die Faustkeile als Universalwerkzeuge betrachtet, doch kann man sich kaum irgend etwas vorstellen, das nicht auch mit anderen und einfacheren Artefakten, wie sie neben den Faustkeilen vorliegen, ebenso und besser gemacht werden könnte, ja selbst mit einfachen Abschlägen von Steinen. Wo mit einem neueren Verfahren einige wenige Faustkeile jüngerer Art untersucht wurden, zeigen sie geringere und schwächere Gebrauchsspuren als andere Artefakte. Insbesondere im jüngeren Teil dieser Periode erreichen die Faustkeile einen formalen und technisch-qualitativen Überschuß über das an praktischer Notwendigkeit denkbare hinaus; es liegt nahe, an so etwas wie ein Gefühl für gute und reine Form und ästhetische Bedürfnisse zu denken. Indes fällt es schwer, einen wie immer gearteten Sinn der Sache übereinstimmend über schier unglaubliche Zeiten und riesige Räume hinweg anzunehmen, und so wird denn neuerlich eine besondere psychische Befähigung und Verfassung des ‘Faustkeilmenschen’ oder des Homo erectus schlechthin angenommen, die man sich dann wohl so zu denken hätte, daß sie irgendwie mehr oder weniger solchen Formen zuneigte oder sie gar notwendig bewirkte.

Entscheidend ist für solche Beurteilung aber letztlich – wie bei Feuer und bescheidener Seefahrt – die angenommene ‘Primitivität’ der damals lebenden Hominiden, vornehmlich des Homo erectus: Ihm wurde im Falle des Pekingmenschen zunächst angesichts der geringeren, doch immerhin im unteren Bereich der Variationsbreite heutiger Menschen liegenden Gehirngröße weder die Fähigkeit zur Herstellung der bei ihm gefundenen sehr einfachen Artefakte noch die Nutzung des Feuers zugebilligt.

Insgesamt sind die Skelettfunde aus dieser Zeit dürftig, eindeutig dem Homo erectus zuzuschreiben solche in China und auf Java, eine Anzahl von Funden mit einigen Besonderheiten in Afrika, einzelne auch in Europa, doch wird da manche Zuordnung angezweifelt, ganz abgesehen von einigen Fossilien aus dem dritten oder zweiten Jahrhunderttausend, für deren besondere Züge diskutiert wird, ob sie eher auf den Neandertaler oder den neuzeitlichen Menschen weisen. Gleichwohl gerät die Bezeichnung Homo erectus mehr und mehr zum Sammelnamen; archäologische Befunde werden ihm leichthin zugeschrieben, auch wenn weder unmittelbare Fundzusammenhänge noch einigermaßen klare Synchronismen vorliegen. Tatsächlich ist die Datierung schwierig und vielfach ungeklärt: Einerseits werden Funde von

Homo erectus im engeren Sinne in China und auf Java teilweise jünger als 500.000 angesetzt, ein Fossil von Java allerdings von nur ungesicherter stratigraphischer Zuweisung – auf nahezu zwei Millionen Jahre; das älteste Vorkommen in Afrika wird derzeit bei 'etwas' mehr als eineinhalb Millionen Jahren eingeordnet.

In Afrika und Europa kann man bei großzügiger Betrachtung räumliche und zeitliche Übereinstimmungen zwischen den Vorkommen von Homo erectus und Faustkeilen feststellen, doch nur an zwei bis drei Fundstellen in Afrika sind sie bisher gemeinsam gefunden worden, in keinem Fall in Europa. Das gilt auch für die besonders wichtigen zwischen drei- und vierhunderttausend Jahre alten neueren Funde von Bilzingsleben (Thüringen). Dort liegen zwar Skelettreste von Homo erectus vor, aber trotz der großen Anzahl von Steinartefakten gibt es keine eindeutigen Faustkeile, vielleicht ein Anzeichen für funktional bedingte Unterschiede an verschiedenen Aufenthaltsorten; Spuren von Hütten, Feuerstellen und Werkplätzen deuten davon einiges an. In anderen Gebieten kamen in diesem Zeitraum Bruchstücke zugespitzter runder Hölzer oder solche von flacherem Querschnitt zutage, also wohl von Lanzen und Grabstöcken.

Abweichend vom Üblichen liegen in Bilzingsleben Knochenplatten, die wie Steinwerkzeuge zugerichtet sind, in einiger Zahl vor, und auf einem Teil solcher Stücke sowie auf unbearbeiteten Exemplaren sind verschiedene Zeichen eingeritzt, auf einer sogar – eine ganz besondere Überraschung – die Wiedergabe eines Tieres, wahrscheinlich eines Feliden. Anders als seinerzeit bei den Höhlenbildern werden angesichts der sorgsamen Bergung und Dokumentation Alter und Echtheit nicht bezweifelt; wohl aber wird versucht, die Bedeutung der Funde möglichst niedrig anzusetzen, wie man es der vermeintlichen Psyche von Homo erectus für angemessen hält. Doch wenn der Befund auch bisher vereinzelt ist und einiges Unbehagen hervorrufen mag, werden wir ihn als Anzeichen grundsätzlicher Möglichkeiten nicht geringschätzen oder gar verbal eskamotieren dürfen: Er wird zu einigem Umdenken zwingen.

Negativ wird oft das Fehlen von Gräbern gewertet; doch ist zu bedenken, daß es sich bei den oben genannten Vorkommen um eine spezielle Form von Bestattungen in Höhlen handelt, der Aufenthalt an solchen Plätzen aber während des Altpaläolithikums im Gegensatz zur Zeit der Neandertaler kaum je nachzuweisen ist. Hingegen waren – ähnlich wie vereinzelt später – beim 'Pekingmenschen' die hier zahlreichen Schädeldächer selektiert, nachträglich an die Fundstelle gebracht und mindestens teilweise gesondert deponiert; ein wirklich überzeugendes praktisch-rationales Motiv ist dafür nicht zu nennen.

Rückblickend sind – abgesehen vom Fehlen der Gräber und der teilweise anderen Art der Steinwerkzeuge – alles in allem kaum Unterschiede zur Zeit der Neandertaler und der frühesten Menschen heutiger Art im negativen Sinn festzustellen; umgekehrt fehlt es bisher in der Zeit der Neandertaler an zuverlässig datierten Ritzzeichnungen oder vergleichbaren Äußerungen. Ob irgendwann während der letzten Jahrhunderttausende des Homo erectus wichtige Schritte getan wurden, die wir in den Steinwerkzeugen nicht zu erkennen vermögen, wissen wir nicht. Wenn er heute – allerdings nur zögernd und nicht allgemein – nicht mehr als 'Pithecanthropus' im wörtlichen Sinne angesehen wird, sondern sein Auftreten als der Schritt zum wirklichen Menschen gilt, stellt sich allerdings die Frage nach dem Status des voraufgehenden ebenfalls als 'Homo' bezeichneten Primaten.

3.2 Homo (oder Australopithecus?) habilis. Vor mehr als eineinhalb Millionen Jahren

Die ältesten bisher bekannten Steinartefakte sind mehr als zwei Millionen Jahre alt, wahrscheinlich sogar um die zweieinhalb Millionen. Sie sind denkbar grob, jedoch eindeutig künstlich unter Verwendung anderer Werkzeuge (Schlagsteine) hergestellt und gehen über die einfachste Art des Erzeugens von Stücken mit scharfen Kanten durch schlichtes Zertrümmern von Steinen hinaus. Sie zeigen zwei verschiedene Arten der Zerlegung und Nutzung von Rohstücken: einerseits in der Form der sog. 'Hauwerkzeuge' ('Chopping tools', in einfacherer Form auch 'Choppers'), die entstehen, wenn von einem Geröll, Knollen oder dergleichen mehrfach nebeneinander Stücke abgespalten werden und dabei eine zickzackförmig verlaufende scharfe Kante entsteht, andererseits als 'Abschläge' ('éclats', 'flakes'), d. h. mehr oder weniger scheibenförmige Stücke, die von dickeren Kernsteinen – meist nach einigen vorbereitenden Schlägen – abgesprengt werden und scharfe Kanten haben oder zusätzlich zu 'Arbeitskanten' geschärft, manchmal auch noch weiter bearbeitet wurden. 'Hauwerkzeuge' – ob nun in dieser Form gewollt oder nur eine Art Nebenprodukte bei der Gewinnung von Abschlägen – können zum groben Abschlagen, Zerschlagen oder Spalten gedient haben, etwa von Hölzern zum Bau von Behausungen. Darauf weist hin, daß auf einigen Fundplätzen Steinartefakte samt Abfall von ihrer Herstellung und Tierknochen so verteilt liegen, daß man an rundliche Hütten denkt; in einem Fall ist ein Kranz von etwa vier Meter Innendurchmesser aus Steinbrocken angehäuft, doch fehlt es natürlich nicht an Versuchen, den Befund anzuzweifeln oder – keineswegs überzeugend – durch einen natürlichen Vorgang zu erklären (worauf hier nicht näher eingegangen werden kann). Die 'Abschläge' sind eher zum Schaben, Schnitzen und zumal zum Schneiden geeignet, d. h. für eine Funktion, die weder bei Affen noch Menschen in den Körperorganen vorgebildet ist.

Die Artefakte waren sicher zum Herstellen anderer Artefakte tauglich; darauf deutet auch die vorkommende weitere Zurichtung der Kanten, ohne allerdings beweiskräftig zu sein. Wenn es sich bestätigen sollte, daß schwierige und bei den meisten in Frage kommenden Rohmaterialien gar nicht mögliche mikroskopische Untersuchungen auf den Gebrauch an Holz verweisen, dürften wir darin einen Beleg dafür sehen, daß es sich um Artefakte zum Herstellen von anderen Instrumenten handelt (H. Bergsons 'outils à faire des outils'). Noch müssen wir uns aber mit der bloßen Wahrscheinlichkeit begnügen; wir kennen mindestens für Jahrhunderttausende kaum etwas anderes als die höchst einfachen Steinartefakte.

Zumeist sind bei den Steinwerkzeugen Knochen oder Körperteile mehrerer Tiere oder gar Tierarten zu finden; sie müssen dorthin gebracht worden sein. Gerade neuerdings wird aber wieder bezweifelt, zumal für Großwild (und übrigens auch für jüngere Perioden), daß es sich um Jagdbeute handele; vielmehr wird an das Aneignen von Raubtierbeute gedacht, doch sind die Argumente dafür nicht wirklich durchschlagend. (Auf die Interpretation mikroskopischer Untersuchungen kann hier nicht eingegangen werden.) Die Reste von Raubtierfraß zu gewinnen dürfte kaum weniger gefährlich gewesen sein als die Jagd, denn selbst bei liegengebliebenen Teilen gab es gefährliche Konkurrenten wie die sogenannten Wildhunde (auch 'Hyänenhunde' genannt) und große und kräftige Hyänenarten. Daß die technischen Mittel und Rohstoffe zur Herstellung von Waffen vorhanden waren, ist nicht zu bezweifeln; daß man sie entsprechend nutzte, ist damit natürlich nicht gesagt. (Eine immerhin über 130.000 Jahre alte und zu einer Stoßlanze ohne Steinbewehrung zugearbeitete Holzstange mit geebnetem Schaft und sorgsam geschnitzter Spitze zeigt die Tauglichkeit solcher

Waffen.) Letzten Endes bleibt lediglich die vorweggenommene Meinung, daß man frühen Hominiden nicht zutrauen könne, was neuzeitliche Pygmäen an Jagd, auch an Großwildjagd, leisten.

Wie auch immer, es bleibt das – gemessen an den unvorstellbaren Zeiträumen – äußerst sporadische Vorkommen und damit das besondere Problem, ob wir so unbesehen, wie es meist geschieht, von einer Kontinuität der Herstellung derart einfacher Steinwerkzeuge ausgehen können? Wo für spätere Zeiten keine unmittelbare Siedlungskontinuität wahrscheinlich gemacht werden kann, wählt man durchweg hilfsweise die Feststellung einer 'typologischen' Übereinstimmung oder Nähe sowie die Konstruktion evolutiver Reihen. Indes ist dieser Ausweg hier nicht gangbar, weil die verglichenen Elemente keine formalen Merkmale zeigen, die nicht aus Material und möglichem Verwendungszweck hinreichend zu erklären wären. Wir können daher nicht ausschließen, daß Hominiden mehrfach solche Dinge erfunden haben. (Das gilt umsomehr, als solche Artefakte bis in die Neuzeit hinein immer wieder einmal vorkommen.) Jedenfalls zwingt uns nichts dazu, eine einmalige Erfindung der ältesten Steinwerkzeuge und deren spätere Verbreitung anzunehmen, doch kann man natürlich die Frage stellen, ob denn wohl frühe Hominiden ohne Not (aber was ist das?) solche Hilfsmittel wieder aufgegeben hätten.

Da spielt die Frage nach ihrer körperlichen Beschaffenheit eine Rolle, und dazu mag ein kleiner Blick in die Forschungsgeschichte nützlich sein: 1959 wurden in der Schlucht von Olduvai/Oldoway (Tansania) erstmals Reste eines Hominiden zusammen mit frühen Steinwerkzeugen entdeckt, nämlich der zertrümmerte Schädel eines zunächst 'Zinanthropus' genannten robusten Australopithecinen, in dem man den lange vermißten Werkzeughersteller gefunden zu haben glaubte; nur etwa ein Jahr später jedoch wurde an der gleichen Fundstelle, aber in einer tieferen (!) Schicht ein Hominide mit größerem Schädelvolumen entdeckt: Sogleich schrieb man wegen seines größeren Gehirns jetzt ihm die Werkzeugherstellung zu und gab ihm deswegen den Namen 'Homo habilis', während man den anderen Fund wie die Tierreste als Opfer von Raubtieren und Aasfressern, wo nicht anderen Hominiden, ansieht.

Gewiß gibt es Unterschiede zwischen Homo habilis und (anderen) Australopithecinen, doch ob sie zu einer Abhebung auf Gattungsebene berechtigen, ist nicht unumstritten, ganz abgesehen von der Fragwürdigkeit solcher Grenzen in der Evolution überhaupt. Inzwischen haben sich die Funde vermehrt, allerdings ebenso die Diskussionen um die 'Verwandtschaft' und die Zuordnung. Fast allgemein wird heute angenommen, daß die Steinartefakte aus der Zeit des Homo habilis dessen Werk sind; offen bleibt zumal, ob auch die vor etwa zwei Millionen Jahren und mehr lebende 'grazile' Form Australopithecus africanus schon Werkzeughersteller gewesen ist.

Doch ob nun Homo habilis allein oder auch (andere) Australopithecinen die Werkzeughersteller waren, es handelt sich mit einer gewissen Schwankungsbreite um kleinwüchsige und kleinhirnige Hominiden, befähigt zum aufrechten Gang und damit auch bei der Fortbewegung frei gewordenen Händen, zudem mit guten Klettereigenschaften, hingegen ohne ausgeprägte Kampforgane. Insgesamt schwinden bei den Australopethecinen zwar unsere Möglichkeiten zur anatomischen Unterscheidung von Mensch und Tier, doch haben sie mit dem späteren Menschen – mit einigen Einschränkungen die körperliche Unspezialisiertheit gemein, durch die sie zwar 'Spezialisten' in deren besonderen Fähigkeiten unterlegen, aber deshalb keineswegs als biologische 'Mängelwesen' anzusehen sind, – ein Ausdruck, der ohnedies eher vom Gefühl des heutigen Menschen bestimmt wird, wenn der sich seiner künstlichen Hilfsmittel beraubt und der Umwelt preisgegeben vorstellt. Die Steinwerkzeuge waren ohne Zweifel eine entscheidende Hilfe; bisher kennen wir sie in dieser Art nicht von frei in ihren Anpassungsräumen lebenden nichtmenschlichen Primaten.

3.3 Affe und Steinwerkzeug heute

Eine Anzahl hominider Fossilien, die erheblich mehr als zweieinhalb oder eher über drei Millionen Jahre alt sind, hat man zwar unter der Bezeichnung Australopithecus afarensis zusammengefaßt, doch ist das nicht unumstritten, und bei einigen wird an eine Nähe zu Australopithecus africanus gedacht, wo nicht gar zu Homo. Mindestens für einen Teil dieser Lebewesen werden Besonderheiten des grundsätzlich zugebilligten aufrechten Gangs und Hinweise auf ein weitgehendes Baumleben angenommen; das Verhältnis zu ebenso frühen eindeutig homo-artigen Fußabdrücken indes bleibt unentschieden. Bisher kennen wir aus dieser Zeit noch keine Artefakte aus Stein, und über Werkzeuge aus vergänglichen Stoffen wissen wir erst recht nichts, werden aber zögern, dafür weniger anzunehmen als für heutige frei lebende Affen, die nicht nur vorgefundene Gegenstände als Werkzeuge benutzen, sondern in begrenztem Umfang auch herstellen; archäologisch könnte uns davon kaum einmal etwas erhalten bleiben und dann wahrscheinlich nicht einmal sicher als künstlich hergestellt oder wenigstens benutzt zu erkennen sein.

Lediglich in Gefangenschaft haben einige Affen, ein junger Orang Utan und ein Bonobo (früher 'Zwergschimpanse' genannt), nachahmend gelernt, nicht nur mit einem scharfen Steinsplitter eine Schnur zu durchtrennen, um an Futter zu gelangen, sondern auch solche Stücke selbst mit Hilfe eines Schlagsteins, also eines, wenn auch ungeformten, Werkzeugs herzustellen. (Der Bonobo ist allerdings von selbst darauf gekommen, daß man scharfe Kanten auch einfacher erzielen kann, indem man einen Stein kräftig auf eine feste Unterlage – in dem Fall einen Betonfußboden – schmettert, und er verstand es, das am besten geeignete Stück ohne Versuche auszuwählen.) Derart einfache Trümmer, wie sie auch ein Kapuzineraffe herzustellen lernte, wären indes sowohl von bestimmten natürlich entstandenen Absplissen als auch von solchen, die bei der anfänglichen Bearbeitung und Präparierung eines Steinkerns anfallen, nicht zu unterscheiden; ein besonderer Befund, der auf künstliche Weise zusammengekommen sein könnte, ließe sich dann von einem Ergebnis menschlicher Tätigkeit nicht abheben: Auch Menschen tun und produzieren ja schließlich manches, was unterhalb des 'spezifisch Menschlichen' liegt. Noch wurde nicht beobachtet, daß Affen 'Hauwerkzeuge' und wenigstens in Grenzen seriell vom Kern abgelöste und einigermaßen regelmäßige 'Abschläge' erzeugen oder gar erfinden. Abgesehen von der Herstellung und dem Gebrauch von Werkzeugen aber leisten Affen in der Gefangenschaft auch auf anderen Gebieten ganz Erhebliches, wenn sie entsprechend gefordert; werden. Warum aber sollten wir nicht auch den frühesten Steinwerkzeugherstellern zubilligen, daß sie mehr konnten als sie unter ihren Bedingungen und Bedürfnissen und nach unserem begrenzten Wissen vollbracht haben?

4. Rück- und Ausblick

Zu den sicheren Aussagen über die Urgeschichte gehören die schier 'unmenschlich' erscheinende Gesamtdauer und die höchst unterschiedliche Länge der einzelnen Epochen: die älteren sind in der Regel jeweils sehr viel länger und umfassen nicht selten ein Mehrfaches der nächstjüngeren. Dabei ist die Zueinanderordnung von Hominidenformen und Kulturperioden jedoch keineswegs so eindeutig, wie es diese vereinfachte Darstellung auf den ersten Blick meinen lassen könnte. Eine psycho-physische Parallelität ist mehr Postulat als beobachtbare Wirklichkeit, Auf jeden Fall ist die kulturelle Akzeleration spätestens seit dem Jungpaläolithikum, d. h. vor mehr als dreißigtausend Jahren, nicht mehr von einer (am Skelettmaterial feststellbaren) körperlichen Evolution begleitet. Auch die oft vorgebrachte Aussage, daß mit dem Auftreten des jungpaläolithischen Homo sapiens (sapiens) entscheidend Neues auftrete – hinzuzufügen wäre: regional begrenzt – und es danach immer schneller gehe, ist so richtig wie unzureichend: Welches Merkmal auch immer wir für die Abgrenzung wählen, praktisch – vielleicht mit Ausnahme der in dieser Hinsicht noch schwer zu beurteilenden ältesten Artefakte – ist stets die Aussage berechtigt, daß es danach immer schneller ging.

Chronometrische Werte können nicht ohne weiteres als die entscheidende Variable angesehen werden und längere Dauer nicht einfach als Zeichen geringerer Befähigung, auch nicht das – für unser grobes und selektives Raster der Erkenntnisse so erscheinende – Stagnieren auf einem 'niedrigen Niveau'. Weit zurückliegende Veränderungen können im Vergleich mit späteren geringfügig erscheinen, für ihre Zeit jedoch ebenso bedeutend sein wie die größer erscheinenden Veränderungen späterer Zeit. Erste Erfindungen und Errungenschaften sind gewiß immer die schwierigsten, und auf einmal errungenen Fortschritten läßt sich leichter weiterbauen, zumal wenn Kontakte und Verbindungen das Zusammenfließen von Kenntnissen und Erkenntnissen und die gegenseitige Befruchtung fördern. Das hat auch einen quantitativ-demographischen Aspekt: Wenn man willkürlich mit einer etwa gleichbleibenden Zahl wichtiger Errungenschaften auf eine bestimmte Menge Menschen rechnet und trotz aller Unsicherheiten davon ausgehen darf, daß etwa die Hälfte aller Menschen, die es bisher überhaupt gegeben hat, auf die letzten paar Jahrtausende entfällt, so erscheint die voraufgehende Langsamkeit oder gar Stagnation etwas weniger erstaunlich.

Die Phänomene, die man vielfach als bezeichnend menschlich betrachtet, sind es teilweise nicht und treten auch nicht gemeinsam auf. Als wohl auffälligstes Beispiel kann der aufrechte Gang genannt werden, der – wenn auch zunächst wohl unvollkommen und eher episodisch – z. B. der Vergrößerung der Schädelkapazität ebenso vorausgeht wie der Herstellung von Steinwerkzeugen. Ginge man mit der Qualifikation 'spezifisch menschlich' beim aufrechten Gang zu weit, griffe man umgekehrt wahrscheinlich zu kurz, wollte man die große Kunst des Jungpaläolithikums als entscheidenden Hinweis ansehen. Als wichtiges Kriterium weithin anerkannt ist das Bewußtsein vom Tod und der Sterblichkeit und eine irgendwie geartete Auseinandersetzung damit, könnten wir es denn erkennen und irgendwo erstmals ansetzen. Gewiß gibt es da die Gräber aus dem mittleren Paläolithikum, aber das berechtigt nicht zu der Aussage, daß die dahinterstehenden Ideen – welche immer es im einzelnen gewesen sein mögen – erst damals aufgekommen seien; abgesehen davon, daß es manche anderen Bestattungsformen geben kann, ist ein Ausdruck in Bestattungen ja keineswegs notwendig.

Vieles wird in der Urgeschichtsforschung unterschiedlich beurteilt: Die eine Grundposition geht davon aus, daß die bekannten Skelettreste von Hominiden dieser frühen Zeit sich so sehr von späteren Menschen unterscheiden, daß auch ihr 'Verhalten' sich notwendigerweise tiefgreifend von diesen abheben müsse und Vergleiche mit heutigen Beobachtungen für die Erklärung der Befunde unzulässig seien; die andere hingegen betont, daß die objektiv belegten Besonderheiten der Steinartefakte und einiger anderer Befunde über die Leistungen (heutiger) 'nichtmenschlicher Primaten' hinausgehen, und nimmt an, daß wir diesen Wesen auch auf anderen Gebieten mehr zutrauen dürfen, z. B. den Besitz von

Sprache in irgendeiner Form, auch wenn das nicht objektiv festzustellen ist.

Hier wie bei anderen Fragen scheiden sich die Geister: Zu beweisen ist da nichts; letzten Endes bleibt die Antwort abhängig vom jeweiligen – meist unbewußten – anthropologischen Vorverständnis. Unzulässig aber ist es auf jeden Fall, erschlossene Leistungen ohne weiteres mit Leistungsfähigkeit gleichzusetzen und danach deren Grenzen bestimmen zu wollen.

Glossar

Adenovirus: Klasse I-Virus mit doppelsträngiger DNA, verursacht Atemwegsinfektionen bei Wirbeltieren; seine DNA kann in den Zellkern eindringen und die zelleigene Transkriptionsmaschinerie zur Synthese viraler mRNA umleiten. Eine Integration des viralen Genoms in die chromosomale DNA des Wirtes findet normalerweise nicht statt.

Adplantation: Die Blastozyste lagert sich mit dem Pol, an welchem der Embryoblast liegt, der Wand des Uterus an. Dieser Vorgang ist ein wichtiges Merkmal für das Stadium 4.

Allel: Eine von verschiedenen Varianten eines Gens, die eine alternative Realisation desselben Charakters oder Phänotyps erlaubt.

Ältere Steinzeit oder *Altsteinzeit* (nicht zu verwechseln mit Altpaläolithikum) – s. *Paläolithikum.*

Altpaläolithikum: Ältester und längster Abschnitt der Altsteinzeit und damit der Steinzeit überhaupt, beginnend mit den frühesten künstlich hergestellten Steinwerkzeugen, d. h. in Afrika vor mehr als zwei Millionen, in Europa vor mehr als 500.000 Jahren; das Ende für Europa und einige andere Gebiete gleichgesetzt mit dem Ende des Pleistozäns.

Altsteinzeit – s. Ältere Steinzeit.

Aminosäuren: Bausteine der Proteine. Es gibt ca. zwanzig verschiedene „natürliche Aminosäuren", die als L-Stereoisomere („Linksschrauben") vorliegen. Sie haben alle die gleiche Grundstruktur, unterscheiden sich aber in den Seitenketten, die charakteristische Wirkgruppen tragen.

Amnionhöhle: Der vom Amnion, einer aus dem Ektoderm entstandenen Zellschicht, umgebene Raum, in dem sich das Fruchtwasser befindet.

Amniozentese: Entnahme von Fruchtwasser aus der Amnionhöhle.

Anlage – s. Potentialität.

Antisense-Nukleinsäure: DNA-, RNA-Moleküle oder synthetische Fragmente derselben, deren Struktur komplementär (A/T(U)- oder G/C-Tausch) zu der zu blockierenden Nukleinsäure (DNA oder RNA) ist. Durch Hybridisierung wird die Funktion der angegriffenen Nukleinsäure ausgeschaltet. Anti-sense-Konstrukte können häufig auch in intakte Zellen eingeschleust werden.

Äquiprobabilismus: Lehre, wonach man sich für eine von zwei sich widerstreitenden sittlichen Meinungen nur dann entscheiden darf, wenn beide im Blick auf die Beurteilung von gegebenen Sachverhalten gleich gute Gründe bei sich führen und daher jede von beiden mindestens oder gleich (lat. „aequus") so „wahrscheinlich" (lat. „probabilis"), d. h. sittlich gerechtfertigt ist wie die andere. – Vgl. auch *Probabilismus*, *Probabiliorismus*.

Archäologie: Wörtlich etwa Kunde oder Erforschung der alten Dinge, in der Praxis im wesentlichen eingeengt auf die materiellen Überreste, die für die im engeren Sinne geschichtlichen Zeiten und Räume zur Ergänzung der schriftlichen Quellen herangezogen werden (z. B. Mittelalterarchäologie); beim Fehlen schriftlicher Zeugnisse bleiben die archäologischen Funde und Befunde die wichtigsten Grundlagen der Forschung. – Vgl. auch *Urgeschichte*.

Australopithecus: Etwa 1,0-2,5 Millionen oder mehr Jahre alte Gattung von Hominiden mit noch durchaus menschenaffenähnlich erscheinenden Schädelproportionen und kleinem Gehirn (Schädelvolumen etwa 400-550 ccm) bei kleinem Wuchs von etwa 1,0-1,5 m, aber allgemeiner körperlicher Unspezialisiertheit mit grundsätzlicher, indes wohl nicht stetiger aufrechter Haltung und Fortbewegung bei guten Klettereigenschaften und dem heutigen Menschen nahestehender Struktur von Hand und Fuß: eine mehr als 2 oder 2,5 Millionen Jahre alte und vergleichsweise grazile Form als A. africanus abgehoben von dem zwar ebenfalls kleinwüchsigen, aber gröberen A. robustus bzw. einer mehr als 2,5 bis weniger als 1,5 Millionen Jahre alten und auch als selbständige Art betrachteten groben Form (A. boisei). – Nicht unbestritten ist die taxonomische Zuordnung und Einheit bei der mehr als 2,5 oder 3 Millionen Jahre alten Gruppierung A. afarensis (darunter das „Lucy" genannte Fossil mit ausgeprägt längeren Armen und einem Fortbewegungsapparat, der auf besonderen und nicht durchgehend aufrechten

Gang schließen läßt). Erheblich älter, wohl mehr als 4 Millionen Jahre, sind einige noch affenähnlichere, vorläufig als A. ramidus bezeichnete Fragmente, deren Zuordnung ebenso wie die einiger noch älterer zu der Gattung A. jedoch fragwürdig ist, ferner einige wenig aussagefähige Bruchstücke, zumal von Lothagam, mit einem Alter von etwa 5,5 Millionen Jahren. – Vgl. auch *Homo habilis* und *Laetolil*.

Autonomie, philosophisch-ethisch: Unter dem Begriff der Autonomie (von griech. autos/selbst und nomos/Gesetz, dt. Selbstgesetzgebung, Selbstbestimmung) hält die neuzeitlich-moderne Philosophie die Einsicht fest, daß für den Menschen als vernünftiges, sich zu sich selbst verhaltendes Wesen Ansprüche auf Wahrheit und sittliche Verbindlichkeit nur dann als wahr und verbindlich gelten können, wenn sie von ihm auch als solche frei erkannt und anerkannt werden, sittliche Bindung also den Charakter von Selbstbindung annimmt. Zu einem zentralen philosophisch-ethischen Begriff wird Autonomie erst durch I. Kant, der ihn in seiner Moralphilosophie benutzt, um Moralität als „freien Selbstzwang" (MS A 9) zu explizieren. Soll Handeln sittlich, d. h. der Person zurechenbar sein, darf es nach Kant nicht von beliebigen naturwüchsigen Antrieben (Triebe, Neigungen) oder externen Autoritäten (Gewohnheiten, Bräuche, Ethos, Kirche, Gesellschaft etc.), sondern allein vom „guten Willen", und das bedeutet vom Gesetz, bestimmt sein, keiner anderen Bestimmung des empirischen Wollens als der durch die Vernunft zu folgen. Moralität erscheint als jene „Auto-nomie", in der der Mensch selbst sich das Gesetz gibt, das ihm in Begrenzung und Überschreitung seiner Bedürfnisnatur die Freiheit als Vernunftwesen ermöglicht und ihn als moralisches Subjekt als „Zweck an sich selbst" (MS BA 64) konstituiert. Autonomie ist daher nicht nur „oberstes Prinzip der Sittlichkeit", sondern zugleich „der Grund der Würde der menschlichen und jeder vernünftigen Natur" (MS BA 87, 79). – Vgl. auch *Person*, *Kategorischer Imperativ*, *Selbstzwecklichkeit*, *Freiheit*.

Autonomie, theologisch-ethisch: Theologisch-ethisch bezeichnet Autonomie eine grundlegende Denkform von sittlicher Bestimmtheit überhaupt. Sie ist Ausdruck des menschlichen Grundwillens, seine schöpfungsmäßige Stellung als verantwortliche Person ernst zu nehmen. Eine Moral der Autonomie bejaht die Eigenwirklichkeit und Gutheit geschöpflicher Freiheit. Autonomie bedeutet Weltverantwortung aus christlichem Glauben.

Autopoiese: Sie ist die Eigenschaft (Vermögen) eines Systems, die „wesentlichen" Relationen, die „Organisation" und die „Funktionsweise" zeitlich beizubehalten.

Autosom: Die nicht geschlechtsbestimmenden Chromosomen.

Autosomal dominant: Bezeichnung für den Erbgang eines Gens, das auf einem autosomalen Chromosom lokalisiert ist und bereits bei heterozygoten Trägern den Phänotyp bestimmt, d. h. wenn auch nur eines der elterlichen Allele verändert (z. B. mutiert) ist. Dominanter Erbgang tritt ein, wenn das veränderte Allel ein Genprodukt hervorruft, das den Phänotyp beeinflußt. Beispiele autosomal dominanter Erbkrankheiten sind der Veitstanz (Chorea Huntington) oder die myotonische Dystrophie.

Autosomal rezessiv: Bezeichnung für den Erbgang eines Gens, das auf einem autosomalen Chromosom lokalisiert ist und nur bei homozygoten Trägern den Phänotyp bestimmt, d. h. wenn die Allele beider Elternteile den gleichen Charakter (z. B. eine Mutation) tragen. Heterozygote sind meist nicht beeinträchtigt. Rezessiver Erbgang bedeutet, daß eine Funktion durch die Änderung des Allels ausfällt oder stark beeinträchtigt ist, die jedoch durch die Produkte des intakten Allels kompensiert werden kann. Beispiele autosomal rezessiver Erbkrankheiten sind die Mukoviszidose (zystische Fibrose) und die Phenylketonurie.

Axon – s. Neuron.

Basensequenz: Die lineare Aufeinanderfolge der Bausteine in einer Nukleinsäure (DNA oder RNA); die Bausteine heißen Nukleotide und bestehen aus einer N-haltigen Base, einem Zucker (Ribose in der RNA, bzw. 2'-Desoxyribose in der DNA) und einer Phosphorsäuregruppe. Codogene Basen sind Adenin (A), Guanin (G), Cytidin (C) und Thymin (T, in DNA) bzw. Uracil (U, in RNA).

Bewußtsein: Bewußtsein ist als begleitendes Wissen (griech. syn-eidesis, lat. con-scientia) ein Wissen um Dinge, Ereignisse, eigene Handlungen und Zustände und das eigene Ich (Subjekt, Selbst). Man kann daher Objekt, Akt- und Subjektbewußtsein unterscheiden. Zum Bewußtsein gehören sowohl Intentionalität als Objektbezogenheit wie Reflexivität als theoretische und praktische Selbstbezogenheit. Als Grundlage alles Wissens kann

Bewußtsein nicht definiert werden, ist es doch in allen Definitionen bereits vorausgesetzt. Bewußtsein hat zugleich die Funktion der Synthesis, da es alle Wissensgehalte zur Einheit verbindet. In dieser Funktion ist es auch grundlegendes Prinzip der Erkenntnis. Mit seinen Momenten Welt und Ich, Bewußtsein von … und Reflexivität/Selbst-Gewißheit (Evidenz) läßt sich das Vermögen zu diesem spezifischen Bewußtsein schließlich als anthropologischer Strukturbegriff, als Wesensbestimmung des Menschen verstehen.

Blastomerenstadium: Mit der ersten Furchungsteilung entstehen aus der Zygote zwei Tochterzellen. Jede einzelne Zelle wird als Blastomere bezeichnet. Das Blastomerenstadium entspricht dem Stadium 2 und reicht vom Zweizell- bis zum Sechzehnzellstadium.

Blastozyste: Ab etwa 32 Zellen entstehen Flüssigkeitsräume zwischen den Zellen, die allmählich zu einer einzigen Höhle zusammenfließen. Wegen dieser mit Flüssigkeit gefüllten Höhle wird dieses Stadium als Blastozyste (Stadium 3) bezeichnet. Die Blastozyste besteht aus einem Mantel von Zellen (Trophoblast), welcher sowohl die Blastozysthöhle als auch die „innere Zellmasse", den Embryoblasten, umhüllt.

Chorion: Der mit Mesoderm überzogene Trophoblast.

Chorionbiopsie: Gewebsentnahme aus dem Gebärmutterkuchen (Chorion).

Chorionhöhle: Die vom Chorion umgebene Höhle.

Chromatide: Die beiden gleichen Hälften der Doppelchromosomen.

Chromatin: Komplex aus DNA und Proteinen (insbesondere Histonen) im Zellkern eukaryotischer Zellen.

Chromosom: Fadenähnliche, aus Chromatin aufgebaute Partikel, die das gesamte genetische Material eines Organismus oder auch nur Teile desselben enthält. Beim Menschen gibt es 23 verschiedene Chromosomen, in einer diploiden Zelle also 46 Chromosomen. Ein funktionstüchtiges Chromosom benötigt, neben der genomischen DNA, eine Replikationsstelle, ein Zentromer und zwei Telomere.

Codon: Sätze von drei Nukleotiden auf einem DNA- bzw. mRNA-Molekül, die den Einbau einer bestimmten Aminosäure steuern. Von den 64 möglichen Codons stehen 61 für die 20 natürlichen Aminosäure-bausteine der Eiweißkörper, drei als Stoppsignale der Translation zur Verfügung.

Crossing-over: Austausch von homologen Teilen der genomischen DNA zwischen den väterlichen und mütterlichen Chromatiden in der Prophase der ersten mitotischen Teilung.

Dendrit – s. *Neuron*.

Deontologie: Der Begriff „Deontologie" (von griech. to deon, das Erforderliche/die Pflicht, und logos, Lehre) wird zur Kennzeichnung derjenigen Richtungen der normativen Ethik gebraucht, die die Verbindlichkeit und Qualität sittlicher Handlungen, Handlungsregeln (Normen) und Urteile prinzipiell aus der Verpflichtung zu bestimmten Verhaltensweisen bzw. in sich guten Handlungsmaximen ableiten, im Gegensatz zum Konsequentialismus, der zur Begründung sittlicher Gebote auf handlungsexterne Faktoren wie die Folgen der Handlung selbst Bezug nimmt.

Desoxyribonukleinsäure (DNA): Makromolekularer Träger der Erbinformation. Der kettenförmige Molekülstrang enthält vier Typen von Bausteinen (s. Basensequenz), die in Dreiergruppen den genetischen Code bilden. DNA liegt überwiegend als Doppelhelix vor, deren Stabilität durch Wechselwirkungen gegenüberliegender, komplementärer Basen (G/C bzw. A/T oder U) auf den beiden Strängen gewährleistet wird.

Deterministisch-stochastisch: Stochastisch heißt ein System, wenn Aussagen über dieses System in der Regel Wahscheinlichkeitsaussagen sind. Dies bedeutet nicht, daß Gesetzmäßigkeiten zu deren Ableitung fehlen würden. Deterministisch heißt, daß man fest bestimmte Aussagen treffen kann.

Diploide Zelle: Zelle mit einem doppelten Chromosomensatz, typischerweise eine somatische Zelle.

Dorsal: Richtungsbestimmung am Körper, die zum Rücken weist.

Elektroenzephalogramm: Aufzeichnung der Hirnströme. Die Hirnströme entstehen durch die Aktivität der Neurone.

Embryoblast: Innere Zellen in der Blastozyste, aus welchen der Embryonalkörper hervorgeht.

Embryonale Stammzelle: Embryonale Zelle, die noch die Fähigkeit zur Differenzierung in alle Zellarten des Individuums besitzt; man nennt sie totipotent. Beim Menschen ist dieser Zustand bis zum 8-Zellstadium erhalten. Die Totipotenz einzelner Stammzellen läßt sich (artifiziell) nur nach Auflösung des embryonalen Zellverbands verwirklichen. Embryonale Stammzellen können explantiert, genetisch manipuliert und in den Blastozysten reinjiziert werden.

Embryonalstadium: Weil die reine Zeitangabe für die Beschreibung der Entwicklung des Embryos zu ungenau ist, wird die Embryonalzeit in Entwicklungsstadien unterteilt, welche durch bestimmte Merkmale charakterisiert sind. Nach den Vorarbeiten von Streeter hat sich die Festlegung der Entwicklungsstadien nach O'Rahilly (1973) und O'Rahilly und Müller (1987) durchgesetzt. Insgesamt werden 23 Embryonalstadien unterschieden.

Embryonalzeit: Sie umfaßt die Entwicklung des Menschen von der Fertilisation bis zum Ende der 8. Woche.

Embryotransfer: Übertragen des Embryos in die Gebärmutter, gewöhnlich aus dem Gefäß der extrakorporalen Befruchtung.

Epigenetischer Faktor: Faktor, der die Entwicklung eines Organismus beeinflußt, aber nicht chromosomal codiert ist.

Epigenismus (Epigenesistheorie, Postformationstheorie): Von C. F. Wolff (1734-1794) aufgestellte Theorie, nach der sich – im Gegensatz zu der im 18. Jahrhundert üblichen Präformationstheorie (s. *Präformismus*) – ein Organismus (so auch der menschliche Embryo) allmählich durch Neubildungen aus Ungeformtem entwickelt (gr. epigenesis). Der Epigenismus unterstellt dabei, daß die Ontogenese kein kontinuierliches Geschehen ist, sondern von Zäsuren unterbrochen ist. Er steht damit im Widerspruch zu heutigen humanbiologisch-embryologischen Erkenntnissen.

Ethik: Unter Ethik versteht man die methodische Reflexion der Vernunft auf das menschliche Handeln, sofern es unter der Differenz von gut und böse bzw. von geboten, verboten oder erlaubt steht. Da das menschliche Handeln vorweg zu jeder solchen Reflexion durch ein Muster von Regeln des Guten und Richtigen, d. h. durch Moral (von lat. mores, Sitten) bestimmt ist, dessen vollständige und von der jeweiligen Gruppe akzeptierte Gestalt sich als Ethos (s. dort) bezeichnen läßt, kann Ethik auch als Moralphilosophie, d. h. als Reflexion auf die geltende Moral bzw. das akzeptierte Ethos unter dem Gesichtspunkt der Gültigkeit des Anspruchs verstanden werden, den die jeweilige Moral oder das Ethos an das Handeln des einzelnen richtet.

Ethos der Menschenrechte – s. *Menschenrechtsethos.*

Ethos: Unter Ethos (von griech. ethos: Gewohnheit, Sitte, Brauch) versteht man die konkrete Gestalt sittlichen Lebens: zum einen (objektiv) den Inbegriff sittlicher Normen und normativer Gehalte, die in einer gegebenen Gesellschaft als gültig anerkannt sind – auch mit Bezug auf bestimmte Rollen (Beruf, Stand), Muster der Lebensführung, Leitbilder und Ideale –, zum anderen (subjektiv) die entsprechende Einstellung und Gesinnung, den sittlichen Charakter des einzelnen. Das Ethos konkretisiert die moralischen Forderungen zu einem normativen Handlungsmuster, das dem Welt- und Sinnverständnis sowie der institutionellen Verfassung (Familie, Eigentum, Herrschaft, Rechtswahrung) der Gesellschaft entspricht. Da der Mensch sich nur in Form des konkreten Ethos und einer konkreten Lebensform handelnd zu verwirklichen vermag, kann auch der Menschenrechtsgedanke stets nur eingebettet in gehaltvolle Ethosformen begegnen und läßt sich ohne solche Kontexte nicht bewahren, was jedoch nicht besagt, daß der Kern des Gedankens keine von diesen Kontexten unabhängige Gültigkeit besitzt.

Eukaryot: Zelle mit voll ausgebildetem Zellkern, der die chromosomale DNA trägt. Alle mehrzelligen Organismen, aber auch zahlreiche Einzeller (z. B. Hefen, Pilze) sind Eukaryoten.

Evolutionsstrategien: Hierbei handelt es sich um Strategien bzw. Verfahren, die biologischen Entwicklungen entsprechen und die gegebene Zielfunktionen optimieren.

Exon: Bereich eines eukaryotischen Gens, dessen Information in die mRNA übertragen wird. Verschiedene Exons sind durch sog. Introns unterbrochen. Erst auf der Stufe der mRNA-Bildung werden die verschiedenen Exons durch den Spleißvorgang miteinander verbunden.

Fertilisation: Die Fertilisation oder Befruchtung ist ein Prozeß, der mit dem Eindringen eines Spermiums in die Oozyte (Imprägnation) beginnt und erst nach etwa 24 Stunden mit der Ausbildung der Zygote endet.

Fetalzeit: Sie umfaßt die Entwicklung des Menschen vom Ende der Embryonalzeit bis zur Geburt.

Fetozid: Tötung des Kindes in der Gebärmutter.

Fibrose, zystische: s. Mukoviszidose.

Form und Materie: In der aristotelisch-thomanischen Philosophie werden mit Form (lat. forma, griech. morphe) und Materie (lat. materia, griech. hyle) die beiden korrelativen Seinsprinzipien des endlichen, materiellen bzw. sinnenfälligen Seienden bezeichnet, die sich wie Akt und Potenz verhalten. Als „erste Materie" (lat. materia prima, griech. prote hyle) ist die Materie das ungeformte Substrat überhaupt, woraus als der realen Bedingung der Möglichkeit alles endliche Seiende entsteht. Als kategorial völlig unbestimmtes, rein potentielles Subjekt, das als solches nicht eigentlich existiert, ist sie zugleich Prinzip der Individuation (principium individuationis). Erst aufgrund der Bestimmung durch eine substantielle Form (griech. eidos, morphe, s. *Substanz*) erlangt sie als „zweite Materie" (lat. materia secunda) Wirklichkeit. Es ist diese Prägung durch eine substantielle Form, die den Wesensgrund eines Seienden (s. Substanz), das Allgemeine und Arthafte im Gegensatz zum Einzelnen ausmacht und zugleich Substrat weiterer Bestimmungen durch akzidentelle Formen ist, die die mit dem Wesen nicht schon notwendig verbundenen Eigenschaften und Merkmale eines jeweiligen Seienden bestimmen.

Freiheit, philosophisch-ethisch: Freiheit zeigt sich im menschlichen Handeln als Handlungsfreiheit, Willens- oder Wahlfreiheit sowie als praktische oder transzendentale Freiheit. Handlungsfreiheit meint die Freiheit, intendierte Handlungen ausführen zu können. Willens- oder Wahlfreiheit meint das Wählenkönnen von Handlungen, wobei zwischen „libertas specificationis", d. h. überhaupt eine Handlung zu wollen, und „libertas executionis", d. h. eine Handlung auch unterlassen zu können, unterschieden werden muß. Unter transzendentaler Freiheit wird nach I. Kant das Vermögen überhaupt verstanden, einen Anfang setzen zu können („Kausalität aus Freiheit"), d. h. die Freiheit, sich zu einer Selbstbestimmung durch Vernunft, mithin zur Freiheit entscheiden zu können.

Freiheit, theologisch: Freiheit als Selbstvollzug des gegenständlich wählenden Menschen ist im theologischen Verständnis eine transzendentale Auszeichnung des Menschseins selbst. Sie konstituiert sich im bejahenden Vollzug ihrer selbst (Grundwahl) als unableitbare Ursprunghaftigkeit. Gerade dadurch, daß sie sich nicht einfach als von sich her endgültig verfügbar weiß, vermag sie die dem Menschen eigene kreatürliche Abhängigkeit zu akzeptieren und einer geschichtlichen Auslegung, wie sie in der Einheit von Gottes- und Nächstenliebe zum Ausdruck gebracht ist, entgegenzuharren. Freiheit als bleibende Sinnkonsequenz kann somit als „dialogisches Vermögen der Liebe" (K. Rahner) verstanden werden.

Gameten: Die auf sexuelle Verschmelzung spezialisierten haploiden Zellen. Bei Säugetieren sind es die Eizelle (Oozyte) und das Spermium (Spermatozoon).

Gametentransfer: Eingabe der männlichen Spermien und der weiblichen Oozyte in den Eileiter der Frau.

Gap junction: Verbindung zwischen zwei aneinandergrenzenden Zellen durch spezielle porenbildende Proteinkomplexe (Annexine). Duch diese Poren können kleine Moleküle und Ionen vom Zytoplasma einer Zelle in das der Nachbarzelle gelangen.

Gen-Expression: Die materielle Verwirklichung der in den Genen kodierten Information durch Synthese von komplementären Ribonukleinsäuren (Transkription) und deren Übersetzung in spezifische Proteine (Translation).

Gen-Fähre – s. *Vektor*

Gen-pool: Die Gesamtheit aller Erbinformationen einer Art (z. B. von Homo sapiens)

Gen: Abschnitt auf einem Chromosom, der die Information für die Bildung eines Proteins enthält. Neben den kodierenden Bereichen enthält er noch eine Reihe anderer Regionen, z. B. Promotoren, Introns und Terminatoren.

Generatianismus: Die im altchristlichen Traduzianismus (s. dort) seit Tertullian vertretene, später von kirchlicher Seite verurteilte Lehre, wonach die menschliche Seele nicht von Gott erschaffen (s. *Kreatianismus*), sondern aus den Seelen der Eltern erzeugt (lat. generare) wird.

Genom: Das gesamte genetische Material (die Erbsubstanz) eines Organismus. Der Begriff wird auch auf Viren angewandt.

Genotyp: Die für einen Organismus charakteristische Ausstattung mit Genen und genetischen Elementen.

Geschöpflichkeit: Die biblischen Grundaussagen von der Geschöpflichkeit beinhalten zum einen die radikale Abhängigkeit der Welt und des Menschen von Gott sowie deren seinsmäßige Verwiesenheit auf Gott, zum anderen den echten Eigenstand aller kreatürlichen Wirklichkeit im Gegenüber zu Gott. Das Grundgesetz des christlichen Schöpfer-Geschöpf-Verhältnisses lautet: Radikale Abhängigkeit und echte Wirklichkeit des von Gott herkünftig Seienden wachsen im gleichen und nicht im umgekehrten Maße (K. Rahner).

Gestose: Früher wurden damit alle durch eine Schwangerschaft bedingten Erkrankungen bezeichnet. Heute versteht man darunter den schwangerschaftsinduzierten Bluthochdruck, der in verschiedenen Formen auftritt.

Gezielte Mutation (site-directed mutagenesis): Durch gentechnische Methoden herbeigeführter Austausch bestimmter Nukleotidbausteine eines Gens, der zu einer Änderung eines Codons und damit zu einem gezielten Austausch einer Aminosäure im Genprodukt (Protein) führt.

GIFT: Abkürzung für Gamete Intrafallopian Transfer. – Vgl. Gametentransfer.

Gottebenbildlichkeit: Die biblische Rede von der Gottebenbildlichkeit ist eine Aussage über den Menschen, der von Gott als sein Repräsentant in die Welt gestellt ist, um nach seinem Vorbild Herrschaft auszuüben. Der Ausdruck „nach seinem Bilde, ihm ähnlich" (Gen 1, 26) ist hierbei keine Tautologie, sondern als Einheit von funktional-repräsentativen und ontologisch-qualifizierenden Aspekten des Menschseins zu verstehen, die nur aus der Dynamik der Gott-Mensch-Welt-Beziehung heraus mit Inhalt zu füllen sind. Aus dem Gottesbezug heraus ist daher auch die spezifische Begabung des Menschen mit Vernunft und freiem Willen zu interpretieren. – Vgl. *Vernunft, Person.*

Haploide Zelle: Zelle mit dem einfachen Chromosomensatz (z. B. beim Menschen 23); typischerweise reife Gameten (Geschlechtszellen).

Haupthistokompatibilitätskomplex (major histocompatibility complex, abgekürzt: MHC): Polymorphe Proteine, welche die größte genetische Variabilität von Individuum zu Individuum aufweisen. Sie spielen eine entscheidende Rolle in der Immunreaktion, indem sie fremde Proteinantigene den zytotoxischen T-Zellen und den Helfer-T-Zellen präsentieren. Die zytotoxischen Zellen und die Helfer-Zellen gehören zu den T-Lymphozyten.

Heiligkeit des Lebens: Im allgemeinen Sinne ist die Überzeugung von der Heiligkeit des Lebens Ausdruck der Ehrfurcht vor dem alles Lebendige durchwaltenden Leben „in seiner übermächtigen Verletzlichkeit" (O. F. Bollnow). Ausgehend von der Erfahrung, daß keiner das Leben aus sich selber hat, bezeichnet in theologischer Sicht „Heiligkeit des Lebens" die transzendente Verwiesenheit allen Lebens auf Gott als Ursprung und Ziel. Theologisch-ethisch meint es im Hinblick auf den Menschen die seinem Leben wesenseigene Wahrheit, der gegenüber ihm nur eine stellvertretende Verantwortung, jedoch kein substantielles Verfügungsrecht i. S. des Herrseins über Leben und Tod zukommt.

Heterochromatin: Besonders stark kondensierte, transkriptions-inaktive Form des Chromatins. Ca. 90% des Chromatins liegen in inaktiver Form vor.

Heterozygote: Ein Individuum mit einem Paar verschiedener Allele eines bestimmten Gen. Verschiedene Allele können durch Mutation in einem der beiden Allele entstehen.

Hirnströme: Die Aktivität der Neurone erzeugt Ströme im extrazellulären Raum, die mit hochempfindlichen Elektroden gemessen werden können. Diese Ströme werden dann auch von der Hirnrinde (Elektrokortikogramm) bzw. von der Schädeloberfläche (Elektroenzephalogramm) ableitbar, wenn Gruppen von Neuronen synchron aktiv sind und durch ihre Position und Struktur Dipole bilden.

Histone: Basische Proteine der Nukleosomen des Zellkerns. Sie bilden den „Proteinball", auf dem die DNA des Chromatins aufgewickelt ist.

Holozän (auch Postglazial = Nacheiszeit, früher Alluvium genannt): Bis in die heutige Zeit dauernder jüngerer Abschnitt („erdgeschichtliche Gegenwart") der Quartär-Formation vom Ende des Pleistozäns (in Europa vor etwa 10.000 Jahren, in anderen Erdgebieten teils später, teils früher angesetzt).

Hominiden: Familie (im Sinne der zoologischen Nomenklatur), zu der die Gattungen Homo und Australopithecus gehören, ohne daß der Name schon etwas über eine menschliche Natur der zugehörigen Formen besagte.

Homo erectus: Zwischen etwa 1,8 Millionen und mehr als 200.000 Jahren lebende Hominidenform, für deren Bezeichnung nach der Einordnung in die Gattung „Homo" von dem früheren Namen „Pithecanthropus erectus" die Artbezeichnung „erectus" beibehalten wurde, was nicht besagt, daß aufrechter Gang erstmals bei dieser Art festzustellen sei; zumindest in einer Zone von Süd- und Ostasien (u. a. sog. Pekingmensch) bis Afrika vertreten, ist die Zuordnung einer Anzahl von Funden in Europa umstritten und droht eine wenig aussagefähige Sammelbezeichnung zu bilden, weil verschiedene Merkmale abweichen und dementsprechend auch allgemeine Angaben teilweise unsicher sind oder die Annahme einer erheblichen Variationsbreite erfordern: Schädelkapazität 750-1250 ccm und damit die Gehirngröße zwar überwiegend geringer als beim Homo sapiens, aber mit Überschneidungen im Extrembereich; Körpergröße im allgemeinen 1,3-1,5 m oder mehr, mit einem großwüchsigen, aber anders als Homo sapiens proportionierten Vorkommen in Ostafrika.

Homo habilis: Trotz allgemeiner Ähnlichkeit mit Australopithecus vor allem wegen des größeren Schädelvolumens (580-700 ccm oder mehr) und der Herstellung von Steinwerkzeugen ausgegliederte und – nicht unbestritten – in die Gattung Homo einbezogene, besonders kleinwüchsige und in der Hauptsache wohl jünger als A. africanus einzuordnende Hominidenform.

Homo neanderthalensis – s. *Homo sapiens*.

Homo sapiens: Bei Linné seit 1735 die abstrahierende Bezeichnung für die ihm bekannten Menschen und in seiner binären Nomenklatur die einzige heute lebende Spezies des Genus Homo. Da somit die Genusbezeichnung „Homo" Raum für weitere – damals noch unbekannte – Spezies läßt, reicht zum einen der Gattungsbegriff „Homo" nicht a priori aus für die Bestimmung eines Lebewesens als Mensch und sind zum anderen weitere Arten dieser Gattung nicht „sapiens" zu nennen. (Vielfach wird postuliert, aber fast ebenso oft mißachtet, daß die Bezeichnung Homo sapiens nur noch im anatomischen Sinn und nicht – wie bei Linné – als Hinweis auf eine besondere Psyche verstanden werden soll.) – Die zunächst (teilweise auch heute) als eigene Art Homo neanderthalensis klassifizierten Neandertal-Menschen (mit dem heutigen Menschen gleichkommendem Schädelvolumen, aber anderer Proportion: fliehende Stirn und ausladendes Hinterhaupt, fehlendes Kinn) werden heute fast allgemein – aber keineswegs unumstritten – in die Art Homo sapiens als Subspezies Homo sapiens neanderthalensis einbezogen und die ursprüngliche Spezies Homo sapiens konsequent unter dem

Namen Homo sapiens sapiens ebenfalls als Subspezies eingestuft. Da diese Terminologie noch nicht restlos akzeptiert ist, wird sie hier im Text durch Klammern deutlich gemacht. – Die Bezeichnung von Fossilien als Homo sapiens (sapiens) kann nur morphologisch begründet werden und ebenso eine eventuelle Kreuzung der beiden Subspezies als mögliches Hilfskriterium; die Definition nach dem Genom ist streng genommen lediglich auf den rezenten Homo sapiens (sapiens) zu beziehen. – Im übrigen findet man den Ausdruck „Homo sapiens" im Bereich der Geisteswissenschaften, zumal der Theologie und Philosophie, noch in einem sehr allgemeinen Sinn verwendet (zumeist einfach entsprechend „Mensch").

Homologe Rekombination: Austausch homologer Gene unter Erhaltung ihrer örtlichen Position. Strategien der Gentherapie bemühen sich, diese Art der Rekombination zu verwirklichen.

Homöostase: Sie ist das Vermögen eines Systems, den Zustand in einem fixierten Bereich zu halten.

Homöotische Gene: Gene, die wichtige Informationen für die geregelte Ausbildung der Raum-Zeit-Muster von Proteinen und Zellstrukturen in der Embryonalentwicklung tragen. Kurze Sequenzen dieser Gene, die in der Evolution stark konserviert wurden, werden als „Homöoboxen" bezeichnet.

Homozygote: Ein Individuum mit einem Paar identischer Allele eines Gens.

Humanembryologie: Die Lehre von der vorgeburtlichen Entwicklung des Menschen.

Hybridisierung: a) Neue, vollständige Spezies oder Zellinie, die aus einer Verschmelzung genetischer Bruchstücke zweier verschiedener Spezies bzw. Zelltypen resultiert (Chimären). b) In der Molekularbiologie bezeichnet man damit die Wechselwirkung komplementärer Nukleinsäure-Einzelstränge, die zur Ausbildung von Doppelsträngen führt.

Ich: Als zentraler Begriff der Philosophie der Neuzeit meint „Ich" seit R. Descartes' bewußtseinsphilosophischer Wende den Bezugspunkt aller Akte wie der Welthabe des Subjekts, vielfach synonym gebraucht für Selbst, Bewußtsein, Person, Subjekt oder Geist. Nach I. Kant sind zu unterscheiden: das empirische Ich (als Gegenstand der Erfahrung und der Selbstbeobachtung), das transzendentale Ich (das aller Erfahrung als Einheit des

Bewußtseins und damit als Bedingung der Möglichkeit von Erfahrung überhaupt zugrundeliegt) und das praktische handelnde und wollende Ich (das sich in Freiheit selbst bestimmt). In Abkehr vom bewußtseinsphilosophischen Paradigma des Deutschen Idealismus (J. G. Fichte: „das absolute I.") wurde insbesondere von Seiten der Existentialphilosophie (S. Kierkegaard, K. Jaspers, J.-P. Sartre) und Phänomenologie (M. Heidegger, M. Merleau-Ponty , P. Ricoeur, E. Levinas) die Auffassung des Ich als eines isolierten Bewußtseins, das nur indirekt Zugang zur Welt der Objekte, des Lebens und der Anderen gewinnt, in Frage gestellt. Die Sozialpsychologie (G. H. Mead u. a.) und die personalistisch-dialogische Philosophie (M. Buber, M. Theunissen, G. Marcel, E. Mounier u. a.) kehren schließlich das Konstitutionsverhältnis um: das Du ist notwendige Bedingung, damit etwas nicht nur – wie schon bei J. G. Fichte – sich als Ich erkennt, sondern Ich oder Selbst wird.

Identität: Die Identität eines Systems ist gegeben durch die charakteristischen Größen, die seine möglichen Zustände charakterisieren, sowie die entsprechenden Bereiche, welche die erlaubten Abweichungen einschränken. Geht man zu einem mathematischen Modell über, so erhält man Systemparameter, die z. B. als Zahlensätze gegeben sind, die das System festlegen.

Imperativ, kategorischer: In der Ethik I. Kants jenes schlechthin höchste, in der Autonomie des Willens (Freiheit) gründende Gebot (Sollen), das als formales Grundgesetz der reinen prakt. Vernunft (als eines von empirischen Bedingungen unabhängigen Begehrungsvermögens) ohne jede Einschränkung, d. h. ohne Rücksicht auf einen Zweck oder eine „Materie" des Willens, bzw. unter Ausschluß jeder subjektiven Absicht (auch der allgemeinsten: dem Glück), unbedingt, objektiv, allgemein und notwendig gültig ist. Als höchstes Kriterium der sittlichen Integrität des Wollens formuliert der kategorische Imperativ eine rein formale Regel widerspruchsfreier Verallgemeinerung möglicher lebensrelevanter Willensbestimmungen, um die den Handlungen endlicher Vernunftwesen zugrundeliegenden persönlichen Lebensgrundsätze (Maximen) als in sich gut oder nicht zu beurteilen: „Handle nur nach derjenigen Maxime, durch die du zugleich wollen kannst, daß sie ein allg. Gesetz werde" (GMS AA IV, 421). Neben der Formel des allgemeinen Gesetzes heben andere Formeln (die des Naturgesetzes [ebd.], der Autonomie [ebd. 434], des Reiches der Zwecke [ebd. 438]) verschiedene Aspekte und Bedeutungen des kategorischen Imperativs eigens hervor. Die Selbstzweckformel macht die Achtung vor der Person als solcher zur Pflicht: „Handle so, daß du die Menschheit, sowohl in deiner Person als in der Person eines jeden anderen jederzeit zugleich als Zweck, niemals bloß als Mittel brauchest" (ebd. 429). S. *Autonomie*, *Selbstzwecklichkeit*, *Person*.

Implantation: Im Laufe des Stadium 5 dringt die Blastozyste in die Uterusschleimhaut hinein und ist schließlich am Ende der ersten Woche völlig in die Uterusschleimhaut eingenistet.

In-vitro-Fertilisation: Befruchtung außerhalb des Mutterleibes (extrakorporal).

Individuum/Individualität: Nach der üblichen ontologischen Definition, wie sie Aristoteles und die ihm folgende Tradition von der Individualität am Paradigma des lebendigen Seienden gegeben haben, ist das Individuum das *atomon* im Sinn des in der extensionalen Bestimmungsordnung nicht mehr weiter aufteilbaren, numerisch Einzelnen. Das Individuum ist die Artnatur, wie sie in streng *einem* Träger instantiiert bzw. verwirklicht ist. In diesem Sinn umfaßt die Individualität – wie Thomas von Aquin (Sth I 29,4) im Anschluß an Aristoteles feststellt – zwei Momente: das *Ungeteiltsein in sich* (indivisum esse in se) und das *Geteiltsein von allem anderen* (divisum esse ab omni alio). Das Geteiltsein von allem anderen meint die numerische *Einzigartigkeit*, das Ungeteiltsein in sich die innere *Einheit*, die zwar Teile kennt, jedoch nicht Teile, die – wie im Fall einer bloßen Ansammlung – ihrerseits selbständige Individuen sind. *Individualität* kommt den verschiedenen Arten der Dinge in unterschiedlicher analoger Weise zu. Ein höher organisiertes *lebendiges Individuum*, wie es der Mensch ist, besitzt seine Individualität als Einheit eines aus seinem eigenen Zentrum heraus lebenden, sich aktiv selbst bewahrenden und entwickelnden Organismus, der durch den vollen Lebenszyklus und den damit verbundenen Wandel hindurch seine Existenz und Identität bewahrt. Es ist das Individuum in diesem Sinn, von dem wir mit Bezug auf den konkreten Menschen sagen, daß es das Subjekt seiner Vollzüge ist, bestimmte Eigenschaften hat, geboren wird und stirbt.

Induktion: Vermehrte Proteinsynthese durch Aktivierung der Genexpression. Induzierende Stoffe reagieren mit regulatorischen Elementen (Promotorregion) der DNA.

Intrazytoplasmatische Spermatozoeninjektion (ICSI): Eingabe (Injektion) eines Spermiums (Spermatozoon) in das Zytoplasma der Oozyte.

Intron: Nicht-kodierender Abschnitt auf einem eukaryoten Gen, der einen kodierenden Bereich (Exon) unterbricht.

Jüngere Steinzeit bzw. *Jungsteinzeit* (nicht zu verwechseln mit dem Jungpaläolithikum oder dem „Late Stone Age" Afrikas). – Vgl. *Neolithikum*.

Jungpaläolithikum (jüngere Altsteinzeit: nicht zu verwechseln mit Jungsteinzeit): In Europa beginnend vor etwa 35.000-40.000 Jahren, zusammen mit dem Auftreten des Homo sapiens (sapiens), das Ende dort konventionell festgelegt mit dem Ende des Pleistozäns (Eiszeitalter), nach kulturell-formalen Gesichtspunkten mit einem Teil der Elemente auch in Südwestasien und in Sibirien erkennbar. (In Afrika entspricht dem zeitlich das morphologisch eher dem Mittelpaläolithikum zu vergleichende „Middle Stone Age"). In der gängigen Gliederung als Unterabteilung dritten Ranges erscheinend (Steinzeit – ältere Steinzeit [=Paläolithikum] – jüngere Altsteinzeit [=Jungpaläolithikum]), ist das Jungpaläolithikum dem Wesen nach geeignet für eine Zweiteilung des gesamten Paläolithikum-Mesolithikums und unter dem Kriterium künstlerischer Betätigung sogar der Urgeschichte überhaupt.

Jungsteinzeit – s. *Jüngere Steinzeit*.

Kaudal: Richtungsbestimmung am Körper, die zum Steißbein hin weist.

Keimbahn-Gentherapie: Die Beseitigung oder Kompensation eines erblichen Defekts durch Veränderung des betroffenen Gens in Keimzellen. Dies kann durch Zufügen neuer bzw. Austausch oder Abschalten vorhandener Gene oder Genabschnitte geschehen.

Keimbahn: Die sich über die Generationen erstreckende Folge von Keimzellen. Während der Differenzierung des Embryos separieren sich jene Zellen, die später die haploiden Gameten bilden, von den stets diploid bleibenden Somazellen.

Keimblätter: Am Ende der 2. Entwicklungswoche können drei Zellschichten beim Embryo unterschieden werden. Das Ektoderm bildet die äußere Schicht, das Mesoderm die mittlere und das Entoderm die innere Schicht. Normalerweise gehen aus jedem Keimblatt bestimmte Strukturen und Gewebe hervor; unter besonderen Bedingungen, z. B. Transplantation können sich die Zellen eines Keimblattes aber auch zu anderen Strukturen differenzieren. Deshalb können die Keimblätter und das, was aus ihnen hervorgeht, nicht mehr als so spezifisch und getrennt angesehen werden, wie man dies früher dachte.

Klon: Kolonie genetisch einheitlicher Zellen, die sich von einer einzigen Zelle ableitet.

Knock-out mutation: Die Stillegung von Genen durch Zufuhr von anti-sense Nukeinsäuren in die Keimbahn.

Konjugation: Gerichteter Transfer von DNA zwischen Zellen.

Kortikale Platte: Anlage der Hirnrinde (Cortex cerebri).

Kranial: Richtungsbestimmung am Körper, die zum Kopf hin weist.

Kreatianismus: Im Streit um den Zeitpunkt und die Herkunft der menschlichen Seele im Gegensatz zum Traduzianismus (s. dort) vertretene und von der katholischen Kirche als verbindlich erklärte Lehre, wonach jede Einzelseele unmittelbar von Gott aus dem Nichts erschaffen (lat. creare) und im gegebenen Augenblick mit dem elterlichen Zeugungsprodukt verbunden wird.

Kryokonservierung: Tieffrierung von Embryonen im Zwei- bis Achtzellstadium.

Laetolil: Fundstelle in Ostafrika mit auf mehr als drei Millionen Jahre datierten Fußabdrücken eindeutig menschlicher Art von im einzelnen noch ungeklärter Einordnung (eigene Form oder Variante von Australopithecus?).

Lateral: Richtungsbestimmung am Körper, die seitwärts weist.

Lebensschutz – s. *Menschenrechtsethos.*

Leib-Seele-Einheit: Die Rede von der Leib-Seele-Einheit ist Ausdruck der Vieleinheit menschlich-individuellen Seins. Sie basiert auf der Grundunterscheidung von Geist und Materie als metaphysischer Prinzipien. Geist und Materie, in Seinseinheit „Mensch", sind dementsprechend aufeinander hingeordnete, sich gegenseitig bedingende und zu geschlossener Seinseinheit vermittelnde Seinsprinzipien. Beide sind, das eine als (Form-, Gestalt-) Empfangendes, das andere als (Form-, Gestalt-) Gebendes, aufeinander angewiesen. Sie „sind" gar nicht, sondern prinzipiieren gemeinsam die substantielle Seinseinheit, das lebendig-individuelle Menschsein.

Medial: Richtungsbestimmung am Körper, die zur Mitte (Medianebene) hin weist.

Meiose: Im Gegensatz zu den Somazellen, die sich durch Mitose teilen und vermehren, erfolgt die Teilung der Keimzellen durch Meiose; hierbei wird in einem mehrstufigen Prozeß der diploide Chromosomensatz halbiert; es entstehen 4 haploide Gameten; der entstehende Gamet enthält nun entweder den väterlicher- oder den mütterlicherseits ererbten Satz des Genoms. Durch Rekombinationen (crossing-over) können während der Prophase der 1. Teilung homologe Chromosomenabschnitte ausgetauscht werden.

Menschenrechtsethos: Der im Menschenrechtsethos garantierte Schutz des menschlichen Lebens umfaßt mit Blick auf seine Begründung und seine Ausdehnung grundsätzlich zwei Momente: (1.) Er leitet sich her aus der *Unantastbarkeit der Würde des Menschen* (s. *Menschenwürde*) , wobei die Würdezuschreibung damit begründet wird, daß der Mensch *Person* (s. dort) ist. (2.) Zugleich wird diese dem Menschen zukommende Würde und das davon abgeleitete gleiche Recht auf Leben, Freiheit und Sicherheit *ausnahmslos allen Menschen* zugesprochen – ohne Ansehen der Rasse, des Geschlechts, der Religion oder des Verdienstes. Daß jemandem der Schutz der Würde der Person zukommt, soll mithin von nichts anderem abhängig sein als dem Umstand, *Individuum der Spezies* zu sein. Mensch zu sein, ist das *Kriterium der Zuschreibung von Personalität.* Es macht das Proprium des Menschenrechtsgedankens aus, beide Momente, das Vermögen des verantwortlichen Subjektseins (*'Personprinzip')* und die Zugehörigkeit zur Spezies (*'Naturprinzip'),* als eine *unlösliche Einheit* zu betrachten. Von dem inneren Zusammenhang der beiden Prinzipien hängt die Plausibilität des Menschenrechtsgedankens insgesamt ab.

Menschenwürde/Würde des Menschen: Würde kommt demjenigen Gut zu, das nicht durch andere Güter aufgewogen werden kann, das keinen Preis hat und also um seiner selbst willen und unbedingt zu schützen ist. Dem Menschen kommt Würde deswegen zu, weil er mit Vernunft und Freiheit begabt ist, d. h. das Vermögen besitzt, moralisch verantwortliches Subjekt (s. *Subjektsein, sittliches*), oder kurz ausgedrückt, „Person" zu sein. *Person* zu sein, ist mithin der *Grund der Würdezuschreibung.* Da das sittliche Subjekt nicht anders existiert als in Form eines lebendigen menschlichen Individuums und dieses Individuum durch eine ursprüngliche Einheit von Leib und Ich ausgezeichnet ist, schließt die Würde des Subjekts den *Schutz der Integrität von Leib und Leben* wesentlich ein. Das Leben ist nicht das ranghöchste, wohl aber das fundamentale Gut. Jemanden als Person zu bezeichnen heißt daher ihn als einen solchen zu identifizieren, dessen Anspruch auf Integrität von Leib und Leben unbedingt oder zumindest unabdingbar zu respektieren ist. – Vgl. *Person, Menschenrechtsethos.*

Mesolithikum (Mittlere Steinzeit): An die Stelle einer zunächst vermuteten Lücke zwischen Paläolithikum und Neolithikum geschobener Abschnitt, dessen Anfang in Europa generell mit dem Beginn des Holozäns angesetzt wird, in Vorderasien bereits früher, das Ende mit dem Aufkommen des Neolithikums, das von Region zu Region verschieden liegt; als Fortsetzung des Mesolithikums kann das bis in die historische Neuzeit reichende „Late Stone Age" Afrikas betrachtet werden.

Messenger RNA (mRNA) : Boten-Ribonukleinsäure. Sie wird durch Transkription der Gen-DNA über mehrere Stufen (Prä-mRNA) im Zellkern gebildet und bringt die genetische Information in die Proteinsynthese (Translation) ein, die im Zytoplasma bzw. am rauhen endoplasmatischen Retikulum stattfindet.

Metaphysik (von griech. „meta ta physika" – nach, hinter bzw. jenseits des Physischen): Seit Spätantike und Mittelalter Bezeichnung für die „erste Philosophie" als der philosophischen Grundwissenschaft, in der alle philosophischen Disziplinen wurzeln. Ihren Gegenstandsbereichen nach gliedert sich die Metaphysik in der Neuzeit in die metaphysica generalis (Allgemeine Metaphysik), d.i. die Lehre vom Seienden selbst (Ontologie) und die metaphysica specialis (Spezielle Metaphysik). Zur metaphysica specialis gehören die Lehre vom Wesen der Welt (Kosmologie), die Lehre vom vom Menschen (rationale Psychologie, bzw. ihre Nachfolger philosophische Anthropologie, Existenzphilosophie) sowie die Lehre von der Existenz und dem Wesen Gottes (rationale bzw. philosophische Theologie).

Mitose: Zellteilung, bei der jede Tochterzelle mit einem vollständigen Chromosomensatz ausgerüstet wird.

Mittelpaläolithikum (Mittlere Altsteinzeit): Als jüngster Abschnitt aus dem Altpaläolithikum herausgelöst, von anderen als Oberes Altpaläolithikum bei diesem belassen; der Anfang wird ziemlich willkürlich und unterschiedlich festgelegt, jedoch in Europa im allgemeinen noch mehr oder weniger lang vor dem Auftreten der Neandertaler angesetzt, teils nach dem Auftreten einer bestimmten Technik der Steinbearbeitung (Levallois), teils nach einem geologischen Kriterium (zumeist dem Beginn der letzten Warmzeit = Eem).

Mittlere Steinzeit (nicht zu verwechseln mit Mittelpaläolithikum oder dem afrikanischen und teilweise asiatischen „Middle Stone Age"). – Vgl. *Mesolithikum*.

Modell, mathematisches: Hierbei handelt es sich um eine Zuordung eines realen Systems auf ein System von mathematischen Objekten (Zahlen, Funktionen, ...). Die Entwicklung des realen Systems wird abgebildet auf ein mathematisches dynamisches System (z. B. ein System von Gleichungen). Die im mathematischen Modell gewonnenen Aussagen können neue Einsichten über das zugrunde gelegte reale System liefern. Mathematische Modellierung ist ein wesentlicher Bestandteil der Mathematisierung in den Wissenschaften.

Morphogenese: Gemeint ist damit die Ausbildung von Strukturen in physikalischen, chemischen oder biologischen Systemen. Morphogene werden solche Faktoren genannt, welche die Strukturbildung anregen, bzw. aufrecht erhalten.

Mukoviszidose: Autosomal rezessive Erbkrankheit, gekennzeichnet durch eine Störung des Chlorionentransports und, damit verbunden, einer erschwerten Sekretbildung in Lunge, Darm und anderen Organen. Der genetische Defekt betrifft ein am Chloridtransport beteiligtes Protein (transmembraner Leitfähigkeitsregulator).

Nabelschnurpunktion: Entnahme von Blut aus der Nabelschnur (unter Ultraschallkontrolle).

Natur: Als Wesensbegriff meint „Natur" die arttypische Prägung eines konkret Seienden, die ihm zukommende Fähigkeit des Tuns oder Erleidens. Weil - nach Aristoteles - Materie und Form diese arttypische Prägung ausmachen, kann „Natur" auch die Bedeutung von „Wesen" gewinnen (vgl. Thomas von Aquin, Sth q. I, 29, 1 ad 4). Als Gegen- bzw. Komplementärbegriff bezeichnet „Natur" einen Bereich, der erst durch die Ausgrenzung von dem, was ihm gegenüber als Nichtnatur bezeichnet wird, bestimmt ist, der aber dennoch in Wechselwirkung zu dem steht, was sie nicht ist (Natur - Gott, Natur - Gnade, Natur - Geist, Natur - Kultur, Natur - Geschichte, Natur - Praxis). Mit „Natur" wird hierbei eine Sinnbestimmung mitausgesagt, die nur im Überschreiten zu dem, was sie nicht ist, erfaßt werden und auch als kritische Instanz in Erinnerung gerufen werden kann. Dabei kann sie - aus der jeweiligen Relation herausgelöst - auch widersprüchliche Bedeutungen annehmen (z. B. durch die Herauslösung aus der Beziehung Schöpfer - Schöpfung).

Natürliches Gesetz/Naturrecht: Im engeren Sinne bezeichnet „natürliches Gesetz" („lex naturalis") in der Ethik die Vernunftnatur des Menschen, insofern sie Maß und Regel der menschlichen Handlungen ist. Die Gebote des natürlichen Gesetzes ergeben sich nach Thomas von Aquin aus der Beziehung des obersten Prinzips der praktischen Vernunft („Das als gut Erkannte ist zu tun, das Gegenteil zu lassen") auf die den Menschen auszeichnenden Grundantriebe („inclinationes naturales"). Sie haben den Charakter von Prinzipien bzw. Metanormen, die der kulturspezifischen Fortbestimmung zu konkreten Normen bzw. zu einem Ethos (s. dort) bedürfen.

Neandertalmensch/Neandertaler – s. *Homo sapiens.*

Neolithikum (Jüngere Steinzeit oder Jungsteinzeit: nicht zu verwechseln mit Jungpaläolithikum): Jüngster Teil der Steinzeit, zunächst festgelegt nach dem Auftreten geschliffener Steingeräte und der Töpferei, heute zumeist nach dem Auftreten des Bodenbaus und der (in einigen Erdteilen allerdings fehlenden) Viehzucht, d. h. Kriterien, die teilweise auch noch vor der Töpferei auftreten („präkeramisches Neolithikum"), beginnend um etwa 8000 v. Chr. in Vorderasien und erst im dritten Jahrtausend v.Chr. im nördlichsten Europa. Was in der gängigen Gliederung der Urgeschichte als Unterabteilung zweiten

Ranges erscheint (Steinzeit – Jüngere Steinzeit) ist nach dem Kriterium der Nahrungswirtschaft geeignet für eine Zweiteilung der gesamten Steinzeit und der Urgeschichte überhaupt.

Netzwerk, neuronales: Die Neurone des Nervenystems sind über ihre Axone und Synapsen mit zahlreichen anderen Neuronen verbunden. Die Neurone zusammen mit ihren Verbindungen werden als Netzwerk bezeichnet. Die Leistungsfähigkeit eines Nervensystems wird nicht allein durch die Zahl der vorhandenen Neurone, sondern auch durch die Art ihrer Verknüpfungen bestimmt.

Neuralplatte: Das Ektoderm, welches sich dorsal der axialen Strukturen befindet. Es wird so spezifiziert, daß aus ihm das Zentralnervensystem hervorgeht.

Neuralrohr: In der Neuralplatte entsteht die Neuralrinne. Die seitlichen Ränder der Neuralrinne wölben sich auf, kommen in der Medianebene miteinander in Berührung und verschmelzen miteinander zu einer rohrförmigen Struktur in der Längsachse des Embryos, das Neuralrohr. Das Neuralrohr löst sich völlig vom Ektoderm ab und differenziert sich in die Anlage des Rückenmarks und des Gehirns.

Neuron: Die Nervenzelle. Es stellt die elementare Einheit des Nervensystems dar. Die Neurone bilden zwei verschiedene Fortsätze aus, den Neuriten oder das Axon, welches die Signale zu anderen Neuronen fortleiten, und den Dendriten, welcher vorwiegend Signale von anderen Neuronen aufnimmt und an den Zellkörper (Perikaryon) weiterleiten. Im Perikaryon werden alle ankommenden Signale integriert.

Nukleosom: Kugelartige Verpackungseinheit der DNA. Ca. 200 Bausteine-lange Bereiche sind jeweils auf Proteinkomplexen „aufgewickelt", die aus je zwei Kopien der vier Histone H2A, H2B, H3 und H4 bestehen.

Onkogene: Klasse von Genen, deren Gegenwart und Expression Zellen den Phänotyp eines Tumors verleiht. Sie entstehen in normalen Zellen aus Proto-Onkogenen, deren Genprodukte wichtige zelluläre Funktionen ausüben (z. B. Wachstumskontrolle). Durch Mutation oder Transposition können diese Funktionen so verändert werden, daß unkontrollierte Zellvermehrung resultiert. Onkogene kommen auch in Retroviren vor; nach Infektion können Tumoren entstehen.

Ontogenese: Entwicklung eines Lebewesens von der Zygote bis zum geschlechtsreifen Individuum.

Ontologie: Lehre vom Seienden als solchen und den ihm als solchen zukommenden Bestimmungen. – Vgl. *Metaphysik*.

Ootide: gleichbedeutend mit Pronukleus-Stadium.

Optimalität: Die zeitliche Entwicklung biologischer Prozesse wird teilweise so beschrieben, daß eine „Zielgröße" durch den Verlauf extremal wird. Diese Annahme ist im allgemeinen nicht gegeben. Für spezielle dynamische Systeme lassen sich mathematische Größen (Funktionale) definieren, die durch die zeitliche Entwicklung optimiert werden.

Ousia: griech. für Wesen bzw. Substanz (s. dort).

Paläolithikum (Ältere Steinzeit) – s. *Altpaläolithikum*, *Mittelpaläolithikum*, *Jungpaläolithikum*.

Pekingmensch (nach alter Terminologie 'Sinanthropus pekinensis') – s. *Homo erectus*.

Perikaryon – s. Neuron.

Person, philosophisch-ethisch: Der Mensch ist Person, insofern er mit Vernunft und Freiheit begabt ist, d. h. das Vermögen besitzt, moralisch verantwortliches Subjekt zu sein (s. *Subjektsein, sittliches*). *Person* zu sein, ist der *Grund der Würdezuschreibung* (s. *Würde des Menschen/Menschenwürde*). – Vgl. auch *Autonomie, Menschenwürde, Menschenrechtsethos, Selbstzwecklichkeit, Vernunft*.

Person, theologisch: „Person" ist ein Grundbegriff der christlichen Theologie und Anthropologie. In der Trinitätstheologie bezeichnet er den immerwährenden Selbstvollzug Gottes im Erkennen und Lieben. In der christlichen Anthropologie bezeichnet „Person" eine letzte Unvertretbarkeit, in der sich der Mensch gegenüber allen anderen selbst zu eigen ist. Als letzter Bedeutungsträger eines konkreten geistigen Seienden beinhaltet „Person" bereits eine qualitative Auszeichnung, die durch das Merkmal des Ineffablen als Ausdruck letzter Intimität und ursprünglichen Bei-sich-Seins nicht vollends wiedergegeben werden kann, sondern erst durch den Würdebegriff gestiftet wird. Die mit dem Personsein ausgesagte „Individualität" im Sinne der Unabhängigkeit, Unverlierbarkeit und Unwiederholbarkeit steht daher auch nicht primär in Beziehung zu bloßer „Allgemeinheit", sondern in Korrelation zu „Gemeinschaft".

Phänotyp: Die Summe der exprimierten, nach außen in Erscheinung tretenden genetischen Ausstattung eines Organismus.

Phylogenese: Die biologische Enstehungsgeschichte (Stammesgeschichte) der Arten oder einzelnen Merkmalen bzw. Eigenschaften.

Pithecanthropus erectus – s. *Homo erectus*.

Plastizität: Die Fähigkeit des neuronalen Netzwerks, sich in der Auseinandersetzung mit den Reizen der Umwelt entsprechend zu organisieren und zu modifizieren. Diese Fähigkeit ist zwar in jedem Lebensalter gegeben, in bestimmten Entwicklungsperioden ist sie aber besonders stark ausgeprägt.

Pleistozän (großenteils dem Eiszeitalter entsprechend): Früher Diluvium genannter älterer Teil der Quartär-Formation, dessen Anfang schwierig festzulegen ist und nach teilweise einander widersprechenden Kriterien angesetzt wird (terrestrische oder marine Tierwelt, Klimabedingungen, Meeresspiegelstände); als Ausweg dient weithin der Hilfsbegriff „Plio-Pleistozän" für eine Übergangsphase.

Pliozän: Jüngster Teil der Tertiär-Formation mit unklarer Grenze gegenüber dem Pleistozän.

Pluripotenz: Die Fähigkeit einer Zelle, sich zu mehreren verschiedenen Zelltypen zu differenzieren. Im Gegensatz zur totipotenten Zelle kann aber aus der pluripotenten Zelle kein ganzer Embryo entstehen.

Polymerase chain reaction (PCR, Polymerase-Kettenreaktion): Eine neue Technik, mit welcher die DNA einer ausgewählten Region des Genoms in kurzer Zeit milliardenfach vermehrt werden kann

Polymorphismus: Das Vorkommen verschiedener Allel-varianten, deren Genprodukte (Proteine) funktionelle Unterschiede aufweisen können. Besonders deutlich kommt Polymorphismus bei den Histokompatibilitäts-antigenen zum Ausdruck.

Polyspermieblock: Die Reaktion der Oozyte auf das Eindringen eines Spermiums, wodurch das Eindringen weiterer Spermien verhindert wird.

Potentialität: Möglichkeit, Anlage. Die mittelalterliche Philosophie unterscheidet im Anschluß an Aristoteles zwischen der potentia obiectiva, d. h. der bloßen oder logischen Möglichkeit, die dann besteht, wenn etwas oder eine begriffliche Verbindung in sich ohne Widerspruch denkbar ist, und der potentia subiectiva, wie sie nur einem Ding eignet, das, wie ein Lebewesen, bereits existiert und als solches das reale Vermögen besitzt, bestimmte Eigenschaften oder Tätigkeiten zu entwickeln. Im gleichen Sinn unterscheiden Descartes und Leibniz im Anschluß an Suarez zwischen formeller und *realer* Potentialität. Im Englischen könnte man in diesem Sinn auf die Unterscheidung von „ability" und „capability" verweisen. Das Potentialitätsargument im Rahmen der Frage nach dem Beginn des Personseins besagt, daß auch dasjenige menschliche Wesen, das die eine Person kennzeichnenden Eigenschaften nicht aktuell besitzt, als eine solche anzusehen ist, insofern es die (subjektive oder reale) Potentialität besitzt, diese Eigenschaften zu entwickeln.

Prae-Embryo: Unter Prae-Embryo wird gewöhnlich die Entwicklungsperiode von der Fertilisation bis zur Entstehung des Primitivstreifens verstanden. Im Gegensatz zur Einteilung der Embryonalzeit in Stadien ist dieser Begriff aber nicht genau definiert. Er ist ferner nicht rein deskriptiv, sondern bereits interpretierend, indem er nahelegt, daß der Embryo aus etwas entsteht, was vor ihm liegt, nämlich aus dem Prae-Embryo.

Präexistentialismus: Lehre, wonach die Seele eines menschlichen Individuums bereits vor (lat. prae) der Zeugung des Leibes durch die Eltern existiert (lat. existere).

Präformismus (Präformationstheorie, Präformation): Die vor allem im 17. und in der ersten Hälfte des 18. Jahrhunderts vertretene Vorstellung vom Verlauf der ontogenetischen Entwicklung der Lebewesen, nach der sich der Embryo durch Entfaltung von im Keim vorhergebildeten (lat. praeformare) Teilchen entwickelt.

Präimplantationsdiagnostik: Diagnostik vor der Einnistung des Embryos in die Gebärmutterhöhle.

Pränatale Diagnostik: Vorgeburtliche Diagnosestellung.

Primitivstreifen: Gegen Ende der zweiten Entwicklungswoche beginnen die Zellen des Ektoblasten in der Medianebene zu proliferieren, den Zellverband zu verlassen und zwischen Ektoblast und Entoblast eine neue Schicht zu bilden, das Mesoderm. Mit der Entstehung des Mesoderms wird der Ektoblast jetzt Ektoderm genannt.

Probabiliorismus: Lehre, nachdem von zwei sittlichen Meinungen nur die wahrscheinlichere (lat. probabilior) befolgt werden darf. – Vgl. *Probabilismus, Äquiprobabilismus.*

Probabilismus: Die Tradition des Probabilismus erlaubt es, bei gegebenen Gründen einer nur wahrscheinlichen (lat. probabilis) bzw. gering oder schwach begründeten Meinung zu folgen, auch wenn die Gegenmeinung wahrscheinlicher ist. Man darf in diesem Fall annehmen, daß das betreffende Gesetz nicht greift oder verpflichtet („lex dubia non obligat"). Im Zweifel über das Zutreffen einer Vorschrift kann demnach auch die weniger verpflichtende Handlungsalternative gewählt werden, sofern für sie gute Gründe angebbar sind. Dies wird auch als legitim betrachtet, wenn sich der Handelnde in einer Situation der Not befindet und Anspruch gegen Anspruch steht. – Vgl. auch *Probabiliorismus, Äquiprobabilismus.*

Prokaryot: Zelle ohne definierten Zellkern. Die Gen-DNA liegt diffus im Zellplasma vor. Bakterien sind Prokaryoten.

Promotor: Ein bestimmter Sequenzbereich auf einem DNA-Molekül, der die Transkription eines Gens reguliert. Die Promotorregion liegt meist außerhalb des eigentlichen Struktur-Gens und tritt in Wechselwirkung mit regulatorischen Proteinen (Kernfaktoren) und der RNA-Polymerase, welche die Transkriptions des Strukturgens katalysiert.

Pronukleus (Vorkern*)*: Nach dem Eintritt des Spermiums in die Eizelle – und nach deren abgeschlossener 2. meiotischer Teilung – liegen die Genome beider Gameten zunächst noch getrennt in den beiden Vorkernen vor.

Pronukleusstadium: Die Entwicklungsphase der Oozyte, in welcher sich nach dem Ausstoßen des zweiten Polkörpers nur noch die beiden haploiden Chromosomensätze im weiblichen und männlichen Vorkern (Pronukleus) befinden.

Regulatorische DNA: s. Promotor

Rekombination: Vorgang des Austauschs von genetischem Material zwischen zwei Chromosomen. Generelle Rekombination beruht auf dem Austausch zwischen zwei homologen, illegitime Rekombination auf dem Austausch zwischen zwei verschiedenen Chromosomen.

Replikation: Enzymgesteuerte Reproduktion eines identischen DNA-Moleküls. Bei der doppelhelikalen DNA wird zunächst mit dem +Strang als informativer Matrix ein komplementärer -Strang und von diesem anschließend der neue +Strang synthetisiert. Analog kann der -Strang vervielfältigt werden. Die Komplementarität wird durch die komplementären Bausteine (G/C und A/T bzw.U) gewährleistet.

Replikations-Startstelle: Bausteinsequenz auf der DNA, an der sich während der S-Phase des Zellzykus die Replikationsgabeln ausbilden. Von dort aus können sich an die beiden auseinandertretenden DNA-Stränge spezifische Enzyme (z. B. DNA-Polymerase) anlagern und die Replikation katalysieren.

Repression: Hemmung der Proteinsynthese. Repressormoleküle verbinden sich mit Kernfaktoren (Proteinmolekülen), die dann an die regulatorischen Elemente der Promotorregion eines Gens koppeln und dessen Expression blockieren.

Retrovirus: Einzelsträngiges RNA-Virus, das über ein doppelsträngiges DNA-Zwischenprodukt repliziert und exprimiert wird. In seiner Virushülle trägt es hierzu eine besondere RNA-abhängige DNA-Polymerase, die reverse Transkriptase.

Ribonukleinsäure (RNA): Nukleinsäure, die sich von der DNA strukturell durch den Gehalt an dem Zucker Ribose (statt Desoxyribose), sowie durch die Verwendung des Bausteins U (Uracil-Nukleotid) anstelle von T (Thymin-Nukleotid) unterscheidet. Funktionell wird RNA als mRNA (messenger RNA), tRNA (Transfer-RNA) und rRNA (ribosomale RNA) verwendet.

Selbstorganisation: ist die Eigenschaft eines Systems, durch Wechselwirkung seiner Teilsysteme „neue" Strukturen auszubilden, zu denen die Teilsystme für sich nicht fähig wären. Selbsorganistion auf den verschiedenen Stufen einer Hierarchie von Systemen ist entscheidend für die Strukturbildung in realen Systemen.

Selbstzwecklichkeit: Von Immanuel Kant herstammende Begründung der besonderen Würdestellung des Menschen mit dem Status der Person (s. dort) als „Zweck an sich selbst". Der Mensch als Person ist in der Reihe möglicher Zwecke jederzeit als letzter Zweck zu betrachten, niemals bloß als Mittel für etwas anderes. Aus der Erfahrung der personalen Selbstzwecklichkeit erwächst die „Achtung" vor der „Würde" der Person (s. dort). – Vgl. *Menschenwürde, Menschenrechtsethos.*

Simultanbeseelung: Die im Gegensatz zur Sukzessivbeseelungstheorie (s. dort) und deren Annahme einer Mehrzahl von Seelen entwickelte Theorie, wonach die Geistseele des Menschen als eine einzige (forma unica) ab dem Moment der Zeugung mit dem Leib des neuen Individuums verbunden ist. Geistbeseelung und Beginn des Eigenlebens erfolgen simultan. – Vgl. *Generatianismus, Traduzianismus, Kreatianismus.*

Sittlichkeit – s. *Ethos.*

Somazellen: Körperzellen (zu unterscheiden von Keimzellen) mit diploidem Chromosomensatz.

Spezies: Fachbegriff für Art, z. B. die Spezies Homo sapiens im Rahmen der Gattung Homo, der Familie der Hominiden, der Ordnung der Primaten, der Klasse der Säuger, im Stamm der Wirbeltiere.

Speziesismus: Von Peter Singer am Gedanken der Tierethik orientierte und im Rahmen seiner „Praktischen Ethik" erhobener Vorwurf, daß die traditionelle „Lehre von der Heiligkeit des menschlichen Lebens" (doctrine of sanctity of life; s. *Heiligkeit des Lebens*) sowie die Lehre von der besonderen Würde des Menschen (s. *Menschenwürde*) auf einer willkürlichen, da bloß an der biologischen Speziesgrenze „homo sapiens" Maß nehmenden Zuschreibung von Schutzwürdigkeit basieren, die allein aus der biologischen Taxonomie gewonnen werde und dem Menschen dadurch einen Vorzug vor allen anderen Spezies einräume. Menschliches Leben aber sei für sich betrachtet eine rein biologische, naturwissenschaftlich konstatierbare, moralisch jedoch irrelevante Eigenschaft.

Spleißen: Vorgang bei der Umwandlung eines primären Transkripts (Prä-mRNA) in eine reife, translatierbare mRNA. Wegen der Mosaikstruktur der Gene (Exons und Introns) enthalten die primären Transkripte noch Sequenzabschnitte, die nicht für ein Protein kodieren. Diese müssen aus dem Transkript exakt herausgeschnitten und die freien Enden der kodierenden Bereiche anschließend wieder miteinander verknüpft (verspleißt) werden. Dieser Prozeß wird durch spezifische Enzyme katalysiert.

Stetig – unstetig: Diese Begriffe sind mathematisch zu fassen. Sie werden verwendet für das lokale Verhalten von Funktionen. Ein Funktion heißt stetig in einem Punkt genau dann, wenn ihr Wert für alle nahe bei nahe bei liegt. Sonst heißt sie unstetig in. Betrachten wir eine nichtkonstante Funktion etwa der kontinuierlichen Variablen Zeit mit Werten in den ganzen Zahlen, so ist diese unstetig, wenn wir uns auf die üblichen Definitionen von „nahe" einigen.

Stochastisch: Das zufallsabhängige, statistische Verhalten der individuellen Träger eines dynamischen (d. h. zeitabhängigen) Prozesses.

Strukturgen: Abschnitt der genomischen DNA, der die Information für die Prä-mRNA-Synthese und damit für das Genprodukt (Protein) trägt. Davon zu unterscheiden sind die regulatorischen Genabschnitte, z. B. die Promotorregion.

Subjektsein, sittliches: Der Status des Menschen als sittliches Subjekt ist der Kern des im Menschenrechtsethos deklarierten Würdeschutzes und macht seine weltweite Plausibilität einsichtig. Würde kommt demnach jedem Menschen zu, insofern er ein individuelles sittliches Subjekt, d. h. ein in Freiheit durch Vernunft sich zum Handeln bestimmendes Wesen ist, dem seine Handlungen zugeschrieben werden können, der Verantwortung und Pflichten übernehmen, sein Leben entwurfsoffen gestalten und Interessen verfolgen kann. Das Handeln des Menschen ist daher nicht einfach instinktgeleitet; als sittliches Subjekt erkennt der Mensch die Gründe seines Handelns, er verfolgt Zwecke und Ziele und kann sich in Freiheit selbst entscheiden. Ist mithin die freie Selbstverantwortlichkeit für das eigene Handeln der Ursprung aller moralischen Verbindlichkeit, dann muß in der Selbstverantwortlichkeit, d. h. im sittlichen Subjektsein selbst, der Zweck bestehen, der allen anderen moralischen Zwecken voraufgeht und zugrundeliegt. – Vgl. *Autonomie, Person, Selbstzwecklichkeit.*

Substanz (lat. substantia als Übers. des griech. ousia/hypostasis bei Aristoteles): meint das Seiende als In-sich-Stehendes, als Selbständiges. In der Tradition der aristotelisch-scholastischen Philosophie werden unterschieden: (1.) die „erste Substanz" („substantia prima"), das individuelle, konkrete Seiende, das in seinem Selbstand (Subsistenz) Wirklichkeit und Beständigkeit hat und sich in seinen wechselnden Bestimmungen (Akzidentien) durchhält; (2) die „zweite Substanz" („substantia secunda"), das allgemeine Wesen (essentia) einer Substanz im ersten Sinne als Inbegriff jener Eigenschaften, die dem individuellen Seienden wsentlich zukommen (ousia).

Sukzessivbeseelung: Auf dem Hintergrund der aristotelischen Seelenlehre und der antik-mittelalterliche Biologie entwickelte Vorstellung, wonach der Mensch in einer phasenhaften Entwicklung der frühen Ontogenese die Stadien einer vegetativen, einer sensitiven und einer rationalen Seele ausbildet, wobei in diesem Prozeß der höhere Seelenteil jeweils die Funktion des niedrigeren mitübernimmt. Der Embryo durchschreitet dabei im Übergang zum Fötus das Stadium der Pflanze und dann das des Tieres. Erst die Entstehung des rationalen Seelenteils macht den Menschen zu dem, was er seinem Wesen nach ist: ein mit Vernunft und Freiheit ausgezeichnetes Lebewesen. Im Anschluß an die Theorie der Sukzessivbeseelung wurde vor allem das Problem der Herkunft der Seele und die Frage nach dem Zeitpunkt der Beseelung diskutiert. – Vgl. *Simultanbeseelung*, *Generatianismus*, *Traduzianismus*, *Kreatianismus*.

Synapse: Kontaktstelle zwischen Nervenzellen oder zwischen Nervenzellen und anderen erregbaren Zellen, über welche Informationen von einer Zelle an die andere weitergegeben werden.

System, autonomes: Der strengere mathematische Begriff des autonomen Systems beinhaltet, daß die zeitliche Dynamik des Zustandes des Systems nur von diesem selbst abhängt. Für biologische Systeme ist es erforderlich, Autonomie weiter zu fassen. Die Gesamtheit der möglichen Zustände soll durch das System selbst festgelegt sein, die zeitliche Entwicklung kann jedoch durch die „Umwelt" beeinflußt werden.

Systemtheorie: Diese Disziplin befaßt sich mit den Gesetzmäßigkeiten von Systemen, den Relationen zwischen den Teilen einzelner Systeme oder zwischen Systemen als Teilsystemen einer größeren Gesamtheit. Ein System ist gegeben durch eine Menge von Objekten und Relationen zwischen diesen, die sich „zeitlich" entwickeln können. Zeitlich veränderliche Systeme heißen dynamische Systeme. Systeme werden durch ihre möglichen Zustände und deren zeitliche Entwicklung charakterisiert.

Teleologie: Im allgemeinen Sinne beinhaltet „Teleologie" das Verständnis der Wirklichkeit in Analogie zum menschlichem Handeln als ein auf Zwecke hin orientiertes Tun. Aufgrund der teleologischen Struktur besitzt die Strebensnatur des Lebendigen sittliche Relevanz und schlägt sich in Form von Gütern nieder, deren Entfaltung und Schutz Aufgabe der praktischen Vernunft ist.

Teleonomie: „Natürliche Selektion" besteht darin, daß automatisch diejenigen Eigenschaften an Häufigkeit zunehmen, welche dem Individuum dazu verhelfen, mehr überlebensfähige Nachkommen zu hinterlassen. Da mit dem sogenannten Selektionsvorteil also die für den Fortpflanzungserfolg geeigneteren Eigenschaften begünstigt werden, kann man von diesem Erfolg her betrachtet solche Eigenschaften als zweckmäßig bezeichnen. Während proximate Ursachen erklären, wie Eigenschaften (Merkmale, Verhaltensweisen) zustandekommen, lassen sich ihr Untergang oder ihre Ausbreitung in einer Population nur von den Auswirkungen, der ultimaten Ursache her verstehen. Solche Auswirkungen stellen sich auch ohne Absicht oder Zielvorstellung (Final-Ursache aus *De generatione animalium* des Aristoteles) ein; zur Unterscheidung von der teleologischen Deutung spricht man deshalb von Teleonomie.

Telomere: DNA-Sequenzen an den beiden Enden eines linearen Chromosoms. Telomere verhindern, daß das Chromosom – als Folge des Replikationsmechanismus – mit jeder Replikationsrunde um einige Bausteine verkürzt wird.

Theonomie: Im thomanischen Denken meint Theonomie den Ausgang aller Dinge von Gott und die Rückkehr aller Dinge zu Gott. Theonomie setzt menschliche Autonomie im Sinne der aktiven Teilhabe an der Vorsehung Gottes frei und kommt in dieser zur Erfüllung. Theonomie im engeren Sinne als Gottesgesetzlichkeit ist als „lex evangelica" ein ungeschriebenes Gesetz. Als Gesetz der Freiheit ist es die im Heiligen Geist geschenkte innere Dynamik der Liebe. Die je größere Einheit mit Gott bedeutet die je größere Freiheit des Menschen. – Vgl. *Autonomie.*

Totipotenz: Zustand der totalen Undifferenziertheit einer Zelle. Aus einer totipotenten Zelle können noch alle Zelltypen entstehen, für die im Genom Information vorliegt. Wird z. B. beim Menschen eine Zelle bis zum Achtzellstadium aus dem Verband genommen, ist sie totipotent und kann sich zu einem ganzen Embryo entwickeln.

Traduzianismus: Im Rahmen des Streits um Zeitpunkt und Herkunft der menschlichen Seele vorgetragene Lehre, wonach dem Menschen durch den „tradux" (von lat. „traducere", übertragen; gemeint ist ein menschliches Fortpflanzungsmittel materieller Art) die Seele aus der Seele der Eltern mitgegeben wird. Die Lehre des Traduzianismus wurde von der katholischen Kirche mehrfach verurteilt und der Kreatianismus (s. dort) zur verbindlichen Lehre erklärt. – Vgl. *Generatianismus.*

Transgene Tiere: Tiere, in denen durch gentechnische Manipulation an Keimbahnzellen fremde oder modifizierte Gene eingeführt und/oder eigene Gene ausgeschaltet wurden.

Transkription: Übertragung der Information eines Strukturgens auf eine Boten-RNA (mRNA). Die enzymkatalysierte Bildung eines (Prä-m)RNA-Moleküls erfolgt mit einer doppelsträngigen DNA als informativer Matrix.

Translokation: Verschiebung von Genen zwischen verschiedenen Chromosomen; z. B. wurde bei Frauen, die an Duchenne-Muskeldystrophie erkrankten, ein X-ständiges Gen in Autosomen verlagert.

Transposon: Bewegliche genetische Elemente, die von Chromosom zu Chromosom springen können. Strukturell handelt es sich um Gene, die von identischen Nukleotidsequenzen in gegenläufiger Orientierung flankiert sind.

Transzendentalphilosophie: Durch I. Kant geprägter Ansatz der Philosophie bzw. Kants Bezeichnung für das System aller Erkenntnisse, die a priori (erfahrungsunabhängig) aus reiner Vernunft allein gewinnbar sind. I. w. S. eine Philosophie, in der sich jeglicher Sinn nicht nur *in* einem Bewußtsein (s. dort) (Subjekt), sondern auch *durch* dieses und *von* diesem her konstituiert, so daß das Bewußtsein das schlechthin Unüberschreitbare ist.

Trimenon: Ein Abschnitt von etwa drei Monaten während der Schwangerschaft. Entsprechend ist der Ausdruck Trimester für die Einteilung der Schwangerschaft in drei Abschnitte von je etwa 13 Wochen.

Trophoblast: Äußere Zellschicht der Blastozyste, aus welcher die ernährenden und schützenden Hüllen des Embryos hervorgehen.

Tutiorismus (in der modernen Ethik: *benefit of the doubt argument*): Ethische Position bzw. Regel, nach der man verpflichtet ist, im Zweifelsfall der jeweils strengeren Meinung zu folgen. Im Sinne dieser Regel ist bei einem nicht behebbaren Zweifel in der moralischen Bewertung einer Handlung dem Prinzip zu folgen: „idem est in moralibus facere et exponere se periculo faciendi" (Eine Tat zu begehen und sich der Gefahr auszusetzen, sie zu begehen, ist moralisch gleich zu bewerten).

Urgeschichte (oder *Vorgeschichte*): Gegenstand ist der Mensch im Zustand der Schriftlosigkeit, doch gilt die Forschung nicht unmittelbar seinen körperlichen Eigenarten wie bei der physischen Anthropologie, sondern den kulturanthropologischen und (im weiteren Sinne) historischen Aspekten, bedient sich jedoch – anders als die Ethnologie – vornehmlich archäologischer Quellen. Gleichwohl sind die beiden genannten Disziplinen wichtige Hilfs- oder Nachbarwissenschaften des Kerns der Urgeschichtswissenschaft, der prähistorischen Archäologie; verschiedene naturwissenschaftliche Fächer und Verfahren sind zumal für die Erforschung der äußeren Bedingungen und für die Datierung unentbehrlich.

Vektor: Schlepper-DNA für fremde DNA; meist ein bakterielles Plasmid oder eine Phagen-DNA. Ein Vektor ist eine zirkuläre DNA, besitzt eine Replikations-Startstelle sowie genetische Marker (z. B. Antibiotika-resistenz gene), die es erlauben, seine Anwesenheit in den Wirtszellen erkennbar zu machen.

Ventral: Richtungsbezeichnung am Körper, die nach vorne, zum Bauch hin, weist.

Verantwortung: Im allgemeinen Sinne beinhaltet Verantwortung die Zuschreibung von Handlungsfolgen in Form einer vierstelligen Relation zwischen Verantwortungssubjekt (*ich* bin verantwortlich), Verantwortungsempfänger (*gegenüber* anderen) Verantwortungsinstanz (*vor* einer bestimmten Instanz) und Objektbereich (*für* etwas). Moralische Verantwortung ist hierbei an drei Bedingungen geknüpft: eindeutige Kausalität, willentliche Entscheidung und wissentliche Überschaubarkeit. Verantwortung als Grundwert ethischen Denkens ist notwendig universal und personal-dialogisch zu begreifen. Theologisch gesehen gründet Verantwortung in der dialogischen Existenz, in der Gott den Menschen „zu seinem Entsprechen" erschaffen hat.

Als Korrelat menschlicher Freiheit beinhaltet sie nicht nur Verantwortung *vor* Normen, sondern auch für Normen.

Vermögen – s. *Potentialität.*

Vernunft: I. w. S. Bezeichnung für das gesamte geistige Vermögen im Unterschied zur sinnlichen Wahrnehmungsfähigkeit sowie zur instinktgeleiteten Tätigkeit, vielfach gleichbedeutend mit Verstand, Intelligenz, Einsicht. I. e. S. Bezeichnung für die oberste Vollzugsweise des menschlichen Geistes (griech. nous, lat. intellectus agens) bzw. das Vermögen der Zusammenschau übergreifender Seins- und Sinnzusammenhänge, im Unterschied zum analysierenden Verstand (griech. dianoia, lat. ratio). Nach I. Kant werden als die beiden hauptsächlichen Gebrauchsweisen der Vernunft unterschieden: (1.) die theoretische Vernunft, die unter der Leitung der Ideen alle Verstandeserkenntnisse zu einem einheitlichen Ganzen zu ordnen versucht, und (2.) die praktische Vernunft, die von der Freiheit und vom sittlichen Willen bestimmt ist (s. Autonomie). Seit der antikmittelalterlichen Philosophie wird die besondere Auszeichnung des Menschen gerade darin gesehen, Vernunft zu besitzen und sein Handeln durch Vernunft zu bestimmen bzw. seine Handlungen unter der Bedingung der Freiheit (s. dort) zu vollziehen. Eben dieser Besitz von Vernunft und Freiheit ist es auch, der die Gottebenbildlichkeit (s. dort) bzw. die Würde des Menschen (s. dort) ausmacht.

Virus: Infektiöse Partikel aus Nukleinsäuren (DNA oder RNA) und Proteinen, die über ein eigenes genetisches Minimalprogramm verfügen, jedoch zu ihrer Vermehrung die Enzymmaschinerie einer Wirtszelle benötigt.

Vorgeschichte (Prähistorie) – s. *Urgeschichte.*

Vorkern – s. *Pronukleus.*

Wesen – s. *Substanz.*

Zellzyklus: Aus der Ruhephase (G1) geht die Zelle in einem streng regulierten Prozeß in die Phase aktiver DNA-Synthese (S-Phase) über. Nach deren Abschluß erfogt eine Periode scheinbarer Ruhe (G2), ehe die Zellteilung (M-Phase) einsetzt, die aus der Kernteilung (Mitose) und der Teilung des Cytoplasmas (Zytokinese) besteht. Die neu enstandenen Zellen gehen entweder sofort in die G1- oder aber in eine längere Ruhephase (G0) über.

Zentriolen: Sie sind aus Mikrotubulus-fäden aufgebaut und bilden das Gerüst des Zentrosoms. Letzteres organisiert die Ausrichtung von zytoplasmatischen Mikrotubuli während der Interphase der Zellteilung und bildet – nach Verdoppelung in der Mitose – den Keim der beiden Pole der mitotischen Spindel.

Zentromer: Abschnitt der chromosomalen DNA, die während der M-Phase des Zellzyklus über das Zentromer an die mitotische Spindel gekoppelt wird.

Zygote: Sie bezeichnet das einzellige Entwicklungsstadium, in welchem der Chromosomensatz der Oozyte und der des Spermiums vereinigt und in einer gemeinsamen Metaphasenplatte oder Teilungsspindel angeordnet sind. Dieses Stadium endet mit der ersten Furchungsteilung.

Literatur

Alberts, B., Bray, D., Lewis, J., Raff, M., Roberts, K., Watson J. D.(Deutsche Übersetzung von Jaenicke, L.) 1990: *Molekularbiologie der Zelle*, Weinheim.

Angehrn, E. 1985: *Geschichte und Identität,* New York.

Antes, P.u. a. 1984: *Ethik in nichtchristlichen Kulturen*, Stuttgart.

Aristoteles: *De anima. Über die Seele.* Mit Einl., Übers. und Komm. hrsg. von H. Seidl, Hamburg 1995.

– *De generatione animalium. Über die Zeugung der Geschöpfe.* Hrsg., übertr. und erl. von P. Gohlke, Paderborn 1959.

– *Metaphysik.* In der Übersetzung von Hermann Bonitz. Neu bearbeitet, mit Einleitung und Kommentar hrsg. von Horst Seidl, Hamburg 1978.

– *Physik. Vorlesung über Natur.* Übersetzt, mit einer Einleitung und mit Anmerkungen hrsg. von H. Günter Zehl, Hamburg 1987.

– *Politeia.* Übersetzt und mit erläuternden Anmerkungen und Registern versehen von Eugen Rolfes, Hamburg 1958.

Aromatari, G. D. 1625: *Ep. de generatione plantarum ex seminibus*, Venedig.

Asch R. H., Ellsworth, L. R., Balmaceda, J. P., Wong, B. C. 1984: *Pregnancy after translaparoscopic gamete intrafallopian transfer,* Lancet II, 1034.

Bachmann, K. D. 1992: *Zur Problematik der prä- und postnatalen Schmerzempfindung des Embryo, Fetus und Früh- bzw. Neugeborenen*, in: D. Berg et al. (Hrsg.), *Würde, Recht und Anspruch des Ungeborenen*, München.

Baumgartner, H. M.1987: *Am Anfang des menschlichen Lebens steht nicht der Mensch,* in: O. Marquard u. Hj. Staudinger(Hrsg.): Anfang und Ende des menschlichen Lebens. Medizinethische Probleme (= Ethik der Wissenschaften, Bd. 4), Paderborn, 40-43.

Bavister, B. D.1980: *Recent progress in the study of early events in mammalian fertilization*, in: Devel. Growth Differ. 22, 385-402.

Bedate, C. A., Cefalo, R. C. 1989: *The zygote. To be or not to be a person*, in: The J. of Medicine and Philosophy 14/6, 641-645.

Beier, H. M. 1992: *Die molekulare Biologie der Befruchtungskaskade und der beginnenden Embryonalentwicklung*, in: Annals of Anatomy 174, 491-508.

Benda, E. 1984: *Die Menschenwürde*, in: ders. u. a. (Hrsg.): Handbuch des Verfassungsrechts, Berlin/New York, 107-128.

Benninghoff 1994: *Anatomie*, 2 Bde, 15. Aufl. München.

Bentham, J.1789: *An Introduction to the Principles of Morals and Legislation* (Ausgabe: J. H. Burns - H. L. A. Hart [Hrsg.], London 1970), London.

Bericht der Benda-Kommission 1986: *In-vitro-fertilisation, Genomanalyse und Gentherapie*, hrsg. v. Bundesminister für Forschung und Technologie, München.

Birnbacher, D. 1990: *Utilitaristische Ethik und Tötungsverbot: Zu Peter Singers 'Praktische Ethik'*, in: Analyse & Kritik 2, 205-218.

Blechschmidt, E. 1963: *Der menschliche Embryo*, Stuttgart.

– 1973: *Die pränatalen Organsysteme des Menschen*, Stuttgart.

– 1976: *Wann beginnt das menschliche Leben?*, Stein am Rhein.

Blumenbach, J. F. 1789: *Über den Bildungstrieb und das Zeugungsgeschäfte*.

Böckenförde, E. W. 1976: *Staat, Gesellschaft, Freiheit*, Frankfurt a. M.

Böckenförde, E. W./ Spaemann, R. (Hrsg.) 1987: *Menschenrechte und Menschenwürde. Historische Voraussetzungen Säkulare Gestalt Christliches Verständnis*, Stuttgart.

Böckle, F. 1973: *Natürliches Gesetz als göttliches Gesetz in der Moraltheologie*, in: ders./ E.-W. Böckenförde (Hrsg.), Naturrecht in der Kritik, Mainz, 165-188.

– 1978: *Probleme um den Lebensbeginn*, in: Handbuch der christlichen Ethik 2, 36-59.

– 1995: *Ja zum Leben, Bausteiene einer konkreten Moral*, München.

Boethius Anicius Manlius Severinus: *Contra Eutychen et Nestorium*, in: ders., Die Theologischen Traktate, übers., eingel. u. mit Anm. vers. von M. Elsässer, Hamburg 1988.

– *De consolatione philosophiae. Trost der Philosophie.* Hrsg. und übers. von E. Gegenschatz und O. Gigon, München 1981.

Bole, T. J. 1990: *Zygotes, Souls, Substances, and Persons*, in: The Journal of Medicine and Philosophy 15/6, 637-652.

Bollnow, O. 1947: *Die Ehrfurcht*, Frankfurt a. M.

Borengässer, N. M. u. a. 1988: *Art.: Ahnenkult*, in: H. Waldenfels (Hrsg.), Lexikon der Religionen, Freiburg i. Br. 2. Aufl., 14-19.

Braude, P. R.1987: *Gene Activity in Early Human Development*, in: Human Reproduction 2, Suppl. 1.

Braude, P., Bolton, V., Moore, S. 1988: *Human gene expression first occurs between the four- and eight-cell stages of preimplantation development*, in: Nature 331, 459-461.

Breuer, C. 1995: *Person von Anfang an? Der Mensch aus der Retorte und die Frage nach dem Beginn des menschlichen Lebens*, Paderborn.

Brück, M. v. 1988: *Art.: Reinkarnation*, in: H. Waldenfels (Hrsg.), Lexikon der Religionen, Freiburg i. Br. 2. Aufl. 525-531.

Bubner, R. 1984: Rationalität, Lebensform und Geschichte, in: H. Schnädelbach (Hrsg.), Rationalität. Philosophische Beiträge, Frankfurt a. M. 1984, 198-217.

Bundeszentrale für politische Bildung (Hrsg.) 1991: *Menschenrechte. Dokumente und Deklarationen*, Bonn.

Cabib, E., Ulane R., Bowers, B. 1974: *A molecular model for morphogenesis: the primary septum of yeast*, in: Curr. Top. Cell. Regul. 8, 1-32.

Caillat, C. 1987: *Art.: Ahimsa*, in: M. Eliade (Hrsg.), The Encyclopedia of Religion, New York/London Bd. 1, 152-153.

Carey-Smith, M. J. 1984: *Before Birth. Effects of prenatal influences on later life*, in: New Zealand Medical Journal 97, 15-17.

Carrithers, M., Collins, C., Lukes, S. (Hrsg.) 1985: *The category of the person. Anthropology, philosophy, history*, New York.

Cicero, M. Tullius: *De officiis.* Quart. recogn. K. Atzert (Scripta quae mansuerunt omnia 48), Lipsiae 1971.

– 1990: *Other Human Beings*, New York.

Cockburn, D. (Hrsg.) 1991: *Human Beings*, Cambridge.

Cohen, H. 1966: *Religion der Vernunft aus den Quellen des Judentums*, Darmstadt.

Copher, D. E., Huber, C. P. 1967: *Heart rate response of the human fetus to induced maternal hypoxia*, in: American Journal of Obstetrics and Gynecology 87, 962-987.

Coreth, E.1985: *Vom Sinn der Freiheit*, Innsbruck-Wien.

Courcelle, P. 1974-1975: *Connais-toi toi-meme de Socrate à Saint Bernard*, vols. I-III, Paris.

Crosby, J. F. 1989: *Der Embryo - Art-spezifisches Leben ohne Personalität?*, in: Der Status des Embryo. Eine interdisziplinäre Auseinandersetzung mit dem Beginn des menschlichen Lebens, Wien.

Das Urteil des Bundesverfassungsgerichts vom 28. Mai 1993, in: Juristenzeitung Sonderausgabe 7. Juni 1993.

Demel, S. 1994: *Was für ein Wesen ist der Fötus?*, in: ThPh 69, 224-237.

– 1995a: *Abtreibung zwischen Straffreiheit und Exkommunikation.* Weltliches und kirchliches Strafrecht auf dem Prüfstand, Stuttgart.

– 1995b: *Was heißt straflose Abtreibung?*, in: Zs für medizinische Ethik 41, 29-42.

Denzinger, H./ Hünermann, P. (Hrsg.) 1991: *Kompendium der Glaubensbekenntnisse und kirchlichen Lehrentscheidungen*, Freiburg i. Br.

Der babylonische Talmud, neu übertragen durch L. Goldschmidt 1996, Bd. 8, 4. Aufl., Darmstadt/Frankfurt a. M.

Despland, M. 1987: *Art.: Conscience*, in: M. Eliade (Hrsg.), The Encyclopedia of Religion Bd. 4, New York-London, 50.

Dmoch, W. 1982: *Einige Bemerkungen zur pränatalen Psychologie aus psychosomatischer Sicht*, in: Hau,T. F.und Schindler, S. (Hrsg.), Pränatale und perinatale Psychosomatik, 22 f.

Donagan, A. 1977: *A Theory of Morality*, Chicago.

Dworkin, R. 1994: *Die Grenzen des Lebens. Abtreibung, Euthanasie und persönliche Freiheit*, Reinbek.

Dyson, A. und Harris, J. 1988: *What is a person?*, Clifton/New Jersey.

Eberbach, W. H. 1989: *Pränatale Diagnostik - Fetaltherapie selektive Abtreibung. Angriffe auf Paragraph 218a, Abs. 2 Nr. 1 StGB*, in: Jurist. Rundsch. 7, 265.

Edelstein, W., Nunner-Winkler, G. und Noam, G. (Hrsg.) 1993: *Moral und Person*, Frankfurt a. M.

Eibach, U. 1983: *Experimentierfeld werdendes Leben. Eine ethische Orientierung*, Göttingen.

Eigen, M., Gardiner, W., Schuster, P., Winkler-Oswatitsch, R. 1981: *The origin of genetic information*, in: Scientific American 244, 88-92.

Eldridge, R.1989: *On Moral Personhood. Philosophy, Literature, Criticism, and Self-Understanding*, Chicago - London.

Eliade, M. (Hrsg.) 1987: The Encyclopedia of Religion Bde 1 ff., New York-London.

Engelhardt jr., H. T. 1982: *Medicine and the Concept of Person*, in: T. L. Beauchamp, L. Walters (Hrsg.), Contemporary Issues in Bioethics, Belmont, 94-101.

– 1986: *Foundations of Bioethics*, New York - Oxford.

Eser, A. 1982: *Zwischen „Heiligkeit“ und „Qualität“ des Lebens.* Zu Wandlungen im strafrechtlichen Lebensschutz, in: Stimmen der Zeit 200, 812-826.

Faßbender, P. 1995: *Zwischen Individualismus und Gemeinsinn. Die bioethische und moraltheologische Abtreibungsdebatte in den Vereinigten Staaten aus kulturethischem Blickwinkel*, Regensburg.

Fedor-Freybergh, P. G. 1987: *Pränatale und perinatale Psychologie und Medizin*, Saphir-Schweden,Versand München.

Feldmann, D. M. 1980: *Birth Control in Jewish Law, Marital Relations, Contraception, and Abortion als set forth in the classical texts of Jewish Law*, New York.

Feinberg, J. 1982: *The Problem of Personhood*, in: T. L. Beauchamp, L. Walters (Hrsg.), Contemporary Issues in Bioethics, Belmont, 108-116.

FIGO Standing Committee 1989: *On Ethical Aspects of Human Reproduction*, in: Mitt. Dtsch. Gesellsch. Gynäk. Geburtsh. 1, 6.

Flanagan, O. 1993: *Varieties of Moral Personality. Ethics and psychological realism*, Cambridge.

Fletcher, J. 1972: *Indicators of Humanhood: A Tentative Profile of Man*, in: Hastings Center Report 2, 1-4.

Fletscher, I. C. 1986: *Moral problems and ethical guidance in prenatal diagnosis. Past, present and future*, in: Milunsky, A. (hrsg.): Disorders and the fetus, New York, 819.

Ford, N. M. 1988: *When did I begin? Conception of the human individual in history, philosophy and science*, Cambridge.

Frankena, W. K. 1986: *The ethics of respect for persons*, in: Philosophical Topics 14, 149-167.

Friedberg, Ae. (Hrsg.) 1879: *Corpus Iuris Canonici*, vol. I - II, Leipzig.

Fuchs, J. 1989: *Seele und Beseelung im individuellen Werden des Menschen*, in: Stimmen der Zeit 207, 522-530.

Fuhrmann, M., Kible, B. Th., Scherer, G., Schild, W., Scherner, M. 1989: *Art. Person*, in: HWP 7, 269-338.

Gage, N. L. und Berliner, D. C. 1979: *Pädagogische Psychologie.* Band 1: *Grundlagen, Konzepte, Ergebnisse*, München.

Garrett, B. 1990: *Persons and human beings*, in: Logos (USA) 11, 47-56.

Geddert-Steinacher, T. 1990: *Menschenwürde als Verfassungsbegriff. Aspekte der Rechtsprechung des Bundesverfassungsgerichts zu Art 1, Abs.1 Grundgesetz*, Berlin.

Gehlen, A. 1940: *Der Mensch. Seine Natur und seine Stellung in der Welt*, Berlin (Bonn 4. Aufl. 1950).

Geise, B. 1975: *Das Würde-Konzept. Eine normfunktionale Explikation des Begriffs Würde in Art1, Abs.1 GG*, Berlin.

Gessel, W. M. 1992: *Frühchristliche Voten für das ungeborene Leben*, in: Forum Kath. Theologie 8, 187-195.

Gilbert, S. F.1991: *Developmental Biology*, Sunderland, MA.

Gilbert, S. F. 1994: *Development Biology*, Sunderland, Mass. 4. Aufl.

Gill, C. (Hrsg.) 1989: *The person and the human mind. Issues in ancient and modern philosophy*, New York.

Gillett, G., Peacocke, A. (Hrsg.) 1987: *Persons and personality. A contemporary inquiry*, Oxford 1987.
Gilson, E. 1950: *Der Geist der mittelalterlichen Philosophie*, Wien.
Glover, J. 1977: *Causing Death and Saving Lives*, Harmandsworth.
Goodman M. F. (Hrsg.) 1988: *What is a person*, Clifton - New Jersey.
Gott ist ein Freund des Lebens 1990: Gemeinsame Erklärung des Rates der Evangelischen Kirche in Deutschland und der Deutschen Bischofskonferenz, Gütersloh 2. Aufl.
Graber, H. G., Kruse, F. 1973: *Vorgeburtliches Seelenleben*, München.
- 1974: *Pränatale Psychologie*, München.
Greenberg, B. 1976: *Abortion: A Challenge to Halakhah*, in: Judaism 25, 201-208.
Greiss, F. C., Gobble, F. L. 1967: *Effect of sympathetic nerve stimulation on the uterine vascular bed*, in: American Journal of Obstetrics and Gynecology 87, 962-987.
Gross, P. R., Cousineau, G. H. 1964: *Macromolecuie synthesis and the influence of actinomycin on early development*, in: Exp. Cell Res. 33, 368-395.
Gross, R. M. 1987: *Art.: Birth*, in: M. Eliade (Hrsg.), The Encyclopedia of Religion Bd. 2, New York - London, 227-231.
Gross, W. 1991: *Was erlebt ein Kind im Mutterleib*, Freiburg i. Br.
Gründel, J. 1982: *Das ganzheitliche Ja zu neuem Leben aus christlicher Verantwortung.* Tagung der Katholischen Akademie in Bayern, Nürnberg. 24./25.4.1982, in: Zur Debatte XII, München.
Guggenberger, H.: *Art. Person*, in: HThG II, 295ff.
Habermas, J. 1984: *Über Moralität und Sittlichkeit – Was macht eine Lebensform 'rational'*, in: H. Schnädelbach (Hrsg.), Rationalität. Philosophische Beiträge, Frankfurt a. M. 218-235.
Haig, D. 1993: *Genetic conflicts in human pregnancy*, in: Quart. Rev. Biol. 68, 495-532.
Haller, A. von 1778: *Elementa physiologiae corporis humani* 8, 2. Aufl.
Hamilton, W. J., Mossman, H. W. 1972: *Human embryology*, Cambridge.
Hanak, E. E. 1984: *Zum Schwangerschaftsabbruch aus sog. kindlicher Indikation als Grenzproblem*, in: Hauser, R., Rehberg, J. und Stratenwerth, G.(Hrsg.): Gedächtnisschrift für Peter Noll, Zürich.
Hardacre, H. 1987: *Art.: Ancestor Worship*, in: M. Eliade (Hrsg.), The Encyclopedia of Religion Bd. 1, New York - London, 263-268.
Hare, R. M. 1988: *Essays on Bioethics*, Oxford.
Harman, G. 1981: *Das Wesen der Moral. Eine Einführung in die Ethik*, Frankfurt a. M.

Hartmann, N. 1994: *Person und Sittlichkeit*, Kevelaer.
Hartsoeker, N. 1694: *Essay de dioptrique.*
Harvey, W. 1680/1737: *Exercitationes de generatione animalium.*
Hau, T. F., Schindler, S. 1982: *Pränatale und perinatale Psychosomtik*, Stuttgart.
Heidegger, M. 1949: *Sein und Zeit*, 6. Aufl. Tübingen.
Hepp, H. 1972: *Ärztliche Überlegungen zur Reform des 218,* in: Stimmen der Zeit 6, 375.
– 1981: *Schwangerschaftsabbruch aus kindlicher Indikation – anthropologisch-philosophische Aspekte des Arzt-Patienten-Konfliktes,* in: Bohland, P., Krone, H.A.und Pfeiffer, R. A., Kindliche Indikation zum Schwangerschaftsabbruch. Bamberger Symposium 12. - 14.06.1981, in: Wiss. Inf. Milupa 7/ 7, 33.
– 1989 *Höhergradige Mehrlinge - ein klinisches und ethisches Problem der Reproduktionsmedizin*, in: Geburtsh. u. Frauenheilk. 49, 225.
Herms, V., Gabelmann, J., Kubli, F. 1982: *Psychosomatic aspects of premature labor*, in: Prill, H. J.and Stauber M. Hrsg., Advances in Psychosomatic Obstetrics and Gynecology, Berlin.
Hersch, J. 1968: *Das Recht, ein Mensch zu sein*, Basel.
Hiersche, H. D. 1990: *Perinatologie und Geburtshilfe unter medizinrechtlichen Gesichtspunkten*, in: Med. Recht 6, 309.
Hilpert, K. 1991: *Die Menschenrechte. Geschichte, Theologie, Aktualität*, Düsseldorf.
Hinrichsen, K. V. (Hrsg.) 1990: *Humanembryologie*, Berlin.
– 1991: *Funktionsentwicklung des ZNS beim Menschen*, in: Deutsches Ärzteblatt 88, B: 2701-2706.
Hoerster, N. 1983: *Zur Bedeutung des Prinzips der Menschenwürde*, in: JuS 2, 93-96.
– 1984: *Religionskritik*, Stuttgart.
– 1989: *Ein Lebensrecht für die menschliche Leibesfrucht?*, in: Juristische Schulung 29, 172ff.
– 1990: *Kindstötung und das Lebensrecht von Personen*, in: Analyse & Kritik 2, 226-244.
Höffe, O. 1991: *Transzendentale Interessen: Zur Anthropologie der Menschenrechte*, in: W. Kerber (Hrsg.), Menschenrechte und kulturelle Identität, München, 15-36.
– 1992: *Ein transzendentaler Tausch: Zur Anthropologie der Menschenrechte*, in: Philosophisches Jahrbuch 99, 1-28.
Hoffmann, J. (Hrsg.) 1994: *Universale Menschenrechte im Widerspruch der Kulturen* (= Symposien: Das eine Menschenrecht und die Vielen, Bd. 2), Frankfurt.

Hoffmann, Th. S. 1993: *Um Leib und Leben der Person. Bemerkungen zu philosophischen Legitimationsversuchen von Abtreibung*, in: Theologie und Philosophie 68, 321-348.

Hofmann, H. 1993: *Die versprochene Menschenwürde*. Antrittsvorlesung am 21. Januar 1993 an der Humboldt-Universität zu Berlin (= Öffentliche Vorlesungen Heft 2), Berlin.

Holderegger, A. 1994: *Was zeichnet den Menschen als Menschen aus? Antwortversuche zur Würde des Menschen*, in: Zs für med. Ethik 40, 275-288.

Holzgreve, W. 1993: *Der Schwangerschaftsabbruch aus sogenannter „kindlicher" Indikation*, in: Zeitschr. f. ärztl. Fortbildung 10/11, 837.

Honnefelder, L. 1982: *Praktische Vernunft und Gewissen*, in: A. Hertz , W. Korff , T. Rendtorff , H. Ringeling (Hrsg.), Handbuch der christlichen Ethik, Bd. 3, Freiburg i. Br. - Basel - Wien, 19-43.

– 1986: *Die Begründbarkeit des Ethischen und die Einheit der Menschheit*, in: G. Hunold und W. Korff (Hrsg.), Die Welt für morgen. Ethische Herausforderungen im Anspruch der Zukunft, München, 315-327.

– 1987: *Menschenwürde und Menschenrechte. Christlicher Glaube und die sittliche Substanz des Staates*, in: K. W. Hempfer und A. Schwan (Hrsg.), Grundlagen der politischen Kultur des Westens, Berlin, 239-264.

– 1991: *Person und Menschenwürde: Zum Verhältnis von Metaphysik und Ethik bei der Begründung sittlicher Werte*, in: W. Pöldinger, W. Wagner (Hrsg.), Ethik in der Psychiatrie, Berlin - Heidelberg, 22-39.

– 1993: *Der Streit um die Person in der Ethik*, in: Philosophisches Jahrbuch 100, 246-265.

– 1996: *Person und Menschenwürde*, in: L. Honnefelder, G. Krieger (Hrsg.), Philosophische Propädeutik. Bd. 2: Ethik, Paderborn, 213-266.

Honnefelder, L., Rager, G. (Hrsg.) 1994: *Ärztliches Handeln und Urteilen*, Frankfurt a. M.

Hoppensteadt, F. 1986: *An Introduction to the Mathematics of Neurons*, Cambridge.

Hürth, F. SJ 1928: *Zum Eingriffsrecht in das keimende Leben*, in: Stimmen der Zeit 116, 33-47.

Instruktion „*Donum vitae*" der Kongregation für die Glaubenslehre über die Achtung vor dem beginnenden menschlichen Leben und die Würde der Fortpflanzung 1987: *Verlautbarungen des Apostoli-*

schen Stuhls, hrsg. v. Sekretariat der Deutschen Bischofskonferenz, Nr. 74, Bonn.

Jäger,W., Murray, J. (Hrsg.) 1984: *Modelling of Patterns in Space and Time*, Lecture Notes in Biomathematics 55, Berlin.

Janov, A., Holden, M. 1977: *Das neue Bewußtsein*, Frankfurt a. M.

Jerouschek, G. 1989: *Lebensschutz und Lebensbeginn*, Stuttgart.

– 1993: *Mittelalter. Antikes Erbe, weltliche Gesetzgebung und kanonisches Recht*, in: R. Jütte (Hrsg.), Geschichte der Abtreibung: von der Antike bis zur Gegenwart, München, 44-67.

Johannes Paul II.: *Enzyklika Evangelium vitae (= EV)*, Verlautbarungen des Apostolischen Stuhls, hrsg. v. Sekretariat der Deutschen Bischofskonferenz, Nr. 120, Bonn.

Johnson, M. 1995: *Delayed hominization: reflections on some recent catholic claims for delayed hominization*, in: Theol. Studies 56, 743-763.

Jorch, G. 1990: *Frühgeborene - der vorzeitige Start ins extrauterine Leben*, in: K. V. Hinrichsen (Hrsg.) *Humanembryologie*, Berlin, 871-881.

Juergensmeyer, M. 1987: *Art.: Nonviolance*, in: M. Eliade (Hrsg.), The Encyclopedia of Religion, Bd. 10, New York - London, 463-468.

Kant, I. 1781: *Kritik der reinen Vernunft*, Akademie-Ausgabe Bd. III, Berlin 1903.

– 1785: *Grundlegung zur Metaphysik der Sitten*, Akademie-Ausgabe Bd. IV, Berlin 1903.

– 1786: *Kritik der praktischen Vernunft*, Akademie-Ausgabe Bd. V, Berlin 1908.

– 1790: *Kritik der Urteilskraft*, Akademie-Ausgabe Bd. V, Berlin 1908.

– 1797: *Die Metaphysik der Sitten*, in: Akademie-Ausgabe Bd. VI, Berlin 1907.

Keller, R., Günther, H.-L., Kaiser, P.: *Kommentar zum Embryonenschutzgesetz*, Stuttgart.

Keonig, S. 1995: *Begründung der Menschenrechte: Hobbes Locke Kant*, Freiburg i. Br./München.

Kerber, W. (Hrsg.) 1991: *Menschenrechte und kulturelle Identität.* Ein Symposium, München.

Kern, W., Hofmann, H. 1988: *Art. Person*, in: Staatslexikon, 7. Aufl. Freiburg i. Br. - Basel - Wien, Bd. 4, 330ff.

Kirkwood, T. B. L., Cremer, T. 1982: *Cytogerontology since 1881. A reappraisal of August Weismann and a review of modern progress*, in: Hum. Genet. 60, 101-121.

Klein, M. 1983: *Das Seelenleben des Kleinkindes*, Stuttgart.

Kleinig, H., Sitte, P. 1984: *Zellbiologie*, Stuttgart.

Kluxen, W. 1980: *Philosophische Ethik bei Thomas von Aquin*, Hamburg 2. erw. Aufl.

Kobusch, Th. 1993: *Die Entdeckung der Person. Metaphysik der Freiheit und modernes Menschenbild*, Freiburg i. Br.

Kochanek, H. (Hrsg.) 1992: *Reinkarnation oder Auferstehung. Konsequenzen für das Leben*, Freiburg i. Br.

Kondylis, P.: *Art. Würde*, in: Handbuch geschichtlicher Grundbegriffe, Bd. 7, 636-677.

Kripke, S. A. 1981: *Name und Notwendigkeit*, Frankfurt a. M.

Kruse, F. 1979: *Spekulationen und beweisbare Tatsachen der pränatalen Psychologie*, in: Gynäkologische. Rundschau 19, Suppl. 2.

Kuhn, H. 1959: *Nosce te ipsum.* Selbsterkenntnis als philosophisches Problem, in: PhJ 68, 236-243.

Kuhse, H. 1994: *Die „Heiligkeit des Lebens" in der Medizin. Eine philosophische Kritik*, Erlangen.

Kuhse, H., Singer P. 1989: *Should the Baby Live?*, Oxford.

– 1995: *Individuals – Humans – Persons. Questions of Life and Death* (=Beiträge zur Angewandten Ethik, Bd. 1), St. Augustin.

Küppers, B.-O. (Hrsg.) 1987: *Ordnung aus dem Chaos*, München.

Kutschera, F. von 1982: *Grundlagen der Ethik*, Berlin/New York.

Lacoste, J.-Y. 1984: *Sacrements, Ethique, Eucharistie*, in: RThom 84, 212-242.

Laing, R. D. 1978: *Die Tatsachen des Lebens*, Köln.

Lanczkowski, G. 1985: *Art.: Heiligkeit I*, in: TRE 14, 695-697.

Landmann, M. 1955: *Philosophische Anthropologie*, Berlin.

Laufs, A. 1989: *Zur rechtlichen Problematik der Fortpflanzungsmedizin*, in: Geburtshilfe/Frauenheilkunde 49, 606-610.

Lee, W. H., Baggish, N. S. 1978: *Life birth as a complication of induces trimester abortion*, in: Adv. Plan Parenhood 13, 7.

Lehmann, K. 1992: *Das Eintreten für das Lebensrecht des ungeborenen Kindes als christlicher und humaner Auftrag*, in: J. Reiter / R. Keller (Hrsg.), Herausforderung Schwangerschaftsabbruch, Freiburg i. Br., 34-60.

Leibholz, G., Faller, H. J., Mikat, P. (Hrsg.) 1977: *Menschenwürde und freiheitliche Rechtsordnung.* Festschrift für Willi Geiger zum 65. Geburtstag, Tübingen.

Leibniz, G. W. 1710: *Die Theodizee.* Übers. v. A. Buchenau. Einführender Essay von M. Stockhammer (= PhB Meiner, Bd. 71), Hamburg 1968.

– 1714: *Monadologie.* Neu übers., eingeleitet u. erläutert von H. Glockner, Stuttgart 1979.

Lenzen, W. 1990: *Das Töten von Tieren und von Föten*, in: Analyse & Kritik 2, 190-204.

Lewis, D. 1986: *On the plurality of worlds*, Oxford.

Liley, A. W. 1972: *The Foetus as a Personality*, in: Journal of Psychiatry, 99-105.

Locke, J.: *Two treatises of government. Zwei Abhandlungen über die Regierung.* Übers. von H.-J. Hoffmann, hrsg. von W. Euchner, Frankfurt/M. 1967.

- *An Essay concerning human understanding. Über den menschlichen Verstand* (2 Bde.) Übers. von C. Winckler, hrsg. von R. Brandt, Hamburg 1981.

Lockwood, M. 1985: *When does a life begin?*, in: ders. (Hrsg.): Moral Dilemmas in Modern Medicine, Oxford - New York.

- 1990: *Der Warnock-Bericht: eine philosophische Kritik*, in: A. Leist(Hrsg.) Um Leben und Tod, Frankfurt a. M., 235-265.

Löhrer, G. 1995: *Menschliche Würde. Wissenschaftliche Geltung und metaphorische Grenze der praktischen Philosophie Kants*, Freiburg i. Br./München.

Leeuwenhoek, A. van 1722: *Arcana naturae detecta.*

Long, J. B. 1987: *Art.: Life*, in: M. Eliade (Hrsg.), The Encyclopedia of Religion Bd. 12, New York-London, 541-547.

Lubersky, S. B. 1984: *Judaism and the Justification of Abortion for nonmedical reasons*, in: Journal of Reform Judaism 31, 1-13.

Lukesch, H. 1983: *Der Einfluß sozialer Beziehungen auf das Schwangerschaftserleben*, in: H. J. Prill und D. Langen (Hrsg.), *Der psychosomatische Weg zur gynäkologischen Praxis*, Stuttgart.

Luyten, N. A. (Hrsg.) 1979: *Aspekte der Personalisation – auf dem Weg zum Personsein* (=Grenzfragen 8), Freiburg i. Br./München.

- (Hrsg.) 1980: *Aspekte der Hominisation. Auf dem Wege zum Menschsein*, Freiburg i. Br./München.

Mahler, M. 1972: *Symbiose und Individuation*, Stuttgart.

- 1975: *Symbiose und Individuation. Die psychische Geburt des Menschenkindes*, in: Psyche 7, 609 ff.

Malek, R. 1988: *Art.: Mensch*, in: H. Waldenfels (Hrsg.), Lexikon der Religionen, Freiburg i. Br. 2. Aufl., 409-411.

Malherbe, J.-F. 1985: *L'embryon est-il une personne humaine?*, in: Lumière et vie 34/172, 19-31.

- 1988: *Le statut personel de l'embryon humain. Essai philosophique sur l'avortement eugénique*, in: ders., (Hrsg.), Débuts biologiques de la vie humaine, Paris.

Mampell, K. 1988: *Von der Züchtung zur Gentechnologie,* in: Deutsches Ärzteblatt 85, Heft 47.

Martin, A. O. 1989: *Zitiert aus USA-Today*, in: MMW 31, 47, 13.

Maturana, H., Varela F. 1987: *Der Baum der Erkenntnis. Die biologischen Würzeln des menschlichen Erkennens,* Scherz.

McCall, C. 1990: *Concepts of Person. An analysis of concepts of person, self and human being*, Aldershot.

McCormick, R. 1991: *Who or what is the preembryo?*, in: Kennedy Institute of Ethics Journal I, 1-15.

McFadyen, A. I. 1991: *The call to personhood*, New York.

Meinhardt, H. 1982: *Models of Biological Pattern Formation,* London.

Milakovic, I. 1967: *The hypothesis of a deglutitive (prenatal) stage in libidinal development*, in: International Journal of Psychoanalytic 48, 76-82.

Mohr, G. 1988: *Personne, Personalité et Liberté dans las Critique de la raison pratique*, in: Revue Internationale de Philosophie 42, 289-319.

Molinski, H. 1972: *Die unbewußte Angst vor dem Kind*, München.

Müller, M. 1966/67: *Über Sinn und Sinngefährdung des menschlichen Daseins*, in: PhJ 74, 1-29.

Murray, J. D. 1989: *Mathematical Biology*. Berlin.

Myers, R. E. 1977: *Production of fetal aspyxia by maternal psychological stress*, in: Pavlovian Biological Scicilian 12, 51-61.

Nelson, L. 1970: Fortschritte und Rückschritte der Philosophie. Von Hume und Kant bis Hegel und Fries (Ges. Schr. Bd. 7). Aus dem Nachlaß hrsg. von J. Kraft, Hamburg.

Netter, P. 1982: *Unerwünschte Schwangerschaft als Ursache für kindliche Entwicklungsstörung* in: Zeitschrift für Geburtshilfe und Perinatologie 186, 256-262.

Nicholson, S. T. 1978: *Abortion and the Roman Catholic Church*, Knoxville.

Noonan, H. 1991: *Personal Identity*, London.

– (Hrsg.) 1993: *Personal Identity*, Aldershot.

O'Rahilly, R. 1973: *Developmental stages in human embryos, including a survey of the Carnegie collection*, Carnegie Instn. Wash. Publ. 631. Washington, D.C.

O'Rahilly, R., Müller, F. 1987: *Developmental stages in human embryos*, Carnegie Institution of Washington. Publication 637.

– 1992: *Human embryology and teratology*, New York.

– 1994: *The embryonic human brain. An atlas of developmental stages*, New York.

Oeming, M. 1988: *Art.: Gesetz*, in: H. Waldenfels (Hrsg.), Lexikon der Religionen, Freiburg i. Br. 2. Aufl., 198-200.

Oster, G., Odell, G., Albrech, P., Burnside, B. 1981: *The Mechanical Basis of Morphogenesis*, in: Developmental Biology 85, 446-462.

Oster, G., Odell, G., Albrech, P. 1980: *Mechanics, Morphogenesis and Evolutions.* Lectures on Mathematics in the Life Sciences, Vol. 13.

Oxtoby, W. G. 1987: *Art.: Holy*, in: M. Eliade (Hrsg.), The Encyclopedia of Religion Bd. 6, New York-London, 431-438.

Palermo, G., Joris, H., Derde, M. P., Camus, M., Devroey, P., van Steirgethem, A. 1993: *Sperm characteristics and outcome of human assisted fertilization by subzonal insemination and intracytoplasmic sperm injection*, in: Fertil. Steril. 59, 826-835.

Pannenberg, W. 1983: *Anthropologie in theologischer Perspektive. Religiöse Implikationen anthropologischer Theorie*, Göttingen.

Parfit, D. 1989: *Reasons and Persons*, 4. Aufl. Oxford.

– 1990: *Rechte, Interessen und mögliche Menschen*, in: A. Leist (Hrsg.), Um Leben und Tod, Frankfurt, 384-394.

Pascal, B. 1972: *Über die Religion und über einige andere Gegenstände*, übers. u. hrsg. v. E. Wasmuth, Heidelberg 7. Aufl.

Paul VI. 1974: *Weihnachtsansprache am 25. Dez. 1973*, in: AAS LXVI, 24-26.

Peacocke, A. -G. Hrsg. 1987: *Persons and Personality. A Contemporary Inquiry*, Oxford.

Pérez-Paoli, U. 1996: *Ein Mensch zeugt einen Menschen. Zum aristotelischen Begriff der ousia des sinnlich-wahrnehmbaren Seienden*, in: PhJ 103, 103-122.

Pesch, O. H. 1982: *Theologische Überlegungen zur „Vorsehung Gottes" im Blick auf gegenwärtige natur- und humanwissenschaftliche Erkenntnisse*, in: F. Böckle u. a. (Hrsg.), Christlicher Glaube in moderner Gesellschaft Bd. 4, Freiburg i. Br. 74-119.

Piaget, J., Inhelder, B. 1972: *Die Psychologie des Kindes*, Olten.

Pinkau, K., Decker, K., Gethmann, C. F., Levi, H. W., Mittelstraß, J., Peyerimhoff, S., zu Putlitz, G., Randelzhofer, A., Renn, O., Streffer, C., Weinert, F. E. 1992: *Umweltstandards. Grundlagen, Tatsachen und Bewertungen am Beispiel des Strahlenrisikos*, Berlin.

Porter, J. 1995: *Individuality, personal identity, and the moral status of the preembryo: a response to Mark Johnson*, in: Theol. Studies 56, 763-770.

Portmann, A. 1944: *Biologische Fragmente zu einer Lehre vom Menschen.* Basel (2. Aufl. 1951)

Pufendorf, S. v. 1680: *De iure naturae et gentium*, Frankfurt a. M.

Putnam, H. 1979: *Die Bedeutung von „Bedeutung"*, Frankfurt a. M.

Quante, M. 1995: *Die Identität der Person: Facetten eines Problems*, in: Zeitschrift für philosophische Forschung 42, 289-305.

Rager, G. 1992: *Zur Frage der Individualität und Personalität des Ungeborenen.* Tagung Kloster Banz, in: D. Berg, H. Hepp, R. Pfeiffer, H.-B. Wuermeling (Hrsg.), *Würde, Recht und Anspruch des Ungeborenen*, München.

Rager, G. 1994a: *Entwicklung des menschlichen Nervensystems*, in: Benninghoff, *Anatomie*, 15. Aufl. München.

Rager, G. 1994b: *Menschsein zwischen Lebensanfang und Lebensende. Grundzüge einer medizinischen Anthropologie*, in: L. Honnefelder und G. Rager (Hrsg.), *Ärztliches Urteilen und Handeln. Zur Grundlegung einer medizinischen Ethik*, Frankfurt.

Rahner, K. 1961: *Die Hominisation als theologische Frage*, in: P. Overhage, K. Rahner (Hrsg.), Das Problem der Hominisation. Über den Ursprung des Menschen (= Quaestiones disputatae 12/13), Freiburg i. Br. - Basel - Wien, 13-90.

– 1968: *Schriften zur Theologie Bd. VI*, Zürich 2. Aufl., 171-184.

Rank, O. 1924: *Das Trauma der Geburt und seine Bedeutung für die Psychoanalyse*, Leipzig - Wien - Zürich.

Rappaport, A. 1992: *Allgemeine Systemtheorie*, Darmstädter Blätter (Übersetzung von: General System Theory, Essential Concepts and Applications, ABACUS PRESS 1986).

Ratschow, C. H. (Hrsg.) 1980: *Ethik der Religionen. Ein Handbuch*, Stuttgart.

Ratzel, R. 1994: *Rechtliche Probleme der Präimplantationsdiagnostik*, in: Der Frauenarzt 35, 907-909.

Rawls, J. 1975: *Eine Theorie der Gerechtigkeit*, Frankfurt a. M.

Reinold, E., Georgiades, H. 1974: *Der intrauterine Patient. Diagnose aus dem fetalen Bewegungsverhalten*, in: Zentralblatt für Gynäkologie 96, 641.

Resch, A. 1988: *Art.: Seele*, in: H. Waldenfels (Hrsg.), Lexikon der Religionen, Freiburg i. Br. 2. Aufl., 597-601.

Richter, D., Stauber, M. 1990: *Gynäkologie und Geburtshilfe*, in: Th. v. Uexküll und R. Adler (Hrsg.), Psychosomatische Medizin, München - Wien - Baltimore.

Richtlinien zur Durchführung von In-vitro-Fertilisation (IVF) und Embryotransfer (ET) als Behandlungsmethode der menschlichen Sterilität 1985: in: Deutsches Ärzteblatt 82, 1691-1698.

Ricken, Friedo 1989: *Homo noumenon und homo phaenomenon. Ableitung, Anwendbarkeit und Begründung der Formel von der Menschheit*

als Zweck an sich selbst, in: O. Höffe (Hrsg.), Grundlegung zur Metaphysik der Sitten. Ein kooperativer Kommentar, Frankfurt 1989.
– 1995: *Tradition und Natur. Über Vorgaben und Grenzen der praktischen Rationalität*, in: ThPh 70, 62-77.

Ricoeur, P. 1996: *Das Selbst als ein Anderer*, München.

Ries, J. 1987: *Art.: Immortality*, in: M. Eliade (Hrsg.), The Encyclopedia of Religion Bd. 7, New York - London, 123-145

Rorty, A. O. (ed.) 1976: *Identities of Persons*, Berkeley -LA - London.

Rouner, L. S. (Hrsg.) 1988: *Human Rights and the World's Religions* (Boston University Studies in Philosophy and Religion 9), Indiana.

Runggaldier, E. 1992: *Personen und diachrone Identität*, in: Philosophisches Jahrbuch 99, 262-286.

Sala, G. B. 1990: *Das Gesetz oder das Gute?*, in: GR 71, 315-352.

Sass, H.-M. (Hrsg.) 1988: *Bioethik in den USA*, Berlin.
– 1989: *Hirntod und Hirnleben*, in: ders., *Medizin und Ethik*, Stuttgart, 160-183.
– 1991: *Genomanalyse und Gentherapie*, Berlin.

Schlingensiepen-Brysch, I. 1992: *Wann beginnt das menschliche Leben?*, in: Zeitschrift für Rechtspolitik (Neue juristische Wochenschrift).

Schmidinger, H. 1994: *Der Mensch ist Person. Ein christliches Prinzip in theologischer und philosophischer Sicht*, Innsbruck - Wien 1994.

Scheegass, C. P. 1802: *Über die Erzeugung.*

Schockenhoff, E. 1995: *Naturrecht und Menschenwürde. Universale Ethik in einer geschichtlichen Welt*, Mainz.

Schreiber, H.-L. 1987: *Notwendigkeit und Grenzen rechtlicher Kontrolle der Medizin*, Göttinger Universitätsreden.

Schroeder-Kurth, T. M. 1990: *Stand und zukünftige Entwicklung der pränatalen Diagnostik*, in: Ch. Fuchs (Hrsg), Möglichkeiten und Grenzen der Forschung an Embryonen, in: Med. Forschung 3, 35-48, Stuttgart.

Schroeder-Kurth, T. M., Passarge, E. 1994: *Stellungnahme zur vorgeburtlichen Diagnostik und zum Schwangerschaftsabbruch.* Kommission f. Öffentlichkeitsarbeit und ethische Fragen, Heidelberg.

Schwartländer, J. 1968: *Der Mensch ist Person. Kants Lehre vom Menschen*, Stuttgart.

Schweidler, W. 1994: *Geistesmacht und Menschenrecht. Der Universalanspruch der Menschenrechte und das Problem der ersten Philosophie*, Freiburg i. Br./München.

Schwerdtfeger, J., Petersen, P. 1984: *Das Erleben der frühen Schwangerschaft*, in: V. Frick-Bruder und P. Platz (Hrsg.), Psychosomatische Probleme in der Gynäkologie und Geburtshilfe, Berlin, 161-186.

Selvaggi, L., Diaferia, A., Loizzi, P., Bettocchi, S. 1984: *Untersuchungen über den Einfluß der mütterlichen Angst auf den Gesundheitszustand des Fetus*, in: Zentralblatt für Gynäkologie 106, 1528-1535.

Shannon, T. A., Wolter, A. B. 1990: *Reflections on the Moral Status of the Pre-Embryo*, in: Theological Studies 51, 603-626.

Sherratt, J. A., Maini, P. K., Jäger, W., Müller, W. A.1993: *A Receptor Based Model for Pattern Formation in Hydra*, Heidelberg - Oxford.

Siep, L. 1983: *Identität der Person. Aufsätze aus der nordamerikanischen Gegenwartsphilosophie*, übres. v. T. Nenon, Basel - Stuttgart.

Simons, P. 1987: *Parts. A study in ontology*, Oxford.

Sinclair, D. B. 1980: *The legal basis for the prohibition on Abortion in Jewish Law*, in: Israel Law Review 15, 109-130.

Singer, P. 1984: *Praktische Ethik*, Stuttgart.

– 1989: *Schwangerschaftsabbruch und ethische Güterabwägung*, in: H.-M. Sass (Hrsg.) *Medizin und Ethik*, Stuttgart, 139-159.

Slack, J. M. W. 1983: *From Egg to Embryo. Determinative events in early development*, Cambridge.

Smith, B. K. 1987: *Art.: Samsara*, in: M. Eliade (Hrsg.), The Encyclopedia of Religion Bd. 13, New York, 56-57.

Sonnemans, H. 1988: *Art.: Unsterblichkeit*, in: H. Waldenfels (Hrsg.), Lexikon der Religionen, Freiburg i. Br. 2. Aufl. 686-687.

Sontag, L., Steel, W. G., Lewis, M. 1969: *The fetal and maternal cardiac response to enviromental stress*, in: Human Development 12, 1-9.

Sontheimer, G. D. 1988: *Art.: Mensch III*, in: H. Waldenfels (Hrsg.), Lexikon der Religionen, Freiburg i. Br. 2. Aufl., 407-408.

Spaemann, R. 1963: *Reflexion und Spontaneität. Studien über Fénelon*, Stuttgart.

– 1990: *Sind alle Menschen Personen?*, in: R. Löw (Hrsg.), Bioethik philosophisch-theologische Beiträge zu einem brisanten Thema, Köln.

Specht, R. 1989: *John Locke*, München.

Spitz, R. 1957: *Die Entstehung der ersten Objektbeziehungen*, Stuttgart.

– 1967: *Vom Säugling zum Kleinkind*, Stuttgart.

Splett, J. 1988: *Art.: Heiliges*, in: H. Waldenfels (Hrsg.), Lexikon der Religionen, Freiburg i. Br. 2. Aufl., 255-256.

Stammkötter, F.-B. 1992: *Art.: Schöpfung IV. Mittelalter*, in: HWP 8, 1399-1405.
Starck, Chr. 1981: *Menschenwürde als Verfassungsgarantie im modernen Staat*, in: Juristenzeitung 36/14, 457-464.
Stauber, M. 1992: *Psychosoziale Schwangerenberatung*, in: K. H. Wulf und H. Schmidt-Matthiesen (Hrsg.), Klinik der Frauenheilkunde und Geburtshilfe, Band 4: Schwangerschaft I, 141-148, München - Wien - Baltimore.
Staudinger, H. J. 1981: *Chancen und Gefahren der Gentechnologie.* Jahresbericht der Görresgesellschaft, Passau.
Steptoe, P. C., Edwards, R. C. 1978: *Birth after reimplantation of human embryo*, Lancet II, 366.
Stern, K. 1983: *Menschenwürde als Wurzel der Menschen- und Grundrechte*, in: FS U. Scuopin, 627-642.
Stott, D. H. 1957: *The fetal and maternal handicap following a disturbed pregnancy*, in: Lancet I, 1006f.
Strawson, P. F. 1993: *Individuals. An essay in descriptive metaphysics*, 10. Aufl., London.
Styczen, T. 1979: *Die Unterscheidung „das sittlich Gesollte – das sittlich Richtige" und das Problem einer autonomen Ethik*, in: N. Huppertz (Hrsg.), Die Wertkrise des Menschen: philosophische Ethik in der heutigen Welt, FS H. Reiner, Meisenheim am Glan, 53-64.
Suarez, A. 1989: *Der menschliche Embryo, eine Person. Ein Beweis*, in: Der Status des Embryo. Eine interdisziplinäre Auseinandersetzung mit dem Beginn des menschlichen Lebens, Wien.
Sullivan, H. S. 1953: *The Interpersonal Theory of Psychiatry*, New York.
Sumner, L. W. 1974: *A Credible View of Abortion*, in: Canadian Journal of Philosophy 4.1, 163-181.
– 1981: *Abortion and Moral Theory*, Princeton.
Sundermeier, Th. 1990: *Art.: Leben I*, in: TRE 20, 514-520.
Tesarik, J., Plika, L., Dvorak, M., Travnik, P. 1983: *Oozyte recovery, in vitro insemination, and transfer into the oviduct after its microsurgical repair at single laparotomy*, Fertil Steril 39, 472.
Thannippara, A. 1988: *Art.: Ahimsa*, in: H. Waldenfels (Hrsg.), Lexikon der Religionen, Freiburg i. Br. 2. Aufl., 12-13.
Thiel, U. 1983: *Lockes Theorie der personalen Identität*, Bonn.
Thomas von Aquin: *Scriptum super libros sententiarum*, ed. R. P. Mandonnet, Bde. I-IV, Paris 1929-1947.
– *Summa theologica* (Die Deutsche Thomas-Ausgabe, hrsg. v. d. Philosophisch-Theologischen Hochschule Walberberg bei Köln), Bde. 1ff, Heidelberg 1934 ff.

Tonegawa, S. 1983: *Somatic generation of antibody diversity*, in: Nature (London) 302, 575-581.

Tooley, M. 1985: *Abortion and infanticide*, 2. Aufl., Oxford.

- 1990: *Abtreibung und Kindstötung*, in: A. Leist (Hrsg.) Um Leben und Tod. Moralische Probleme bei Abtreibung, künstlicher Befruchtung, Euthanasie und Selbstmord, Frankfurt a. M., 158 ff.

Tugendhat, E. 1979: *Selbstbewußtsein und Selbstbestimmung. Sprachanalytische Interpretationen*, Frankfurt a. M.

- 1984: *Probleme der Ethik*, Stuttgart.
- 1994: *Vorlesungen über Ethik*, Frankfurt a. M.

van Baaren, Th. P. 1987: *Art.: Death*, in: M. Eliade(Hrsg.), The Encyclopedia of Religion Bd. 4, 251-259.

van Steirteghem, A., Nagy, Z., Joris, H., Liu, J., Staessen, C., Smitz, J., Wisanto, A., Vevroey, P. 1993: *High fertilization and implantation rates after intracytoplasmic sperm injection*, in. Hum. Reprod. 8, 1061-1066.

Verny, Th., Kelly, J. 1981: *Das Seelenleben des Ungeborenen*, München.

Vilmar, K., Bachmann, K.-D. 1991: *Pränatale und perinatale Schmerzempfindung*, in: Deutsches Ärzteblatt 88, B: 2714-2720.

Vogel, F. 1989: *Gentechnologie und die biologische Zukunft der Menschheit*, in. Deutsches Ärzteblatt 86, Heft 17.

Wagner, H. 1992: *Die Würde des Menschen*, Würzburg.

Waldenfels, H. 1988: *Art.: Heilsgestalten*, in: ders. (Hrsg.), Lexikon der Religionen, Freiburg i. Br. 2. Aufl., 274-279.

- (Hrsg.) 1988: *Lexikon der Religionen*, Freiburg i. Br. 2. Aufl.
- 1990: *Begegnung der Religionen*, Bonn.

Walters, LeRoy 1982: *Concepts of Personhood*, in: T. L. Beauchamp und LeRoy Walters, 87-89.

Warren, M. A. 1973: *On the moral and legal status of abortion*, in: The Monist 57, 43-61.

Washofsky, M. 1981: *Abortion, Halacha and Reform Judaism*, in: Journal of Reform Judaism 28, 11-19.

Wedekind, C. 1994: *Mate choice and maternal selection for specific parasite resistance before, during and after fertilization*, in: Phil. Trans. R. Soc. Lond. B. 346, 303-311.

Wedekind, C., Chapuisat, M., Macas, E., Rülicke, T. 1996: *Non-random fertilization in mice correlates with the MHC and something else*, Heredity (in press).

Werblowsky, R. J. Z. 1987: *Art.: Transmigration*, in: M. Eliade (Hrsg.), The Encyclopedia of Religion Bd. 15, New York - London, 21-26.

Wertz, D. C., Fletscher, I. C. 1989: *Ethical problems in prenataldiagnosis*, in: Prenatal Diagn. 9, 145.

Westgren, M., Almstrom, H., Nyman, M., Liemsten, U. 1987: *Maternal perception of sound-provoked fetal movements as measure of fetal well-being*, in: British Journal of Obstetrics and Gynaecology 94, 523-527.

Wickler, W. 1986: *On intra-uterine mother-offspring conflict and a possible case in the pig*, in. Ethology 72, 250-253.

Wickler, W., U. Seibt 1991: *Das Prinzip Eigennutz*, München

Wiggins, D. 1980: *Sameness and Substance*, Oxford, 149-152.

– 1987: *The person as object of science, as subject of experience, and as locus of value*, in: A. Peacocke und G. Gillett (Hrsg.), Persons and personality. A contemporary inquiry, Oxford, 56-74.

– 1991: *The concern to survive*, in: ders. (Hrsg.), Needs, values, truth. Essays in the philosophy of value, 2.Aufl., Oxford, 303-311.

Wildfeuer, A. 1992: *Person und Mensch. Anmerkungen zu einer folgenreichen Unterscheidung in der aktuellen Diskussion um Leben und Tod*, in: Zeitschrift für medizinische Ethik (vorm. Arzt und Christ) 38, 201-211.

Willi, J., Heim, E. 1986: *Psychosoziale Medizin*. Band 1: *Grundlagen*. Berlin.

Wils, J.-P. 1991: *Zur Typologie und Verwendung der Kategorie _Menschenwürde*, in: J.-P. Wils und D. Mieth (Hrsg.), Ethik ohne Chance. Erkundungen im technologischen Zeitalter, Tübingen, 129-157.

Winfree, A. T. 1980: *The Geometry of Biological Time*, Berlin - New York.

Wisser, J., Hepp, H. 1991: *Das Schmerzempfinden ungeborener Kinder - Erkenntnisse aus der vorgeburtlichen Medizin*, in: P. Hofacker u. a. (Hrsg.), *Auf Leben und Tod*. 5. Aufl.

Wißmann, H. 1990: *Art.: Mensch I*, in: TRE 22, 459-464.

Wolbert, W. 1987: *Der Mensch als Mittel und Zweck. Die Idee der Menschenwürde in normativer Ethik und Metaethik*, Münster.

– 1989: *Wann ist der Mensch ein Mensch? Zur Frage nach dem Beginn und Ende personalen Lebens*, in: V. Eid und G. Hunold (Hrsg.), Moraltheologisches Jahrbuch 1: Bioethische Probleme, Mainz 1989, 15-33.

Wolff, C. F. 1759: *Theoria generationis*.

Wuermeling, B. 1984: *Die ethische Herausforderung*, in: MMW 126, 6.

– 1985: *Diskussionsbeitrag in der Kommission zur Erarbeitung der „Richtlinien zur Forschung an frühen menschlichen Embryonen"*, in: Deutsches Ärzteblatt 82, 3757.

– 1990: *Rechtspflichten der Schwangeren für das neugeborene Kind?* Bamberger Symposium 16. - 18.03.1990.

Zimmer, K. 1992: *Das Leben vor dem Leben*, München.

Zimmerli, W. Ch., Lunshof, J. E. 1992:. *The Human Genome: Fundamental Research, Germline Modification and Ethics.* Final Report of a study carried out on behalf of the European Communities. Universität Bamberg.

Zimmermann, M. 1991: *Zur Frage der Schmerzempfindlichkeit des Feten: Neuro-, psycho- und verhaltensphysiologische Aspekte*, in: *Der Schmerz*, Berlin, 122-130.

Abkürzungsverzeichnis

1 Kor	1. Brief des Apostels Paulus an die Korinther, Neues Testament
2 Kor	2. Brief des Apostels Paulus an die Korinther, Neues Testament
ADA	Adenosindesaminase
ALR	Preußisches Allgemeines Landrecht
BGH	Bundesgerichtshof
BRD	Bundesrepublik Deutschland
BVerfG	Bundesverfassungsgericht
BVerfGE	Entscheidungen des Bundesverfassungsgerichts
c.	capitulum
cDNA	complementary DNA
ch.	chapter
Consol.	Boethius, *De consolatione philosophiae*
De an.	Aristoteles, *De anima*
De gen. animalium	Aristoteles, *De generatione animalium*
De off.	Cicero, *De officiis*
DNA	Desoxyribonukleinsäure
dt.	deutsch
EEG	Elektroenzephalogramm
EKG	Elektrokardiogramm
engl.	englisch
EPF	Early Pregnancy Factor
ESchG	Embryonenschutzgesetz
Essay	J. Locke, *An essay concerning human understanding*
Et	Embryotransfer
EV	Johannes Paul II, Enzyklika *Evangelium vitae*
Gen	Buch Genesis, Altes Testament
GG	Grundgesetz
GIFT	Gamete Intrafallopian Transfer

GMS	I. Kant, *Grundlegung zur Metaphysik der Sitten*
griech.	griechisch
HCG	Choriongonadotropin
HGC	Choriongonadotropin
ICSI	Intrazytoplasmatische Spermatoeninjektion
II. Abhandl.	J. Locke, *II. Abhandlung über die Regierung*
IVF	In-Vitro-Fertilisation
Jer	Buch Jeremia, Altes Testament
Jes	Buch Jesaia, Altes Testament
Joh	Johannes-Evangelium, Neues Testament
KpV	I. Kant, *Kritik der praktischen Vernunft*
KrV	I. Kant, *Kritik der reinen Vernunft*
KU	I. Kant, *Kritik der Urteilskraft*
lat.	lateinisch
Lk	Lukas-Evangelium, Neues Testament
Met.	Aristoteles, *Metaphysik*
Monadologie	G.W. Leibniz, *Monadologie*
MPF	M-phasenfördernder Faktor
mRNA	Messenger RNA
MS	I. Kant, *Metaphysik der Sitten*
Mt	Matthäus-Evangelium, Neues Testament
PCR	Polymerase-Chain-Reaction
PGC	primordial germ cells
Phil.	Brief des Apostels Paulus an die Philipper, Neues Testament
Ps	Psalmen, Altes Testament
RNA	Ribonukleinsäure
Röm	Brief des Apostels Paulus an die Römer, Neues Testament
rRNA	ribosomale RNA
Sent.	Thomas von Aquin, *Scriptum super libros sententiarum*
StGB	Strafgesetzbuch
Sth	Thomas von Aquin, *Summa theologica*
TET	tubarer Embryotransfer
Theodizee	G. W. Leibniz, *Die Theodizee*
Treatises	J. Locke, *Two Treatises of Government*
tRNA	Transfer-RNA

Personenregister

Sachregister

Persönlichkeitsrecht 324

Autorenverzeichnis

Dr. Hans Michael Baumgartner ist Professor der Philosophie und Direktor des Philosophischen Seminars A der Universität Bonn. Anschrift: Am Hof 1, D - 53113 Bonn.

Dr. Ruth Bodden-Heidrich ist Wissenschaftliche Assistentin und Frauenärztin/Psychotherapie an der Universitätsfrauenklinik, Arbeitsbereich Psychosomatik. Anschrift: Moorenstr. 5, D - 40225 Düsseldorf.

Dr. Stefan Niklaus Bosshard ist Privatdozent an der Katholisch-theologischen Fakultät der Universität Freiburg i. Br. für das Fach Dogmatik und naturwissenschaftlich-theologische Grenzfragen. Anschrift: Institut für Systematische Theologie, Albert-Ludwigs-Universität, D - 79098 Freiburg i. Br.

Dr. Thomas Cremer ist Professor für Humangenetik am Institut für Humangenetik der Universität Heidelberg. Anschrift: Im Neuenheimer Feld 328, D - 69120 Heidelberg.

Dr. Karl Fr. Decker ist Professor Emeritus für Biochemie und ehem. Direktor des Biochemisches Instituts der Albert-Ludwigs-Universität. Anschrift: Hermann-Herder-Str. 7, D - 79104 Freiburg i. Br.

Dr. Hermann Hepp ist Professor für Gynäkologie und Geburtshilfe und Direktor der Frauenklinik im Klinikum Großhadern der Ludwig-Maximilians-Universität. Anschrift: Marchioninistr. 15, D - 81377 München.

Dr. Gerhard Höver ist Professor für Moraltheologie und Direktor des Moraltheologischen Seminars an der Katholisch-theologischen Fakultät der Universität Bonn. Anschrift: Am Hof 1, D - 53113 Bonn.

Dr. LUDGER HONNEFELDER ist Professor der Philosophie, Direktor des Philosophischen Seminars B der Universität Bonn und Direktor des Instituts für Wissenschaft und Ethik e.V., Bonn. Anschrift: Philosophisches Seminar B der Universität Bonn, Am Hof 1, D - 53113 Bonn.

Dr. WILLI JÄGER ist Professor für Mathematik und Direktor des Instituts für angewandte Mathematik der Universität Heidelberg. Anschrift: Im Neuenheimer Feld 294, D - 69120 Heidelberg.

Dr. KARL J. NARR ist Professor Emeritus für Urgeschichte und Grenz- und Nachbargebiete und ehem. Direktor des Seminars für Ur- und Frühgeschichte der Westfälischen Wilhelms-Universität Münster. Anschrift: Domplatz 20-22, D - 48143 Münster.

Dr. Dr. GÜNTER RAGER ist Professor für Anatomie, Embryologie und Neurobiologie und Direktor des Instituts für Anatomie und Spezielle Embryologie der Universität Fribourg. Anschrift: Institut für Anatomie, rue A. Gockel 1, CH - 1700 Fribourg.

Dr. RAPHAEL SCHULTE ist Professor Emeritus für Dogmatische Theologie und Dogmengeschichte und ehem. Direktor des Institut für Dogmatische Theologie an der Katholisch-theologischen Fakultät der Universität Wien. Anschrift: Schottenring 21, A - 1010 Wien.

Dr. Dr. HANS WALDENFELS ist Professor für Fundamentaltheologie, Theologie der nichtchristlichen Religionen und Religionsphilosophie und Direktor des Fundamentaltheologischen Seminars an der Katholisch-theologischen Fakultät der Universität Bonn. Anschrift: Am Hof 1, D - 53113 Bonn.

Dr. WOLFGANG WICKLER ist Professor für Verhaltensforschung und Zoologie an der Universität München und Geschäftsführender Direktor des Max-Planck-Instituts für Verhaltensphysiologie. Anschrift: Max-Planck-Institut für Verhaltensphysiologie, D - 82319 Seewiesen.

Dr. ARMIN G. WILDFEUER ist Professor für Philosophie, insbes. Ethik, Anthropologie und Sozialphilosophie an der Kath. Fachhochschule Nordrhein-Westfalen, Lehrauftrag am Philosophischen Seminar B der Universität Bonn. Anschrift: KFH NW, Abt. Paderborn, Leostraße 19, D - 33089 Paderborn.